高等教育工程造价专业"十三五"规划系列教材

公路工程计量与计价

GONGLU GONGCHENG JILIANG YU JIJIA

主　编⊙蒲翠红　赖应良

副主编⊙蒲翠萍

参　编⊙陈小华　田卫群　顾　剑

西南交通大学出版社
·成都·

内容简介

本书以公路工程概预算编制和计量支付为主线，依据《公路工程基本建设项目概算预算编制办法》(JTG B06—2007)、《公路工程预算定额》(JTG B06-02—2007)、《公路工程标准施工招标文件》(2009 版)、《公路工程营业税改征增值税计价依据调整方案》(交办公路〔2016〕66 号)等现行规定，完整系统地介绍了公路工程造价基本知识、造价构成和依据、预算编制、专业计量计价实务（路基与防护工程、路面工程、桥涵工程、隧道工程、交通安全设施等）、计量支付、综合案例等内容，涵盖了招投标和施工阶段的主要造价工作。

本书注重公路工程计量与计价的理论与实务，结构新颖、图文并茂，针对性地把公路工程基础知识和造价实践结合，并提供了实际工作的大量案例和习题，便于读者学习理解和掌握。

本书可作为高等院校工程造价、工程管理、土木工程、公路工程及相关专业的教材，也可作为工程技术人员的参考书。

图书在版编目（CIP）数据

公路工程计量与计价 / 蒲翠红，赖应良主编. —成都：西南交通大学出版社，2017.8（2021.1 重印）
高等教育工程造价专业"十三五"规划系列教材
ISBN 978-7-5643-5657-6

Ⅰ. ①公… Ⅱ. ①蒲… ②赖… Ⅲ. ①道路工程 – 工程造价 – 高等学校 – 教材 Ⅳ. ①U415.13

中国版本图书馆 CIP 数据核字（2017）第 195009 号

高等教育工程造价专业"十三五"规划系列教材

公路工程计量与计价

主　　编 / 蒲翠红　赖应良	责任编辑 / 姜锡伟
	封面设计 / 墨创文化

西南交通大学出版社出版发行
（四川省成都市二环路北一段 111 号西南交通大学创新大厦 21 楼　610031）
发行部电话：028-87600564
网址：http://www.xnjdcbs.com
印刷：成都蓉军广告印务有限责任公司

成品尺寸　185 mm×260 mm
印张　25　　字数　652 千
版次　2017 年 8 月第 1 版
印次　2021 年 1 月第 4 次

书号　ISBN 978-7-5643-5657-6
定价　58.00 元

课件咨询电话：028-81435775
图书如有印装质量问题　本社负责退换
版权所有　盗版必究　举报电话：028-87600562

高等教育工程造价专业"十三五"规划系列教材建设委员会

主　任　张建平

副主任　时　思　卜炜玮　刘欣宇

委　员　(按姓氏音序排列)

　　　　陈　勇　　樊　江　　付云松　　韩利红
　　　　赖应良　　李富梅　　李琴书　　李一源
　　　　莫南明　　屈俊童　　饶碧玉　　宋爱萍
　　　　孙俊玲　　夏友福　　徐从发　　严　伟
　　　　张学忠　　赵忠兰　　周荣英

序

21世纪，中国高等教育发生了翻天覆地的变化，就相对数量上讲，中国已成为了全球第一高等教育大国。

自20世纪90年代中国高校开始出现工程造价专科教育起，到1998年在工程管理本科专业中设置工程造价专业方向，再到2003年工程造价专业成为独立办学的本科专业，如今工程造价专业已走过了25个年头。

据天津理工大学公共项目与工程造价研究所的最新统计，截至2014年7月，全国140所本科院校、600所专科院校开办了工程造价专业。2014工程造价专业招生人数为本科生11 693人，专科生66 750人。

如此庞大的学生群体，导致工程造价专业师资严重不足，工程造价专业系列教材更显匮乏。由于工程造价专业发展迅猛，出版一套既能满足工程造价专业教学需要，又能满足本专科各个院校不同需求的工程造价系列教材已迫在眉睫。

2014年，由云南大学发起，联合云南省20余所高等学校成立了"云南省大学生工程造价与工程管理专业技能竞赛委员会"，在共同举办的活动中，大家感到了交流的必要性和联合的力量。

感谢西南交通大学出版社的远见卓识，愿意为推动工程造价专业的教材建设搭建平台。2014年下半年，经过出版社几位策划编辑与各院校反复的磋商交流，成立工程造价专业系列教材建设委员会的时机已经成熟。2015年1月10日，在昆明理工大学新迎校区专家楼召开了第一次云南省工程造价专业系列教材建设委员会会议，紧接召开了主参编会议，落实了系列教材的主参编人员，并在2015年3月，出版社与系列教材各主编签订了出版合同。

我以为，这是一件大事也是一件好事。工程造价专业缺教材、缺合格师资是我们面临又亟须解决的问题。组织教师编写教材，一是可以解教材匮乏之急，二是通过编写教材可以培养教师或者实现其他专业教师的转型发展。教师是一个特殊的职业——是一个需要不断学习更新自我的职业，教师也是特别能接受新知识并传授新知识的一个特殊群体，只要任务明确，有社会需要，教师自会完成自身的转型发展。因此教材建设一举两得。

我希望：系列教材的各位主参编老师与出版社齐心协力，在一两年内完成这一套工程造价专业系列教材编撰和出版工作，为工程造价教育事业添砖加瓦。我也希望：各位主参编老师本着对学生负责，对事业负责的精神，对教材的编写精益求精，努力将每一本教材都打造成精品，为培养工程造价专业合格人才贡献力量。

中国建设工程造价管理协会专家委员会委员
云南省工程造价专业系列教材建设委员会主任　张建平

2015年6月

前　言

本书以招投标阶段和施工阶段的造价为主要对象，结合公路工程施工建设的特点，紧跟公路专业发展要求，结合公路工程造价的特点，全面反映了公路工程造价管理体制的新变化和实践的新发展。

1. 本书根据《公路工程标准施工招标文件》（2009 版）对工程量清单的组成、内容、格式和编制方法进行了系统的阐述，并用案例引导，便于理论运用到实践。

2. 本书根据学生学习的特点，由浅入深、由基础到实践，逐渐引导读者掌握公路的计量与计价，结合公路工程的特点，针对性地阐述。具有完整的理论知识框架，除了定额运用的方法和费用的构成，更注重于控制价和投标报价知识的全面掌握和运用。

3. 及时反映了公路营业税改增值税、100 章的计量计价规定等研究实践成果。

4. 本书通俗易懂，融合专业知识和清单分项及计算规则、定额计算规则等，图文并茂、体系完整、实用性强，注重与现行规定的一致性。

本书由昆明理工大学蒲翠红编写第 1 章、第 3 章、第 4 章、第 12 章，云南省交通运输厅工程造价管理局顾剑编写第 2 章，云南省公路科研所田卫群编写第 5 章，昆明学院蒲翠萍编写第 6 章、第 9 章、第 10 章、第 13 章及附录，昆明理工大学赖应良编写第 7 章、第 11 章，云南省公路开发投资有限责任公司陈小华编写第 8 章。其中限于篇幅，第 13 章及附录未印刷，可扫二维码使用。

在本书的编写过程中，编者参阅了很多专家学者的著作，得到了云南省交通规划设计研究院陈树汪等的帮助，以及西南交通大学出版社的支持和帮助，在此表示衷心的感谢！

由于作者水平有限，书中难免有不足之处，敬请广大读者批评指正。

编　者

2017 年 6 月

综合预算实例及附录

目 录

1 **公路工程造价基础** 1
   1.1 公路建设 1
   1.2 公路工程基本建设 3
   1.3 公路工程造价 11
   习 题 18

2 **公路工程造价构成** 20
   2.1 公路工程造价费用构成 20
   2.2 公路工程计价程序及方法 54
   2.3 公路工程概预算项目及文件组成 55
   习 题 57

3 **公路工程计价依据** 60
   3.1 公路工程计价依据概述 60
   3.2 公路工程定额体系 62
   3.3 公路工程预算定额的应用 71
   3.4 公路工程机械台班费用定额 82
   习 题 84

4 **预算编制** 85
   4.1 公路工程量 85
   4.2 施工图预算编制 90
   4.3 工程量清单计价 108
   习 题 130

5 **路基与防护工程** 132
   5.1 基本问题 132
   5.2 清单编制 142
   5.3 定额计算规则 161
   5.4 计价实例 166
   习 题 173

6 **路面工程** 175
   6.1 基本问题 175
   6.2 清单编制 182
   6.3 定额计算规则 195
   6.4 计价实例 206

  习 题 ·· 215

7 桥涵工程 ··· 217
7.1 基本问题 ··· 217
7.2 清单编制 ··· 225
7.3 定额计算规则 ·· 244
7.4 计价实例 ··· 267
  习 题 ·· 274

8 隧道工程 ··· 275
8.1 基本问题 ··· 275
8.2 清单编制 ··· 290
8.3 定额计算规则 ·· 301
8.4 计价实例 ··· 305
  习 题 ·· 309

9 安全设施及预埋管线 ·· 313
9.1 基本问题 ··· 313
9.2 清单编制 ··· 321
9.3 定额计算规则 ·· 331
9.4 计价实例 ··· 333
  习 题 ·· 337

10 绿化及环境保护 ··· 338
10.1 基本问题 ··· 338
10.2 清单编制 ··· 344
10.3 预算定额应用 ·· 348

11 其他工程 ··· 351
11.1 临时工程 ··· 351
11.2 辅助工程 ··· 353
11.3 材料采集加工定额说明 ·· 356
11.4 材料运输定额说明 ·· 356
11.5 计价实例 ··· 357

12 计量与支付 ·· 359
12.1 计量与支付概述 ··· 359
12.2 工程计量 ··· 360
12.3 工程支付 ··· 366
12.4 工程计量支付的管理 ·· 381
  习 题 ·· 387

参考文献 ·· 389

1 公路工程造价基础

1.1 公路建设

交通是指从事旅客和货物运输及语言和图文传递的行业,包括运输和邮电两个方面,在国民经济中属于第三产业。运输有铁路、公路、水路、航空和管道五种方式,邮电包括邮政和电信两方面内容。交通随着人类生产和生活需要而发展,目前,在各种交通运输方式中,公路运输覆盖面最大,通达性最强。公路建设有利于增强国家经济实力,改善投资环境,加快城市化进程,优化综合交通运输体系和提高人民生活水平。

公路建设是进行公路工程构造物的勘察、测量、设计、施工、养护、管理等工作,实现固定资产的简单再生产和扩大再生产。公路建设应该结合铁路、水路、航空、管道等运输并综合考虑它在联运中的作用和地位,按其政治、军事、经济、人民生活等需要,结合地理环境条件,制定公路网规划。

1.1.1 公路建设的内容

公路建设的内容,按其任务与分工不同可以分为以下三个方面。

1. 公路工程的小修、保养

公路工程在使用中,受到行车和自然因素的作用而不断损坏,只有通过定期和不定期的维修和保养,才能保证公路的正常使用,才能保证固定资产正常使用,才能保持运输生产不间断地进行,使原有生产能力得到维持。

公路工程的小修、保养:为保持高速公路及其附属设施的正常使用功能,安排的经常性保养和修补其轻微损坏部分的作业。如局部坑槽、裂缝处理,整修路肩、边坡、护坡,疏通边沟、局部整修挡土墙、涵洞清淤,树花草的抚育管理及修剪补植,护栏隔离栅局部油漆及更换等。

公路工程的小修、保养是通过固定资产维修实现固定资产简单再生产的活动。公路工程的小修、保养由养护部门自行安排和管理,其资金由交通经费即燃油税中开支。

2. 公路工程大中修与技术改造

由于受材料、结构、设备等功能方面的制约,公路各组成部分必然具有不同的寿命,尽管经过维修,也不能无限期地使用下去,到一定年限,某些组成部分就会丧失功能,需要更新改造。

公路大修:已达到服务周期,必须进行应急性、预防性和周期性的综合治理,使之全面恢复原设计状态的过程。如沥青路面整段加铺面层、全面维修护栏、整段重划路面标线等。

公路工程大中修这种固定资产的更新,一般是与技术改造相结合进行的(如不良线形改造、加宽路基、提高路面等级、增建立交或通道等)。这种更新与技术改造可提高公路的通行能力,实现固定资产简单再生产和部分扩大再生产。

公路工程的大中修与技术改造是通过固定资产更新和技术改造来实现固定资产简单再生产和部分扩大再生产的活动，由养护部门提出计划，报上级主管部门批准，自行安排和管理，其资金由交通经费即燃油税中开支。

3. 公路工程基本建设

公路建设是通过固定资产维修、固定资产更新和技术改造、基本建设三条途径来实现固定资产的简单再生产和扩大再生产的活动。它们都是固定资产再生产不可缺少的组成部分，都需要消耗一定的人力、物力和财力，但它们的任务与分工、资金来源、管理方式不同。

1.1.2 公路建设的特点

公路工程是一种线形分布的人工构造物，要通过规划、勘察、设计、施工等程序，消耗大量资源，完成不同的公路建筑产品。其不同于工业生产也不同于其他建筑产品，有它自身的产品和技术经济特点。这些特点对公路施工组织、生产和经济管理等方面影响很大。在建设过程中，无论是技术还是经济，都应当根据公路具体的特点加以管理，不能盲目地生搬硬套。

1. 公路建筑产品的特点

（1）产品的固定。公路工程的构造物固定于一定的地点不能移动，只能在建造的地方供长期使用。

（2）产品的多样。由于公路的具体使用目的、技术等级、技术标准、自然条件等不同，公路的组成、结构千差万别、复杂多样。

（3）产品形体庞大。公路工程是线形构造物，其组成部分的形体庞大，占用土地及空间多。

（4）产品部分结构易损。公路工程构造物受行车作用及自然因素影响，其暴露于大气部分以及直接受行车作用的部分，极易损坏。

2. 公路施工的特点

由于公路建筑产品的上述特点，其施工有如下特点：

（1）施工流动性大。公路建设线长点多，工程数量分布不均匀，其构造物在建造过程中和建成后都无法移动。由于产品的固定性，为了完成产品，施工单位就需要组织各种资源（人员、机械、材料等）围绕这一固定产品，在规定的时间内，合理进行时间和空间的安排，在同一工作面不同时间或在同一时间的不同工作面上进行施工活动。在施工前的准备工作和施工过程中，各种资源都需要流动，在竣工后，还要解决施工队伍向新工地或返回驻地的转移问题。

（2）施工协作性高。公路工程类型多、施工环节多、工序复杂，又是关系国计民生的重要基础项目，每项工程又具有不同的功能、不同的施工条件，不仅要个别设计，还要个别组织施工，并且会牵扯到很多方面。这就需要涉及的建设、设计、施工等单位密切配合，需要材料、动力、运输、技术等各个部门通力协作。因此，施工过程中的综合平衡和调度、严密的谋划和科学管理就非常重要。

（3）施工周期长。公路工程产品形体庞大，产品固定又有不可分割性，使其施工周期长，在较长时间内大量占用和耗费人力、物力和财力。例如：安楚高速公路2002年12月进场到2005年6月27日建成通车。

（4）受外界干扰及自然因素影响大。公路工程施工大部分是露天作业，因此，受自然条件如气候冷暖、地势高低、洪水、雨雪等的影响很大；设计变更、地质情况、物资供应条件、环境因素等对工程进度、工程质量、成本等也有很大影响。

1.2 公路工程基本建设

1.2.1 基本建设项目

基本建设指固定资产的建筑、添置和安装，是国民经济部门为了扩大再生产而进行的增加固定资产的活动。公路工程基本建设主要是通过新建、扩建、改建和重建实现的。

建设项目是指在一个总体规划或设计范围内进行建设，实行统一施工、统一管理、统一核算，由一个或数个单项工程构成，将一定量的投资，在一定的约束条件下（时间、质量、资源），按照科学的程序，经过决策和实施，以形成固定资产为明确目标的一次性活动所形成的基本要素，也可以称为基本建设项目。建设项目应满足下列要求：

（1）技术上：在一个总体规划或设计范围内。
（2）构成上：由一个或几个相互关联的单项工程所组成。
（3）行政上：具有法人资格，具有独立组织形式。
（4）在建设过程中：经济上实行统一核算、行政上实行统一管理。

1.2.2 公路工程基本建设的内容

（1）建筑工程：路基、路面、桥涵、隧道、排水系统、安全防护设施、绿化、管理和养护房屋等的建设。

（2）安装工程：高速公路、大型桥梁所需各设备、仪器的安装以及附属于它们的管线敷设、支架安装及系统调试、试车等工作。

（3）设备、工器具及生产家具购置：为公路营运、管理、养护等的需要所购买的设备、工具、器具，以及为保证新建、改建公路初期正常生产、使用和管理所需办公和生活用家具、用具的采购或自制。如收费设备，监控设备，通信设备，供电设备，隧道的通风、照明、消防设备，养护用的机械设备（如路面养护用的沥青混合料拌和设备和摊铺机械）和工具、器具等的购置费。

（4）其他工程建设工作：不属于上述各项的基本建设工作，包括公路筹建阶段和建设阶段的勘察设计、征用土地、拆迁补偿、生产培训、建设单位管理等工作。

1.2.3 公路工程基本建设的分类

1. 按建设工程性质分类

公路工程基本建设项目按建设工程性质可分为新建项目、扩建项目、改建项目和重建项目。

2. 按建设规模分类

公路工程基本建设项目按建设规模分为大型、中型、小型项目。

《基本建设项目大中小型划分标准》规定，对于新建公路、扩建国防、边防公路和跨省干线长度＞200 km，独立公路大桥＞1000 m，为大、中型项目。

3. 按公路技术等级分类

《公路工程技术标准》（JTG B01—2014）规定，公路分为高速公路、一级公路、二级公路、三级公路、四级公路五个技术等级。

4. 按在公路网中的地位分类

《中华人民共和国公路管理条例实施细则》第三条规定，公路划分为国道、省道、县道、乡道、专用公路五个行政等级。

（1）国道：具有全国性政治、经济意义的主要干线公路。包括连接各大经济中心、港站枢纽、商品生产基地和战略要地的公路。

（2）省道：具有全省（自治区、直辖市）政治、经济意义，联结省内中心城市和主要经济区的公路，以及不属于国道的省际重要公路。

（3）县道：具有全县（旗、县市级）政治、经济意义，联结县内主要乡镇和主要商品生产和集散地的公路，以及不属于国道、省道的县际公路。

（4）乡道：主要为乡（镇）内部经济、文化、行政服务的公路，以及不属于县道以上公路的乡与乡之间及乡与外部联络的公路。

（5）专用公路：专供或者主要供厂矿、林区、油田、农场、旅游区、军事要地等与外部联络的公路。

5. 按公路的经济性质分类

公路工程基本建设项目按公路的经济性质分为经营性公路和非经营性公路。

经营性公路：包括有偿转让经营权的公路、实施公路企业资本化运营的公路、实施"建设-经营-转让"（BOT）等的公路。

非经营性公路：包括收费性的高等级公路（收费偿还本息，不以盈利为目的）、不收费的社会公益性公路。

1.2.4 基本建设项目的组成

一项建设项目，就其投资构成或物质形态而言，是由众多部分组成的复杂而又有机结合的总体，相互存在许多外部和内在的联系。要对一项建设工程进行管理，就必须对建设项目进行科学合理的分解，使之划分为若干简单、便于管理的部分或单元，达到对计量和计价都相对准确的程度。建设项目按照它的组成内容不同，从大到小、由粗到细可以分为建设项目、单项工程、单位工程、分部工程、分项工程五个层次。

1. 建设项目的组成、划分

（1）建设项目。

建设项目又称基本建设项目，一般指符合国家总体建设规划，能独立发挥生产功能或满足生活需要，其项目建议书经批准立项和可行性研究报告经批准的建设任务。如工业建设中的一个工厂、一座矿山，民用建设中的一个居民区、一幢住宅楼、一所学校，交通基础设施中的一条公路，一座独立大、中型桥梁或一座隧道等均为一个建设项目。

（2）单项工程：建设项目的组成部分，指具有独立的设计文件，竣工后能够独立发挥生产能力和使用效益的工程。如在工业建设工程中企业的各生产车间、办公楼、食堂、住宅等，民用建设工程中学校的教学楼、图书馆、食堂、学生宿舍、教职员工住宅等。其划分标准，由于工程专业性质、规模等的不同而不同。一个建设项目可以由一个单项工程组成，也可以由几个单项工程组成。公路中常把一条公路按要求划分成不同段落，作为独立的合同段，每个合同段作为一个单项工程，这些工程一般包括与已有公路的接线，建成后可以独立发挥交通功能。

（3）单位工程：单项工程的组成部分，是指具有独立的设计文件，可以单独组织施工，但建成后不能够独立发挥生产能力和效益的工程。如独立合同段的路基、路面、大桥、隧道等。一个单项工程由若干个单位工程组成，单位工程一般是进行成本核算的对象。

（4）分部工程：单位工程的组成部分，一般根据主要部位、工程结构、施工工艺等，并考虑在工程实施过程中便于进行工程结算和经济核算来划分。如按工程部位划分为路基工程、路面工程、桥梁基础、上下部等。

分部工程（公路工程专用合同条款 1.1.3.12）：在单位工程中，按结构部位、路段长度及施工特点或施工任务划分的若干个工程。

（5）分项工程：分部工程的组成部分，是按不同的施工方法、不同的材料、不同的规格等标准，对分部工程所做的进一步分类。它是预算定额的基本计量单位，故也称为工程细目或工程定额子目，是可以计量计算的中间产品，是最基本的计价单元。如路面工程可分为级配砾石路面、沥青混凝土路面等。

分项工程（公路工程专用合同条款 1.1.3.13）：在分部工程中，按不同的施工方法、材料、工序及路段长度等划分的若干个工程。

2. 单位、分部及分项工程的划分

建设项目的组成、划分和民用与工业建筑有所不同，其概念、内涵也不尽相同。公路工程建设项目实施前，一般根据投资、工作难度、工程量等划分出标段作为单项工程招标，施工中整个建设项目统一划分出单位、分部及分项工程（简称单元的划分）。单元划分是工程质量管理、进度管理、合同管理、数量管理的基础，也是保证竣工文件具有层次性、规范性、系统性的主要依据。

单元划分经批准后，施工单位、监理单位、法人等参建单位都必须严格执行。质量中间检查和竣工验收、中间计量支付和竣工结算等均以此为依据。

公路工程的单位、分部及分项工程由施工单位按《公路工程质量检验评定标准》（JTG F80/1—2016）附录 A 要求，结合工程特点进行划分，并报监理单位或建设单位审核。对于附录 A 未涵盖的分项工程、分部工程和单位工程，可由建设单位组织监理单位、施工单位协调确定。一个建设项目中，项目法人和总监办一般应对工程单元划分提出明确要求，并统一单元划分的样表。其划分示例见表 1.1。

表 1.1 公路工程单位、分部及分项工程划分示例

单位工程	分部工程	分项工程
路基工程	路基工程	路基、路槽、路肩、边坡、截水沟等
	软土地基处理（约 1000 m 或独立段为一个分部工程）	袋装砂井、塑料排水板、石灰砂桩、振冲碎石桩、挤密砂桩、土工布等

续表

单位工程	分部工程	分项工程
路基工程	小桥、涵洞(每座、道)	管涵、盖板涵、箱涵、拱涵、箱(管)顶进等
	砌筑工程(约1000 m或独立段为一个分部工程)	挡土墙、边沟、水渠、护坡、排水沟、其他
路面工程	基层、底基层(1~3 km)	×××面层(例如沥青混凝土面层)、×××基层、×××底基层、磨耗层、保护层、人行道、侧石、护栏墙(柱)等
	面层(1~3 km)	
桥梁工程(大、中桥)	桥梁下部工程	挖基、基础(承台)、钻孔桩、挖孔桩、打入桩、沉井、方桩预制、墩台身、墩台帽、钢筋、锥坡砌筑等
	桥梁上部工程 上部构造预制	混凝土构件预制(包括预应力构件)、钢筋、预应力筋制作、预应力钢筋张拉、管道压浆、拱圈预制、栏杆、扶手预制、小型构件预制等
	桥梁上部工程 上部构造安装	大梁安装(包括人行道安装)、箱梁顶推、箱梁悬臂拼装、悬臂现浇、预制箱梁顶推台座及导梁安装、拱圈砌筑、拱上建筑、人行道块状安装等
	桥梁上部工程 桥面铺装	桥面铺装、栏杆及扶手安装、侧(缘)石安装(包括人行道板铺装)、照明灯柱安装等
	防护工程	基础、圬工砌筑、护岸工程等
	引道工程	路基、砌筑、护栏柱(墙)、护桥房等
隧道工程	隧洞开挖	隧洞开挖(分段)
	隧洞衬砌	隧洞衬砌、排水及回填
	隧道路面	隧道路面、排水等
路用房屋	房 基	房基、砌筑工程、抹灰、安装、水压试验、地面工程、油漆、玻璃安装、钢筋、构件
	砌 体	
	装 饰	

1.2.5 基本建设投资

1. 投资的构成

基本建设投资:以货币形式表现的基本建设工作量,是基建项目从筹建到竣工验收、交付使用的全部费用。基本建设投资,包括:

(1)建筑安装工程费。

(2)设备、工具、器具的购置费。

(3)其他基本建设费(如征用土地、青苗、拆迁补偿,建设单位管理费,勘察设计费,研究试验费等)。

(4)预留费用。

建设项目有四个阶段,即规划与研究阶段、设计阶段、施工阶段和交付使用阶段,每个阶段都贯穿着资金的运动。

2. 我国公路基本建设的投资来源

《中华人民共和国公路法》第二十一条规定:筹集公路建设资金,除各级人民政府的财政拨款,包括依法征税筹集的公路建设专项资金转为财政拨款外,可以依法向国内外金融机构或者外国政府贷款。公路投资来源可以通过国家、企业、个人、银行贷款等多渠道融资,主要是国家预算内基建拨款及专项拨款,部门、地方和企业自筹投资,以及国内外基本建设贷款。

（1）国家投资：由国家预算直接安排的投资,通过财政拨款,按进度分期拨给建设单位。

（2）地方投资：在国家预算之外,由各地区、各部门按国家有关规定自筹资金安排的投资。

（3）银行贷款：是以银行为主体,根据信贷自愿的原则,依据经济合同所实行的有偿有息投资。

（4）国外资金：在国家统一政策指导下,积极慎重地引进国外先进技术和投资,以弥补我国建设资金的不足,加速我国经济建设的发展。

（5）其他资金来源。

其他资金来源主要指联营投资、股票投资、发行债券等。由于公路建设资金不足,我国已制订发展交通建设的政策,建立了国家公路建设特别基金如下：① 养护税费改革增加投资；② 增加车辆购置附加费；③ 允许集资、贷款修建高速路、独立大桥、隧道,以收取一定费用偿本还息；④ 确定能源、交通基金返还,实行"以工代赈"地方集资等政策和措施。这些都使公路建设部门资金有长期稳定的来源。

1.2.6　公路基本建设程序

基本建设程序是指基本建设项目从策划、选择、评估、决策、设计、施工、竣工验收到投入生产或交付使用的整个建设过程中,各项工作必须遵循的先后次序。公路工程基本建设必须严格执行国家基本建设程序。一般由地方（省、市）政府主管部门下达任务,对其中列入基本建设投资的必须全国统一基本建设计划,按照国家规定和要求进行基本建设活动管理。

公路基本建设项目涉及面广,受地质、气候、水文等自然条件和资源供应、技术水平等物质条件的严格制约,需要内外各个环节的密切配合,并按照符合既定需要和有科学根据的总体设计进行建设。《公路法》第二十二条规定："公路建设应当按照国家规定的基本建设程序和有关规定进行。"该规定用法律形式确定了公路基本建设程序制度。公路基本建设程序不仅是公路建设质量的保障,也是公路建设科学管理的内容之一。

交通部令 2006 年第 6 号《公路建设监督管理办法》第八条规定："公路建设应当按照国家规定的建设程序和有关规定进行。政府投资公路建设项目实行审批制,企业投资公路建设项目实行核准制。县级以上人民政府交通主管部门应当按职责权限审批或核准公路建设项目,不得越权审批、核准项目或擅自简化建设程序。"

1. 政府投资公路建设项目的程序

交通部令 2006 年第 6 号《公路建设监督管理办法》第九条规定,政府投资公路建设项目的实施,应当按照下列程序进行：

（1）根据规划,编制项目建议书。

（2）根据批准的项目建议书,进行工程可行性研究,编制可行性研究报告。

（3）根据批准的可行性研究报告,编制初步设计文件。

（4）根据批准的初步设计文件,编制施工图设计文件。

（5）根据批准的施工图设计文件,组织项目招标。

（6）根据国家有关规定，进行征地拆迁等施工前准备工作，并向交通主管部门申报施工许可。

（7）根据批准的项目施工许可，组织项目实施。

（8）项目完工后，编制竣工图表、工程决算和竣工财务决算，办理项目交、竣工验收和财产移交手续。

（9）竣工验收合格后，组织项目后评价。

国务院对政府投资公路建设项目建设程序另有简化规定的，依照其规定执行。

2. 企业投资公路建设项目的程序

交通部令2006年第6号《公路建设监督管理办法》第十条规定，企业投资公路建设项目的实施，应当按照下列程序进行：

（1）根据规划，编制工程可行性研究报告。

（2）组织投资人招标工作，依法确定投资人。

（3）投资人编制项目申请报告，按规定报项目审批部门核准。

（4）根据核准的项目申请报告，编制初步设计文件，其中涉及公共利益、公众安全、工程建设强制性标准的内容应当按项目隶属关系上报交通主管部门审查。

（5）根据初步设计文件，编制施工图设计文件。

（6）根据批准的施工图设计文件，组织项目招标。

（7）根据国家有关规定，进行征地拆迁等施工前准备工作，并向交通主管部门申报施工许可。

（8）根据批准的项目施工许可，组织项目实施。

（9）项目完工后，编制竣工图表、工程决算和竣工财务决算，办理项目交、竣工验收。

（10）竣工验收合格后，组织项目后评价。

3. 公路基本建设程序

公路基本建设程序的主要工作环节见图1.1。

1）预可行性研究，编制项目建议书

预可行性研究：根据国民经济发展规划、路网规划和公路建设五年计划，通过踏勘和调查研究，提出项目建议书。项目建议书是进行各项准备工作的依据，是国家选择建设项目和有计划进行可行性研究的依据。

项目建议书的内容：建设规模、技术标准、资源配置、建设条件、投资估算及资金筹措。

2）工程可行性研究，编制工程可行性研究报告

以批准的预可行性研究的项目建议书为依据，在评价预测和必要的勘察工作的基础上，对项目建设的必要性、技术可行性、经济合理性等进行综合的论证，并编制可行性研究报告。

规定：新建、扩建的大中型项目以及所有利用外资进行基本建设的项目都必须有可行性研究报告。

要求：工程可行性研究的投资与初步设计概算之差，应控制在10%以内。

内容：建设项目依据、历史背景、综合运输网的现状及建设项目在运输网中的地位、作用；原有公路的技术状况及适应程度；论述项目所在地的经济特征，研究项目与经济发展的关系；预测交通量、运输量的发展水平；建设项目所在地的地理位置、地形、地质、地震、气候、水文等自然特征；筑路材料的来源及运输条件；论证不同建设方案的路线起终点，建设规模、标准，提

出推荐意见；评价建设项目对环境的影响，测算主要工程量和征地、拆迁量，估算投资额，提出资金筹措方案，提出勘测、设计、施工安排意见，确定运输成本及有关经济参数，进行经济评价。

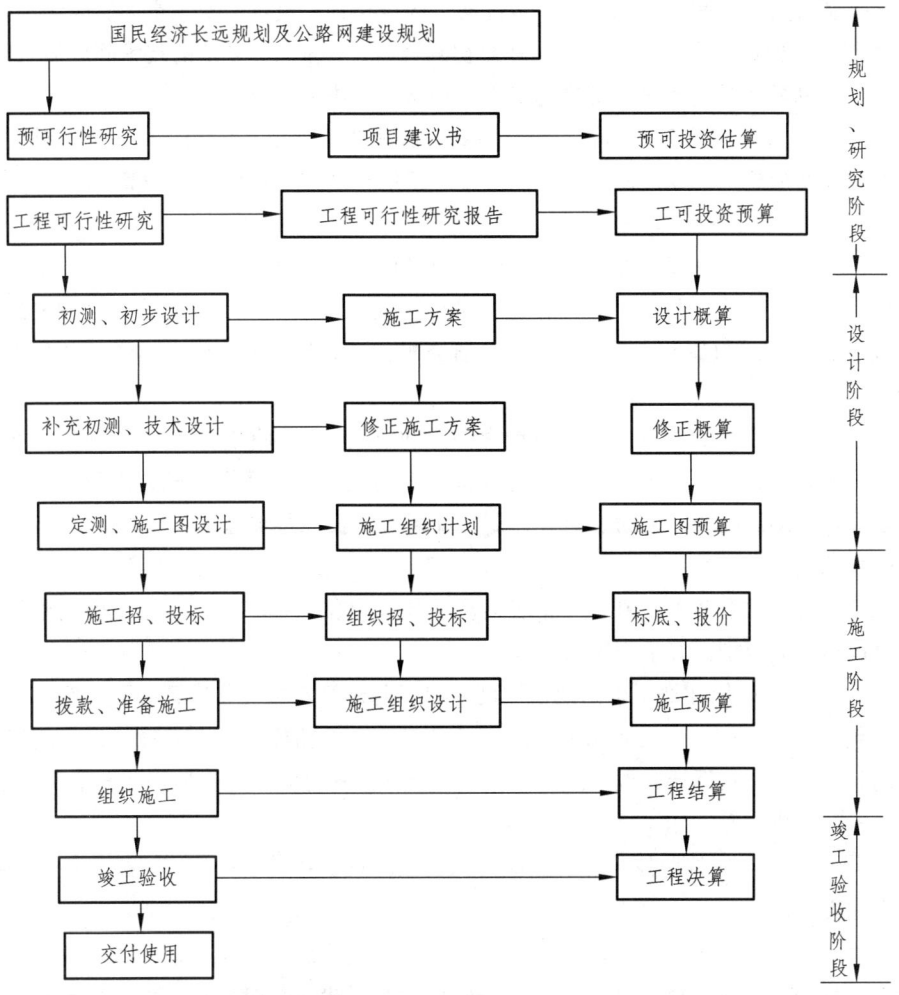

图 1.1 公路工程基本建设程序

工程可行性研究报告的作用：经批准后，作为编制设计文件的依据。

项目决策审批：项目主管单位或业主，根据可行性研究报告的评价结论，结合国家宏观经济条件等实际情况，对项目是否建设、何时建设进行审定。

对于企业不使用政府投资建设的项目，一律不再实行审批制，区别不同情况实行登记备案制和核准制。

3）设计文件

设计单位应根据工程可行性研究报告的要求编制设计文件。设计文件是安排建设项目、控制投资、编制招标文件、组织施工和竣工验收的依据。设计文件根据工程结构的复杂性和难易程度，可划分为：

一阶段设计：施工图设计。适用于技术简单、方案明确的小型项目。

两阶段设计：初步设计和施工图设计。适用于一般工程项目。

三阶段设计：初步设计、技术设计和施工图设计。适用于技术复杂而又缺乏建设经验的项目。

① 初步设计：应根据批准的可行性研究的要求和初测资料，拟定修建原则，选定设计方案，计算工程量，提出施工方案的意见，编制设计概算，提供文字说明及图表资料。初步设计经批准后，是国家控制投资和编制文件的依据，是订购、调拨材料、机具，安排重大实验项目等的依据。

② 技术设计：根据批准的初步设计和补充初测资料，对重大、复杂的技术问题通过科学实验，专题研究，加深勘探及分析比较，解决初步设计中未能解决的问题。

③ 施工图设计：审定修建原则，对设计方案、技术决定加以具体和深化，最终确定工程量，提出文字说明和适应施工需要的图表资料以及施工组织计划，编制施工图预算。

4）列入国家年度基本建设计划

建设项目的初步设计和概算经上级批准后，项目可列入国家基建计划。

年度计划：年度工作的指令性文件，建设单位应根据国家发展和改革委员会颁发的年度基本建设控制数字，按批准的基本建设项目可行性研究报告和设计文件，编制本单位的年度基本建设计划。

年度计划为安排生产、物资分配、劳动力调配和财政拨款的依据。年度计划经批准后，建设单位的工作内容包括：根据工程具体情况对在该年度内应完成的建设规模、工程量、工作量等作出具体计划安排，编制物资、劳力、财务计划，并通过招投标落实施工单位。

5）施工准备

为了保证工程的顺利进行，在施工准备阶段，建设单位、勘察设计单位、施工单位、工程监理单位和建设银行应分别做好下列准备工作：

① 建设主管部门应依计划要求的建设进度，组织基建管理机构，准备必要的施工图纸，组织招标投标（包括监理、施工、设备采购、设备安装等方面的招标投标）并择优选择施工单位，签订施工合同，办理登记及拆迁，做好沿线有关单位或部门的协调工作。抓好配套落实，组织材料、设备、技术资料的供应等工作。

② 勘测设计单位：应按照技术资料供应协议，按时提供各种图纸资料，做好施工图纸的会审及移交、交底工作。

③ 施工单位：组织力量核对设计文件，进行补充调查和施工测量；编好实施性施工组织设计和施工预算；接通水、电，修筑便道、便桥、通信线路，建立临时生产基地和生活基地；安排好施工所需的劳动力、材料、机械、工具和生活供应等工作；组织材料及物资采购、加工、运输、供应、储备等工作；提出开工报告，按投资隶属关系报请交通部或省（市）、自治区基建主管部门核准；施工中涉及与其他部门有关的问题，应事先联系，签订协议。

④ 工程监理单位：组织满足协议规定和工作需要的监理人员进驻工地，配备足够数量的试验设备，并建立监理试验室；熟悉合同文件，进行现场复查和施工环境调查；制定监理办法、计划、监理程序和监理实施细则以及监理用表；审批承包人的施工组织计划、质量保证体系、人员、设备投入，检查进场材料和工程现场占地，验收施工放线等施工准备工作。

⑤ 建设银行：应会同建设、设计、施工、工程监理单位做好图纸的会审；严格按计划要求进行财政拨款或贷款；做好建设资金的供应工作。

6）组织施工

交通运输部 2015 年第 11 号《公路建设市场管理办法》第二十五条规定，项目施工应当具备以下条件：① 项目已列入公路建设年度计划；② 施工图设计文件已经完成并经审批同意；③ 建设资金已经落实，并经交通主管部门审计；④征地手续已办理，拆迁基本完成；⑤施工、监理单位已依法确定；⑥已办理质量监督手续，已落实保证质量和安全环保的措施。

具备施工条件后施工单位按照施工程序合理地组织施工，施工中应严格按照设计要求和施工规范确保工程质量。

业主应实行监理制度：对项目的质量、进度、费用等进行全方位的监控。

7）竣工验收，交付使用

竣工验收包括对工程质量、数量、期限、生产能力、建设规模、使用条件的审查，对建设单位和施工单位编报的固定资产移交清单、隐蔽工程说明和竣工决算等进行细致检查。特别是竣工决算，它是反映整个基本建设工作所消耗的全部国家建设资金的综合性文件，也是通过货币指标对全部基本建设工作的全面总结。竣工验收一般由主管部门组织，委托各省市自治区直辖市的质量监督站验收，参与人包括：监督站、监督站聘请的专家团、业主、设计、监理、承包人、工程接收单位（即养护单位）。验收内容包括：施工方与业主方的竣工资料，施工现场选一代表路段和或桥进行现场实测（含外观）。

当全部基建工程经验收合格，应立即移交给生产部门正式使用，迅速办理固定资产交付使用的转账手续，加强固定资产的管理。

8）后评价阶段

工程项目竣工投产、生产运营一段时间后，再对项目的立项决策、设计施工、竣工投产、生产运营等全过程进行系统评价。通过后评价达到总结经验、研究问题、吸取教训、提高项目决策水平和投资效果的目的。实际工作中，人们往往从影响评价、经济效益评价、过程评价三个方面对建设项目进行后评价。

养护和大中修工程，即固定资产的更新与技术改造，原则上也应参照基建程序，按交通部有关规定执行。

1.3 公路工程造价

1.3.1 公路工程造价的定义

工程造价通常是指工程的建造价格。由于所站的角度不同，工程造价有不同含义。

第一种含义：工程造价是指一个建设项目从立项开始到建成交付使用预期花费或实际花费的全部费用。此时，建设工程造价由建筑安装工程费、设备、工具、器具及家具购置费、工程建设其他费及预备费等组成。

第二种含义：工程造价是指为建成一项工程，预计或实际在工程发承包交易活动中所形成的工程价格。工程造价的第二种含义是以工程这种特定的商品形式作为交易对象，通过招投标、承发包或其他交易方式，最终由市场确定的价格。在这里，工程的范围和内涵既可以是涵盖范围很大的一个建设项目，也可以是一个单项工程，甚至也可以是某个分部工程。

工程造价的两种含义是从不同角度把握同一事物的本质。对建设工程的投资者来说，面对市场经济条件下的工程造价就是项目投资，是"购买"项目要付出的价格，同时也是投资者在作为市场供给主体时"出售"项目时定价的基础。对于承包商、供应商和规划、设计等机构来说，工程造价是他们作为市场供给主体出售商品和劳务的价格总和，或特指范围内的工程造价，如建筑安装工程造价。

1.3.2 公路工程造价的价格规律

建设项目也是商品，具有商品属性。影响商品价格形成的经济规律主要是价值规律、纸币流通规律、供求规律。

1. 价值规律

价值规律是商品生产的一般规律，是指社会必要劳动时间决定商品价值的规律。而价格是以货币形式表现的商品价值。按照价值规律要求，商品的价格以价值为基础，商品交换也要以等量价值为基础。但并不是说价格和价值在任何情况下都要相同。价格以价值为基础，又不断背离价值。

因此，工程造价应以完成该工程的社会必要劳动时间为基础来确定，即以社会平均水平为基础来确定，但同时也要认识到工程造价水平是不断波动的。

2. 纸币流通规律

纸币流通规律是纸币流通量与纸币币值关系的规律。价格与单位纸币所代表的价值量成反比。单位纸币所代表的价值量越大，商品价格总额越小，所需要的纸币流通数量越少；相反，单位纸币所代表的价值量越小，商品价格总额越大，纸币流通数量越多。纸币流通量超过客观需要量时，纸币就会贬值，商品价格就会上涨。

货币币值的稳定性，决定了价格的稳定性。货币币值不稳定，必然引起价格的波动。

因此，我们在确定工程造价时，要注意同一种货币在不同时点币值的变化，以及不同货币之间的汇率变化。这些变化会影响工程造价。

3. 供求规律

供求影响价格。供求关系影响获利，影响投资的流向，影响需求。要注意建设领域的供求关系，确定造价时需要考虑供求规律。

通过对影响价格形成的经济规律的认识，我们可以意识到造价高低是由经济规律决定的，因此在工程造价管理中，应该按经济规律办事，实事求是地确定造价，不有意抬高或压低工程造价。

1.3.3 公路工程计价特征

公路工程建设项目是商品，但又不同于一般的商品，它有其特殊性。一般工农产品业商品是先生产后定价，价格是在本产品实际成本基础上确定的，而建设项目的突出特点是先定价后生产。在定价时还未实施，所以其造价的计算具有估算的性质。工程计价是计算和确定建设项目及其组成部分的工程造价，具体是指在建设项目的各个阶段，根据不同要求，遵循计价原则和程序，采用科学的计价方法，对投资项目最可能实现的合理价格做出科学的计算，从而确定投资项目的工程造价，编制工程造价经济文件。

1. 工程计价的组合性

由于建设项目实物形体庞大，项目构成复杂，需要单独设计、单独施工，不能批量生产，也不能简单直接计算出整个项目价格，更不能将整个建设项目作为整体进行造价管理，必须将庞大的建设项目进行分解，分别进行造价管理，再进行组合，汇总出建设项目的总造价。

计价的过程一般为：分部分项工程计价→单位工程造价→单项工程造价→建设项目造价。工程造价的计价过程就是一个先分解再逐渐组合的过程（图1.2）。

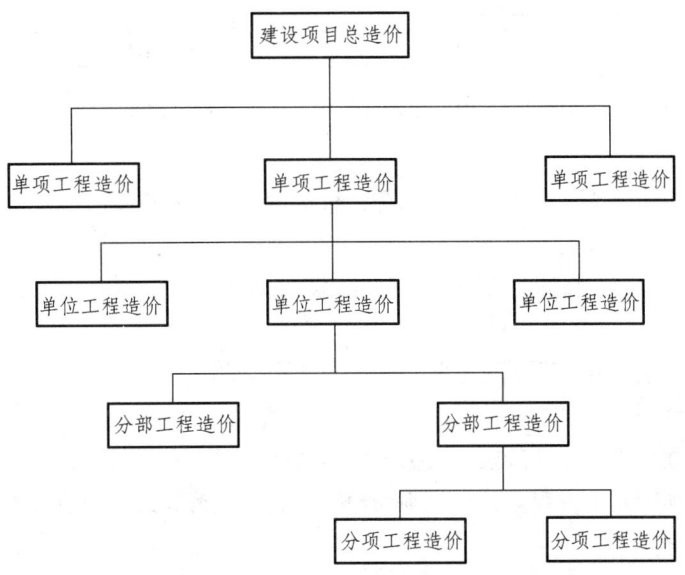

图 1.2　计价的组合性示意图

如某一公路建设项目，可分解为第一合同段、第二合同段等单项工程，合同段中又可分为路基工程、路面工程等单位工程，路面工程又可分为基层、底基层、面层等分部工程，面层又可分为级配砾石路面、沥青混凝土路面等分项工程。一般分项工程或其子项工程就可以列为清单进行计量，分别计算出各部位的费用，再进行组合，汇总出建设项目的总造价。

2. 计价的单件性

建设项目是以形成固定资产为明确目标的一次性活动。公路工程项目必须适应工程所在地的气候、地质、水文等自然客观条件和不同等级、用途、规模、结构等需要，由此形成的实物形态千差万别，没有完全相同的两个建设项目。因此，每项工程都必须根据自身的具体情况，单独计价，反映特定空间、时间和约束条件下的价格。

3. 计价的多次性

建设项目周期长、规模大、造价高，根据不同阶段的造价管理任务和内容，需要分阶段掌握造价资料，进行多次计价，对其进行监督和控制，保证计价的准确性和控制的时效性。多次性计价过程见图1.3。

（1）投资估算。

在项目建议书、可行性研究、方案设计阶段应编制投资估算，它是可行性研究报告的重要组成部分。经批准的投资估算是工程造价的目标限额，它是编制概预算的基础。

方法：常采用投资估算指标、类似工程的造价资料等对投资需要量进行估算。

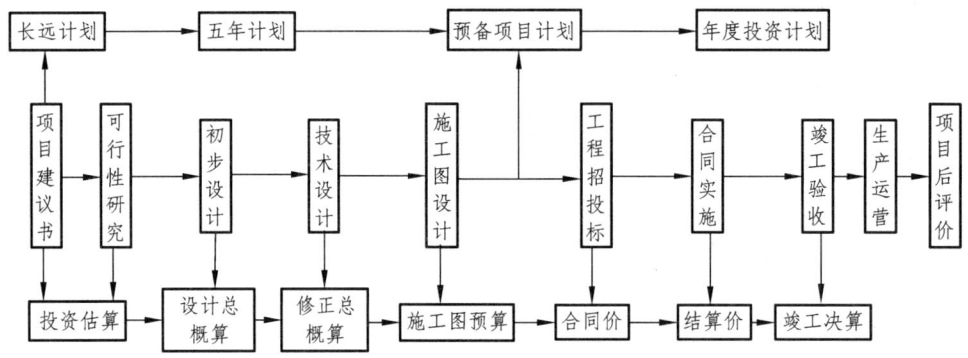

图 1.3 项目建设各阶段多次性计价示意图

(2)设计概算。

设计概算是初步设计文件的重要组成部分,包括建设项目总概算、单项工程综合概算和单位工程概算。

方法:采用概算定额、概算指标等编制项目的总概算。

(3)修正概算。

技术设计阶段,根据技术设计的要求编制修正概算文件。

(4)施工图预算。

施工图预算是在施工图设计阶段,根据已批准的施工图,在施工方案(或施工组织设计)已确定的前提下,按照一定的工程量计算规则和预算编制方法编制的工程造价文件,是施工图设计文件的重要组成部分。

(5)合同价。

合同价是在工程招投标阶段,通过签订建设项目总承包合同、建筑安装工程承包合同、设备材料采购合同,以及技术和咨询服务合同所确定的价格。合同价是承发包双方根据市场行情共同认可的成交价格。

(6)结算价。

考虑实际发生的工程量增减、设备材料价差等影响工程造价的因素,按合同规定的调整范围及调整方法对合同价进行必要的调整,由此确定的结算价,是确定工程收入、考核工程成本、进行竣工决算的依据。

(7)竣工决算。

在工程项目竣工交付使用时,建设单位编制的竣工决算,反映了建设项目的实际造价和建成交付使用的资产情况,是最终确定的实际工程造价。

可见,项目建设过程中造价不是固定的、唯一的,而是随着工程的进行,逐步深化、逐步细化,多次计价后达到实际造价的过程。

4. 计价方法的多样性

不同阶段的造价计价方法有所不同,如概算阶段可采用概算指标法、概算定额法。

由于项目建设各阶段所掌握的条件、资料深度不同,计算的准确度要求不同,计价的方法也不同,所以即使是同一阶段的造价,其计价方法也有多种。

(1)投资估算一般采取类似工程比较法、生产能力系数法、估算指标法等进行编制。

(2)初步设计总概算一般采取概算指标法、概算定额法、类似工程预算法编制。当图纸完整,细部构造及做法均有大样图，工程量已能准确计算，施工方案比较明确时，也可采用定额法或实物量法。

（3）施工图预算采取按施工图计算工程量，按预算定额计算实物消耗，按市场价格计价，按费用定额计算各项费用、利税。

（4）投标报价则采取按清单工程量、按企业定额计算实物消耗，按市场价格计价，同时考虑自身的经营状况和工程风险等因素而得到的综合价格。

（5）施工预算则采取按施工图和实际情况计算工程量，按企业定额计算实物消耗，按市场价格计价，同时考虑自身的经营状况和工程风险等因素而得到的综合价格。

（6）工程结算则采取已完成并符合合同要求的清单工程量和变更工程量，按清单价格和变更价格计算而得到的综合价格。

不同的计价方法适用的条件不同，在计价时应正确选择。

5. 计价依据的复杂性

由于工程造价的构成复杂，影响因素多，且计价方法多样，其计价依据种类多，并在不同计价阶段计价依据又有差别，见图1.4。

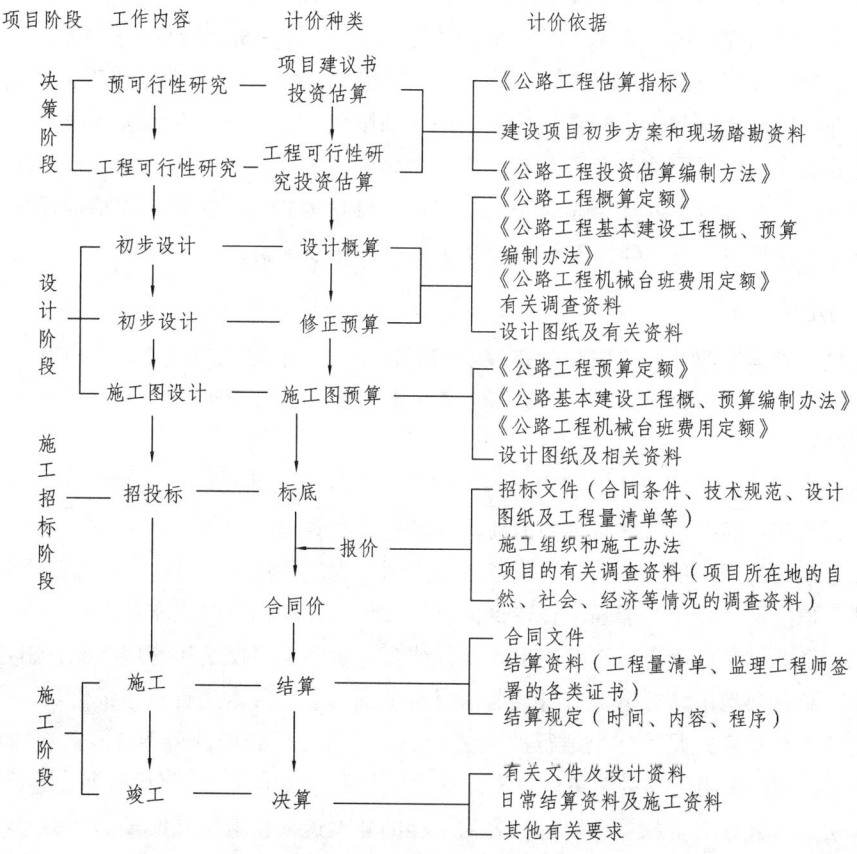

图1.4 计价依据的复杂性

1.3.4 公路工程计价模式

建设项目工程造价的计价模式是与社会经济体制相适应的。随着我国经济体制和工程造价管理体制改革的不断深入，建设项目工程造价的计价模式也相应发生了根本的变化，经历了三种不同的计价模式。

1. 政府定价模式

政府定价模式，即定额计价模式。政府通过定额制定"量价合一"的工程造价计算标准，既规定了单位工程量的实物资源消耗数量标准，又规定了单价及各种取费费率和计算办法。政府是工程造价的主体，它限定不同级别的企业在计价时必须执行同一种标准的定额费用，发包人只能处于从属地位，不能自主定价，只能按照政府的"取费依据和标准"计算。

2. 政府指导价模式

政府指导价模式，即"定额量、指导价、竞争费"的量价分离计价模式。

这里讲的"定额量"，是指单位工程量的人工、材料、施工机械台班量等实物资源消耗"量"，按政府工程造价主管部门颁布的"定额"规定的消耗量标准计算；"指导价"是指人工、材料、机械台班的预算价格，按政府造价主管部门定期发布的"指导价格"（又称中准价、信息价等）计算；"竞争费"是指其他直接费、间接费、利润等取费费率，由政府造价主管部门制定指导性费率标准，企业可依据自身具体情况确定投标费率进行竞争。

从实际执行情况看，政府工程造价主管部门发布的工、料、机指导价（中准价），一般略高于市场实际成交价；按定额及指导价价格、费率计算的工程预算造价，一般高于工程招标实际中标价。

按照计划要留有余地和审定概算是投资控制最高限额的要求，目前已被普遍使用。但在编制招标控制价或投标报价时要注意，因与市场竞争规则和《中华人民共和国招标投标法》中规定的中标条件相悖，这种计价模式还不是真正的市场经济计价模式，而是在工程招标投标尚未完全成熟时，为避免低价恶性竞争和确保工程质量而采用的一种过渡模式。

3. 市场定价模式

工程造价管理体制改革的最终目标是逐步建立以市场竞争为主的价格形成机制，逐步建立起由政府颁布的基础定额作为指导的、通过市场竞争形成工程造价的机制。

其内容是：

（1）由政府行业主管部门统一制定符合国家标准、规范，并反映一定时期施工水平的人工、材料、机械等消耗量标准，实现对定额消耗量标准的宏观管理。

（2）制定统一的工程项目划分和工程量计算规则，为工程量清单计价报价创造条件。

（3）建立信息网络系统，加强工程造价信息的收集、处理，及时发布信息。

（4）施工企业可在行业统一定额的指导下，结合企业自身的技术和管理情况，制定企业定额，并在投标中，结合当地市场行情、自身经营情况及个别成本等要素进行自主报价。

工程量清单计价模式是国际上通行的做法，是市场定价模式中的典型代表。在国内工程建设领域，公路工程建设采用工程量清单计价模式是比较早的。20世纪80年代后期，随着改革开放的不断深入，引入世界银行贷款等外资进行公路工程的建设进入快速发展时期。1987年2月开始施工的西安—三原一级公路就采用了工程量清单计价模式。原交通部《公路工程国内招标文件范本》（1999年版、2003年版），《公路工程标准施工招标文件》（2009年版），均采用工程量清单计价模式。

通过市场竞争形成工程价格的计价模式，即市场定价模式，这是法定招标建设项目必须严格执行的计价模式。

以上三种计价模式各有特点，定额计价模式可在项目决策阶段编制投资估算时参考使用；"定额量、指导价、竞争费"的量价分离计价模式可用于概、预算编制；工程量清单计价模式是通过市场竞争形成价格的模式，是市场定价模式的典型代表，在公路工程招投标中应用广泛。

1.3.5 公路工程造价的编制方法

公路工程造价的编制方法主要有单价法和实物量法两种。

1. 单价法

单价法，就是利用各地区、各部门编制的建筑安装工程单位估价表或预算定额基价，各分项工程量分别乘以相应单价或预算定额基价并求和，得到直接工程费，再加上其他工程费，得出直接费，再按规定的各项取费费率，求出该工程的间接费、利润及税金等费用，最后将上述各项费用汇总为单位工程造价的方法。

2. 实物量法

实物量法，就是分别确定各分项工程的人工、材料、施工机械台班的定额消耗量，汇总成单位工程人工、材料、施工机械台班消耗数量，然后再乘以当时当地人工工日单价、各种材料单价、施工机械台班单价，求出相应的人工费、材料费、机械使用费，再加上其他工程费，得出直接费，再按规定的各项取费费率，求出该工程的间接费、利润及税金等费用，最后将上述各项费用汇总为单位工程造价的方法。

实物量法的优点是能够直观反映施工成本，较准确地计算工程建设所需要的资源消耗，计算出的项目造价更加接近于实际投资，是我国公路造价常用的方法。

实物量法主要解决"干什么、怎么干、多少价和什么费"四个问题。

"干什么"就是对项目进行分项。根据设计图表和编制要求规定（如概预算编制办法规定的项目表或工程量清单）对项目进行分项，合理地表达项目的分项层次、工作内容和工程量。这就要求造价人员要有扎实的专业知识。

"怎么干"就是确定实物（人工、材料、机械台班等）消耗量。根据项目的分项表、施工组织方案对每一分项进行组价，即套定额，要求每一分项的工作内容必须和定额细目组合的工作内容一致。这就要求造价人员既熟悉专业的施工技术又熟悉本专业的定额体系。

"多少价"就是确定套定额分析出的实物资源当时当地的预算单价。这就要收集当时当地的相关文件和规定（如人工工资、税费标准等）及材料价格信息和运杂费方案等。

"什么费"就是确定费率标准、费用组成。定额组价完成后，紧接着是划分工程类别，按编制办法进行取费，这时主要是考虑除直接工程费之外的其他因素影响，如冬雨夜施工、高原、行车干扰等。

实物量法的五大要素是分项、工程量、定额、费率、单价。实物量法的一般表达式为：

预期项目造价=$\sum$（分项数量×定额实物消耗×实物单价+基数×费率）

1.3.6 公路工程计价要素

1. 预算工程量

预算工程量包括以下两部分：工程实体数量（应确定施工方法）；施工措施工程量，包括因某施工方案导致的辅助工程量（在设计图纸上不出现，取决于施工组织设计）和大临工程或现场平面布置导致的临时工程量。

2. 工料机消耗量（定额水平）

在正常条件下，完成合格的单位数量分项工程所消耗的工料机数量，是确定工程成本的重要因素。承包人投标报价用的定额必须以反映其个别成本的企业定额为基础，适当参考行业统一定额。招标人编制的控制价，无法确定未来承包人的个别成本，以反映行业平均水平的预算定额为基础，确定工料机消耗。

3. 工料机预算价格

工料机预算价格，用于确定直接工程费，应具备以下两个条件：

（1）尽可能反映工料机的实际市场供应价，要求做好充分的工料机市场价格调查。

（2）预算价格中必须包括分摊至该工料机要素中的全部成本或费用，如材料预算价格必须包括出厂价、自供应地到工地的运杂费、场外运输损耗及材料采购及保管费等费用。但工料机预算价格不应包含需单独计算的综合取费和利润、税金因素。

4. 综合费率

承包人在确定工程成本或报价时，对于除直接工程费以外的其他工程费、企业管理费、利润，以本单位的实际情况为依据，确定竞争性的各项费率；对于税金、规费执行规定。招标人确定控制价时，各项费率一般按行业或地方的编制办法或补充办法等执行。

5. 计价规则或计价程序

公路工程计价一般按行业颁布《公路工程基本建设项目概算预算编制办法》（JTG B06—2007）或地方的补充办法中规定的计价规则、计价程序计算建筑安装工程费和其他费用，反映的是以上四种要素的整合方式。

习 题

1. 公路建设有哪些特点？
2. 简述公路建设项目是如何划分的？是按什么过程来组价的？
3. 什么是分部工程、分项工程？
4. 公路基本建设包括哪些内容？
5. 公路建设的资金主要来自于哪些方面？随着市场经济改革的不断深入，我国将如何筹集公路建设资金？
6. 我国政府投资公路基本建设的程序是怎样的？在各阶段应编制什么造价文件？
7. 公路工程计价的特点是什么？请举一个事例说明。
8. 公路工程计价模式有哪几种？各适用于什么情况？
9. 以某公路工程为例，分析影响公路工程计价的基本要素有哪些？
10. 说说公路几种计价模式的联系和区别。
11. 填空题

1) 公路建设的内容有小修保养、_____ 和_____。
2) 公路基本建设是指 _____。
3) 公路基本建设的内容主要有 _____、_____、_____。
4) 公路基本建设项目可划分为_____、_____、_____、_____、_____。
5) 单位工程是指 _____。

12. 公路工程造价的定义是什么？
13. 简述公路工程造价计价原理。

2 公路工程造价构成

2.1 公路工程造价费用构成

2.1.1 建设项目总投资

根据《公路工程基本建设项目概算预算编制办法》（JTG B06—2007）（以下简称"07编办"）和《关于公布公路工程基本建设项目概算预算编制办法局部修订的公告》（交通运输部公告2011年第83号）（以下简称2011年第83号文）的规定，公路工程建设项目总投资由建筑安装工程费，设备、工具、器具及家具购置费，工程建设其他费用及预备费组成。其构成如图2.1。

2.1.2 建筑安装工程费

建筑安装工程费指建筑物的建造费用和设备安装费用两部分。前者又常称为土建工程，是建筑业按照预定的建设目的直接完成的施工生产成果，是一种创造价值和转移价值的施工生产活动，必须通过兴工动料才能实现。

公路建设项目中设备安装工程主要指高等级公路中的管理设施的安装，如收费站的收费设施安装、通信系统的设施安装、监控系统的设施安装、供电系统的设备安装，以及某些隧道的通风设备、供电设备的安装等。但桥涵工程及其他混凝土工程中的预制构件的安装，不属于设备安装工程，而是建筑工程中混凝土工程施工的一种方法。

第一部分建筑安装工程费由直接费、间接费、利润、税金等四部分组成。营业税改增值税（以下简称"营改增"）后，应扣除增值税基数中的含税造价，根据《公路工程营业税改增值税计价依据调整方案》（交办公路〔2016〕66号）等相关规定，建筑安装工程费公式如下：

$$建筑安装工程费 = 税前工程造价 \times （1+建筑业增值税税率） \quad (2.1)$$
$$税前工程造价 = 直接费 + 间接费 + 利润 \quad (2.2)$$

其中：

$$直接费 = 直接工程费（人工费、材料费、施工机械使用费）+ 其他工程费 \quad (2.3)$$
$$间接费 = 规费 + 企业管理费 \quad (2.4)$$

以上各项费用均以不含增值税（可抵扣进项税额）的价格（费率）进行计算。

其他工程费及间接费取费标准的工程类别划分如下：

（1）人工土方：人工施工的路基、改河等土方工程，以及人工施工的砍树、挖根、除草、平整场地、挖盖山土等工程项目，并适用于无路面的便道工程。

（2）机械土方：机械施工的路基、改河等土方工程，以及机械施工的砍树、挖根、除草等工程项目。

（3）汽车运输：汽车、拖拉机、机动翻斗车等运送的路基、改河土（石）方，路面基层和面层混合料、水泥混凝土及预制构件、绿化苗、木等。

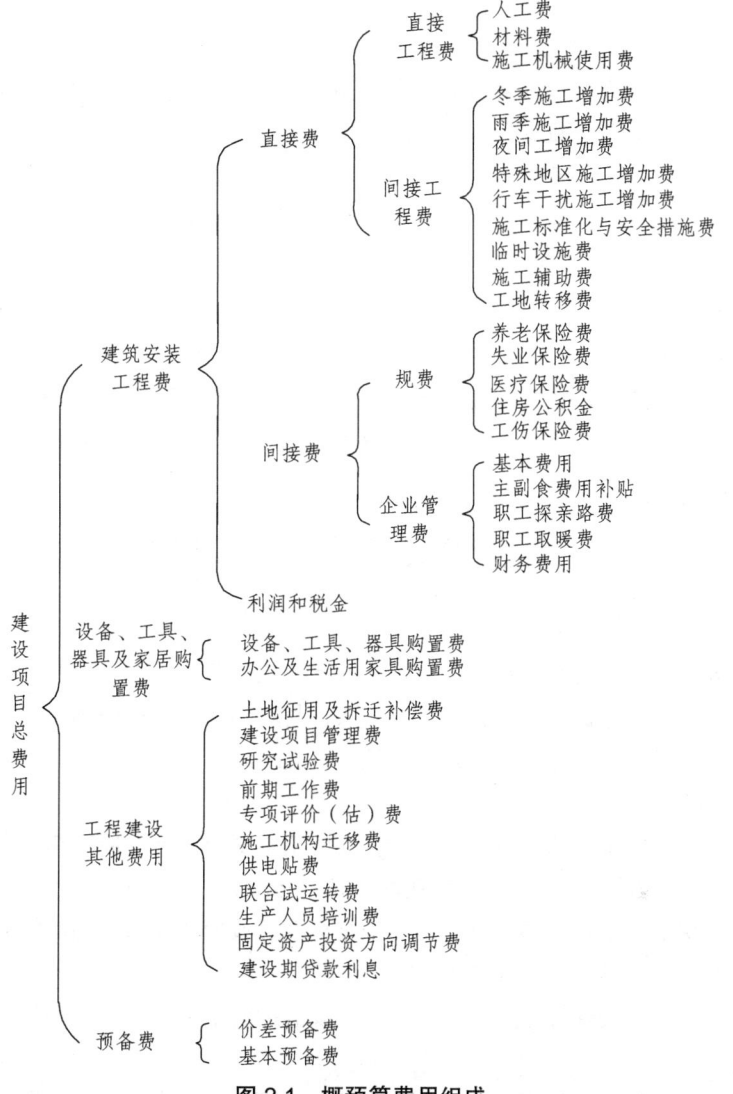

图 2.1 概预算费用组成

（4）人工石方：人工施工的路基、改河等石方工程，以及人工施工的挖盖山石项目。

（5）机械石方：机械施工的路基、改河等石方工程（机械打眼即属机械施工）。

（6）高级路面：沥青混凝土路面、厂拌沥青碎石路面和水泥混凝土路面的面层。

（7）其他路面：除高级路面以外的其他路面面层，各等级路面的基层、底基层、垫层、透层、黏层、封层，采用结合料稳定的路基和软土等特殊路基处理等工程，以及有路面的便道工程。

（8）构造物Ⅰ：无夜间施工的桥梁、涵洞、防护（包括绿化）及其他工程，交通工程及沿线设施工程[设备安装及金属标志牌、防撞钢护栏、防眩板（网）、隔离栅、防护网除外]，以及临时工程中的便桥、电力电信线路、轨道铺设等工程项目。

（9）构造物Ⅱ：有夜间施工的桥梁工程。

（10）构造物Ⅲ：商品混凝土（包括沥青混凝土和水泥混凝土）的浇筑和外购构件及设备的安装工程。商品混凝土和外购构件及设备的费用不作为其他工程费和间接费的计算基数。

(11)技术复杂大桥：单孔跨径在120 m以上（含120 m）和基础水深在10 m以上（含10 m）的大桥主桥部分的基础、下部和上部工程。

(12)隧道：隧道工程的洞门及洞内土建工程。

(13)钢材及钢结构：钢桥及钢吊桥的上部构造，钢沉井、钢围堰、钢套箱及钢护筒等基础工程，钢索塔，钢锚箱，钢筋及预应力钢材，模数式及橡胶板式伸缩缝，钢盆式橡胶支座，四氟板式橡胶支座，金属标志牌、防撞钢护栏、防眩板（网）、隔离栅、防护网等工程项目。

购买路基填料的费用不作为其他工程费和间接费的计算基数。

2.1.2.1 直接费

直接费是指施工企业生产作业直接体现在工程上的费用，即直接使生产资料发生转移而形成预定使用功能所投入的费用，由直接工程费（人工费、材料费、施工机械使用费）、其他工程费组成。直接费=直接工程费（人工费、材料费、施工机械使用费）+其他工程费。

1. 直接工程费

直接工程费是指施工过程中耗费的构成工程实体和有助于工程形成的各项费用，包括人工费、材料费、施工机械使用费。

1）人工费

人工费是指列入概预算费用的直接从事建筑安装工程施工的生产工人开支的各项费用。材料采购及保管人员，驾驶施工机械、运输工具的工人，材料到达工地以前的搬运、装卸工人等人员的工资以及由施工管理费支付工资的人员的工资，不应计入人工费。

人工费内容包括：

(1)基本工资。基本工资系指发放给生产工人的基本工资、流动施工津贴和生产工人劳动保护费，以及职工缴纳的养老、失业、医疗保险费和住房公积金等。

生产工人劳动保护费系指按国家有关部门规定标准发放的劳动保护用品的购置费及修理费、徒工服装补贴、防暑降温费、在有碍身体健康环境中施工的保健费用等。

(2)工资性补贴。工资性补贴系指按规定标准发放的物价补贴，煤、燃气补贴，交通补贴，地区津贴等。

(3)生产工人辅助工资。生产工人辅助工资系指生产工人年有效施工天数以外非作业天数的工资，包括开会和执行必要的社会义务时间的工资，职工学习、培训期的工资，调动工作、探亲、休假期间的工资，因气候影响停工期的工资，女工哺乳时间的工资，病假在六个月以内的工资及产、婚、丧假期的工资。

(4)职工福利费。职工福利费系指按国家规定标准计提的职工福利费。

人工费以概预算定额人工工日数乘以每工日人工费计算。其表达式为：

$$人工费=\sum(分项工程数量\times 定额单位工日消耗量\times 工日单价) \qquad (2.5)$$

式中：分项工程数量是指由设计图纸按工程量计算规则计算的定额单位工程数量。

定额单位工日消耗量是指完成一定数量单位的分项工程量（如 10 m³ 实体、1 t 钢筋、1 000 m²……）定额规定所需人工工日，由定额可直接查得。

工日单价：由基本工资、工资性质的津贴、地区生活补贴组成，人工费工日单价标准按照本地区公路建设项目的人工工资统计情况并结合工种组成、定额消耗、最低工资标准以及公路建设劳务市场情况进行综合分析确定,由各省、自治区、直辖市交通运输厅(局、委)审批并公布。现行一般采用规定法,如云南省按《云南省交通运输厅关于调整云南省公路工程人工工日单价的通知》(云交基建〔2012〕413号)规定执行。

人工费工日单价仅作为编制概预算的依据,不作为施工企业实发工资的依据。

例 2-1:某一级公路,人工挖普通土台阶,工程数量 3400 m²(按挖后的台阶水平面积计算)。当地工日单价 63.46 元/工日,试计算该工程细目的预算人工费(保留元后两位小数)。

解:查《公路工程预算定额》表 1-1-4-2,人工消耗量为:40.9 工日/1 000 m²,则

人工费:3.4×40.9×63.46=8824.75 元

2)材料费

材料费系指施工过程中耗用的构成工程实体的原材料、辅助材料、构(配)件、零件、半成品、成品的用量和周转材料的摊销量,按工程所在地的材料预算价格计算的费用。

$$\text{材料费} = \sum(\text{分项工程数量} \times \text{定额单位材料消耗量} \times \text{材料预算价格}) + \text{其他材料} \quad (2.6)$$

式中:① 分项工程数量:由设计图纸按工程量计算规则计算的定额单位工程数量。

② 定额单位材料消耗量:由定额查得。注意:任何一个分项工程,其材料消耗的种类、品质都有差别,各种材料的品质要求由设计规定。

③ 材料预算价格:由材料原价、运杂费、场外运输损耗、采购及仓库保管费等组成。

$$\text{材料预算价格} = (\text{材料原价} + \text{运杂费}) \times (1 + \text{场外运输损耗率}) \times$$
$$(1 + \text{采购及保管费率}) - \text{包装品回收价值} \quad (2.7)$$

④ 其他材料费:未在定额中列出消耗数量的次要、零星材料,以元计。

其中"营改增"后,材料预算价格中的材料原价、运杂费、采购及保管费率,其他材料费按交办公路〔2016〕66号等规定调整。

(1)材料原价。

各种材料原价应区分材料的来源(外购、地方性材料、自采材料),按以下规定计算。

① 外购材料:国家或地方的工业产品,按工业产品出厂价格或供销部门的供应价格计算,并根据情况加计供销部门手续费和包装费。如供应情况、交货条件不明确时,可采用当地规定的价格计算。

$$\text{原价} = \text{出厂价}(\text{供应价格}) + \text{供销手续费} + \text{包装费} \quad (2.8)$$

供销手续费:经物资部门供应的材料,按规定支付给物资部门或供销部门的附加手续费。

$$\text{供销手续费} = \text{原价} \times \text{供销部门手续费率} \quad (2.9)$$

或

$$\text{供销手续费} = \text{材料净重} \times \text{供销部门手续费率}(\text{元/t}) \quad (2.10)$$

注:此处的包装费指由生产厂或供销部门负责的部分,其包装费计入材料原价内。

② 地方性材料:地方性材料包括外购的砂、石材料等,按实际调查价格或当地主管部门规定的预算价格计算。

③ 自采材料:自采的砂、石、黏土等材料,按定额中开采单价加辅助生产间接费和矿产资源税(如有)计算。

开采单价为材料开采时人工费、材料费、机械费总和。

辅助生产间接费:交通部规定为人工费的 5%,各省有规定时按各省执行规定。其表达式为:

$$\text{自采材料原价} = \text{定额开采单价} + \text{辅助生产间接费} + \text{矿产资源税} \quad (2.11)$$

或 自采材料原价=定额开采单价(人工费+材料费+机械费)+

开采单价人工费×5%+矿产资源税　　　　　　　　　　　　　　　　　（2.12）

材料原价应按实计取。各省、自治区、直辖市公路（交通）工程造价（定额）管理机构应通过调查，编制本地区的材料价格信息，供编造价使用。

确定材料原价时，按不含增值税（可抵扣进项税额）的价格确定，即以购进货物适用的税率（17%、13%、6%）或征收（3%）扣减。各类材料进项适用税率分类详见《公路工程营业税改增值税计价依据调整方案》（交办公路〔2016〕66号）附录表。

例2-2：某路2 cm碎石为自采材料，用电动破碎机250 mm×150 mm将捡清片石加工成相应粒径的筛分碎石。查定额8-1-9-12每100 m³堆方消耗量：人工48.3工日，片石116.9 m³，机械台班消耗量略。已知人工为70元/工日、捡清片石15元/m³，施工机械使用费为21.62元/m³，本项目无矿产资源税，试分步计算2 cm碎石每立方米原价。

解：（1）定额开采单价=人工费+材料费+施工机械使用费

人工费=$\sum$（分项工程数量×定额单位工日消耗量×工日单价）

=1/100×48.3×70=33.81（元/m³）

材料费=$\sum$（分项工程数量×定额单位材料消耗量×材料预算价格）+其他材料费

=1/100×116.9×15=17.54（元/m³）

（2）开采单价人工费×5%=33.81×5%=1.69（元/m³）

（3）自采材料原价=定额开采单价+辅助生产间接费+矿产资源税

=（33.81+17.54+21.62）+1.69+0=74.66（元/m³）

（2）运杂费。

运杂费指材料自供应地点至工地仓库（施工地点存放材料的地方）的运杂费用，包括装卸费、运费，如果发生，还应计囤存费及其他杂费（如过磅、标签、支撑加固、路桥通行等费用）。

通过铁路、水路和公路运输部门运输的材料，按铁路、航运和当地交通部门规定的运价计算运费。根据运输单位的不同，运杂费的计算可分为施工单位自办的运输费和外雇的运输费两种情况。当施工单位自办运输时，按以下规定：

施工单位自办的运输，单程运距15 km以上的长途汽车运输按当地交通部门规定的统一运价计算运费；单程运距5~15 km的长途汽车运输按当地交通部门规定的统一运价计算运费，当工程所在地交通不便、社会运输力量缺乏时，如边远地区和某些山岭区，允许按当地交通部门规定的统一运价加50%计算运费；单程运距5 km及以内的汽车运输及人力场外运输，按预算定额计算运费，其中人力装卸和运输另按人工费加计辅助生产间接费计算。

单位运杂费=单位运费+单位装卸费+单位杂费　　　　　　　　　　　（2.13）

单位运费=（运价率×运距+吨次费）×单位毛重（或毛重系数或单位重）　　（2.14）

单位装卸费=装卸费率×单位毛重（或毛重系数或单位重）×装卸次数　　（2.15）

杂费：过磅费、捆绑费、返程空驶损失费和标签、支撑加固、路桥通行等的费用，其费用按照实际收费（标准）换算后计入运杂费中。

式中：运价率——运输每吨公里物资金额，按铁路、航运和当地交通部门规定的运价或市场调查价计算[元/(t·km)]；

运距——由运料起点至运料终点间的里程（km）；

单位毛重——有包装及容器的材料，单位毛重=单位重×毛重系数，单位重根据《公路预算定额》附录四采用，有容器或包装及长大轻浮材料，应按《编制办法》规定计

算毛重系数、单位毛重,见表2.1;

吨次费——因短途运输所增加的费用(元/t);

装卸费率——装卸一次的费用(元/t),每倒换一次运输工具,装卸增加一次。

材料运杂费的计算,是通过"材料预算单价计算表"(09表)中第5~9栏进行的。

表2.1 材料毛重系数及单位毛量表

材料名称	单位	毛重系数	单位毛重
爆破材料	t	1.35	—
水泥、块状沥青	t	1.01	—
铁钉、铁件、焊条	t	1.10	—
液体沥青、液体燃料、水	t	桶装1.17,油罐车装1.00	—
木料	m³	—	1.000 t
草袋	个	—	0.004 t

若一种材料有两种以上的供应点,则按不同运距、运量采用加权平均方法计算运费。有关铁路、水运运费计算问题参见各有关规定。不同运输方式下运杂费计算方法如图2.2所示。

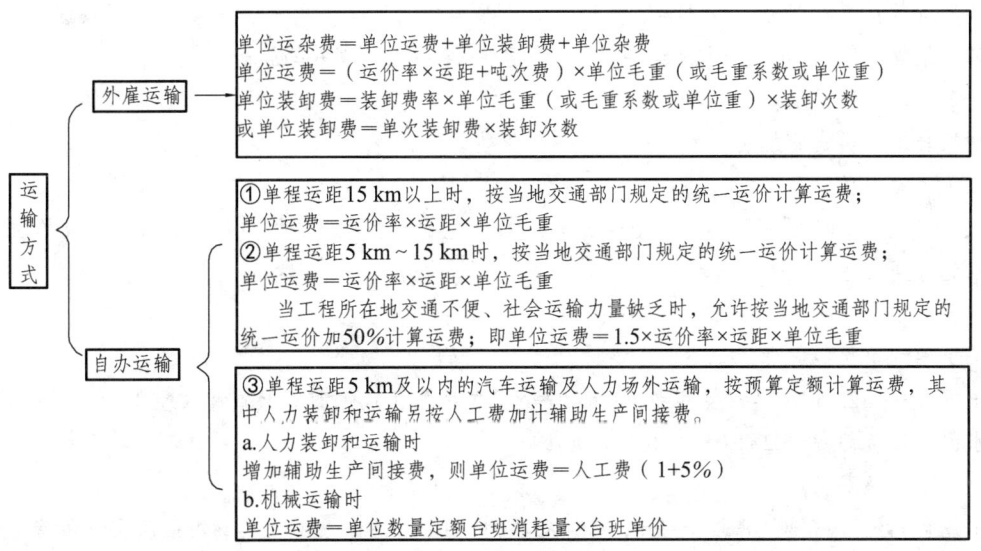

图2.2 不同运输方式下运杂费计算方法

"营改增"后,运杂费按规定计算后应扣减税率。公路工程汽车运杂费标准:按照交通运输业服务适用税率11%扣减;铁路火车运杂费标准:根据国家发改委发布的铁路货运价格按进项适用税率11%扣减。

例2-3:某公路水泥为社会运输,运距16 km,其中水泥货车经过一段收费路10 km,综合费率为0.10元/(t·km)。当地规定运杂费税前计算,可参照表2.2计算,装卸费可按表2.3计算。试分步计算水泥的单位运杂费(保留元后两位小数)。

表2.2 公路货物运价表   单位：元/(t·km)

货物分类	一类货物	二类货物	三类货物	特种货物
运价	0.68	0.73	0.77	

表2.3 各类货物装卸费表   单位：元/t

项目	货物等级			
	一类货物	二类货物	三类货物	特种货物
装	2.7	3.1	3.5	4.3
卸	—	3.1	3.5	4.3
装卸	2.7	6.2	7.0	8.6

注：一类货物及二类货物中块石、生石灰、煤、粉煤灰、泥等当采用自卸汽车运输时不计卸费。

当地各类货物规定如下：

一类货物：砂、片石、砾（碎）石、石屑、卵石、土等；

二类货物：钢材、沥青、木材、柴草、砖、瓦、块石（料石）、生石灰、煤、泥、水泥、矿粉、粉煤灰、水泥制品等；

三类货物：橡胶制品、交电器材、机器设备、装饰石料、瓷砖、玻璃、反光玻璃珠、底油、环氧树脂等；

特种货物：爆炸物品、汽柴油、重油、长大笨重货物。

解：根据公式（2.13），单位运杂费=单位运费+单位装卸费+单位杂费。

（1）确定货物类别。

根据当地各类货物规定，水泥分别是二类货物。

（2）确定单位运费。

根据公式（2.14），单位运费=（运价率×运距+吨次费）×单位毛重（或毛重系数或单位重），计算水泥每吨的单位运费。

水泥单位运费=[（0.73/1.11）×16+0]×1.01=10.63（元/t）

（3）确定单位装卸费。

根据公式（2.15），单位装卸费=装卸费率×单位毛重（或毛重系数或单位重）×装卸次数。

水泥单位装卸费=6.2×1.01×1=6.26（元/t）

（4）单位杂费。

水泥货车经过一段收费路10 km，综合费率为0.10元/(t·km)，其费用按照实际收费（标准）换算后计入运杂费中。

水泥单位杂费=0.10×10=1.0（元/t）

（5）确定单位运杂费。

水泥单位运杂费=单位运费+单位装卸费+单位杂费。

=10.63+6.26+1.0=17.89（元/t）

（3）场外运输损耗。

场外运输损耗系指有些材料在正常的运输过程中发生的损耗，这部分损耗应摊入材料单价内。材料场外运输操作损耗率见表2.4。

表 2.4 材料场外运输操作损耗率表（%）

材料名称		场外运输（包括一次装卸）	每增加一次装卸
块状沥青		0.5	0.2
石屑、碎砾石、砂砾、煤渣、工业废渣、煤		1.0	0.4
砖、瓦、桶装沥青、石灰、黏土		3.0	1.0
草　　皮		7.0	3.0
水泥（袋装、散装）		1.0	0.4
砂	一般地区	2.5	1.0
	多风地区	5.0	2.0

注：汽车运水泥如运距超过 500 km 时，增加损耗率为袋装 0.5%。

（4）采购及保管费。

材料采购及保管费系指材料供应部门（包括工地仓库以及各级材料管理部门）在组织采购、供应和保管材料过程中，所需的各项费用及工地仓库的材料储存损耗。

材料采购及保管费，以材料的原价加运杂费及场外运输损耗的合计数为基数，乘以采购保管费率计算。交办公路〔2016〕66 号规定采购及保管费率为：

① 材料的采购及保管费费率 2.67%。

② 构件（如外购的钢桁梁、钢筋混凝土构件及加工钢材等半成品）的采购及保管费费率为 1.07%。商品混凝土预算价格的计算方法与材料相同，但其采购保管费率为 0。

例 2-4：32.5 级水泥原价为 285.93 元/t（含税价格），运距为 36 km，单位运费为 0.55 元/km，装卸费为 4.95 元/t，税费改革前材料的采购及保管费费率为 2.5%，税费改革后材料的采购及保管费费率为 2.67%，分别计算其营改增前（简称含税）、不含税的材料预算单价。

解：含税预算价：

单位运杂费=（36×0.55+4.95）×1.01=25.00（元/t）

运输损耗费=（285.93+24.99）×1%=3.11（元/t）

采购及保管费=（285.93+24.99+3.11）×2.5%=7.85（元/t）

水泥预算单价=285.93+25.00+3.11+7.85=321.89（元/t）

不含税预算价：

不含税原价=285.93/1.17=244.38（元/t）

不含税运杂费=25.00/1.11=22.52（元/t）

运输损耗费=（244.38+22.52）×1%=2.67（元/t）

采购及保管费=（244.38+22.52+2.67）×2.67%=7.20（元/t）

水泥预算单价=244.38+22.52+2.67+7.20=276.77（元/t）

（5）其他材料费。

"营改增"后调整系数为 0.971。

其他材料费=定额数值×0.971

可见材料费中材料预算价格中的材料原价、运杂费应按不包括增值税的价格计算，采购及保管费率按交办公路〔2016〕66 号取定，其他材料费按定额数值×0.971，其他仍按原编制办法等规定执行。

3）施工机械使用费

施工机械使用费系指列入概预算定额的施工机械台班数量，按相应的机械台班费用定额计算的施工机械使用费和小型机具使用费。其计算公式为：

$$\text{施工机械使用费} = \sum(\text{分项工程数量} \times \text{定额单位机械台班消耗量} \times \text{机械台班单价}) + \text{小型机具使用费} \quad (2.16)$$

式中：分项工程数量——由设计图纸按工程量计算规则计算的定额单位工程数量。

定额机械台班消耗量——由定额直接查得完成一定数量单位的分项工程定额所规定消耗的机械种类和台班数量。

机械台班单价——机械台班单价应按交通部公布的《公路工程机械台班费用定额》计算，台班单价由不变费用和可变费用组成。

小型机具使用费——未在定额中列出消耗数量的小型施工机具，以元计。

（1）机械台班单价。

机械台班单价应按《公路工程机械台班费用定额》计算。机械台班单价由不变费用和可变费用两部分组成。营改增的调整情况详见表2.5。

表2.5　营改增施工机械台班费用定额调整系数

序号	费用构成项目	系数	备注
1	不变费用		
（1）	折旧费	0.855	
（2）	大修理费	0.884	
（3）	经常修理费	0.898	
（4）	安装拆卸及辅助设施费	—	不作调整
2	可变费用		
（1）	人工	—	不作调整
（2）	动力燃料费	—	以不含进项税的动力燃料预算价格进行计算
（3）	车船使用税	—	不作调整

注：按《公路工程机械台班费用定额》（JTG/T B06-03—2007）中的数值乘以表2.5对应的调整系数计算，结果取2位小数。

① 不变费用。

不变费用包括：折旧费、大修理费、经常修理费、安装拆卸及辅助设施费。"营改增"后，不变费用中的折旧费、大修理费、经常修理费按定额规定费用乘以交办公路〔2016〕66号规定的系数计算，结果取2位小数；安装拆卸及辅助设施费不作调整。

$$\text{折旧费}(\text{大修理费、经常修理费}) = \text{定额数值} \times 0.855(0.884、0.898) \quad (2.17)$$

$$\text{安装拆卸及辅助设施费} = \text{定额数值}$$

② 可变费用。

可变费用包括机上人员人工费、动力燃料费、车船使用税。

根据财政部等五部委联合下发的《关于公布取消公路养路费等涉及交通和车辆收费项目的通知》（财综〔2008〕84号）等文件，我国在机械使用费中取消了公路工程机械台班养路费，保留车船使用税。车船使用税应根据各省、自治区、直辖市及国务院有关部门的规定标准，按机械的年工作台班计入台班费中。车船使用税计算方法为：

$$台班车船使用税 =（车船使用税[元/（t \cdot 年）] \times \\ 使用税计量吨）/年工作台班数 \quad (2.18)$$

$$人员人工费 = 台班工日消耗量 \times 工日单价 \quad (2.19)$$

$$动力燃料费 = \sum（台班动力燃料消耗量 \times 动力燃料预算价格）\quad (2.20)$$

人工工日数及动力燃料消耗量，应以机械台班费用定额中的数值为准。台班人工费工日单价同生产工人人工费单价。动力燃料费用按不含税材料费计算。

例 2-5：某路基土方 50 000 m³（普通土天然密实方）。采用 90 kW 履带式推土机施工，推土运距 20 m，查《公路工程预算定额》表 1-1-12-6 可知，机械消耗量为 90 kW 以内履带式推土机台班定额为 2.39/1000 m³ 天然密实方。已知该工程柴油预算价格为 5.4 元/kg（不含税价格），人工单价 70 元/工日。试计算该土方工程的机械使用费。

解：（1）确定推土机台班不变、可变费用。

查《公路工程机械台班费用定额》90 kW 履带式推土机不变费用为 311.14 元，其中折旧费 128.75 元，大修理费 50.44 元，经常修理费 131.14 元，安拆及辅助设施费 0.81 元。可变费用：人工，2 工日；柴油，65.37 kg。

不变费用中的折旧费、大修理费、经常修理费应按定额规定费用乘以交办公路〔2016〕66 号规定的系数计算，结果取 2 位小数；安装拆卸及辅助设施费不作调整。

折旧费 = 定额数值 × 0.855 = 128.75 × 0.855 = 110.08（元）

大修理费 = 定额数值 × 0.884 = 50.44 × 0.884 = 44.59（元）

经常修理费 = 定额数值 × 0.898 = 131.14 × 0.898 = 117.76（元）

安装拆卸及辅助设施费 = 定额数值 = 0.81 元

90 kW 履带式推土机不变费用 = 110.08 + 44.59 + 117.76 + 0.81 = 273.24 元

90 kW 履带式推土机可变费用 = 70 × 2 + 5.4 × 65.37 = 493.00（元）

（2）确定机械台班单价。

273.24 + 493.00 = 766.24（元/台班）

（3）计算该土方工程的机械使用费。

50000 × 2.39/1000 × 766.24 = 91565.68（元）

当工程用电为自行发电时，电动机械每千瓦时（度）电的单价可由下述近似公式计算：

$$A = 0.24 \, K/N$$

式中　A——每千瓦时（kW·h）电单价（元）；

　　　K——发电机组的台班单价（元）；

　　　N——发电机组的总功率（kW）。

例 2-6：工程施工用电采用自发电，拟采用 250 kW 的柴油发电机组发电，已知人工单价为 70 元/工日，柴油的预算价格为 5.4 元/kg（不含税），试确定每度电的预算价格。

解：确定发电机组的台班预算价格：

根据《公路工程机械台班费用定额》（JTG/B06-03—2007），查到 250 kW 的柴油发电机组的不变费用为 433.53 元/台班，其中折旧费、大修理费、经常修理费、安装拆卸及辅助设施费分别为 164.18 元、68.41 元、194.97 元、5.97 元；可变费用中的人工为 2 工日，柴油为 291.21 kg。

则不变费用：折旧费 = 定额数值 × 0.855 = 164.18 × 0.855 = 140.37（元）

大修理费=定额数值×0.884 =68.41×0.884=60.47（元）
经常修理费=定额数值×0.898=194.97×0.898=175.08（元）
安装拆卸及辅助设施费=定额数值=5.97（元）
250 kW的柴油发电机组不变费用=140.37+60.47+175.08+5.97=381.89（元）
可变费用=2×70 + 291.21×5.4=1712.53（元）
台班预算价格=381.89+1712.53=2094.42（元/台班）
按公式计算电预算价格：
A=0.24K/N=0.24×2094.42/250=2.01（元/kW·h）

（2）小型机具使用费。

"营改增"后调整系数为0.890。小型机具使用费=定额数值×0.890。

其他规定详见《公路工程机械台班费用定额》（JTG/T B06-03—2007）。

2．其他直接费

其他直接费指直接工程费以外施工过程中发生的直接用于工程的费用，包括冬季、雨季、夜间施工增加费，特殊地区、行车干扰施工增加费，施工标准化与安全措施费，临时设施费，施工辅助费，工地转移费九项，配合现行的概预算编制办法13类工程类别进行取费。公路工程中的水、电费及因场地狭小等特殊情况而发生的材料二次搬运等其他直接费已包括在概预算定额中，不再另计。

"营改增"后，其他工程费的各项费率应按《投资估算办法》和《概预算编制办法》中数值乘以交办公路〔2016〕66号）表2对应调整系数计算，结果取2位小数。本书其他直接费各项费率是已按规定调整后的数值，调整系数见表2.6。

表2.6 营改增其他工程费费率调整系数

工程类别	冬季施工增加费	雨季施工增加费	夜间施工增加费	特殊地区施工增加费			行车干扰工程施工增加费	施工标准化与安全措施费	临时设施费	施工辅助费	工地转移费
				高原地区施工增加费	风沙地区施工增加费	沿海地区施工增加费					
人工土方	1.074	1.082	—	1.068	1.081	—	1.077	1.058	1.045	1.051	1.020
机械土方	1.197	1.207	—	1.192	1.207	—	1.202	1.180	1.165	1.172	1.137
汽车运输	1.214	1.224	—	1.208	1.223	—	1.218	1.197	1.181	1.188	1.153
人工石方	1.074	1.082	—	1.068	—	—	1.077	1.058	1.045	1.051	1.020
机械石方	1.191	1.201	—	1.177	—	—	1.187	1.175	1.159	1.166	1.132
高级路面	1.220	1.230	—	1.177	1.191	—	1.167	1.202	1.188	1.195	1.159
其他路面	1.148	1.158	—	1.158	1.173	—	1.168	1.132	1.118	1.124	1.091

续表

工程类别	其他工程费										
	冬季施工增加费	雨季施工增加费	夜间施工增加费	特殊地区施工增加费			行车干扰工程施工增加费	施工标准化与安全措施费	临时设施费	施工辅助费	工地转移费
				高原地区施工增加费	风沙地区施工增加费	沿海地区施工增加费					
构造物Ⅰ	1.144	1.153	—	1.080	1.093	—	1.089	1.128	1.113	1.119	1.086
构造物Ⅱ	1.177	1.187	1.194	1.133	—	1.179	1.143	1.161	1.146	1.152	1.119
构造物Ⅲ	1.189	1.199	1.205	1.181	—	1.190	1.191	1.172	1.157	1.164	1.130
技术复杂大桥	1.195	1.205	1.211	1.155	—	1.196	—	1.178	1.163	1.169	1.135
隧道	1.172	—	1.126	—	—	—	—	1.155	1.141	1.146	1.113
钢材及钢结构	1.235	—	1.252	1.097	1.110	1.236	—	1.218	1.202	1.209	1.174

1）冬季施工增加费

冬季施工增加费系指按照公路工程施工及验收规范所规定的冬季施工要求，为保证工程质量和安全生产所需采取的防寒保温设施，工效降低和机械作业率降低以及技术操作过程的改变等所增加的有关费用。

冬季施工增加费的内容包括：

（1）因冬季施工所需增加的一切人工、机械与材料的支出。

（2）施工机具所需修建的暖棚（包括拆、移），增加油脂及其他保温设备费用。

（3）因施工组织设计确定，需增加的一切保温、加温及照明等有关支出。

（4）与冬季施工有关的其他各项费用，如清除工作地点的冰雪等费用。

冬季气温区的划分是根据气象部门提供的满15年以上的气温资料确定的。每年秋冬第一次连续5 d出现室外日平均温度在5 ℃以下，日最低温度在-3 ℃以下的第一天算起，至第二年春夏最后一次连续5 d出现同样温度的最末一天为冬季期。冬季期内平均气温在-1 ℃以上者为冬一区，-1 ~ -4 ℃者为冬二区，-4 ~ -7 ℃者为冬三区，-7 ~ -10 ℃者为冬四区，-10 ~ -14 ℃者为冬五区，-14 ℃以下为冬六区。冬一区内平均气温低于0 ℃的连续天数在70 d以内的为Ⅰ副区，70 d以上的为Ⅱ副区；冬二区内平均气温低于0 ℃的连续天数在100 d以内的为Ⅰ副区，100 d以上的为Ⅱ副区。

气温高于冬一区，但砖石混凝土工程施工须采取一定措施的地区为准冬季区。准冬季区分两个副区，简称准一区、准二区。凡一年内日最低气温在0 ℃以下的天数多于20 d的，日平均气温在0 ℃以下的天数少于15 d的为准一区，多于15 d的为准二区。

全国各地的冬季区划分见《公路工程基本建设项目概算预算编制办法》（JTG B06—2007）附录七。若当地气温资料与附录七中划定的冬季气温区划分有较大出入时，可按当地气温资料及上述划分标准确定工程所在地的冬季气温区。

冬季施工增加费的计算方法，是根据各类工程的特点，规定各气温区的取费标准。为了简化计算手续,采用全年平均摊销的方法,即不论是否在冬季施工,均按规定的取费标准计取冬季施工增加费。一条路线穿过两个以上的气温区时,可分段计算或按各区的工程量比例求得全线的平均增加率,计算冬季施工增加费。

冬季施工增加费以各类工程的直接工程费之和为基数,按工程所在地的气温区选用表2.7的费率计算。

表2.7 冬季施工增加费费率表(%)

工程类别	冬季期平均温度(°C)								准一区	准二区
	-1以上		-1~-4		-4~-7	-7~-10	-10~-14	-14以下		
	冬一区		冬二区		冬三区	冬四区	冬五区	冬六区		
	Ⅰ	Ⅱ	Ⅰ	Ⅱ						
人工土方	0.30	0.47	0.63	0.82	1.55	2.20	3.30	4.95	—	—
机械土方	0.51	0.80	1.11	1.40	2.65	3.76	5.64	8.46	—	—
汽车运土	0.10	0.15	0.21	0.25	0.49	0.68	1.02	1.54	—	—
人工石方	0.06	0.11	0.14	0.16	0.32	0.47	0.70	1.05	—	—
机械石方	0.10	0.15	0.21	0.25	0.50	0.73	1.08	1.63	—	—
高级路面	0.45	0.63	0.88	0.99	1.81	2.44	3.66	5.49	0.07	0.20
其他路面	0.13	0.23	0.33	0.42	0.71	0.92	1.38	2.07	—	—
构造物Ⅰ	0.39	0.56	0.76	0.86	1.56	2.10	3.16	4.74	0.07	0.17
构造物Ⅱ	0.49	0.71	0.95	1.08	1.97	2.67	4.00	6.00	0.09	0.22
构造物Ⅲ	0.99	1.40	1.90	2.15	3.91	5.30	7.95	11.93	0.18	0.44
技术复杂大桥	0.57	0.81	1.11	1.25	2.28	3.08	4.62	6.94	0.10	0.25
隧道	0.12	0.22	0.32	0.41	0.68	0.88	1.31	1.98	—	—
钢材及钢结构	0.02	0.06	0.09	0.11	0.19	0.23	0.36	0.53	—	—

2)雨季施工增加费

雨季施工增加费指雨季期间施工为保证工程质量和安全生产所需采取的防雨、排水、防潮和防护措施,工效降低和机械作业率降低以及技术作业过程的改变,所需增加的有关费用。

雨季施工增加的内容包括:

(1)因雨季施工所需增加的工、料、机费用的支出,包括工作效率的降低及易被雨水冲毁的工程所增加的工作内容等(如基坑坍塌和排水沟等堵塞的清理、路基边坡冲沟的填补等)。

(2)路基土方工程的开挖和运输,因雨季施工(非土壤中水影响)而影响的黏附工具,降低工效所增加的费用。

(3)因防止雨水必须采取的防护措施的费用,如挖临时排水沟、防止基坑坍塌所需的支撑、挡板等。

(4)材料因受潮、受湿的损耗费用。

(5)增加防雨、防潮设备的费用。

(6)其他有关雨季施工所需增加的费用,如因河水高涨致使工作困难而增加的费用等。

雨量区和雨季期的划分,是根据气象部门提供的满15年以上的降雨资料确定的。凡月平均降雨天数在 10 d 以上，月平均日降雨量在 3.5~5 mm 者为Ⅰ区。月平均日降雨量在 5 mm 以上者为Ⅱ区。全国各地雨量区及雨季期的划分见《公路工程基本建设项目概算预算编制办法》（JTG B06—2007）附录八。若当地气象资料与附录八所划定的雨量区及雨季期出入较大时，可按当地气象资料及上述划分标准确定工程所在地的雨量区及雨季期。

雨季施工增加费的计算方法是将全国划分为若干雨量区和雨季期，并根据各类工程的特点规定各雨量区和雨季期的取费标准，采用全年平均摊销的方法，即不论是否在雨季施工，均按规定的取费标准计取雨季施工增加费。

一条路线通过不同的雨量区和雨季期时，应分别计算雨季施工增加费或按工程量比例求得平均的增加率，计算全线雨季施工增加费。

雨季施工增加费以各类工程的直接工程费之和为基数，按工程所在地的雨量区、雨季期选用表 2.8 的费率计算。

表 2.8　雨季施工增加费费率表（%）

工程类别	雨季期（月数）																						
	1	1.5		2		2.5		3		3.5		4		4.5		5		6		7		8	
	雨量区																						
	Ⅰ	Ⅰ	Ⅱ	Ⅰ	Ⅱ	Ⅰ	Ⅱ	Ⅰ	Ⅱ	Ⅰ	Ⅱ	Ⅰ	Ⅱ	Ⅰ	Ⅱ	Ⅰ	Ⅱ	Ⅰ	Ⅱ	Ⅰ	Ⅱ	Ⅰ	Ⅱ
人工土方	0.04	0.05	0.08	0.12	0.10	0.14	0.12	0.16	0.14	0.18	0.16	0.22	0.18	0.25	0.21	0.28	0.23	0.34	0.39	0.45			
机械土方	0.05	0.06	0.08	0.13	0.11	0.16	0.13	0.18	0.16	0.21	0.18	0.24	0.21	0.28	0.23	0.33	0.27	0.39	0.45	0.52			
汽车运土	0.05	0.06	0.09	0.13	0.11	0.16	0.13	0.20	0.16	0.23	0.18	0.27	0.21	0.31	0.23	0.33	0.27	0.39	0.45	0.53			
人工石方	0.02	0.03	0.05	0.08	0.06	0.10	0.08	0.12	0.09	0.14	0.10	0.16	0.11	0.18	0.13	0.21	0.16	0.25	0.29	0.35			
机械石方	0.04	0.05	0.07	0.12	0.10	0.14	0.12	0.17	0.14	0.19	0.17	0.23	0.19	0.26	0.21	0.30	0.24	0.35	0.41	0.47			
高级路面	0.04	0.05	0.07	0.12	0.10	0.16	0.12	0.18	0.15	0.21	0.17	0.23	0.20	0.27	0.22	0.31	0.25	0.36	0.42	0.48			
其他路面	0.03	0.05	0.07	0.10	0.09	0.14	0.10	0.16	0.12	0.19	0.14	0.21	0.16	0.24	0.19	0.28	0.22	0.32	0.37	0.43			
构造物Ⅰ	0.03	0.05	0.07	0.09	0.07	0.10	0.08	0.13	0.09	0.15	0.12	0.17	0.14	0.20	0.16	0.22	0.18	0.27	0.31	0.36			
构造物Ⅱ	0.04	0.05	0.06	0.09	0.08	0.12	0.09	0.14	0.11	0.17	0.13	0.19	0.15	0.21	0.18	0.25	0.20	0.30	0.36	0.40			
构造物Ⅲ	0.07	0.10	0.13	0.20	0.17	0.25	0.20	0.30	0.24	0.36	0.28	0.42	0.32	0.48	0.37	0.54	0.42	0.62	0.72	0.83			
技术复杂大桥	0.04	0.06	0.08	0.12	0.10	0.14	0.12	0.17	0.14	0.19	0.17	0.23	0.19	0.27	0.22	0.30	0.24	0.35	0.41	0.47			
隧道	—	—	—	—	—	—	—	—	—	—	—	—	—	—	—	—	—	—	—	—			
钢材及钢结构	—	—	—	—	—	—	—	—	—	—	—	—	—	—	—	—	—	—	—	—			

注：室内管道及设备安装工程不计雨季施工增加费。

3）夜间施工增加费

夜间施工增加费系指根据设计、施工的技术要求和合理的施工进度要求，必须在夜间连续施工而发生的工效降低、夜班津贴以及有关照明设施（包括所需照明设施的安拆、摊销、维修及油燃料、电）等增加的费用。

夜间施工增加费按夜间施工工程项目（如桥梁工程项目包括上、下部构造全部工程）的直接工程费之和为基数，按表 2.9 的费率计算。

表 2.9 夜间施工增加费费率表（%）

工程类别	费率	工程类别	费率
构造物Ⅱ	0.42	技术复杂大桥	0.42
构造物Ⅲ	0.84	钢材及钢结构	0.44

注：设备安装工程及金属标志牌、防撞钢护栏、防眩板（网）、隔离栅、防护网等不计夜间施工增加费。

4）特殊地区施工增加费

特殊地区施工增加费包括高原地区施工增加费、风沙地区施工增加费和沿海地区增加费三项。

（1）高原地区施工增加费。

高原地区施工增费系指在海拔高度1500 m以上地区施工，由于受气候、气压的影响，致使人工、机械效率降低而增加的费用。该费用以各类工程人工费和机械使用费之和为基数，按表2.10的费率计算。

表 2.10 高原地区施工增加费费率表（%）

工程类别	海拔高度（m）							
	1501～2000	2001～2500	2501～3000	3001～3500	3501～4000	4001～4500	4501～5000	5000以上
人工土方	7.48	14.15	21.09	31.77	46.19	64.08	85.44	117.48
机械土方	7.82	15.02	22.24	30.52	42.97	58.50	77.15	99.89
汽车运土	7.85	15.10	22.35	30.20	42.28	57.38	75.50	96.64
人工石方	7.48	14.15	21.09	31.77	46.19	64.08	85.44	117.48
机械石方	7.90	15.09	22.40	31.79	45.31	62.15	82.30	109.13
高级路面	7.74	14.84	22.00	30.27	42.68	58.16	76.71	99.55
其他路面	7.79	14.87	22.08	31.44	44.86	61.57	81.57	108.39
构造物Ⅰ	7.42	14.10	21.00	30.84	44.47	61.41	81.66	110.67
构造物Ⅱ	7.67	14.62	21.72	31.20	44.65	61.39	81.41	108.80
构造物Ⅲ	7.95	15.18	22.53	32.11	45.83	62.91	83.34	110.83
技术复杂大桥	7.74	14.80	21.96	31.12	44.32	60.76	80.45	106.57
隧道	7.61	14.53	21.57	30.97	44.31	60.91	80.76	107.88
钢材及钢结构	7.44	14.17	21.06	30.34	43.46	59.79	79.31	106.19

当路线通过两个以上（含两个）不同的海拔高度分区时，应分别计算高原地区施工增加费或按工程量比例求得平均的增加率，计算全线高原地区施工增加费。

（2）风沙地区施工增加费。

风沙地区施工增加费系指在沙漠地区施工时，由于受风沙影响，按照施工及验收规范的要求，为保证工程质量和安全生产而增加的有关费用，内容包括防风、防沙及气候影响的措施费，材料费，人工、机械效率降低增加的费用，以及积沙、风蚀的清理修复等费用。

风沙地区，根据《公路自然区划标准》《沙漠地区公路建设成套技术研究报告》的公路自然区划和沙漠公路区划，结合风沙地区的气候状况分为三区九类：半干旱、半湿润沙地为风沙一区，干旱、极干旱寒冷沙漠地区为风沙二区，极干旱炎热沙漠地区为风沙三区；根据覆盖度（沙漠中植被、戈壁等覆盖程度）又将每区分为固定沙漠（覆盖度＞50%）、半固定沙漠（覆盖度10%～50%）、流动沙漠（覆盖度＜10%）三类，覆盖度由工程勘探设计人员在公路工程勘察设计时确定。

全国风沙地区公路施工区划见《公路工程基本建设项目概算预算编制办法》（JTG B06—2007）附录九。若当地气象资料及自然特征与附录九中的风沙地区划分有较大的出入时，由项目所在省、自治区、直辖市公路（交通）工程造价（定额）管理站按当地气象资料和自然特征及上述划分标准确定工程所在地的风沙区划，并抄送交通部公路司备案。

一条路线穿过两个以上不同风沙区时，按路线长度经过不同的风沙区加权计算项目全线风沙地区施工增加费。

风沙地区施工增加费以各类工程的人工费和机械使用费之和为基数，根据工程所在地的风沙区划及类别，按表2.11的费率计算。

表2.11 风沙地区施工增加费费率表（%）

工程类别	风沙区划								
	风沙一区			风沙二区			风沙三区		
	沙漠类型								
	固定	半固定	流动	固定	半固定	流动	固定	半固定	流动
人工土方	6.49	11.89	19.46	7.57	18.38	28.11	11.89	25.94	40.00
机械土方	4.83	8.45	14.48	6.04	13.28	20.52	8.45	18.11	28.97
汽车运土	4.89	9.78	15.90	6.12	14.68	22.01	9.78	20.79	31.80
人工石方	—	—	—	—	—	—	—	—	—
机械石方	—	—	—	—	—	—	—	—	—
高级路面	0.60	1.19	2.38	1.19	2.38	3.57	2.38	3.57	5.96
其他路面	2.35	4.69	8.21	3.52	8.21	11.73	4.69	11.73	17.60
构造物Ⅰ	4.37	7.65	13.12	5.47	12.02	18.58	7.65	17.49	26.23
构造物Ⅱ	—	—	—	—	—	—	—	—	—
构造物Ⅲ	—	—	—	—	—	—	—	—	—
技术复杂大桥	—	—	—	—	—	—	—	—	—
隧道	—	—	—	—	—	—	—	—	—
钢材及钢结构	1.11	2.22	4.44	1.11	3.33	5.55	2.22	5.55	7.77

（3）沿海地区工程施工增加费。

沿海地区工程施工增加费系指工程项目在沿海地区施工受海风、海浪和潮汐的影响，致使人工、机械效率降低等所需增加的费用。沿海地区工程施工增加费以各类工程的直接工程费之和为基数，按表2.12的费率计算。

5）行车干扰工程施工增加费

行车干扰工程施工增加费系指由于边施工边维持通车，受行车干扰的影响，致使人工、机械效率降低而增加的费用。该费用以受行车影响部分的工程项目的人工费和机械使用费之和为基数，按表2.13的费率计算。

表 2.12 沿海地区工程施工增加费费率表（%）

工程类别	费率	工程类别	费率
构造物Ⅱ	0.18	技术复杂大桥	0.18
构造物Ⅲ	0.18	钢材及钢结构	0.19

表 2.13 行车干扰工程施工增加费费率表（%）

工程类别	施工期间平均每昼夜双向行车次数（汽车畜力车合计）							
	51~100	101~500	501~1000	1001~2000	2001~3000	3001~4000	4001~5000	5000以上
人工土方	1.77	2.65	3.53	4.42	5.13	5.70	6.31	6.94
机械土方	1.67	2.63	3.61	4.68	5.42	6.03	6.68	7.34
汽车运土	1.66	2.55	3.47	4.57	5.30	5.90	6.53	7.17
人工石方	1.79	2.58	3.59	4.37	5.07	5.64	6.26	6.86
机械石方	1.38	2.03	2.83	3.79	4.39	4.89	5.41	5.95
高级路面	1.47	2.22	2.97	3.69	4.29	4.76	5.28	5.79
其他路面	1.37	2.07	2.76	3.43	3.98	4.43	4.91	5.40
构造物Ⅰ	1.02	1.54	2.06	2.57	2.98	3.31	3.67	4.04
构造物Ⅱ	1.09	1.63	2.17	2.71	3.14	3.50	3.87	4.25
构造物Ⅲ	1.13	1.69	2.26	2.82	3.28	3.63	4.03	4.43
技术复杂大桥	—	—	—	—	—	—	—	—
隧道	—	—	—	—	—	—	—	—
钢材及钢结构	—	—	—	—	—	—	—	—

6）施工标准化与安全措施费

施工标准化与安全措施费系指工程施工期间为满足安全生产、施工标准化、规范化、精细化所发生的费用，不包括施工期间为保证交通安全而设置的临时安全设施和标志、标牌的费用，需要时，应根据设计要求计算。该费用也不包括预制场、拌和站、临时便道、临时便桥的施工标准化费用，这些费用应根据施工组织标准化要求单独计算。

施工标准化与安全措施费以各类工程的直接工程费之和为基数，按表 2.14 的费率计算。

表 2.14 施工标准化与安全措施费费率表（%）

工程类别	费率	工程类别	费率
人工土方	0.74	构造物Ⅰ	0.96
机械土方	0.83	构造物Ⅱ	1.07
汽车运输	0.30	构造物Ⅲ	2.17
人工石方	0.74	技术复杂大桥	1.19
机械石方	0.82	隧道	0.99
高级路面	1.42	钢材及钢结构	0.77
其他路面	1.36		

注：设备安装工程按表中费率的 50% 计算。

7) 临时设施费

临时设施费系指施工企业为进行建筑安装工程施工所必需的生活和生产用的临时建筑物、构筑物和其他临时设施及其标准化的费用等，但不包括概预算定额中的临时工程在内。

临时设施包括：临时生活及居住房屋（包括职工家属房屋及探亲房屋）、文化福利及公用房屋（如广播室、文体活动室等）和生产、办公房屋（如原材料、半成品、成品存放场及库房、加工厂、钢筋加工场、发电站、变电站、空压机站、停机棚等），工地范围内的各种临时的工作便道（包括汽车、畜力车、人力车道）、人行便道，工地临时用水、用电的水管支线和电线支线，临时构筑物（如水井、水塔等）以及其他小型临时设施。

临时设施费用内容包括：临时设施的搭设、维修、拆除费或摊销费。

临时设施费以各类工程的直接工程费之和为基数，按表 2.15 的费率计算。

表 2.15 临时设施费费率表（%）

工程类别	费率	工程类别	费率
人工土方	1.81	构造物Ⅰ	3.25
机械土方	1.82	构造物Ⅱ	3.95
汽车运输	1.19	构造物Ⅲ	7.39
人工石方	1.84	技术复杂大桥	3.73
机械石方	2.52	隧道	3.23
高级路面	2.51	钢结构	3.28
其他路面	2.30		

8) 施工辅助费

施工辅助费包括生产工具用具使用费、检验试验费和工程定位复测、工程点交、场地清理等费用。

生产工具用具使用费系指施工所需不属于固定资产的生产工具、检验试验用具及仪器、仪表等的购置、摊销和维修费，以及支付给工人自备工具的补贴费。

检验试验费系指对建筑材料、构件和建筑安装工程进行一般鉴定、检查所发生的费用，包括自设试验室进行试验所耗用的材料和化学药品的费用，以及技术革新和研究试验费。但不包括新结构、新材料的试验费和建设单位要求对具有出厂合格证明的材料进行检验、对构件进行破坏性试验及其他特殊要求检验的费用。

施工辅助费以各类工程的直接工程费之和为基数，按表 2.16 的费率计算。

表 2.16 施工辅助费费率表（%）

工程类别	费率	工程类别	费率
人工土方	0.94	构造物Ⅰ	1.45
机械土方	0.57	构造物Ⅱ	1.80
汽车运输	0.19	构造物Ⅲ	3.53
人工石方	0.89	技术复杂大桥	1.96
机械石方	0.54	隧道	1.41
高级路面	0.96	钢材及钢结构	0.68
其他路面	0.83		

9）工地转移费

工地转移费系指施工企业根据建设任务的需要，由已竣工的工地或后方基地迁至新工地的搬迁费用。其内容包括：

（1）施工单位全体职工及随职工迁移的家属向新工地转移的车费、家具行李运费、途中住宿费、行程补助费、杂费及工资与工资附加费等。

（2）工具、施工设备器材、施工机械的运杂费，以及外租机械的往返费及本工程内部各工地之间施工机械、设备、公物、工具的转移费等。

（3）工人进退场及一条路线中各工地转移的费用。

工地转移费以各类工程的直接工程费之和为基数，按表2.17的费率计算。

表2.17 工地转移费率表（%）

工程类别	工地转移距离（km）					
	50	100	300	500	1000	每增加100
人工土方	0.15	0.21	0.33	0.44	0.57	0.03
机械土方	0.57	0.76	1.19	1.56	2.07	0.09
汽车运土	0.36	0.46	0.71	0.95	1.23	0.06
人工石方	0.16	0.22	0.34	0.46	0.59	0.03
机械石方	0.41	0.49	0.84	1.10	1.45	0.07
高级路面	0.71	0.96	1.51	1.97	2.63	0.14
其他路面	0.61	0.82	1.29	1.68	2.25	0.11
构造物Ⅰ	0.61	0.81	1.28	1.67	2.24	0.12
构造物Ⅱ	0.74	1.00	1.57	2.05	2.74	0.15
构造物Ⅲ	1.48	2.00	3.13	4.09	5.48	0.28
技术复杂大桥	0.85	1.15	1.79	2.34	3.13	0.16
隧道	0.58	0.79	1.24	1.61	2.16	0.11
钢材及钢结构	0.85	1.14	1.77	2.31	3.10	0.15

转移距离以工程承包单位（如工程处、工程公司等）转移前后驻地距离或两路线中点的距离为准；编制概（预）算时，如施工单位不明确时，高速、一级公路及独立大桥、隧道按省城（自治区首府）至工地的里程，二级及以下公路按地（市、区、盟）至工地的里程计算工地转移费，工地转移里程数在表列里程之前时，费率可内插计算。工地转移距离在50 km以内的工程不计取本项费用。

计价时，我们一般按计算基数的不同把其他工程费分成两种情况，分别计算综合费率和费用。

其他工程费Ⅰ=（人+材+机）×综合费率Ⅰ (2.21)

其他工程费Ⅱ（高/风/行）=（人+机）×综合费率Ⅱ (2.22)

其他工程费=直接工程费×综合费率Ⅰ+
（人工费+施工机械使用费）×综合费率Ⅱ (2.23)

其中：综合费率Ⅰ是指以各类工程的直接工程费之和为基数，计算的费用有冬季施工增加费、雨季施工增加费、夜间施工增加费、沿海地区施工增加费、施工标准化与安全措施费、临时设施费、施工辅助费、工地转移费；综合费率Ⅱ是指以各类工程人工费和机械使用费之和为基数，基数的费用有高原地区施工增加费、风沙地区施工增加费、行车干扰工程施工增加费。

2.1.2.2 间接费

间接费由规费、企业管理费组成。

1. 规费

规费指按法律、法规、规章、规程规定施工企业必须缴纳的费用（简称规费），包括：

（1）养老保险费：施工企业按规定标准为职工缴纳的基本养老保险费。
（2）失业保险费：施工企业按国家规定标准为职工缴纳的失业保险费。
（3）医疗保险费：施工企业按规定标准为职工缴纳的基本医疗保险和生育保险费。
（4）住房公积金：施工企业按规定标准为职工缴纳的住房公积金。
（5）工伤保险费：施工企业按规定标准为职工缴纳的工伤保险费。

各项规费以各类工程的人工费之和为基数，按国家或工程所在地法律、法规、规章、规定的标准计算。规费一般按各省交通主管部门规定执行。

2. 企业管理费

企业管理费由基本费用、主副食运费补贴、职工探亲路费、职工取暖补贴和财务费用五项组成。企业管理费的费率按《投资估算办法》和《概预算办法》中数值乘以交办公路〔2016〕66号文中表3对应的调整系数计算，结果取2位小数。企业管理费费率调整见表2.18。

表2.18 营改增企业管理费费率调整系数

工程类别	企业管理费				
	基本费用	主副食运费补贴	职工探亲路费	职工取暖补贴	财务费用
人工土方	1.113	1.013	1.087	1.068	1.075
机械土方	1.236	1.124	1.207	1.186	1.194
汽车运输	1.259	1.146	1.229	1.208	1.216
人工石方	1.113	1.013	1.087	1.068	1.075
机械石方	1.233	1.122	1.203	1.183	1.190
高级路面	1.259	1.146	1.230	1.209	1.217
其他路面	1.189	1.082	1.161	1.141	1.148
构造物Ⅰ	1.185	1.078	1.156	1.136	1.144
构造物Ⅱ	1.218	1.109	1.189	1.168	1.176
构造物Ⅲ	1.231	1.120	1.201	1.180	1.188
技术复杂大桥	1.235	1.124	1.207	1.185	1.192
隧道	1.212	1.103	1.184	1.163	1.170
钢材及钢结构	1.274	1.159	1.244	1.223	1.231

1）基本费用

企业管理费基本费用系指施工企业为组织施工生产和经营管理所需的费用，内容包括：

（1）管理人员工资：管理人员的基本工资、工资性补贴、职工福利费、劳动保护费以及缴纳的养老、失业、医疗、生育、工伤保险费和住房公积金等。

（2）办公费：企业办公文具、纸张、账表、印刷、邮电、书报、会议、水、电、烧水和集体取暖（包括现场临时宿舍取暖）用煤（气）等费用。

（3）差旅交通费：职工因公出差和工作调动（包括随行家属的旅费）的差旅费，住勤补助费，市内交通及误餐补助费，职工探亲路费，劳动力招募费，职工离退休、退职一次性路费，工伤人员就医路费，以及管理部门使用的交通工具油料、燃料、牌照及养路费等。

（4）固定资产使用费：管理和试验部门及附属生产单位使用的属于固定资料的房屋、设备、仪器等的折旧、大修、维修或租赁费等。

（5）工具用具使用费：管理使用的不属于固定资产的生产工具、用具、家具、交通工具和检验、试验、测绘、消除用具等的购置、维修和摊销费。

（6）劳动保险费：企业支付离退休职工的易地安家补助费、职工退休金、六个月以上病假人员工资、职工死亡丧葬补助费、抚恤费、按规定支付给离休干部的各项经费。

（7）工会经费：企业按职工工资总额计提的工会经费。

（8）职工教育经费：企业为职工学习先进技术和提高文化水平，按职工工资总额计提的费用。

（9）保险费：企业财产保险、管理用车辆等保险费用。

（10）工程保修费：工程竣工交付使用后，在规定保修期以内的修理费用。

（11）工程排污费：施工现场按规定缴纳的排污费用。

（12）税金：企业按规定交纳的房产税、车船使用税、土地使用税、印花税、城市维护建设税、教育费附加等。

（13）其他：上述项目以外的其他必要的费用支出，包括技术转让费、技术开发费、业务招待费、绿化费、广告费、投标费、公证费、定额测定费、法律顾问费、审计费、咨询费等。

"营改增"税制改革后，城市维护建设税及教育费附加已含在调整后的企业管理费基本费用费率中，不另行计算。

基本费用以各类工程的直接费之和为基数，按表2.19的费率计算。

表2.19 基本费用费率表（%）

工程类别	费率	工程类别	费率
人工土方	3.74	构造物Ⅰ	5.26
机械土方	4.03	构造物Ⅱ	6.74
汽车运输	1.81	构造物Ⅲ	12.05
人工石方	3.84	技术复杂大桥	5.83
机械石方	4.04	隧道	5.11
高级路面	2.40	钢材及钢结构	3.08
其他路面	3.90		

2）主副食运费补贴

主副食运费补贴系指施工企业在远离城镇及乡村的野外施工购买生活必需品所需的费用。该费用以各类工程的直接费之和为基数，按表2.20的费率计算。

综合里程=粮食运距×0.06+燃料运距×0.09+蔬菜运距×0.15+水运距×0.70 （2.24）

粮食、燃料、蔬菜、水的运距均为全线平均运距；综合里程数在表列里程之间时，费率可内插；综合里程在 1 km 以内的工程不计取本项费用。

表 2.20 主副食运费补贴费费率表（%）

工程类别	综合里程（km）											
	1	3	5	8	10	15	20	25	30	40	50	每增加10
人工土方	0.17	0.25	0.31	0.40	0.46	0.57	0.68	0.77	0.90	1.07	1.24	0.16
机械土方	0.15	0.21	0.27	0.34	0.39	0.48	0.58	0.66	0.78	0.91	1.07	0.15
汽车运输	0.16	0.23	0.29	0.37	0.42	0.52	0.63	0.71	0.84	0.99	1.15	0.16
人工石方	0.13	0.19	0.24	0.30	0.34	0.43	0.52	0.59	0.68	0.81	0.93	0.12
机械石方	0.13	0.20	0.25	0.31	0.37	0.46	0.55	0.62	0.73	0.85	1.00	0.13
高级路面	0.09	0.14	0.17	0.23	0.25	0.32	0.38	0.44	0.50	0.60	0.69	0.09
其他路面	0.10	0.13	0.16	0.22	0.24	0.30	0.36	0.41	0.48	0.56	0.66	0.10
构造物Ⅰ	0.14	0.19	0.25	0.30	0.34	0.43	0.53	0.59	0.70	0.82	0.96	0.13
构造物Ⅱ	0.16	0.22	0.28	0.33	0.39	0.48	0.58	0.67	0.78	0.92	1.06	0.14
构造物Ⅲ	0.28	0.40	0.50	0.62	0.72	0.88	1.08	1.22	1.43	1.69	1.97	0.27
技术复杂大桥	0.12	0.18	0.22	0.28	0.33	0.40	0.48	0.55	0.64	0.76	0.89	0.12
隧道	0.12	0.18	0.21	0.26	0.31	0.38	0.46	0.53	0.62	0.73	0.85	0.11
钢材及钢结构	0.13	0.19	0.23	0.30	0.35	0.43	0.51	0.58	0.68	0.80	0.93	0.13

3）职工探亲路费

职工探亲路费系指按照有关规定施工企业在探亲期间发生的往返车船费、市内交通费和途中住宿费等费用。该费用以各类工程的直接费之和为基数，按表 2.21 的费率计算。

表 2.21 职工探亲路费费率表（%）

工程类别	费率	工程类别	费率
人工土方	0.11	构造物Ⅰ	0.34
机械土方	0.27	构造物Ⅱ	0.40
汽车运输	0.17	构造物Ⅲ	0.66
人工石方	0.11	技术复杂大桥	0.24
机械石方	0.26	隧道	0.32
高级路面	0.17	钢材及钢结构	0.20
其他路面	0.19		

4）职工取暖补贴

职工取暖补贴系指按规定发放给职工的冬季取暖或在施工现场设置的临时取暖设施的费用。该费用以各类工程的直接费之和为基数，按工程所在地的气温区[见《公路工程基本建设项目概算预算编制办法》（JTG B06—2007）附录七]选用表 2.22 的费率计算。

表 2.22 职工取暖补贴费费率表（%）

工程类别	气温区						
	准二区	冬一区	冬二区	冬三区	冬四区	冬五区	冬六区
人工土方	0.03	0.06	0.11	0.16	0.18	0.28	0.33
机械土方	0.07	0.15	0.26	0.39	0.52	0.65	0.78
汽车运输	0.07	0.14	0.25	0.37	0.50	0.62	0.75
人工石方	0.03	0.06	0.11	0.16	0.18	0.27	0.33
机械石方	0.06	0.13	0.20	0.31	0.41	0.52	0.63
高级路面	0.05	0.08	0.16	0.23	0.30	0.37	0.46
其他路面	0.05	0.08	0.14	0.21	0.27	0.34	0.41
构造物Ⅰ	0.07	0.14	0.22	0.32	0.41	0.52	0.64
构造物Ⅱ	0.07	0.15	0.23	0.35	0.48	0.60	0.72
构造物Ⅲ	0.13	0.27	0.44	0.66	0.87	1.10	1.33
技术复杂大桥	0.06	0.12	0.20	0.31	0.40	0.50	0.60
隧道	0.05	0.09	0.16	0.26	0.33	0.42	0.50
钢材及钢结构	0.05	0.09	0.15	0.23	0.31	0.38	0.45

5）财务费用

财务费用指施工企业为筹集资金而发生的各项费用，包括企业经营期间发生的短期贷款利息净支出、汇兑净损失、调剂外汇手续费、金融机构手续费，以及企业筹集资金发生的其他财务费用。

财务费用以各类工程的直接费之和为基数，按表 2.23 的费率计算。

表 2.23 财务费用费率表（%）

工程类别	费率	工程类别	费率
人工土方	0.25	构造物Ⅰ	0.42
机械土方	0.25	构造物Ⅱ	0.47
汽车运输	0.26	构造物Ⅲ	0.97
人工石方	0.24	技术复杂大桥	0.55
机械石方	0.24	隧道	0.46
高级路面	0.33	钢材及钢结构	0.59
其他路面	0.34		

3. 辅助生产间接费

辅助生产间接费指由施工单位自行开采加工的砂、石等自采材料及施工单位自办的人工装卸和运输的间接费。

辅助生产间接费按人工费的 5% 计。该项费用并入材料预算单价内构成材料费，不直接出现在概（预）算中。

高原地区施工单位的辅助生产，可按其他工程费中高原地区施工增加费费率，以直接工程费为基数计算高原地区施工增加费（其中：人工采集、加工材料，人工装卸、运输材料按人工土方费率计算；机械采集、加工材料按机械石方费率计算；机械装、运输材料按汽车运输费率计算）。辅助生产高原地区施工增加费不作为辅助生产间接费的计算基数。

2.1.2.3 利润

利润指施工企业完成所承包应取得的盈利。利润按直接费与间接费之和扣除规费的7.42%计算。

$$利润=（直接费+间接费-规费）×7.42\% \tag{2.25}$$

2.1.2.4 税金

建筑安装工程费用中的税金系指按国家税法规定，应计入建筑安装工程造价的增值税销项税额，建筑业增值税税率为11%。

$$税金=（直接费+间接费+利润）×11\% \tag{2.26}$$

2.1.2.5 建筑安装工程费的计算

根据国家"营改增"税费改革制度，营改增后，公路工程建筑安装工程费按"价税分离"计价规则计算，具体要素价格适用增值税税率执行财税部门的相关规定，按直接费、间接费及利润之和的建筑业增值税税率11%计算。建筑安装工程费公式如下：

$$建筑安装工程费=税前工程造价×（1+建筑业增值税税率）$$
$$=（直接费+间接费+利润）×（1+11\%） \tag{2.27}$$

例 2-7：某工程细目的人工费、材料费和机械施工使用费分别是10万元、30万元、20万元（以上各费用均不含增值税），又已知其他工程费综合费率Ⅰ为10%，Ⅱ为5%，间接费中规费费率为40%，企业管理费综合费率为15%，利润率为7.42%，建筑业增值税税率为11%，试计算该工程细目的建筑安装工程费。（计算保留两位小数）

解：（1）确定税前工程造价。

直接工程费=10+30+20=60（万元）

其他工程费=直接工程费×综合费率Ⅰ+（人工费+施工机械使用费）×综合费率Ⅱ

其他工程费=60×10%+（10+20）×5%=7.5（万元）

直接费=60+7.5=67.5（万元）

规费=10×40%=4（万元）

企业管理费=67.5×15%=10.13（万元）

间接费=4+10.13=14.13（万元）

（2）利润=（67.5+14.13-4）×7.42%=5.76（万元）

（3）建筑安装工程费=（67.5+14.13+5.76）×（1+11%）=97.00（万元）

2.1.3 设备、工具、器具及家具购置费

2.1.3.1 设备购置费

设备购置费系指为满足公路的营运、管理、养护需要，购置的构成固定资产标准的设备和虽低于固定资产标准但属于设计明确列入设备清单的设备的费用，包括渡口设备，隧道照明、消防、通风的动力设备，高等级公路的收费、监控、通信、供电设备，养护用的机械、设备和工具、器具等的购置费用。

设备购置费应由设计单位列出计划购置的清单（包括设备的规格、型号、数量），以设备原价加综合业务费和运杂费按以下公式计算：

$$设备购置费=设备原价+运杂费（运输费+装卸费+搬动费）+运输保险费+采购及保管费 \tag{2.28}$$

需要安装的设备，应在第一部分建筑安装工程费的有关项目内另计设备的安装工程费。

设备与材料的划分标准见《公路工程基本建设项目概算预算编制办法》（JTG B06—2007）附录六。

1. 国产设备原价的构成

国产设备的原价一般是指设备制造厂的交货价，即出厂价或订货合同价。它一般根据生产厂或供应商的询价、报价、合同价的确定，或采用一定的方法计算确定。其内容包括按专业标准规定的在运输过程中不受损失的一般包装费，及按产品设计规定配带的工具、附件和易损件的费用。即：

$$设备原价=出厂价（或供货地点价）+包装费+手续费 \tag{2.29}$$

2. 进口设备原价的构成

进口设备的原价是指进口设备的抵岸价，即抵达买方边境港口或边境车站，且交完关税为止形成的价格。即：

$$进口设备原价=货价+国际运费+运输保险费+银行财务费+外贸手续费+关税\\+增值税+消费税+商检费+检疫费+车辆购置附加费 \tag{2.30}$$

（1）货价。货价一般指装运港船上交货价（FOB，习惯称离岸价）。设备货价分为原币货价和人民币货价，原币货价一律折算为美元表示，人民币货价按原币货价乘以外汇市场美元兑换人民币的中间价确定。进口设备货价按有关生产厂商询价、报价、订货合同价计算。

（2）国际运费。国际运费即从装运港（站）到达我国抵达港（站）的运费，即：

$$国际运费=原币货价（FOB价）\times 运费费率 \tag{2.31}$$

我国进口设备大多采用海洋运输，小部分采用铁路运输，个别采用航空运输。运费费率参照有关部门或进出口公司的规定执行，海运费率一般为6%。

（3）运输保险费。对外贸易货物运输保险是由保险人（保险公司）与被保险人（出口人或进口人）订立保险契约，在被保险人交付议定的保险费后，保险人根据保险契约的规定对货物在运输过程中发生的承保责任范围内的损失给予经济上的补偿。这是一种财产保险，其计算公式为：

$$运输保险费=[原币货价（FOB价）+国际运费]\div\\(1-保险费费率)\times 保险费费率 \tag{2.32}$$

保险费费率按保险公司规定的进口货物保险费费率计算，一般为0.35%。

（4）银行财务费。银行财务费一般指中国银行手续费，可按下式简化计算：

$$银行财务费=人民币货价（FOB价）\times 银行财务费费率 \tag{2.33}$$

银行财务费费率一般为0.4%~0.5%。

（5）外贸手续费。外贸手续费指按规定计取的外贸手续费，其计算公式为：

$$外贸手续费=[人民币货价（FOB价）+国际运费+运输保险费]\times\\外贸手续费费率 \tag{2.34}$$

外贸手续费费率一般为1%~1.5%。

（6）关税。关税指海关对进出国境或关境的货物和物品征收的一种税。其计算公式为：

关税=[人民币货价（FOB价）+国际运费+运输保险费]×进口关税税率 （2.35）

进口关税税率按我国海关总署发布的进口关税税率计算。

（7）增值税。增值税是对从事进口贸易的单位和个人，在进口商品报关进口后征收的税种。按《中华人民共和国增值税条例》的规定，进口应税产品均按组成计税价格和增值税税率直接计算应纳税额，即：

增值税=[人民币货价（FOB价）+国际运费+运输保险费+关税+消费税]×增值税税率 （2.36）

增值税税率根据规定的税率计算，目前进口设备适用的税率为17%。

（8）消费税。消费税对部分进口设备（如轿车、摩托车等）征收，一般计算公式为：

应纳消费税额=[人民币货价（FOB价）+国际运费+运输保险费+关税]÷（1-消费税税率）×消耗费税率 （2.37）

消费税税率根据规定的税率计算。

（9）商检费。商检费指进口设备按规定付给商品检查部门的进口设备检验鉴定费。其计算公式为：

商检费=[人民币货价（FOB价）+国际运费+运输保险费]×商检费费率 （2.38）

商检费费率一般为0.8%。

（10）检疫费。检疫费指进口设备按规定付给商品检疫部门的进口设备检验鉴定费。其计算公式为：

检疫费=[人民币货价（FOB价）+国际运费+运输保险费]×检疫费费率 （2.39）

检疫费费率一般为0.17%。

（11）车辆购置附加费。车辆购置附加费指进口车辆需缴纳的进口车辆购置附加费，计算公式为：

进口车辆购置附加费=[人民币货价（FOB价）+国际运费+运输保险费+关税+消费税+增值税]×进口车辆购置附加费费率 （2.40）

3. 设备运杂费的构成

运杂费指由设备制造厂交货地点起至工地仓库（或施工组织设计指定的需要安装设备的堆放地点）止所发生的运费和装卸费；进口设备运杂费指由我国到岸港口或边境车站起至工地仓库（或施工组织设计指定的需要安装设备的堆放地点）止所发生的运费和装卸费。

运杂费=设备原价×运杂费费率 （2.41）

设备运杂费费率按表2.24规定计算。

表2.24 设备运杂费费率表（%）

运输里程（km）	100以内	101~200	201~300	301~400	401~500	501~750	751~1000	1001~1250	1251~1500	1501~1750	1751~2000	2000以上每增250
费率（%）	0.8	0.9	1.0	1.1	1.2	1.5	1.7	2.0	2.2	2.4	2.6	0.2

4. 设备运输保险费的构成

设备运输保险费指国内运输保险费。其计算公式为：

运输保险费=设备原价×保险费费率 （2.42）

设备运输保险费费率一般为1%。

5. 设备采购及保管费的构成

设备采购及保管费指采购、验收、保管和收发设备所发生的各种费用，包括设备采购人员、保管人员和管理人员的工资、工资附加费、办公费、差旅交通费，设备部门办公和仓库所占固定资产使用费、工具用具使用费、劳动保护费、检验试验费等。其计算公式为：

$$采购及保管费=设备原价×采购及保管费费率 \qquad (2.43)$$

需要安装设备的采购保管费费率为2.4%，不需要安装设备的采购保管费费率为1.2%。

2.1.3.2 工器具及生产家具（简称工器具）购置费

工器具购置费系指建设项目交付使用后为满足初期正常营运必须购置的第一套不构成固定资产的设备、仪器、仪表、工卡模具、器具、工作台（框、架、柜）等的费用。该费用不包括构成固定资产的设备、工器具和备品、备件，及已列入设备购置费中的专用工具和备品、备件。

对于工器具购置，应由设计单位列出计划购置清单（包括规格、型号、数量），购置费的计算方法同设备购置费。

2.1.3.3 办公和生活用家具购置费

办公和生活用家具购置费系指为保证新建、改建项目初期正常生产、使用和管理所必须购置的办公和生活用家具、用具的费用。

其范围包括：行政、生产部门的办公室、会议室、资料档案室、阅览室、单身宿舍及生活福利设施等的家具、用具。

办公和生活用家具购置费按表2.25的规定计算。

表2.25 办公和生活用家具购置费标准表

工程所在地	路线（元/km）				有看桥房的独立大桥（元/座）	
	高速公路	一级公路	二级公路	三、四级公路	一般大桥	技术复杂大桥
内蒙古、黑龙江、青海、新疆、西藏	21500	15600	7800	4000	24000	60000
其他省、自治区、直辖市	17500	14600	5800	2900	19800	49000

注：改建工程按表列数80%计。

例2-8：某建设工程项目从美国进口设备重1000 t；装运港船上交货价为600万美元；海运费为300美元/t；运输保险费和银行财务费分别为货价的2.66‰和5‰；外贸手续费为运费、保险费在内的价格的1.5%，增值税率为17%，关税税率为25%，商检费率为0.8%，检疫费率为0.17%，海关监管手续费率为0.3%，美元对人民币汇率为1∶7.8。从到货口岸至安装现场500 km；国内运输保险费率为1‰；设备的现场保管费率为抵岸价的2%。试计算该进口设备的购置费（保留元后两位小数）。

解：货价（FOB）＝600×7.8＝4 680（万元）

海运费＝300×1000×7.8÷10 000＝234（万元）

海运保险费＝600×7.8×2.66‰＝12.448 8（万元）

银行手续费＝600×7.8×5‰＝23.4（万元）

外贸手续费＝（4680＋234＋12.45）×1.5%＝73.90（万元）

关税=（4680+234+12.45）×25%=1231.61（万元）
增值税=（4680+234+12.45+1231.61）×17%=1046.87（万元）
商检费=（4680+234+12.45）×0.8%=39.41（万元）
检疫费=（4680+234+12.45）×0.17%=8.37（万元）
海关监管手续费=（4680+234+12.45）×0.3%=14.78（万元）
抵岸价=7364.79（万元）
国内运杂费=7364.79×1.2%=88.38（万元）
运输保险费=7364.79×1%=73.65（万元）
现场保管费=7364.79×2%=147.30（万元）
设备购置费=7364.79+88.38+73.65+147.30=7674.12（万元）
该进口设备的购置费为 7674.12 万元人民币。

2.1.4 工程建设其他费用

工程建设其他费用，是指除建筑安装工程费用和设备、工具、器具及办公和生活家具购置费用以外的一些费用，根据国家有关规定应在基本建设投资中支付，并构成工程造价的一个组成部分，费用包括土地征用及拆迁补偿费、建设项目管理费、研究试验费、建设项目前期工作费、专项评价（估）费、施工机构迁移费、供电贴费、联合试运转费、生产人员培训费、固定资产投资方向调节税、建设期贷款利息等。

1. 征用及拆迁补偿费

土地征用及拆迁补偿费系指按照《中华人民共和国土地管理法》及其《实施条例》、《中华人民共和国基本农田保护条例》等法律、法规的规定，为进行公路建设需征用土地所支付的土地征用及拆迁补偿费等费用。

1）费用内容

（1）土地补偿费：被征用土地地上、地下附着物及青苗补偿费，征用城市郊区的菜地等缴纳的菜地开发建设基金，租用土地费，耕地占用税，用地图编制费及勘界费，征地管理费等。

（2）征用耕地安置补助费：征用耕地需要安置农业人口的补助费。

（3）拆迁补偿费：被征用或占用土地上的房屋及附属构筑物、城市公用设施等拆除、迁建补偿费，拆迁管理费等。

（4）复耕费：临时占用的耕地、鱼塘等，待工程竣工后将其恢复到原有标准所发生的费用。

（5）耕地开垦费：公路建设项目占用耕地的，应由建设项目法人（业主）负责补充耕地所发生的费用；没有条件开垦或者开垦的耕地不符合要求的，按规定缴纳的耕地开垦费。

（6）森林植被恢复费：公路建设项目需要占用、征用或者临时占用林地的，经县级以上林业主管部门审核同意或批准，建设项目法人（业主）单位按照有关规定向县级以上林业主管部门预缴的森林植被恢复费。

2）计算方法

土地征用及拆迁补偿费应根据审批单位批准的建设工程用地和临时用地面积及其附着物的情况，以及实际发生的费用项目，按国家有关规定及工程所在地的省（自治区、直辖市）人民政府颁发的有关规定和标准计算。

森林植被恢复费应根据审批单位批准的建设工程占用林地的类型及面积，按国家有关规定及工程所在地的省（自治区、直辖市）人民政府颁发的有关规定和标准计算。

当与原有的电力电信设施、水利工程、铁路及铁路设施互相干扰时，应与有关部门联系，商定合理的解决方案和赔偿金额，也可由这些部门按规定编制费用以确定赔偿金额。

2. 建设项目管理费

建设项目管理费包括建设单位（业主）管理费、工程监理费、设计文件审查费和竣（交）工验收试验检测费。

1）建设单位（业主）管理费

建设单位（业主）管理费系指建设单位（业主）为建设项目的立项、筹建、建设、竣（交）工验收、总结等工作所发生的管理费用，不包括应计入设备、材料预算价格的建设单位采购及保管设备、材料所需的费用。

其费用内容包括：工作人员的工资、工资性补贴、施工现场津贴、社会保障费用（基本养老、基本医疗、失业、工伤保险）、住房公积金、职工福利费、工会经费、劳动保护费；办公费、差旅交通费、固定资产使用费（包括办公及生活房屋折旧、维修或租赁费、车辆折旧、维修、使用或租赁费、通信设备购置、使用费、测量、试验设备仪器折旧、维修或租赁费、其他设备折旧、维修或租赁费等）、零星固定资产购置费、招募生产工人费；技术图书资料费、职工教育经费、工程招标费（不含招标文件及标底或造价控制值编制费）；合同契约公证费、法律顾问费、咨询费；建设单位的临时设施费、完工清理费、竣（交）工验收费（含其他行业或部门要求的竣工验收费用）、各种税费（包括房产税、车船使用税、印花税等）；建设项目审计费、境内外融资费用（不含建设期贷款利息）、业务招待费和其他管理费性开支。

由施工企业代建设单位（业主）办理"土地、青苗等补偿费"的工作人员所发生的费用，应在建设单位（业主）管理费项目中支付。当建设单位（业主）委托有资质的单位代理招标时，其代理费应在建设单位（业主）管理费中支出。

建设单位（业主）管理费以建筑安装工程费总额为基数，按表2.26的费率，以累进办法计算。

表2.26　建设单位（业主）管理费费率表

第一部分　建筑安装工程费（万元）	费率/%	算例（万元）	
		建筑安装工程费	建设单位（业主）管理费
500以下	3.48	500	500×3.48%=17.4
501～1 000	2.73	1 000	17.4+500×2.73%=31.05
1 001～5 000	2.18	5 000	31.05+4000×2.18%=118.25
5 001～10 000	1.84	10 000	118.25+5000×1.84%=210.25
10 001～30 000	1.52	30 000	210.25+20000×1.52%=514.25
30 001～50 000	1.27	50 000	514.25+20000×1.27%=768.25
50 001～100 000	0.94	100 000	768.25+50000×0.94%=1238.25
100 001～150 000	0.76	150 000	1238.25+50000×0.76%=1618.25
150 001～200 000	0.59	200 000	1618.25+50000×0.59%=1913.25
200 001～300 000	0.43	300 000	1913.25+100000×0.43%=2343.25
300 000以上	0.32	310 000	2343.25+10000×0.32%=2375.25

水深>15 m、跨度≥400 m的斜拉桥和跨度≥800 m的悬索桥等独立特大型桥梁工程的建设单位（业主）管理费按表2.26中的费率乘以1.0~1.2的系数计算；海上工程（指由于风浪影响，工程施工期（不包括封冻期）全年月平均工作日少于15天的工程）的建设单位（业主）管理费按表2.26中的费率乘以1.0~1.3的系数计算。

例2-9：某公路工程建筑安装工程费为25000万元，其建设单位管理费是多少？

解：查建设单位管理费费率表，当建筑安装工程费累计到10000万元时，建设单位（业主）管理费为210.25万元，以题目中所给定的25000万元减去10000万元之后的金额为基数，乘以表2.26中合适的费率，即：

建设单位管理费=210.25+（25000-10000）×1.52%=438.25（万元）

2）工程监理费

工程监理费系指建设单位（业主）委托具有公路工程监理资格证书的单位，按施工监理办法进行全面的监督与管理所发生的费用。

费用内容包括：工作人员的基本工资、工资性津贴、社会保障费用（基本养老、基本医疗、失业、工伤保险）、住房公积金、职工福利费、工会经费、劳动保护费；办公费、会议费、差旅交通费、固定资产使用费（包括办公及生活房屋折旧、维修或租赁费，车辆折旧、维修、使用或租赁费，通信设备购置、使用费，测量、试验、检测设备仪器折旧、维修或租赁费，其他设备折旧、维修或租赁费等）、零星固定资产购置费、招募生产工人费；技术图书资料费、职工教育经费、投标费用；合同契约公证费、咨询费、业务招待费；财务费用、监理单位的临时设施费、各种税费和其他管理性开支。

工程监理费以建筑安装工程费总额为基数，按表2.27的费率计算。

表2.27 工程监理费费率（%）

工程类别	高速公路	一级及二级公路	三级及四级公路	桥梁及隧道
费率	2.0	2.5	3.0	2.5

注：表中的桥梁指水深>15 m、斜拉桥和悬索桥等独立特大型桥梁工程；隧道指水下隧道工程。

建设单位（业主）管理费和工程监理费均为实施建设项目管理费用，执行时可根据建设单位（业主）和施工监理单位所实际承担的工作内容和工作量统筹使用。

3）设计文件审查费

设计文件审查费系指国家和省级交通主管部门在项目审批前，为保证勘察设计工作的质量，组织有关专家或委托有资质的单位，对设计单位提交的建设项目可行性研究报告和勘察设计文件以及对设计变更、调整概算进行审查所需要的相关费用。

设计文件审查费以建筑安装工程费总额为基数，按0.1%计算。

4）竣（交）工验收试验检测费

竣（交）工验收试验检测费系指在公路建设项目交工验收和竣工验收前，由建设单位（业主）或工程质量监督机构委托有资质的公路工程质量检测单位按照有关规定对建设项目的工程质量进行检测，并出具检测意见所需要的相关费用。

竣（交）工验收试验检测费按表2.28的规定计算。

表 2.28 竣（交）工验收试验检测费标准表

项目	路线（元/公路公里）				独立大桥（元/座）	
	高速公路	一级公路	二级公路	三、四公路	一般大桥	技术复杂大桥
试验检测费	15 000	12 000	10 000	5 000	30 000	100 000

竣（交）工验收试验检测费高速公路、一级公路按四车道计算，二级及以下等级公路按二车道计算，每增加一条车道，按表 2.28 的费用增加 10%。

3. 研究试验费

研究试验费系指为本建设项目提供或验证设计数据、资料进行必要的研究试验和按照设计规定在施工过程中必须进行试验所需的费用，以及支付科技成果、先进技术的一次性技术转让费。它不包括：

（1）应由科技三项费用（即新产品试制费、中间试验费和重要科学研究补助费）开支的项目。

（2）应由施工辅助费开支的施工企业对建筑材料、构件和建筑物进行一般鉴定、检查所发生的费用及技术革新研究试验费。

（3）应由勘察设计费或建筑安装工程费用中开支的项目。

计算方法：按照设计提出的研究试验内容和要求进行编制，不需验证设计基础资料的不计本项费用。

4. 建设项目前期工作费

建设项目前期工作费系指委托勘察设计、咨询单位对建设项目进行可行性研究、工程勘察设计，以及设计、监理、施工招标文件及招标标底或造价控制值文件编制时，按规定应支付的费用，包括：

（1）编制项目建议书（或预可行性研究报告）、可行性研究报告、投资估算，以及相应的勘察、设计、专题研究等所需的费用。

（2）初步设计和施工图设计的勘察费（包括测量、水文调查、地质勘探等）、设计费、概（预）算及调整概算编制费等。

（3）设计、监理、施工招标文件及招标标底（或造价控制值或清单预算）文件编制费等。

计算方法：依据委托合同计列，或按国家颁发的收费标准和有关规定进行编制。

5. 专项评价（估）费

专项评价（估）费系指依据国家法律、法规规定须进行评价（评估）、咨询，按规定应支付的费用，包括环境影响评价费、水土保持评估费、地震安全性评价费、地质灾害危险性评价费、压覆重要矿床评估费、文物勘察费、通航认证费、行洪认证（评估）费、使用林地可行性研究报告编制费、用地预审报告编制费等费用。

计算方法：按国家颁发的收费标准和有关规定进行编制。

6. 施工机构迁移费

施工机构迁移费系指施工机构根据建设任务的需要，经有关部门决定成建制地（指工程处等）由原驻地迁移到另一地区所发生的一次性搬迁费用。它不包括以下内容：

（1）应由施工企业自行负担的，在规定距离范围内调动施工力量以及内部平衡施工力量所发生的迁移费用。

（2）由于违反基建程序，盲目调迁队伍所发生的迁移费。

（3）因中标而引起施工机构迁移所发生的迁移费。

费用内容包括：职工及随同家属的差旅费，调迁期间的工资，施工机械、设备、工具、用具和周转性材料的搬运费。

计算方法：施工机构迁移费应经建设项目的主管部门同意按实计算。但计算施工机构迁移费后，如迁移地点即新工地地点（如独立大桥），则其他工程费内的工地转移费应不再计算；如施工机构迁移地点至新工地地点尚有部分距离，则工地转移费的距离，应以施工机构新地点为计算起点。

7. 供电贴费（目前停止征收）

供电贴费系指按照国家规定，建设项目应交付的供电工程贴费、施工临时用电贴费。

8. 联合试运转费

联合试运转费指新建、改（扩）建工程项目，在竣工验收前按照设计规定的工程质量标准，进行动（静）载荷载实验所需的费用，或进行整套设备带负荷联合试运转期间所需的全部费用抵扣试车期间收入的差额，不包括应由设备安装工程项下开支的调试费的费用。

费用内容包括：联合试运转期间所需的材料、油燃料和动力的消耗，机械和检测设备使用费，工具用具和低值易耗品费，参加联合试运转人员工资及其他费用等。

联合试运转费以建筑安装工程费总额为基数，独立特大型桥梁按 0.075%，其他工程按 0.05% 计算。

9. 生产人员培训费

生产人员培训费指新建、改（扩）建公路工程项目，为保证生产的正常运行，在工程竣工验收交付使用前对运营部门生产人员和管理人员进行培训所必需的费用。

费用内容包括：培训人员的工资、工资性补贴、职工福利费、差旅交通费、劳动保护费、培训及教学实习费等。

生产人员培训费按设计定员和 2000 元/人的标准计算。

10. 固定资产投资方向调节税（目前暂停征收）

固定资产投资方向调节税系指为了贯彻国家产业政策，控制投资规模，引导投资方向，调整投资结构，加强重点建设，促进国民经济持续稳定协调发展，依照《中华人民共和国固定资产投资方向调节税暂行条例》的规定，公路建设项目应缴纳的固定资产投资方向调节税。

11. 建设期贷款利息

建设期贷款利息指建设项目中分年度使用国内贷款或国外贷款部分，在建设期间应归还的贷款利息。费用内容包括各种金融机构贷款、企业集资、建设债券和外汇贷款等利息。

计算方法：根据不同的资金来源按需付息的分年度投资计算。

$$S = \sum_{n=1}^{N}(F_{n-1} + b_n \div 2) \times i \tag{2.44}$$

式中　S——建设期贷款利息（元）；

　　　N——项目建设期（年）；

n——施工年度；

F_{n-1}——建设期第（n-1）年末需付息贷款本息累计（元）；

b_n——建设期第 n 年度付息贷款额；

i——建设期贷款年利率；

例 2-10：某工程贷款 4550 万元，建设期 3 年，第一、三年均贷款 1500 万元，第二年贷款 1550 万元，贷款利率为 6.21%，求其贷款利息为多少？

解：根据公式

$$S = \sum_{n=1}^{N}(F_{n-1} + b_n \div 2) \times i$$

可得：

第一年贷款利息=1500÷2×6.21%=46.575（万元）

第二年贷款利息=（1500+46.575+1550÷2）×6.21%=144.1698（万元）

第三年贷款利息=（1500+46.575+1550+144.1698+1500÷2）×6.21%=247.8253（万元）

三年贷款利息=46.575+144.1698+247.8253=438.570（万元）

2.1.5 预留费用及回收金额

2.1.5.1 预备费

为了对一些在工程开工之前不可能预见到而必须增加的工程和费用，以及建设期间可能发生的由于自然灾害、物价变动及国家政策调整对工程造价的影响作准备，在上述三部分费用之外，列有一项费用称为预留费用，其由价差预留费及基本预备费两部分组成。在公路工程建设期限内，凡需动用预留费用时，属于公路交通部门投资的项目，需经建设单位提出，按建设项目隶属关系，报交通部或交通厅（局）基建主管部门核定批准；属于其他部门投资的建设项目，按其隶属关系报有关部门核定批准。

1. 价差预备费

价差预备费系指设计文件编制年至工程竣工年期间，第一部分费用的人工费、材料费、机械使用费、其他工程费、间接费等以及第二、三部分费用由于政策、价格变化可能发生上浮而预留的费用及外资贷款汇率变动部分的费用。

（1）计算方法：价差预备费以概（预）算或修正概算第一部分建筑安装工程费总额为基数，按设计文件编制年始至建设项目工程竣工年终的年数和年工程造价增涨率计算。

计算公式如下：

$$价差预备费 = P \times [(1+i)^{n-1} - 1] \tag{2.45}$$

式中 P——建筑安装工程费总额（元）；

i——年工程造价增涨率（%）；

n——设计文件编制年至建设项目开工年+建设项目建设期限（年）。

（2）年工程造价增涨率按有关部门公布的工程投资价格指数计算，或由设计单位会同建设单位根据该工程人工费、材料费、施工机械使用费、其他工程费、间接费以及第二、三部分费用可能发生的上浮因素，以第一部分建安费为基数进行综合分析预测。

（3）设计文件编制至工程完工在一年以内的工程，不列此项费用。

2．基本预备费

基本预备费系指初步设计和概算中难以预料的工程和费用。其内容如下：

（1）进行技术设计、施工图设计和施工过程中，在批准的初步设计和概算范围内所增加的工程费用。

（2）在设备订货时，由于规格、型号改变的价差，材料货源变更、运输距离或方式的改变以及因规格不同而代换使用等原因发生的价差。

（3）由于一般自然灾害所造成的损失和预防自然灾害所采取的措施费用。

（4）在项目主管部门组织竣（交）工验收时，验收委员会（或小组）为鉴定工程质量必须开挖和修复隐蔽工程的费用。

（5）投保的工程根据工程特点和保险合同发生的工程保险费用。

计算方法：以第一、二、三部分费用之和（扣除固定资产投资方向调节税和建设期贷款利息两项费用）为基数按下列费率计算：

设计概算按 5% 计列；

修正概算按 4% 计列；

施工图预算按 3% 计列。

采用施工图预算加系数包干承包的工程，包干系数为施工图预算中直接费与间接费之和的 3%。施工图预算包干费用由施工单位包干使用。

该包干费用的内容为：

（1）在施工过程中，设计单位对分部分项工程修改设计而增加的费用，但不包括因水文地质条件变化造成的基础变更、结构变更、标准提高、工程规模改变而增加的费用。

（2）预算审定后，施工单位负责采购的材料由于货源变更、运输距离或方式的改变以及规格不同而代换使用等原因发生的价差。

（3）由于一般自然灾害所造成的损失和预防自然灾害所采取的措施费用（例如一般防台风、防洪的费用）等。

2.1.5.2 回收金额

概预算定额所列材料一般不计回收，只对按全部材料计价的一些临时工程项目和由于工程规模或工期限制达不到规定周转次数的拱盔、支架及施工金属设备的材料计算回收金额。回收率见表2.29。

表 2.29 回收率表

回收项目	使用年限或周转次数				计算基数
	一年或一次	二年或二次	三年或三次	四年或四次	
临时电力、电信线路	50%	30%	10%	—	材料原价
拱盔、支架	60%	45%	30%	15%	
施工金属设备	65%	65%	50%	30%	

注：施工金属设备指钢壳沉井、钢护筒等。

回收金额 = 材料原价(不含税价) × 材料实际周转次数的备料数量 × 回收率　　（2.40）

式中：材料实际周转次数的备料数量=定额规定用量×(定额规定周转次数/实际材料周转次数)，定额规定周转次数见部颁预算定额附录三中的材料周转及摊销表。

2.2 公路工程计价程序及方法

按照交通运输部公布的《公路工程基本建设项目概算预算编制办法》(JTG B06—2007)，公路工程计价程序及方法见表2.30。

表2.30 公路工程建设各项费用的计算程序及计算方式

代号	项目	说明及计算式
一	直接工程费（即工、料、机费）	按编制年工程所在地的预算价格计算
二	其他工程费	（一）×其他工程费综合费率或各类工程人工费和机械费之和×其他工程费综合费率
三	直接费	（一）+（二）
四	间接费	各类工程人工费×规费综合费率+（三）×企业管理费综合费率
五	利润	[（三）+（四）-规费]×利润率
六	税金（增值税）	[（三）+（四）+（五）]×综合税率
七	建筑安装工程费	（三）+（四）+（五）+（六）
八	设备、工具、器具购置费（包括备品、备件）	按设备购置的数量和相应的单价计算
	办公和生活用家具购置费	按有关定额计算
九	工程建设其他费用	
	土地征用及拆迁补偿费	按有关规定计算
	建设单位（业主）管理经费	（七）×费率
	工程监理费	（七）×费率
	设计文件审查费	（七）×费率
	竣（交）工验收试验检测费	按有关规定计算
	研究试验费	按批准的计划编制
	前期工作费	按有关规定计算
	施工机构迁移费	按实计算
	供电贴费	按有关规定计算
	联合试运转费	（七）×费率
	生产人员培训费	按有关规定计算
	固定资产投资方向调节税	按有关规定计算
	建设期贷款利息	按实际贷款数及利率计算
十	预备费	包括价差预备费和基本预备费两项
	价差预备费	按规定的公式计算
	基本预备费	[（七）+（八）+（九）-固定资产投资方向调节税-建设期贷款利息]×费率
	预备费中施工图预算包干系数	[（三）+（四）]×费率
十一	概（预）算总费用	（七）+（八）+（九）+（十）

2.3 公路工程概预算项目及文件组成

2.3.1 概预算项目

公路工程概预算编制应按交通运输部发布的编办、定额、指标及相关造价标准、本省发布的补充规定、价格信息等进行编制。如编制概预算时，其项、目、节应依照交通部颁发的现行《公路工程基本建设项目概算预算编制办法》进行。概预算项目主要包括以下内容：

第一部分　建筑安装工程费
　　　第一项　临时工程
　　　第二项　路基工程
　　　第三项　路面工程
　　　第四项　桥梁涵洞工程
　　　第五项　交叉工程
　　　第六项　隧道工程
　　　第七项　公路设施及预埋管线工程
　　　第八项　绿化及环境保护工程
　　　第九项　管理、养护及服务房屋
第二部分　设备及工具、器具购置费
第三部分　工程建设其他费用

具体目、节、细目详见现行公路工程概预算编制办法附录四。概算、预算分别以《公路工程概算定额》（JTG/T B06-1—2007）、《公路工程预算定额》（JTG/T B06-2—2007）计算。概预算的材料、机械台班单价及各项费用的计算都应通过规定的表格反映。各种表格的计算顺序和相互关系见图2.3。

2.3.2 概预算文件组成

公路工程概预算文件由封面及目录、编制说明及计算表格组成。

1. 封面及目录

概预算文件的封面和扉页应按《公路工程基本建设项目设计文件编制办法》中的规定制作，扉页的次页应有建设项目名称、编制单位、编制复核人员姓名并加盖执业（从业）资格印章、编制日期及第几册共几册等内容。目录应按概预算表的表号顺序排列。

2. 造价文件编制说明

概预算编制完成后，应写出编制说明，文字力求简明扼要。应叙述的内容一般有：

（1）建设项目设计资料的依据及有关文号，如建设项目可行性研究报告批准文号、初步设计和概算批准文号，以及根据何时的测设资料及何比选方案进行编制的等。

（2）采用的定额、费用标准、人工、材料、机械台班单价的依据或来源，补充定额及编制依据的详细说明。

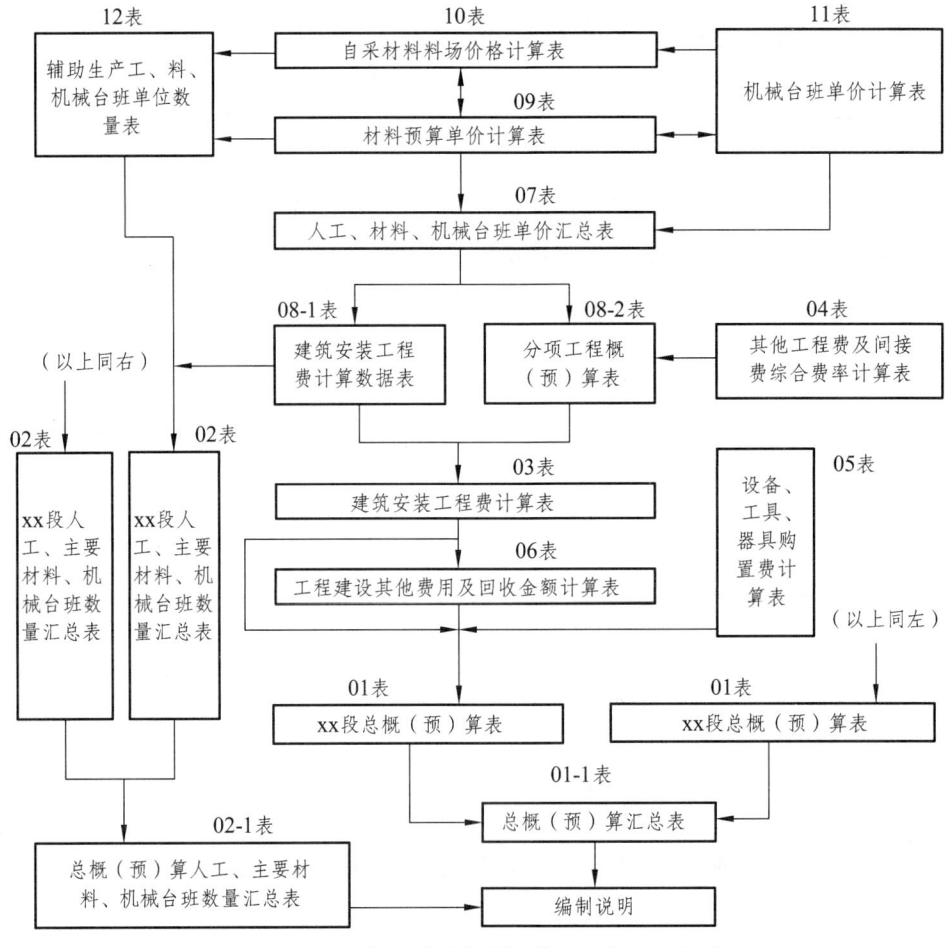

图 2.3 概预算各种表格的计算顺序和相互关系

（3）与概预算有关的委托书、协议书、会议纪要的主要内容（或抄件附后）。

（4）总概预算金额，人工、钢材、水泥、木料、沥青的总需要量情况，各设计方案的经济比较，以及编制中存在的问题。

（5）其他与造价概预算有关但不能在表格中反映的事项。

3. 概预算文件表格

公路工程概预算应按统一的概预算表格计算（表格式样见编制办法附录五），其中概预算相同的表式，在印制表格时，应将概算表与预算表分别印制。概预算文件按不同的需要分为甲组文件与乙组文件。

（1）甲组文件为各项费用计算表；乙组文件为建筑安装工程费用各项基础数据计算表，只供审批使用。甲、乙组文件应按《公路工程基本建设项目设计文件编制办法》关于设计文件报送份数的要求，随设计文件一并报送。报送乙组文件时，还应提供"建筑安装工程费各项基础数据计算表"的电子文档和编制补充定额的详细资料，并随同概预算文件一并报送。

（2）乙组文件中的"建筑安装工程费计算数据表"（08-1表）和分项工程概（预）算表（08-2表）应根据审批部门或建设项目业主单位的要求全部提供或仅提供其中的一种。

造价文件应按一个建设项目进行编制。当一个建设项目需要分段或分部编制时，应根据需要分别编制，但必须汇总编制。如"总概（预算）汇总表"（01-1 表）及"总概（预）算人工、主要材料、机械台班数量汇总表"（02-1 表）。

（3）甲组文件，共有十种计算表格。

① 编制说明。

② 总概（预）算汇总表（01-1 表）。

③ 总概（预）算人工、主要材料、机械台班数量汇总表（02-1 表）。

④ 总概（预）算表（01 表）。

⑤ 人工、主要材料、机械台班数量汇总表（02 表）。

⑥ 建筑安装工程费计算表（03 表）。

⑦ 其他工程费及间接费综合费率计算表（04 表）。

⑧ 设备、工具、器具购置费计算表（05 表）。

⑨ 工程建设其他费用及回收金额计算表（06 表）。

⑩ 人工、材料、机械台班单价汇总表（07 表）。

（4）乙组文件，共有六种计算表格。

① 建筑安装工程费计算数据表（08-1 表）。

② 分项工程概（预）算表（08-2 表）。

③ 材料预算单价计算表（09 表）。

④ 自采材料料场价格计算表（10 表）。

⑤ 机械台班单价计算表（11 表）。

⑥ 辅助生产工、料、机械台班单位数量表（12 表）。

概预算文件编制必须严格执行国家的方针、政策和有关制度，符合公路设计、施工技术规范。文件应达到的质量要求是：符合规定、结合实际、经济合理、提交及时、不重不漏、计算正确、字迹打印清晰、装订整齐完善。

习 题

1. 公路工程造价的定义是什么？
2. 简述公路工程造价的构成及计价原理。
3. 公路建设项目是如何划分的？是按什么过程来组价的？
5. 建筑安装工程费包括哪些费用？"营改增"税制改革后怎么计算？
6. 某公路用石油沥青，供应价 3150 元/t（含税），运距 80 km，运价 0.6 元/（t·km），装卸费 4.0 元/t，回收沥青桶为 50 元/t，请计算该石油沥青的含税及不含税预算单价（精确到 0.01）。
7. 施工机械使用费由哪几部分费用组成？
8. 某工地有一台水泥混凝土拌和站，其动力依靠工地柴油发电机组供应。若当地柴油价格为 5.00 元/kg，人工工日单价为 65 元/工日，发电机组总功率为 300 kW，拌和站和发电机组的基本情况如表 2.31 所示，请计算水泥混凝土拌和站的机械台班预算单价。

表 2.31 拌和站和发电机组的基本情况

项目	机械名称	
	水泥混凝土拌和站	发电机组
折旧费（元/台班）	800	200
大修理费（元/台班）	150	90
经常修理费（元/台班）	250	200
安拆及辅助设施费（元/台班）	0	10
人工费（工日/台班）	8	2
电（kW·h/台班）	700	—
柴油（kg/台班）	—	300

9. 某工程建设期 3 年，建筑安装工程费 18500 万元，拿出 70% 来贷款，第一年贷 30%，第二年贷 30%，第三年贷 40%，若三年期贷款利率为 5.74%，求其总贷款利息为多少？

10. 造价文件的组成有哪些？应达到什么质量要求？

11. 下列（　　）不能列入生产工人人工费内？
    A. 生产工人学习培训期间的工资　　B. 现场管理人员的工资
    C. 职工养老保险　　D. 职工住房公积金

12. 公路工程中材料预算价格是指（　　）。
    A. 材料的料场供应价　　B. 材料原价与运输费用之和
    C. 材料从其来源地到达工地仓库后的出库价格　　D. 材料经加工后达到要求的价格

13. 建设项目管理费包括（　　）。
    A. 建设单位（业主）管理费　　B. 工程监理费
    C. 设计文件审查费　　D. 竣（交）工验收试验检测费

14. 公路工程项目的招标费应计入（　　）。
    A. 建设项目前期工作费　　B. 建设单位（业主）管理费
    C. 工程监理费　　D. 设计文件审查费

15. 下列费用中，不属于其他直接费用的是（　　）。
    A. 特殊地区施工增加费　　B. 冬季、雨季、夜间施工增加费
    C. 工程排污增加费　　D. 行车干扰施工增加费

16. 对公路工程项目作环境影响评价费用应计入（　　）。
    A. 建设项目前期工作费　　B. 建设单位（业主）管理费
    C. 工程勘察设计费　　D. 专项评估费

17. 计算其他直接费时，以各类工程的直接工程费之和为基数，计算的费用有（　　）。
    A. 冬、雨、夜间施工增加费　　B. 施工标准化与安全措施费
    C. 临时设施费、施工辅助费　　D. 特殊地区增加费施工费

18. 计算其他直接费时，以各类工程人工费和机械使用费之和为基数，计算的费用有（　　）。
    A. 高原地区施工增加费　　B. 风沙地区施工增加费
    C. 行车干扰工程施工增加费　　D. 工地转移费

19. 国产标准设备原价一般是指（　　）。

A. 出厂价与运价、装卸费之和   B. 设备购置费

C. 设备制造厂交货价   D. 设备预算价

20. 设备购置费的计算公式为（   ）。

    A. 设备购置费=设备原价+附属工器具购置费

    B. 设备购置费=设备原价×（1+运杂费率）

    C. 设备购置费=设备原价+运杂费+运输保险费+采购及保管费

    D. 设备购置费=设备原价+运输费

3 公路工程计价依据

3.1 公路工程计价依据概述

公路工程计价依据是进行公路工程计价的各类数据和信息的总和。公路工程影响因素很多，每一项工程的计价都要根据工程的类别、规模、结构特征、建设标准、所在地区、市场造价信息及政府有关政策等进行具体计算和确定。工程的计价依据内容也较广泛，是主要影响数量和市场价格的因素。

3.1.1 公路工程计价依据的分类

1. 根据计算和确定成果的内容分类

（1）计算工程量的依据，包括前期资料、设计资料、计算规则等，如项目建议书、可行性研究报告、设计图纸和文件。

（2）计算分部分项人工、材料、机械台班消耗量的依据，主要包括各种定额。

（3）计算工程资源单价的依据，包括人工、材料、机械、设备价格信息、市场价等。

（4）计算各种费用的依据，如计价规则、造价文件规定、政府规定的税费等相关的法规和政策依据。

（5）调整工程造价的依据，如造价文件规定、物价指数、工程造价指数等。

2. 根据依据来源分类

（1）法律、法规、政策类。

这类依据包括：《合同法》、《招标投标法》、《最高人民法院关于审理建设工程施工合同纠纷案件若干法律问题的解释》（法释〔2004〕14号）等；各种税费、税率；与产业政策、能源政策、环境政策、技术政策和土地等资源利用政策有关的取费标准；利率和汇率等。

（2）标准、规范、规程类。

这类依据包括各类设计规范、施工规范、操作规程、验收规范类等。

（3）行业、省级主管及造价管理部门发布的规章、办法、文件等计价依据。

这类依据包括各种消耗量定额（估算指标、概算指标、概算定额、预算定额、施工定额、工期定额）、费用定额、基础单价（人工费单价、材料预算单价、机械台班单价）、工程造价指数、编制办法、补充规定等。这类依据数量多，也是计价具体操作的依据，如《公路工程基本建设项目概算预算编制办法》（JTG B06—2007）、《公路工程营业税改征增值税计价依据调整方案》（交办公路〔2016〕66号）、《公路工程预算定额》、《公路工程标准施工招标文件》（2009版）、交通造价部门发布的市场价格信息等。

（4）与项目有关的文件资料。

它是反映建设项目规模、内容、标准、功能、进度等的文件资料，是确定工程数量和价格的重要依据。在不同阶段，文件资料是不同的，主要包括：项目的各种批文、项目建议书、可行性研究报告；初步设计、扩大初步设计、施工图设计的图纸、招投标文件、会议纪要、各种计价文件等。

其中，施工图预算阶段主要是施工图纸和经批准的设计概算。施工图纸规定了工程的地点、规模、地形地貌、结构尺寸、技术要求等，不仅是指导施工的技术文件，也是计算编制预算的主要依据。设计概算一旦被批准，就作为投资限额，一般不得突破。此金额作为施工图预算的控制目标。

（5）项目环境条件。

环境条件的差异和变化，会导致计价的不同。在计价时，需通过充分的调查和了解，掌握对计价产生影响的内容和情况，包括：所在地的气象、水文、地形地貌、地质等自然条件；当地的交通、运输、通信、施工技术水平、装备水平、要素市场价格和供应情况、民风、民俗等经济、人文条件；业主情况、设计单位情况、施工组织设计、施工方案等其他条件。

（6）其他计价依据。

其他计价依据包括：企业定额、承包商的管理规定、管理体制，按规定编制的补充定额、建筑材料手册、预算工作手册及有关工具书等。

公路工程的计价依据中稳定性较强的是定额、工程量计算规则。

3.1.2 工程计价依据的主要内容

1. 工程定额

工程定额包括施工定额、预算定额、概算定额和指标、估算指标及费用定额等。

2. 工程造价指数

工程造价指数是反映一定时期由于价格变化对工程造价影响程度的一种指标，是调整工程造价价差的依据，包括：

（1）单项价格指数。

① 人工费、材料费、施工机械使用费等价格指数。

② 措施费、间接费及工程建设其他费等费率指数。

（2）设备、工器具价格指数。

（3）建筑安装工程造价指数。

（4）建设项目或单项工程造价指数。

3. 工程造价资料

工程造价资料内容很多，包括基础单价、工程量数据和单价（直接费单价、综合单价）等以及政府主管部门颁发的各种有关经济法规、政策、施工组织设计、工程量计算规则等。

3.1.3 计价依据的主要作用

计价依据依据不同的建设管理主体，在不同的工程建设阶段有不同的作用。

1. 编制计划的基本依据

无论是国家建设计划、发包人的投资计划、资金使用计划还是承包人的生产计划、施工进度计划等，都是以计价依据来计算人工、材料、机械、资金等需要数量，合理地平衡和调配人力、物力、财力等各项资源，以保证提高投资或企业经济效益，落实各种建设计划。

2. 计算和确定工程造价的依据

工程造价的计算和确定必须依赖计价依据，如估算指标用来计算和确定投资估算，概算定额用于计算和确定设计概算，预算定额用于计算和确定施工图预算，施工定额用于计算确定施工项目成本等。

3. 企业实行经济核算的依据

企业进行经济核算可以促使企业节约资源，取得经济效益，定额等计价依据是考核资源消耗的主要标准。

4. 有利于市场的良好发育

计价依据既是投资决策的依据，又是价格决策的依据。对于投资者来说，利用定额等计价依据可以有效地提高其项目决策的科学性，优化其投资行为；对于施工企业来说，定额等计价依据是其适应市场投标竞争和企业进行科学管理的重要工具。

计价依据的公开公平和合理有助于公路建设市场主体之间展开公平竞争，充分优化市场资源的有效利用。同时，各类计价依据是对大量市场信息的加工、传递和反馈等的总和。因此，计价依据的可靠性、完整性与灵敏性是市场成熟和市场效率的重要标志，加强各类计价依据的管理有利于完善公路市场管理信息系统和提高造价管理的水平。

3.2 公路工程定额体系

3.2.1 定额的定义

定额是在正常的生产（施工）技术和组织条件下，为完成单位合格产品所规定的人力、机械、材料、资金等消耗量的标准。定额关系示意图详见图3.1。

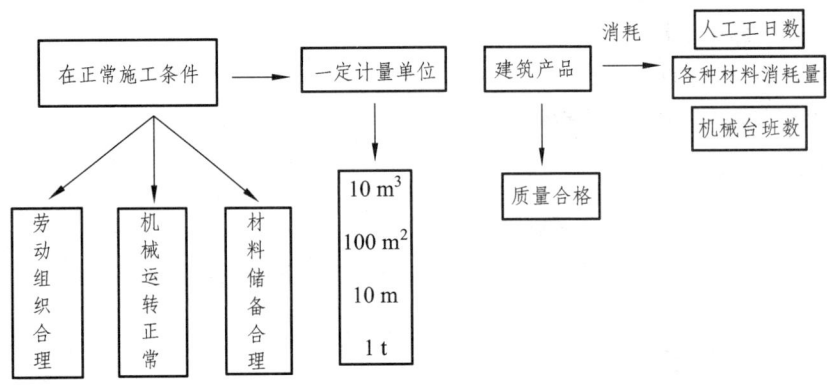

图 3.1 定额关系示意图

3.2.2 公路工程定额的分类

1. 按计价依据的作用分类

公路工程定额按计价依据的作用可分为：工程定额和费用定额。

工程定额：《公路工程施工定额》《公路工程预算定额》《公路工程概算定额》《公路工程估算指标》等。

费用定额：《公路工程机械台班费用定额》《公路基本建设工程概算、预算编制办法》《公路工程基本建设工程估算编制办法》中规定的各项费用定额和费率。

2. 按生产因素分类

在施工生产中起主要作用的有三大要素，即劳动力、材料、机械。公路工程定额是按实物量法编制的定额，工料机三种因素在公路定额中是主要内容。据此我们将定额分为劳动消耗定额、材料消耗定额和机械设备定额三种，见图3.2。

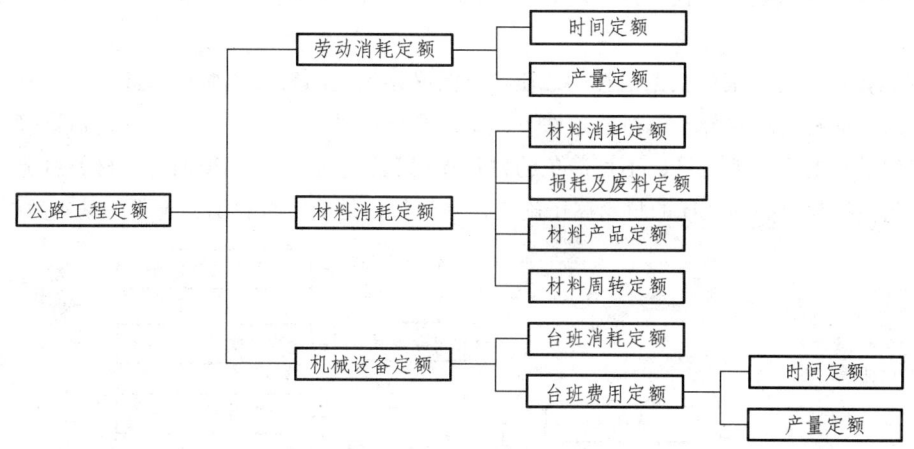

图 3.2　公路工程定额按生产因素分类

1）劳动消耗定额

劳动消耗定额简称劳动定额（或人工定额或工时定额），是指在正常的生产技术和生产组织条件下，完成单位合格产品所规定的劳动消耗量标准，分为时间定额和产量定额。时间定额与产量定额互为倒数关系。

（1）时间定额。

时间定额指在技术条件正常，生产工具使用合理和劳动组织正确的条件下，为生产单位合格产品所消耗的劳动时间，单位为工日/产品单位，可直接查定额，如人工挖土质台阶（普通土）工程，定额为 45 工日/1000 m^2。

每一工日除潜水按 6 h、隧道工作按 7 h 外，其余均按 8 h 计算。

$$时间定额 = \frac{耗用工时数量}{完成单位合格产品数量} \tag{3.1}$$

$$时间定额 = \frac{1}{单位时间完成的产量} = \frac{1}{产量定额} \tag{3.2}$$

（2）产量定额。

产量定额指在技术条件正常、生产工具使用合理和劳动组织正确的条件下,工人在单位时间内完成的合格产品的数量。

$$产量定额=\frac{完成合格产品数量}{耗时时间数量} \qquad (3.3)$$

$$时间定额=\frac{1}{完成单位合格产品所消耗的时间量}=\frac{1}{时间定额} \qquad (3.4)$$

其单位为产品单位/工日。如上例中完成 1000 m² 的台阶工程需 45 工日,则每工日产量为 1000 m²/45=22.2 m²/工日,即每工日完成 22.2 m² 的台阶工程,由时间定额计算而来。

2)材料消耗定额

(1)概念。

① 材料消耗定额简称材料定额,指在节约和合理使用材料的条件下,生产单位合格产品所必须消耗材料的数量标准。材料定额的单位为实物单位,如吨、千克等。

② 材料是指工程建设中使用的原材料、产品、半成品、构配件、燃料以及水、电等动力资源的统称。

③ 材料消耗。材料消耗根据消耗的性质可分为必须消耗的材料和损失的材料,见图 3.3。

必须消耗的材料:在合理用料的条件下,生产合格产品所需消耗的材料,包括直接用于建筑和安装工程材料的有效消耗量、不可避免的材料损耗和施工废料。必须消耗的材料可分为材料净消耗、工艺性损耗。必须消耗的材料属于施工正常消耗,是确定材料消耗定额的基本数据。

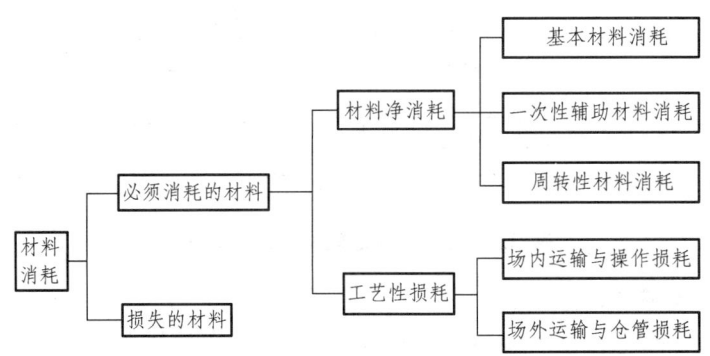

图 3.3 材料消耗按性质分类

(2)分类。

① 材料消耗定额按材料消耗的特征分为基本材料消耗定额和辅助材料消耗定额。

基本材料:构成工程结构本身所用的各种材料,如钢筋混凝土柱中的钢筋、水泥、砂、碎石等。

辅助材料:工程所必需但不是构成工程实体本身的材料。其中可以多次周转使用的叫周转性材料,一次消耗完成的叫一次性辅助材料(如土石方爆破工程所必需的炸药、引信、雷管等)。

② 材料消耗定额按表现形式可分为:材料消耗定额、损耗及废料定额、材料产品定额、材料周转定额。

(3)材料消耗定额的表现形式。

① 材料消耗定额。

材料消耗定额由完成单位合格产品的材料净用量和材料损耗量组成。

$$材料消耗定额=完成单位合格产品的材料净用量+材料损耗量 \qquad (3.5)$$

a. 材料净用量也叫材料净消耗或净定额，指生产合格产品所需材料的有效消耗量，包括基本材料消耗、一次性辅助材料消耗和周转性材料消耗。如浇筑混凝土消耗的水泥净用量，即指试验室在配料单上规定消耗的数量（kg/m³）；如石方开挖爆破消耗的炸药净用量，即经过爆破试验或理论计算需要的数量。

b. 材料损耗量指材料从现场仓库领出到完成合格产品的生产过程中的合理损耗数量，是场内运输与操作过程不可避免的损耗量（场内运输与操作损耗），包括施工过程中现场搬运堆放的损耗及施工操作不可避免的残余材料损耗、不可避免的废料损耗。材料损耗量也叫损耗定额，计入材料消耗定额中的非有效消耗量中，材料损耗量一般用损耗率表示：

$$材料损耗率 = \frac{材料损耗量}{材料净用量} \times 100\% \tag{3.6}$$

则
$$材料损耗量 = 完成单位合格产品的材料净用量 \times 材料损耗率 \tag{3.7}$$

$$材料消耗定额 = 完成单位合格产品的材料净用量 \times (1+材料损耗率) \tag{3.8}$$

在公路预算定额中直接查出的数值就是材料消耗定额，材料损耗率可在预算定额的附录四中查询。如预算定额［460-4-6-2-13］中，方柱式墩台非泵送高度10 m内每10 m³混凝土实体材料消耗定额为10.2 m³，其中10 m³实体是材料净用量，0.2 m³是材料损耗量。

材料消耗定额中的消耗量是材料消耗中的一部分，包括材料净消耗和场内运输与操作损耗。场外运输损耗与仓管损耗计入材料预算价格，损失的材料不计入单价和定额中。

② 材料产品定额。

材料产品定额指用一定规格的原材料，在合理的操作条件下，而获得标准产品的数量。

③ 材料周转定额。

材料周转定额指周转性材料在施工中合理周转使用的次数和用量，见预算定额附录三。周转性材料应按规定进行周转使用，预算定额中，周转性材料均按正常周转次数计算出摊销量摊入定额中，具体规定详见《公路工程预算定额》总说明书及附录三。

摊销量（定额用量）是指周转材料使用一次在单位产品上的消耗量，即应分摊到每一单位分项工程或结构构件上的周转材料消耗量。其公式如下：

$$定额用量 = \frac{图纸一次使用量 \times (1+场内运输及操作消耗)}{周转次数（或摊销次数）} \tag{3.9}$$

式中　图纸一次使用量——第一次投入使用时的材料数量，根据施工图与施工验收规范计算。

　　　损耗率——在第二次和以后各次周转中，每周转一次因损坏不能复用，必须另作补充的数量占一次使用量的百分比，又称平均每次周转补损率，包括场内运输及操作损耗，用统计法和观测法来确定。

　　　周转次数或摊销次数——按施工情况和过去经验确定，可查《公路工程预算定额》附录三。

例 3-1： 求每完成预算定额［460-4-6-2-13］现浇C30水泥混凝土10 m³实体，其组成材料的消耗定额。

解： 每10 m³实体混凝土各组成材料的消耗定额，应按公式（3.8）计算。

查附录三基本定额中混凝土配合比：完成1m³ C30普通混凝土，碎石最大粒径40 mm时，需净用量是水泥377 kg/m³，中（粗）砂0.46 m³/m³，4cm碎石0.83 m³/m³。

由公式（3.6）得：

$$材料耗损率 = \frac{材料损耗量}{材料净用量} \times 100\% = \frac{0.2}{10} \times 100\% = 2\%$$

每 10 m³ 实体混凝土各组成材料的消耗定额：

水泥：（1+2%）×377×10=3845（kg）

砂：（1+2%）×0.46×10=4.69（m³）

碎石：（1+2%）×0.83×10=8.47（m³）

计算出的数据与预算定额 460～462 页数值比较，两者相同。

3）机械台班消耗定额

机械台班消耗定额简称机械定额，是指在正常施工条件下，合理地组织生产与合理地利用某种机械完成单位合格产品所必需的机械台班消耗标准，或在单位时间内机械完成的产品数量。

机械定额按其表现形式分为机械时间定额和机械产量定额两种。机械时间定额是指在一定的工作内容和质量安全要求的条件下，规定某种机械完成单位产品所需要的时间，单位常用"台班""台时"。机械时间定额和机械产量定额，互为倒数。公路预算定额使用的是时间定额。如定额 1-1-18-1 中，机械碾压填方一级公路路基，12～15 t 光轮压路机消耗定额为 5.69 台班/1000 m³ 压实方，其产量定额则是：

1000 m³ 压实方/5.69 台班=175.75 m³ 压实方/台班

4）机械台班费用定额

机械台班费用定额：为使机械正常运转需要支出和分摊的折旧、维修、安装拆卸、辅助设施以及人工、动力燃料、车船使用税等各项费用消耗的标准，即确定机械台班单价的定额。

3. 按使用要求分类

在公路基本建设过程中，所处的阶段不同，编制造价文件的主要依据定额也不同，公路工程定额按使用要求分类，可划分为施工定额、预算定额、概算定额、估算指标等，见图 3.4。

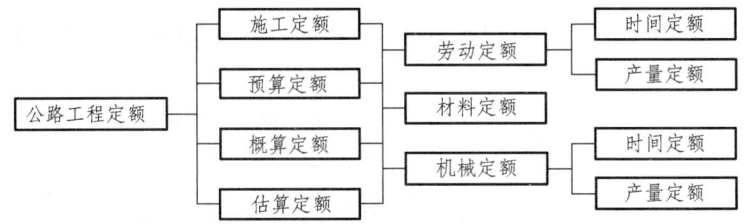

图 3.4 公路工程定额按使用要求分类

1）公路工程施工定额

施工定额是指建筑安装施工企业根据企业本身的技术水平和管理水平编制的，在正常施工条件下，生产单位合格产品所必需的人工、材料、施工机械台班消耗的数量标准，以及其他生产经营要素消耗的数量标准。

施工定额以同一性质的施工过程工序为研究对象，由劳动定额、材料消耗定额和机械台班消耗定额三个相对独立的部分组成。施工定额是建设工程定额分项最细，定额子目最多的一种定额，是建设工程定额中的基础性定额，是编制其他定额的基础。施工定额是企业内部管理的定额，属于企业定额的性质，是在施工准备阶段和施工阶段使用的定额。定额水平为平均先进水平，单位以最小单位（m、m²、m³）、工日、工时计。

（1）施工定额的作用。
① 是施工企业进行计划管理的依据。
② 是施工企业组织和指挥施工生产的有效工具。
③ 是施工企业考核工效、评奖、计算工人劳动报酬的依据。
④ 是施工企业加强成本管理和经济核算、编制施工预算的依据。
⑤ 是编制预算定额、补充定额的基础。
（2）施工定额编制依据。
① 交通部颁发的各项建筑安装工程施工及验收技术规范。
② 建筑安装工人技术等级标准。
③ 施工操作规程和安全操作规程。
④ 技术测定资料，经验统计资料，有关半成品配合比资料等。
施工定额的内容：a. 文字说明部分：总说明、章说明、节说明；b. 定额表；c. 附录。
2）公路工程预算定额
预算定额是在施工定额的基础上综合而成的具有较先进合理定额水平的定额，属于计价定额，为社会平均水平，单位比施工定额大，以（10 m、1000 m^2、10 m^3）、工日、工时计。
（1）预算定额编制的原则。
① 按社会平均水平确定预算定额的原则。
② 坚持统一性和差别性相结合的原则。
③ 简明适用原则。
④ 专家编审责任制原则。
（2）预算定额的组成内容：定额的文件、目录、总说明、各类工程的章说明、节说明、定额表和附录7部分。
（3）预算定额的作用。
① 预算定额是编制施工图预算，确定和控制项目建筑安装工程造价的基础。
施工图预算是施工图设计文件之一，是控制和确定建筑安装工程造价的必要手段。预算定额是确定一定计量单位分项工程人工、材料、机械的消耗量的依据；也是计算分项工程单价的基础。所以，预算定额对建筑安装工程直接费影响甚大。
② 预算定额是对设计方案进行技术经济比较和技术经济分析的依据。
设计方案在设计工作中居于中心地位：根据预算定额对方案进行技术经济分析和比较，是选择经济合理设计方案的重要方法：对设计方案进行比较，主要是通过定额对不同方案所需人工、材料和机械台班消耗量、材料重量、材料资源等进行比较。这种比较可以判明不同方案对工程造价的影响。
③ 预算定额是编制施工组织设计的依据。
在公路工程各个阶段，必须编制相应的施工组织设计文件：根据预算定额确定的劳动力、建筑材料、成品、半成品和施工机械台班的需用量，为组织材料供应和预制构件加工、平衡劳动力和施工机械提供了可靠依据。
④ 预算定额是合理编制招标控制价、投标报价的重要参考。
建设单位在编制招标控制价时应以预算定额为基础，施工单位投标报价应采用自己的企业定额，也可以预算定额作为投标报价的参考。

⑤ 预算定额是编制概算定额和估算指标的基础。

概算定额和估算指标就是在预算定额基础上经综合扩大编制而成的。

3）公路工程概算定额

概算定额是在预算定额的基础上综合而成的大单位工料机消耗量的定额，属于计价定额，为社会平均水平，但是比预算定额水平低。单位：以更大的单位来表示，如小桥涵以 1 座（道）等表示。

（1）概算定额的作用。

① 是初步设计阶段编制建设项目概算和技术设计阶段编制修正概算的依据。

② 是设计方案经济比较的依据。

③ 是编制主要材料需要量的计算基础。

④ 是编制建设项目投资估算指标的基础。

⑤ 在不具备施工图预算的情况下，概算定额还可以作为制订工程标底的基础。

在实行建设项目投资包干时，其项目包干费用通常也以概算定额为计算依据。

（2）概算定额的编制依据。

① 国家有关方针、政策及规定。

② 现行标准设计图纸或有代表性的设计图或施工详细图。

③ 现行的工程施工技术及验收规范、质量评定标准及安全操作规程。

④ 现行预算定额。

⑤ 施工方案、施工工艺及方式、机械的选择。

⑥ 编制期的人工工资标准、材料预算价格、机械台班单价。

（3）概算定额的内容。

现行的《公路工程概算定额》（JTG/T B06-01—2007）共分上、下两册。《概算定额》包括说明、定额表两部分，与《预算定额》相比，没有附录部分。其内容包括：路基工程、路面工程、隧道工程、涵洞工程、桥梁工程、交通工程及沿线设施、临时工程共 7 章。

（4）预算定额与概算定额的区别。

① 概算定额是编制设计概算、修正概算的依据。

② 概算定额是大单位的定额。

③ 概算定额的水平低于预算定额。

④ 概算定额包括分项定额和扩大定额。

⑤ 预算定额包括四个附录，其主要作用是编制施工图预算。

4）公路工程估算指标

估算指标是以独立的建设项目、单项工程或单位工程为标定对象，完成单位合格产品（1 km 或 1000 m^3、1000 m^2 等）所必须消耗的工、料、机数量（或费用）标准。估算指标是在可行性研究阶段采用的一种扩大的技术经济指标。它以独立的建筑项目、单项工程或单位工程为对象，综合项目全过程投资和建设中的各类成本和费用，反映出其扩大的技术经济指标。

因而估算指标既是定额的一种表现形式，但又不同于其他的计价定额，具有较强的综合性和概括性。

（1）估算指标作用。

① 在编制项目建议书和可行性研究报告阶段，是多方案比选、优化设计方案、正确编制投资

估算、合理确定项目投资额的重要基础。

② 在建设项目评价、决策过程中，是评价建设项目投资可行性、分析投资效益的主要经济指标。

③ 在实施阶段，是限额设计和工程造价确定与控制的依据。

④ 是固定资产投资管理和控制的重要手段。

⑤ 是固定资产投资规模、引导投资方向、制订中长期投资计划工作的重要依据。

⑥ 在项目投资决策的实施阶段，估算指标是强化投资项目管理的重要手段。

（2）估算指标的主要内容包括：总说明；各部分说明；附录（一）综合指标及分项指标和其他工程指标表；附录（二）材料预算价格的规格取定表；附录（三）至附录（五）。

（3）估算指标的费用。

① 包括主要工程项目的建筑安装工程费中的人工费、材料费和机械使用费，不包括其他工程和各项费用指标。

② 其他工程费以主要工程费为基数按规定的费率计算，不列工、料、机消耗量。

③ 各项费用分别按《公路工程投资估算编制办法》中的规定计算。

（4）估算指标的表现形式：估算指标是编制和确定项目建议书和可行性研究报告投资估算的基础和依据，按其用途和表现形式分"综合指标"和"分项指标"两大类。

① 综合指标。

综合指标适用于编制项目建议书投资估算，主要用于建设项目经济上的研究、项目的选择及合理性研究，建设规模和编制公路建设发展规划的研究，以人工、主要材料和其他材料费、机械使用费及各项费用指标等全部工程造价为表现形式。

② 分项指标。

分项指标适用于编制公路建设项目可行性研究报告投资估算，主要用于建设项目投资效益、经济可行性研究、方案的经济比选和建设成本的确定，以各项工程的人工、主要材料和其他材料费、机械使用费及施工管理指标为表现形式。

估算指标与概算定额、预算定额一样，以人工、主要材料、其他材料费、机械使用费、基价等实物指标为表现形式。

5）定额间的关系

各种定额间的关系比较见表3.1。

表3.1 定额间的关系表

定额分类	施工定额	预算定额	概算定额	概算指标	投资估算指标
对 象	工序	分项工程	扩大分项工程	整个建筑物或构筑物	单项工程或完整工程项目
用 途	编制施工预算	编制施工图预算	编制扩大初步设计概算	编制设计概算	编制投资估算
项目划分	最细	细	较粗	粗	很粗
定额水平	平均先进	平均	平均	平均	平均
定额性质	生产性定额	计价性定额			

4. 按编制单位和执行定额的范围分类

公路工程定额按编制单位和执行定额的范围分为全国统一定额、主管部门定额、地方定额、企业定额。

3.2.3 公路工程定额的特点

1. 定额的科学性

定额的科学性主要表现在两个方面：(1) 公路定额必须和生产力发展水平相适应，反映公路工程施工中物资消耗的客观规律，作为公路基本建设计划、调节、组织、预测、控制的可靠依据。(2) 定额管理在理论、方法和手段上是科学的，能适应现代科学技术和信息社会发展的需要。

定额的数据都是在认真的研究下，采用科学严谨的方法，按照客观规律的要求确定的。

2. 定额的系统性和统一性

一种专业定额是一个完整独立的系统。公路工程定额从测定到使用，直至再修订都是为了全面反映公路工程所有的工程内容和项目，且与公路技术标准、规范配套，完全准确反映公路工程施工工艺流程中的每一个环节。

公路定额是为公路建设这个庞大的实体系统服务的。公路项目可以分解出成千上万道工序，而其内部却层次分明，如项、目、节的划分。任何一个分部、分项工程在公路定额中都能一一确定。

公路定额初期借助于国家统一的技术标准、规范制定，逐渐发展成交通工程的统一标准、规范。在交通部定额站的统一领导下，按照定额的制定、颁布和贯彻执行统一的行动，使定额工作及定额的管理工作有了统一的程序、统一的原则、统一的要求、统一的用途。

国家对经济发展有计划的宏观调控职能决定了定额的统一性。公路工程定额的一系列工作进行，需要巨大的人力、财力投入，同时也给社会以巨大的回报，统一和指导公路建设市场，保证有限的资金投入发挥最大的作用，保障市场正常有序进行。

3. 定额的权威性和强制性

工程定额是由政府部门通过一定的程序审批、颁发的，具有很强的权威性。权威性在一些情况下具有经济法规和执行的强制性。

只有科学的定额才具有权威性。定额必然牵涉到相关方的经济关系和利益关系。赋予定额以一定的强制性，意味着在规定的范围内，定额的使用者和执行者，不论主观上是否愿意，都必须严格按定额的要求和规定执行。特别是目前建设市场不太规范的情况下，定额的权威性尤为重要，它可以帮助理顺建设项目相关各方的经济和利益关系。

权威性反映统一的意志和统一的要求，也反映信誉和信赖程度。但是，定额是主观对客观的反映，定额的科学性受人们认识水平的限制，所以定额的权威性也不能绝对化。随着投资体制改革和投资主体多元化格局的形成，以及企业经营机制的转变，定额的这一特点也将调整自己的位置，权威性的特点会弱化。

4. 定额的稳定性和时效性

(1) 定额所反映的是一定时期内的施工技术和先进工艺的水平，表现为具有一定的稳定性。

编制或修改定额是一项十分复杂的工作，需要动员和组织大量的人力和物力，收集大量的资料和数据，进行反复的调查研究、测算、比较、平衡、审查、批复等工作，需要很长的周期完成这些工作。

定额的稳定性给政府决策和经济的宏观调控提供有力的保证。定额的稳定性是维护定额的权威性所必需的，更是有效地贯彻定额所必需的。公路工程定额的稳定期一般为 5~10 年，如 1996 定额、2007 定额，间隔 11 年。

（2）另一方面，其稳定性也是相对的，生产力发展到一定程度就要重新编制或修订了，以适应生产力的发展。总之，定额的变化是绝对的，定额的修编及完善是不断进行的。

3.2.4 我国公路工程定额的发展概况

（1）1958 年，原交通部公路总局制定全国统一的《公路工程预算定额》。各省（市、自治区）也相继制定了地方性的预算定额和施工定额。

（2）1971 年，交通部对 1958 年定额进行综合调整，于 1973 年重新颁发了《公路工程概算定额》、《公路工程预算定额》、《公路工程施工计划劳材手册》。

（3）1983 年，原交通部颁发《公路工程概算定额》、《公路工程预算定额》，1986 年试行我国第一本《公路工程估算指标》。

（4）1992 年，原交通部重新颁布了《公路工程概算定额》、《公路工程预算定额》。这两本定额与 1996 年公布的《公路工程基本建设工程概算编制办法》附录十一的基价表一起配套使用。

1996 年，原交通部颁发《公路工程估算指标》。与上述定额配套使用的还有交公路发〔1996〕610 号发布的《公路工程机械台班费用定额》、公施字〔1997〕134 号发布的《公路工程施工定额》，各省（市、自治区）一般也对施工定额的有关问题作了指导性规定。

（5）2007 年，原交通部公布《公路工程基本建设项目概算、预算编制办法》、《公路工程概算定额》、《公路工程预算定额》、《公路工程机械台班费用定额》，自 2008 年 1 月 1 日起施行。其中编制办法作为行业标准，而其余三部定额作为行业推荐性标准。

（6）2009 年，交通公路定额站出版公路工程施工定额，是对 1997 版的修订，是 2007 版预算定额的确定依据。

3.3 公路工程预算定额的应用

3.3.1 预算定额的基本组成

预算定额的组成内容：现行的《公路工程预算定额》（JTG/T B06-02—2007）共分上、下两册。《预算定额》包括定额的颁发文件、总说明、目录、各类工程的章说明、节说明、定额表和附录 7 部分。其内容包括：路基工程、路面工程、隧道工程、桥梁工程、防护工程、交通工程及沿线设施、临时工程、材料采集及加工、材料运输等 9 章及附录。

1）定额的颁发文件
2）总说明

总说明部分，规定使用范围、使用条件、定额使用中的一般规定等，对正确运用定额具有重要作用。

3）目录

4）章（节）说明

章节说明主要讲述本章节的工程内容、工程量的计算方法和规定、计算单位及尺寸的起止范围，以及计算的附表等。这部分对每一章、节的定额套用和定额工程量具体使用要求及注意事项作出了说明，是正确引用定额的基础。

5）定额表

定额表是各类定额的最基本的组成部分，是定额指标数额的具体表示，包括表号及定额表名称、工程内容、单位、顺序号、项目、工程细目、栏号、定额值、基价、注。以定额 1-1-5 为例，样式见表 3.2。

表 3.2　1-1-5 填前夯（压）实及填前挖松

工程内容　填前夯（压）实：原地面平整，夯（压）实。
　　　　　填前挖松：将土挖松。　　　　　　　　　　　　　　　　　　　　单位：1000 m²

顺序号	项目	单位	代号	人工夯实	耕地填前夯（压）实 履带拖拉机 功率（kW） 75 以内	耕地填前夯（压）实 履带拖拉机 功率（kW） 120 以内	12～15 t 光轮压路机	填前挖松
				1	2	3	4	5
1	人工	工日	1	32.9	2.8	2.8	2.8	6.2
2	75 kW 以内履带式拖拉机	台班	1063	—	0.17	—	—	—
3	120 kW 以内履带式拖拉机	台班	1065	—	—	0.12	—	—
4	12～15 t 光轮压路机	台班	1078	—	—	—	0.30	—
5	基价	元	1999	1619	227	229	261	305

注：1. 夯（压）实如需用水时，备水费用另行计算；
　　2. 填前挖松适用于地面横坡 1∶10～1∶5；
　　3. 二级及二级以上等级公路的填前压实应采用压路机压实。

（1）定额表号及名称。

定额按工程项目的不同，以章为单元将定额表有序地排列起来，这种排列的序号就是定额表号。

如：《预算定额》"1-1-5 耕地填前夯（压）实及填前挖松"。

定额表号：1-1-5；表名：填前夯（压）实及填前挖松。

（2）工程内容。

工程内容主要说明本定额表所包括的操作内容及对应详细工艺流程。查定额时，必须将实际发生的项目操作内容与表中的工程内容进行比较，若不一致时应进行调整或抽换。如 1-1-5 工程内容包括两部分：

填前夯（压）实：原地面平整，夯（压）实；填前挖松：将土挖松。

（3）定额单位。

常用扩大的单位 10 m³、100 m³、1000 m³ 等，如定额 1-1-5 的定额单位是 1000 m²。

（4）顺序号。

表示人工、材料、机械及费用的顺序号，起简化说明的作用，如本表中第一列 1～5。

（5）项目。

项目即定额表中的工程所需人工、材料，机械费用的名称、规格，如本表中人工、75 kW 以内履带式拖拉机……

（6）代号。

采用计算机时工料机的识别符。如本表中人工"1"、75 kW 以内履带式拖拉机"1063"。

（7）工程细目。

表征本表中所包括的工程细目，如人工夯实、填前松挖等，也称"子目""栏目"。

（8）栏号。

栏号指工程细目的编号，如人工夯实栏号为"1"，也称"子目号""栏目号"。

（9）定额值。

定额值指定额表中各种资源（工料机及基价）的消耗量数量。其中定额值带有括号的，括号内的数值，一般是指所需半成品的数量（定额值），基价未包含此费用。如人工夯实子目中人工消耗数量为 32.9 工日/1000 m²。

（10）基价。

基价指该工程细目以指定时间与地点的价格计算的人工费、材料费、机械使用费合计，亦称定额基价或定额表基价。预算定额基价中的人工费、材料费基本上是按北京市 2007 年的人工、材料预算价格计算的（详见预算定额附录四），机械使用费按 2007 年交通部公布的《公路工程机械台班费用定额》（JTG/T B06-03—2007）计算。

$$定额基价=\sum（工料机消耗量×工料机基期价格） \quad (3.10)$$

如[1-1-5-3]定额基价：2.8×49.2+0.3×411.77=261（元）。

（11）注。

有些定额表下方有注，使用有注定额时应仔细阅读，执行注的规定，避免发生错误，如本表下方的注第 1~3 条。

6）附录

附录是编制定额的基本数据，也是编制补充定额的依据，同时还是定额抽换的依据，包括以下四部分：附录一为路基材料计算基础数据，附录二为基本定额，附录三为材料周转及摊销，附录四为定额基价人工、材料单位质量、单价表。

附录一至附录三是在合理的条件下，为生产单位数量半成品、中间产品所规定的各种资源的消耗量标准。可以计算、分析分项工程或半成品所需的人工、材料、机械消耗量。

附录三是材料周转定额，是周转性材料的周转及摊销次数，可用于定额用量与实际用量之间的换算或编制补充定额。定额用量见公式（3.9）。抽换成实际定额用量按下式计算：

$$实际定额用量 = \frac{图纸一次使用量×(1+场内运输及操作损耗)}{实际周转次数（或实际摊销次数）} \quad (3.11)$$

$$实际定额用量 = \frac{规定周转次数}{实际周转次数}×规定定额用量 \quad (3.12)$$

或

$$E'=E×K \quad (3.13)$$

式中　E'——抽换值；

E——定额规定值；

$K=n/n'$，换算系数；

n—— 规定周转次数；

n'—— 实际周转次数。

例 3-2：需 M7.5 水泥砂浆 2368 m³，问考虑净用量时 32.5 级水泥、中（粗）砂各多少？

解：查附录二基本定额 1009 页第 2 栏：每 1 m³ M7.5 水泥砂浆需 32.5 级水泥 266 kg，中（粗）砂 1.09 m³，则 2368 m³ 的 M7.5 水泥砂浆需：

32.5 级水泥：266×2368=629888（kg）

中（粗）砂：1.09×2368=2581.12（m³）

例 3-3：某 2 孔跨径为 20 m 的石拱桥，制备 1 孔木拱盔（满堂式），试确定其实际周转次数的周转性材料预算定额并用表格表示。

解：（1）确定定额号为 [631-4-9-2-2]。

（2）根据公式。

实际定额用量=(规定的周转次数/实际的周转次数)×规定定额用量

实际定额用量计算如下：

原木=0.471×(5/2)=1.178（m³）；锯材=1.625×(5/2)=4.063（m³）；

铁件=41.8×(5/2)=104.5（kg）；铁钉=1.1×(4/2)=2.2（kg）。

（3）计算数据见表 3.3。

表 3.3 木拱盔（满堂式）实际定额用量计算表

序号	材料规格名称	单位	规定定额用量 E	规定的周转次数 n	实际的周转次数 n'	K	实际定额用量 E'
1	原木	m³	0.471	5	2	2.5	1.178
2	锯材	m³	1.625	5	2	2.5	4.063
3	铁件	kg	41.8	5	2	2.5	104.5
4	铁钉	kg	1.1	4	2	2	2.2

3.3.2 引用定额编号的表示方法

定额编号是指在编制计价文件时，根据定额表号采用简单的编号将所应用的定额表示出来。计算表格中需要列出所引用的定额表号，必须保证该栏定额表号的准确性。

1. 单个定额表号的表示方法

（1）[页号-表号-栏号]编写方法。

如[8-1-1-5-5]指第 8 页定额表 1-1-5 中的第 1 栏定额子目，即"填前夯（压）实及填前挖松"中填前夯（压）实人工夯实的预算定额。这种编写方法容易查找，复核检查方便，不易出错。但字码较多，在表中占格较宽。

（2）[表号-栏号]编号方法。

此方法就是把[页号-表号-栏号]的页号去除，如[1-1-5-1]就是表示定额表 1-5-1 的第 1 栏，也就是"填前夯（压）实及填前挖松"中填前夯（压）实人工夯实的预算定额。

（3）8 位数编号法。

电算法编制概预算文件，采用该法。即章占 1 位，节占 2 位，表占 2 位，栏占 3 位。例如：10105005 表示预算定额第 1 章第 1 节第 5 个表第 5 栏；40405121 表示预算定额第 4 章第 4 节第 5 个表第 121 栏。

2. 组合定额表号的表示方法

表号相同栏不同时，用加号连接，加号后放辅助定额，辅助定额省略表号，只写栏号，同一个定额套用多次可用倍数表示；表号不同时，用单个定额表号的表示方法。如人工挖运普通土（人工挑抬）水平运距 60 m 时，定额由定额表号 1-1-6 第 2 和第 4 栏组合，定额编号为[9-1-1-6-2+4×4]。

3. 定额调整的表示方法

定额的调整、改变或叠用必须在定额编号后加以说明，如定额[4-6-4-2]现浇混凝土盖梁非泵送钢模中需调整水泥混凝土强度，编号应为[4-6-4-2 改]；又如编号[2-2-2-2+5×7]是表示将表[2-2-3-5]定额乘以 7 后加到表[2-2-3-2]定额中，即人工摊铺拖拉机带铧犁拌和 15 cm 级配碎石基层的预算定额。

4. 定额编号的作用

（1）保证复核、审查人员利用编号快速查找，核对所用定额的准确性。

（2）以编者按号形式建立一一对应的模式，便于计算机处理及修编人员的统计工作。

（3）在概预算文件的 08 表中，"定额代号"一栏必须填上对应的定额细目代号。

3.3.3 运用定额的步骤

（1）根据运用定额的目的，确定所用定额的种类（是预算定额还是其他定额）。

（2）明确定额表。

根据项目所包括的内容确定欲查定额的项目名称，据此在定额目录中找到所在页次，找到对应的定额表。

（3）查到定额表后再进行如下步骤：

① 明确定额子目，查用定额。

在查用定额时，应根据实际工程项目包含的工程内容（设计要求、施工组织要求），明确工艺流程，查看与定额表"工程内容"所包含的内容、结构形式、施工工艺、材料等是否相同，以使正确选用定额，防止错、重、漏。两者若无出入，则可在表中找到相应的子目，确定子目（栏号）；若有出入则进行调整和抽换。

② 检查定额表的计量单位与工程项目取定的计量单位是否一致，是否符合规定的工程量计算规则。

③ 看定额的总说明、章说明、节说明以及表下的小注是否与所查子目的定额有关，若有关，则按要求处理。

④ 依子目确定各项定额值，可直接引用的就直接抄录，需计算的则在计算后抄录。

（4）重新按上述步骤复核。

（5）该项目的细目定额查完后，再查该项目的另外细目定额，依次完成后，再查另一个项目的定额。

3.3.4 预算定额的应用

预算定额的应用就是运用定额,确定工料机消耗量和单价,主要包括定额套用、换算和补充。应明确直接套用单个定额、组合定额,是否需要抽换定额、补充定额,防止错、重、漏。

1. 定额的单个直接套用

实际工程项目包含的工程内容与定额子目"工程内容"完全相符时,直接套用单个定额与实际工程项目一一对应。

例 3-4:确定人工挖运普通土(手推车)运 20 m 的预算定额,计算其定额值和基价。

解:(1)由预算定额目录可知该定额在预算定额 9 页,定额表号为 1-1-6,第 2 栏。

(2)定额号套用[9-1-1-6-2]人工挖运土方第一个 20 m 挖运普通土预算定额。

(3)计算定额值。

人工:181.1(工日/1000 m³);基价:8910(元)。

2. 定额组合套用

当实际工程项目包含的工作内容较多,单个的定额子目工程内容只是其中一部分,实际工程项目工艺流程必须由几个定额联合起来才能完成时,应进行定额的组合套用。这种定额套用对总造价的影响是很大的,应正确选用定额,防止重漏。

常见的运距、厚度往往是一个主定额和附属定额的组合套用。例如:人工挖运普通土(人工挑抬)水平运距 40 m 时的预算定额就是由 9-1-1-6 定额第 2 和第 4 栏组合,定额编号为[9-1-1-6-2+4×2]。其中:第一个 20 m 挖运,定额编号为[9-1-1-6-2];增运 20 m 定额编号为[9-1-1-6-4]。

例 3-5:确定人工挖运普通土(手推车)运 50 m 的预算定额,重载运输升 6%的坡,定额表见表 3.4 和表 3.5。计算其定额值和基价。

表 3.4 1-1-6 人工挖运土方

工程内容 1)挖松;2)装土;3)运送;4)卸除;5)空回

单位:1000 m³ 天然密实方

顺序号	项目	单位	代号	第一个20m挖运			每增运10m	
				松土	普通土	硬土	人工挑抬	手推车
				1	2	3	4	5
1	人工	工日	1	122.6	181.1	258.5	18.2	7.3
2	基价	元	1999	6032	8910	12718	895	359

注:1. 当采用人工挖、装,机动翻斗车运输时,其挖、装所需的人工按第一个 20 m 挖运定额减去 30 工日计算;
2. 当采用人工挖、装、卸,手扶拖拉机运输时,其挖、装、卸所需的人工按第一个 20 m 挖运定额计算;
3. 如遇升降坡时,除按水平距离计算运距外,并按下表增加运距:

表 3.5

项 目	升降坡度	高度差	
		每升高 1 m	每降低 1 m
人工挑抬	0~10%	7 m	不增加
	11%~30%		4 m
	30%以上	10 m	7 m

续表

项　目	升降坡度	高度差	
		每升高 1 m	每降低 1 m
手推车运输	0～5%	15 m	不增加
	6%～10%		5 m
	10%以上	25 m	8 m

解：（1）由预算定额目录可知该定额在预算定额 9 页，定额表号为 1-1-6，第 2 栏。

（2）该定额小注 3 规定：如遇升降坡时，除按水平运距计算运距外，并按坡度不同需增加运距，重新计算运距为：50+50×4%×15=80 m。

（3）定额号套用[9-1-1-6-2]人工挖运土方第一个 20 m 挖运普通土预算定额,还要套用[9-1-1-6-5]]每增运 10 m 定额 6 个，定额叠用后定额编号为[9-1-1-6-2+5×6]。

（4）计算定额值。

人工：181.1+7.3×（80-20）/10=224.9（工日/1000 m³）

基价：8910+359×6=11064（元）

例 3-6：试确定 6 t 自卸汽车配合 9.5 m 摊铺机联合作业 15 cm 厚水泥稳定碎石基层 1000 m³所消耗的人工、机械数量（其他工艺略，自卸汽车运距 1.5 km）。

解：分析此作业工艺流程主要包括装、运、卸、空回、摊铺、整形、碾压、养护。

查《预算定额》机械铺筑厂拌基层稳定土混合料摊铺机铺筑宽度 9.5 m 内[121-2-1-9-9]，定额单位：1000 m²。其工程内容：机械摊铺混合料、整形、碾压、初期养护。

分析工艺流程：缺混合料运输工序，补查《预算定额》厂拌基层稳定土混合料运输自卸汽车 6 t 以内 1.5 km[119-2-1-8-5+6]，定额单位：1000 m³，工程内容：等待装、运、卸、空回。

分析两表的工艺流程，合并相加后，消耗的人工、机械数量为：

人工：4.2×1000/（1000×0.15）=28（工日）；

6～8 t 光轮压路机：0.14×1000/（1000×0.15）=0.93（台班）；

12～15 t 光轮压路机：1.27×1000/（1000×0.15）=8.47（台班）；

9.5 m 以内稳定土摊铺机：0.24×1000/（1000×0.15）=1.6（台班）；

6000 L 以内洒水汽车：0.31×1000/（1000×0.15）=2.07（台班）；

6 t 以内自卸汽车：[14.51+1.9×（1.5-1）/0.5]×1000/1000=16.41（台班）。

3. 定额的换算

由于定额是按合理的施工组织和一般正常的施工条件编制的，定额中所采用的施工方法和质量标准，是根据国家现行公路工程施工技术及验收规范、质量评定标准及安全操作规程取定的，除定额中规定允许换算者外，均不得因具体工程的施工组织、操作方法和材料消耗与定额规定不同而变更定额。

定额换算：当设计要求与定额工程内容、结构形式、施工工艺等条件不完全相符时，应按规定（根据"说明""注"等）调整定额，使定额的使用更符合实际情况。定额换算包括系数换算、项目或（和）消耗量换算、标准换算等。

1）系数换算

系数换算主要是根据工程的实际情况，结合定额的说明进行换算。有些是定额子目乘以系数，或是人材机中一个或几个乘以系数，如 2 页节说明"3. 机械施工土石方挖方部分机械达不到需由人工完成的工程量由施工组织设计确定。其中，人工操作部分，按相应定额乘以 1.15 系数。"就是人工挖运土方定额子目乘以系数 1.15，当开挖普通土时表示为：1-1-6-2×1.15。

2）项目或（和）消耗量换算

项目换算：主要用于套取定额时某些项无法直接找到完全合适的定额，可以查找一个相似的定额，然后把定额里的材料替换成需要的材料。在换算时，仅调整与定额规定的品种或规格不同材料的名称、数量及价格，定额的其他消耗量一般不变。换算方式有两种：一是把定额中的某种材料换成实际使用的材料；二是虽属同一种材料，但因规格不同，须将原规格材料数量换算成使用的规格材料数量。如：定额编码为 1-3-9-1 子目所使用的材料为土工布，有两个清单分别为玻璃纤维布、无纺布，就可以把定额中的土工布替换成实际使用的玻璃纤维布、无纺布（消耗量不变）。

消耗量换算：需要修改定额子目人材机的消耗量时，选择要修改的人材机，把其含量直接修改为需要的数值即可。

（1）钢筋工程中，当设计用Ⅰ、Ⅱ级钢筋比例与定额比例不同时，可进行换算。

定额中的钢筋按选用图纸分为光圆钢筋、带肋钢筋，如设计图纸的钢筋比例与定额有出入时，可调整钢筋品种的比例关系（预算定额桥涵工程章说明二、2）。

例 3-7：某盖梁，光圆钢筋 18.322 t，带肋钢筋 40.658 t，求盖梁钢筋定额消耗量。

解：[482-4-6-4-11]盖梁钢筋定额，1 t 光圆钢筋、带肋钢筋分别为 0.108 t、0.917 t。

钢筋总量=18.322+40.658=58.98（t）

查定额附录四"定额基价人工、材料单位质量、单价表"得钢筋的场内运输及操作损耗为 2.5%，即需要 1.025 t 的钢筋才能制作出 1.0 t 的成品，故本题盖梁钢筋定额消耗量为：

光圆钢筋=18.322×1.025/58.98=0.318（t）

带肋钢筋=40.658×1.025/58.98=0.707（t）

将原定额[4-6-4-11]盖梁钢筋中的光圆钢筋 0.108 t，带肋钢筋 0.917 t，换为：

光圆钢筋 0.318 t、带肋钢筋 0.707 t。

（2）片石混凝土定额的片石掺量换算。

片石混凝土定额是按一定的片石掺量编制的。当设计图纸的片石掺量与片石混凝土定额的片石掺量不同时，就必须按设计图纸的片石掺量对定额进行调整换算。

注意：在水泥混凝土拌和和运输工程量计算时，应注意由于片石掺量的变化所带来的水泥混凝土数量的变化。

（3）钢筋混凝土锚碇体积比换算。

当沉井浮运、定位、落床使用的钢筋混凝土锚碇自重与定额不相同时，按相近锚体质量定额执行，可按锚体体积比例抽换定额中的水泥、中（粗）砂、碎石的数量，但其他数量均不得调整。同时注意相应调整水泥混凝土拌和和运输工程量。

注意：在水泥混凝土拌和工程量计算时，应注意对拌和量做相应的调整。

（4）预应力钢筋、钢丝束的根、束数计算。

制作、张拉预应力钢筋、钢丝束定额，是按不同的锚头形式分别编制的，当每吨钢丝的束数或每吨钢筋的根数有变化时，可根据定额进行抽换（第四章桥梁工程第七节节说明 8）。

（5）周转材料换算。

就地浇筑钢筋混凝土梁用的支架及拱圈用的拱盔、支架，如确因施工安排达不到规定的周转次数时,可根据具体情况进行换算并按规定计算回收(预算定额总说明八)。实际定额用量(抽换量)见公式(3.10)~(3.12)。回收金额见第 2 章 2.2.5 预留费用及回收金额和表 2.29。

3)标准换算

标准换算主用于混凝土和砂浆等混合料标号及配合比、材料等的换算。运距、厚度的定额调整在定额组合套用中,详见相关内容。

配合比换算:混凝土等混合料配合比与定额不同时,组成混合料的材料用量和规格型号,可按预算定额附录中的配合比进行换算。换算前后混凝土等混合料的定额消耗量不变。

(1)砂浆及混凝土配合比换算。

预算定额总说明九:"定额中列有的混凝土、砂浆的强度等级和用量,其材料用量已按附录中配合比表规定的数量列入定额,不得重算。如设计采用的混凝土、砂浆强度等级或水泥强度等级与定额所列强度等级不同时,可按配合比表进行换算。但实际施工配合比材料用量与定额配合比表用量不同时,除配合比表说明中允许换算者外,均不得调整。"

"混凝土、砂浆配合比表的水泥用量,已综合考虑了采用不同品种水泥的因素,实际施工中不论采用何种水泥,均不得调整定额用量。"

混凝土、砂浆配合比与定额中不同时,组成混合料的材料用量和规格型号,可按预算定额附录二中的配合比进行换算。步骤:选择要换算的定额子目,按预算定额"附录二"中的混凝土、砂浆配合比表替换成现强度等级的混合料及材料组成。

换算后现强度等级的混凝土(砂浆):

$$混合料定额消耗量=原定额混合料消耗量 \qquad (3.14)$$

$$混合料某材料定额消耗量=混合料定额消耗量×配合比表每立方米$$
$$材料消耗量 \qquad (3.15)$$

例 3-8:某浆砌片石实体式桥台高 15 m,设计采用砌筑、勾缝水泥砂浆分别为 M10、M15。试按预算定额确定每 10 m³ 砌体资源消耗量。

解:查预算定额第四章桥梁工程第五节砌筑工程,定额表[440-4-5-2-6],见表 3.6。

表 3.6 4-5-2 浆砌片石

工程内容:1)选、修、洗石料;2)搭、拆脚手架、踏步或井字架;3)配、拌、运砂浆;4)砌筑;
　　　　　5)勾缝;6)养生。
　　　　　　　　　　　　　　　　　　　　　　　　　　　　　　　　　　　　单位:10 m³

顺序号	项目	单位	代号	基础、护底、截水墙	护拱	实体式墩 高度(m) 10以内	实体式墩 高度(m) 20以内	实体式台、墙 高度(m) 10以内	实体式台、墙 高度(m) 20以内
				1	2	3	4	5	6
1	人工	工日	1	9.5	8.5	16.9	18.6	13.2	14.1
2	M5 水泥砂浆	m³	65	—	(3.50)	—	—	—	—
3	M7.5 水泥砂浆	m³	66	(3.50)	—	(3.50)	—	(3.50)	—
4	M10 水泥砂浆	m³	67	—	(0.12)	—	(0.09)	(0.05)	(0.02)
5	原木	m³	101	—	—	0.011	0.010	0.003	0.003
6	锯材	m³	102	—	—	0.049	0.009	0.016	0.003

续表

顺序号	项 目	单位	代号	基础、护底截水墙	护拱	实体式墩 高度（m）		实体式台、墙 高度（m）	
						10以内	20以内	10以内	20以内
				1	2	3	4	5	6
7	钢管	T	191			0.011	0.010	0.004	0.003
8	铁钉	kg	653	—	—	0.3	0.1	0.1	—
9	8～12号铁丝	kg	655	—	—	1.8	0.3	0.6	0.1
10	32.5级水泥	t	832	0.931	0.763	0.970	0.959	0.945	0.938
11	水	m³	866	4	4	9	8	8	7
12	中（粗）砂	m³	899	3.82	3.92	3.95	3.91	3.86	3.84
13	片石	m³	931	11.50	11.50	11.50	11.50	11.50	11.50
14	其他材料费	元	996	1.2	1.2	5.6	7.0	2.8	3.1
15	30 kN以内单筒慢速卷扬机	台班	1499	—	—	—	0.92	—	0.85
16	小型机具使用费	元	1998	7.0	7.0	7.2	7.2	7.0	7.0
17	基价	元	1999	1396	1299	1940	2028	1640	1728

定额中砌筑、勾缝分别采用 M7.5、M10 水泥砂浆，而设计分别采用 M10、M15 水泥砂浆，因此水泥砂浆材料应该抽换。查预算定额附录二基本定额中的砂浆配合比表进行抽换，见表 3.7。换算后定额每 10 m³ 浆砌片石砌体砂浆材料用量为：

3.25 级水泥：

$$\frac{311}{1000}\times 3.5 + \frac{393}{1000}\times 0.02 = 1.096（t）$$

中（粗）砂：1.07×3.5+1.07×0.02=3.87（m³）

其他工、料、机量不需调整。

表 3.7　砂浆配合比表

单位：1 m³ 砂浆及水泥浆

顺序号	项 目	单位	水泥砂浆									
			砂浆强度等级									
			M5	M7.5	M10	M12.5	M15	M20	M25	M30	M35	M40
			1	2	3	4	5	6	7	8	9	10
1	32.5级水泥	kg	218	266	311	345	393	448	527	612	693	760
2	生石灰	kg	—	—	—	—	—	—	—	—	—	—
3	中（粗）砂	m³	1.12	1.09	1.07	1.07	1.07	1.06	1.02	0.99	0.98	0.95

例 3-9： 某桥梁工程盖梁，混凝土设计强度 C35，碎石最大粒径 40 mm，42.5 级水泥，钢模板，非泵送施工，试确定其预算定额的水泥、中砂、碎石的定额数量。

解： 查公路预算定额[480-4-6-4-2]，混凝土强度为 C30，需对配合比换算。

定额子目中：每 10 m³ 实体需 C30 混凝土 10.2 m³，32.5 级水泥 3.845 t、中（粗）砂 4.69 m³、

碎石（4 cm）8.47 m。

查附录二配合比表，每 1 m³ C35 混凝土中，42.5 级水泥 372 kg、中（粗）砂 0.46 m³、4 cm 碎石 0.83 m³。由公式（3.15），则调整后定额数量如下：

42.5 级水泥=10.2×372=3794.4kg=3.794（t）

中（粗）砂=10.2×0.46=4.69（m³）

4 cm 碎石=10.2×0.83=8.47（m³）

原定额表中其他数量不变。

（2）商品混凝土与现场拌制混凝土。

公路预算定额中各类混凝土是按施工现场拌制编制的，当采用商品混凝土时，可将定额中的水泥、中（粗）砂、碎石的消耗量扣除，用水量可不调整（因为水主要用于混凝土养生，拌和用水在整个混凝土工程中很少），并按定额中所列的混凝土消耗量增加商品混凝土的消耗。如预算定额[480-4-6-4-2]，将 C30 商品混凝土按原消耗量作为材料增加进来，把水泥、砂和碎石的消耗调整为 0，如果泵送混凝土厂家负责泵送，还要把泵车的消耗调整为 0。

抽换调整的情况还有很多，如路面半刚性基层材料、沥青混凝土油石比、墩头锚具质量可按设计数量进行调整、特殊模板可增列、外掺剂可增加、桩径可调整等，在各章节中涉及时请读者注意。

4．补充定额

随着科学技术的发展，新结构、新工艺、新材料、新设备在公路工程上推广使用很快，由于定额制定有一定的周期，在新定额未颁布以前，为了合理正确地反映工程造价和经济效益，在现行使用的概、预算定额基础上，编制有部颁补充定额、地区补充定额和部分工程项目的一次性补充定额等。

（1）查用补充定额时，应注意定额表左上方"工程内容"、结构形式、施工工艺等与实际工程项目是否完全一致，以及补充定额的适用范围等，以便正确选用补充定额。

（2）编制补充定额的依据主要包括：国家的有关规定、技术标准和规范，设计施工图纸，施工定额，预算定额，施工方法、施工工艺和质量标准，施工经验和现场实测资料。

（3）定额的补充。

预算补充定额编制，应遵循预算定额的编制原则、方法，补充定额中的人工、材料、机械消耗量，应以该工程的施工图纸、正常的施工条件、合理的施工方法、现行的施工及验收规范、质量评定标准、安全技术操作规程、施工现场文明安全施工及环境保护要求和有关规定为依据进行测定。

编制补充定额时，一般要经过以下步骤：

① 分析图纸资料，明确施工工艺要求和质量标准，确定补充定额的子目名称。

② 划分施工工序，确定补充定额项目的工作内容。

③ 确定补充定额的计量单位。

④ 根据图纸和资料，计算补充定额项目的工程数量。

⑤ 根据子目划分原则和综合误差进行子目平衡。

⑥ 计算补充定额项目的人工、材料、机械台班消耗数量。

⑦ 计算补充定额基价。

⑧ 整理出补充定额成果表、写出说明。

5. 运用定额应注意的问题

（1）正确选择、补充子目。

依施工组织设计和现场条件明确施工方法、图纸中未列工程的数量，核对实际项目和定额，做到不重、不漏、不错；如核对混凝土施工中是否需要套用模板工作，基坑开挖中是否有抽水工作。

（2）引用子目名称简练直观，如人工挖运土方。

（3）定额计量单位要与项目单位一致，特别是在抽换、增列计算时更应注意。

（4）详细阅读总说明、章节说明、小注和说明示例，按要求处理。

（5）图纸要求与定额子目或序号项目要一致，否则根据说明和注规定抽换；当项目中任何（工、料、机）定额值被调整时，其基价也应做相应调整。

3.4 公路工程机械台班费用定额

3.4.1 机械台班费用定额的概念

机械台班费用定额是指在一个台班中，为使机械正常运转需要支出和分摊的折旧、维修、安装拆卸、辅助设施以及人工、动力燃料、养路费、车船使用税等各项费用的消耗的标准，即确定机械台班单价的定额。机械台班费用定额由不变费用和可变费用共七项组成，详见第 2 章施工机械使用费。

3.4.2 机械台班费用定额的内容

现行机械台班费用定额由交通部 2007 年 10 月 19 日颁布，2008 年 1 月 1 日实施。定额内容包括：①说明；②共 11 类 746 个子目；③定额用词说明。

3.4.3 机械台班费用定额的作用

机械台班费用定额是公路预算定额和概算定额的配套定额，是编制公路基本建设工程设计概算和施工图预算的依据，在公路基本建设过程中具有很重要的作用。

（1）机械台班费用定额是确定机械台班单价的依据。

可直接从"机械台班费用定额"中查出机械台班单价；或用不变费用+可变费用计算机械台班单价。

（2）机械台班费用定额是计算台班消耗的人工、燃料等实物量的依据。

可以根据机械台班费用定额分析统计机械所消耗的各种物资（人工、材料、机械等）的实物量。

（3）机械台班费用定额是编制施工组织设计，进行经济比较的依据。

3.4.4 机械台班费用定额说明主要规定

（1）本定额是《公路工程预算定额》（JTG/T B06-02—2007）、《公路工程概算定额》（JTG/T B06—2007）的配套定额，是编制公路基本建设工程概算、预算的依据，公路养护大、中修工程，可参考使用。

（2）本定额包括：土石方工程机械，路面工程机械，混凝土及灰浆机械，水平运输机械，起重及垂运机械，打桩、钻孔机械，泵类机械，金属、木、石料加工机械，动力机械，工程船舶，其他机械等共计11类746个子目。

（3）本定额中各类机械（除潜水设备、变压器和配电设备外）每台（艘）班均按8 h计算，潜水设备按6 h计算，变压器和配电设备每昼夜按一个台班计算。

（4）本定额由以下7项费用组成（内容略）。

（5）本定额中第1~4项费用（折旧费、大修理费、经常修理费、安装拆卸及辅助设施费）为不变费台班单价时，除青海、新疆、西藏等边远地区外，应直接采用。至于边远地区因维修工资、配件材料等价差较大需要调整不变费用时，可根据具体情况，由省、自治区交通厅制定系数并报交通部公路司备案后执行。

注："营改增"后，本条应按交办公路〔2016〕66号文及各省规定进行调整。

（6）本定额中第5~7项费用（人工费、动力燃料费、养路费及车船使用税）为可变费用，编制机械台班单价时，随机操作人员数量及动力物资消耗量应以本定额中的数值为准。工资标准按《公路工程基本建设项目概预算编制办法》（JTG B06—2007）的规定执行，工程船舶和潜水设备的工日单价，按当地有关部门规定计算。动力燃料费按当地的动力物资的工地预算价格计算。养路费及车船使用税，如需缴纳时，应按各省、自治区、直辖市及国务院有关部门规定的标准，按机械的年工作台班（表3.8）计入台班费中。

表3.8 机械的年工作台班

机械项目	沥青洒布车、汽车式画线车	平板拖车组	液态沥青运输车、散装水泥运输车、混凝土搅拌运输车、混凝土输送泵车、自卸汽车、运油汽车、加油汽车、洒水汽车、拖拉机、汽车式起重机、轮胎式起重机、汽车式钻孔机、内燃拖轮、起重船	载货汽车、机动翻斗车	工程驳船、抛锚船、机动艇、泥浆船
年工作台班	150	160	200	220	230

注："营改增"后，本条应按交办公路〔2016〕66号文及各省规定进行调整。

（7）机械自管理部门至工地或自某一工地至另一工地的运杂费，不包括在本定额中。

（8）加油及油料过滤的损耗和由变电设备至机械间的输电线路电力损失，均已包括在本定额中。

（9）本定额中凡注明"××以内"者，均含"××"数本身。定额子目步距起点均由当前项开始，如""60以内""80以内"等，其中"60以内"指"30以外至60以内"，"80以内"指"60以外至80以内"。

（10）本定额的计量单位均执行国家颁布的"中华人民共和国法定计量单位"。

（11）本定额中的基价是不变费用和可变费用的合计数，仅供参考比较之用，不作为编制公路工程预算的依据。不变费用是按定额规定编制的，可变费用中的人工费、动力燃料费按表3.9的预算价格计算。

表3.9 可变费用预算价格

项目	工资（工日）	汽油（kg）	柴油（kg）	重油（kg）	煤（kg）	电（kW·h）	水（m³）	木柴（kg）
预算价格	49.20	5.20	4.90	2.80	0.265	0.55	0.5	0.49

（12）本定额按照公路工程中常用的施工机械的规格编制，规格与之相同或相似的，均应直接采用本定额中包括的机械项目，各省、自治区、直辖市交通厅（局、委）可根据本定额的编制原则和方法编制补充定额，并报交通部公路司备案。

例 3-10：确定 90 kW 履带式推土机 10 个台班的人工、材料消耗量和定额基价。

解：查《公路工程机械台班费用定额》土、石方工程机械 90 kW 以内推土机履带式，代号[1004]。每个台班：不变费用 311.14 元；可变费用，柴油 65.37 kg，人工 2 工日；定额基价 729.85 元。则 10 个台班：

10 个台班人工消耗量：10×2=20（工日）

10 个台班材料消耗量：柴油：65.37×10=653.7（kg）

10 个台班基价：10×729.85=7298.5（元）

习 题

1. 什么是定额？定额有什么作用？公路定额有哪些特点？
2. 简述公路定额的分类？
3. 什么是产量定额、时间定额？两者有何关系？
4. 材料定额由哪些部分组成？它有哪几种表现形式？
5. 定额表的基价是什么？随意抽出一个定额表，你能否计算出其中各栏的基价？
6. 补充定额的作用是什么？
7. 定额的抽换在哪几方面进行？为什么进行抽换？
8. M7.5 水泥砂浆 15 m^3，需要 32.5 级水泥、中（粗）砂各多少？
9. 确定 8 m 高柱式墩台的现浇混凝土木模板 50 m^2 所需的资源。
10. 某浆砌块石桥墩高 17 m，采用 M5 水泥砂浆砌筑，M10 水泥砂浆勾缝，编制预算时工料机定额值是否需要抽换？如何抽换？
11. 确定人工挖运普通土（人工挑抬）水平运距 40 m 时的预算定额，重载运输升 7%的坡，确定定额编号和定额值。
12. 石灰、粉煤灰稳定碎石基层，采用稳定土拌和机拌和，设计配合比为 4∶12∶84，设计厚度为 19 cm。试按预算定额确定每 1000 m^2 资源消耗量（不考虑基价）。
13. 某耳背墙光圆钢筋 20.372 t，带肋钢筋 145.526 t，求其钢筋定额消耗量。

4 预算编制

公路工程预算指施工图设计完成后,工程实施之前,按照施工图纸及计价所需的各种依据计算的工程价格,主要包括施工图预算、招标控制价、投标报价。施工图预算一般采用概预算项目表计价模式,招标控制价、投标报价一般采用工程量清单计价模式。

公路的概预算项目表计价模式是指以概预算项目表的序列、内容及列项的层次要求编制,计算工程量,套用定额,按当时当地的价格、费用、取费标准计算人工、材料、机械价格和费用,根据市场价格进行计价的模式。它的费用组成和格式与清单计价不同。

公路的工程量清单计价包含招标控制价、投标报价、合同价款的确定与调整、工程结算等以招标工程量清单和相关清单计价规定为依据进行的工程造价的确定与控制。本章主要介绍招标控制价、投标报价。公路的工程量清单计价是指按照计量支付或工程量清单规范规定的工程量计算规则,由招标人提供工程量清单和有关技术说明,投标人根据企业自身的定额水平和市场价格进行计价的模式。公路的清单计价采用综合单价计价,单价中综合了人工费、材料费、机械费、企业管理费、规费、利润、税金等,是全费用综合单价。

4.1 公路工程量

4.1.1 工程量概念

工程量是指以物理计量单位或自然计量单位所表示的各个具体分部分项工程和构配件的实物量。其计量单位主要有物理计量单位和自然计量单位。

物理计量单位是指需要量度的具有物理性质的单位,如长度、面积、体积的计量单位分别为米(m)、平方米(m^2)、立方米(m^3),质量以千克(kg)或吨(t)为计量单位等。

自然计量单位指不需要量度的具有自然属性的单位,如建筑成品或结构构件在自然状态下的所表示的个、条、块、座等单位,设备安装工程以台、组、件等为单位。

4.1.2 工程量计算的基本要求

1) 工作内容必须与清单或定额中相应分项工程所包括的内容和范围一致

计算工程量时,要熟悉清单、定额中每个分项工程所包括的内容和范围,以避免重复列项和漏计项目。例如砌石挡土墙的清单内容和定额内容。

2) 工程量计量单位须同清单或定额单位一致

在计算工程量时,首先要弄清楚定额的计量单位,如路基基层、路面面层均以面积计算,而路基土石方以体积计算,在计算时如果都笼统以面积计算,就会影响工程量的准确性。

3）工程量计算规则要与清单或现行定额要求一致

在按施工图纸计算工程量时，所采用的计算规则必须与本地区现行的预算定额工程量计算规则相一致，这样才能有统一的计算标准，防止错算。

4）工程量计算式要力求简单明了，按一定次序排列

为了便于工程量的核对，在计算工程量时有必要注明层次、部位、断面、图号等。工程量计算式一般按长、宽、厚的秩序排列。

如：计算面积时按长×宽（高），计算体积时按长×宽×厚或长×宽×高等。

5）计算精度

工程量清单中的工程数量有效位数应遵守下列规定：

以"吨"为单位，应保留小数点后三位数字，第四位四舍五入；以"立方米""平方米""米"为单位，应保留小数点后两位数字，第三位四舍五入以"立方米·千米"为单位，应取整数；以"千克""个""项""台""套""棵""块""处"等为单位，应取整数；以"总额"为单位，工程数量应填"1"。

定额工程量在计算的过程中，可参照清单有效倍数的规定。

4.1.3 工程量计算顺序

工程量计算是一项繁杂而细致的工作，为了达到既快又准确、防止重复错漏的目的，合理安排计算顺序是非常重要的。工程量计算顺序一般有以下几种方法：

1）按图纸编号顺序计算

对于图纸上注明了部位和构件编号的，工程量计算时可以按这些标注的顺序进行，如路基、路面、排水的工程量计算。

2）按施工先后顺序计算

使用这种方法要求对实际的施工过程比较熟悉，否则容易出现漏项情况。例如路面工程量的计算，按施工顺序为：垫层→底基层→基层→下面层→上面层。

3）按清单（定额）分部分项顺序计算

在计算工程量时，对应施工图纸按照清单（定额）的章节顺序和子目顺序进行分部分项工程的计算。采用这种方法要求熟悉图纸，有较全面的基础知识。

总之，工程量计算方法多种多样，在实际工作中，预算人员可根据自己的经验、习惯，采取相应形式和方法，做到计算准确，不漏项、错项即可。

4.1.4 工程量计算规则

定额工程量计算主要依据预算定额章节说明中的工程量计算规则进行。清单工程量计算，除部分省份单独出版公路工程量清单及计量规则外，清单工程量、已完工程量一般是依据交通运输部的《公路工程标准施工招标文件》（2009版）中的"工程量清单"部分和"技术规范"部分，形成项目的专用"工程量清单"和"技术规范"进行工程量的计算、计量与支付。

4.1.5 公路工程量主要内容

编制预算时主要涉及有实体工程、辅助工程和临时工程的工程量。根据工程量的依据和作用不同又涉及定额工程量、清单工程量、已完工程量。工程量应该按照图纸、工程量计算规则和相关规定进行正确计算。

1）实体工程量

实体工程：构成永久工程结构实体，建成后按设计年限发挥作用和功能的工程。

实体工程量是根据设计图纸的几何尺寸计算确定的。

公路设计在完成设计图纸的同时，必须按工程量计算规则，计算并编制各种工程数量计算表和汇总表。但公路设计图中数量与概预算要求的工程内容、工程量计算规则的规定和要求不尽一致，如构造物的石砌工程，主体工程量只根据设计图纸的结构尺寸计算圬工体积，但设计图纸中还有勾缝、抹面等数量。因此应充分了解设计意图和工程全貌，进行复核、计算和摘取。

（1）工程量的计算和复核。

一般作预算时，应计算和复核设计工程量，避免出错，确保工程量的准确。

（2）工程量的摘取。

当设计工程量能满足编制概预算的需要，而且合理可靠时，在编制造价文件时，根据造价编制的口径和相应规定，分类汇总，摘取工程量。

2）辅助工程的工程量

辅助工程：不构成永久工程结构实体，发生于永久工程施工前和施工过程中，起辅助作用，为永久工程技术、文明、环境保护等服务的设施。

辅助工程是相对实体工程而言的，这部分工程一般在施工完成后，也随之拆除或消失。辅助工程量的确定有一定难度，它在设计图纸上是没有资料的，主要依靠预算编制人员的工作经验、施工组织设计及工程实际情况来确定。一般编制造价时，依据施工组织设计中进度、质量和工艺的要求，通过必要的分析论证，本着技术上可靠、经济上合理的原则取定辅助工程的工程量和相应参数，作为计价依据。实际操作中，往往是编制人员凭实践或工作经验作出判断后取定辅助工程量。

有时，工程结构内容完全相同，而所需计列的辅助工程却不相同，与主体工程相比，其可塑性大，对造价影响大。辅助工程主要包括以下内容：

（1）路基工程中的轻型井点降水安装、拆除。

（2）路面工程中的稳定土厂拌设备、沥青混合料拌和设备、混凝土搅拌站（楼）设备的安装和拆除以及相应场地修建。

（3）桥涵工程由于结构形式多样，施工工艺复杂，技术要求不同，相应辅助工程的种类也多。

基础工程：基坑挡土板、筑岛、围堰、打拔钢板桩、打桩工作平台、护筒、灌注桩工作平台、水上泥浆循环系统。

下部构造：提升模架、施工电梯、施工塔式起重机安拆。

上部构造：金属结构、木结构和缆索吊装设备、顶进设备、拱盔、支架、钢桁梁施工用滑道、蒸汽养生室、大型预制构件底座、预制场龙门架、先张法预应力钢绞线（钢筋张拉、冷拉）台座。

3）临时工程的工程量

临时工程是相对永久工程而言的，它的特点是公路工程建成后，一般应全部拆除，并恢复原来生态面貌，费用包括临时工程修建、拆除、清理等。

根据公路总造价费用构成，临时工程分为两部分：一是大型临时设施；二是小型临时设施。前者按实物量进行计价；后者则是以费率形式计入各类工程的价值内，不单独反映其具体内容。

（1）大型临时设施。

大型临时设施指概预算项目表中的六项，常称为临时工程，包括临时道路、临时便桥、临时轨道铺设、临时电力线路、临时电信线路、临时码头。

大型临时设施一般在设计图纸上都有数量，构成建筑安装工程费用的一个内容，也是单独作为计量支付的子目。计价时，必须结合施工现场的实际情况及标段的划分，根据施工组织的总体部署，经过分析研究，才能科学合理确定其计价参数。如汽车便道，首先应明确其用途，作为施工机械进场或作为主要物资运输的通道，除了修建长度还要确定路基和路面修建的标准，确定是否需要养护维修、养护时间的长短，当永久工程建成后，是否需要恢复原貌等计价参数的取定。计价参数的取定有一定难度，需要调查分析，或是凭实践或工作经验作出判断后取定工程量，有时，工程结构内容完全相同，而所需计列的临时工程却不相同，与主体工程相比，其可塑性大，对造价影响大。

（2）小型临时设施。

小型临时设施，是施工企业为进行建筑安装工程施工所必需的生活和生产用的临时建筑物、构筑物和其他临时设施及其标准化的费用等，但不包括概预算定额中的临时工程在内。

公路工程中的小型临时设施，是无具体服务对象的，虽然都是独立的工程项目，但一般在设计图纸上没有数量。计价时，以费率形式计入各类工程直接费的临时设施费中，不单独计量，在编制工程量图表时其工程具体内容也不列入。

4）定额工程量

一般根据设计图纸、拟订的施工方案、定额工程量计算规则、定额套用项目，计算出定额数量。定额工程量不仅包括设计图中的永久工程量，还包括因施工工艺不同、自然因素影响等原因导致的辅助工程量和临时工程量。定额工程量须符合工程量计算规则，还应注意以下几点：

（1）定额工程量是定额单位的相对数。

定额工程量应是定额单位的相对倍数，即定额工程量=设计数量/定额单位，如挖普通土设计量 8000 m^3，土石方的定额单位为 1000 m^3，则其定额数量为 8。

（2）单位不一致时换算或调整。

当定额表的计量单位与工程项目取定的计量单位不一致时，应根据定额进行换算或调整，避免出错。常见的有：

① 体积与面积单位调整。

如人工挖土质台阶：预算定额代号为[1-1-4]，定额单位 1000 m^2，图纸工程量一般都以 m^3 为单位。确定定额量时要将体积单位换算成面积单位，可以将图纸上的开挖深度、宽度统计出来，计算平均开挖深度（或加权平均深度），用设计体积/平均深度，求得平均面积确定。

② 体积与个数的调整。

如支座与伸缩缝，设计者一般提供各种型号及对应的个数（包括固定支座、滑动式支座），而定额单位却是 t 或 dm^3。套用定额时必须根据图纸和基本数据等资料，依据生产厂家及型号，换算出定额单位所需的 t 或 dm^3。

③ 土石方天然密实体积和压实体积的调整。

除定额另有说明外，土方挖方及运输按天然密实体积计算，填方按压（夯）实后的体积计算，石方爆破按天然密实体积计算。当以填方压实体积为工程量，采用以天然密实方为计量单位的定额时，所采用的定额应×规定的系数（第一章路基工程第一节节说明 8）。

定额的单位与设计工程量单位不一致的情况还有很多，如在桥梁工程中，锚具、钢护筒、金属设备等工程数量换算，钢筋千克与吨的调整等，平时应注意收集有关的基础数据。

（3）设计图未给数量的需要自定和分解。

公路工程的一个工程项目所涉及的定额并不能在设计图上完全反映，有很大一部分计价内容是施工图纸的工程数量以外的，这些没有在设计图纸上明确反映的数量，常与施工方案、施工组织措施、当地的客观情况等内容相关，套用定额时需要自行确定工程数量。

① 临时工程。

临时电力、电信线路、临时便道的里程，通过现场调查，按实际需要确定。

② 土石方工程量的分解和自定。

很容易遗忘但牵涉工程量较大的内容通常在土石方工程上，如清除场地后回填土石方体积，填前夯实后增加的土石方体积，自然沉降引起的增加的土石方体积，都是与地基有关但必须增补计算的工程量。

清除表土和淤泥的计价中，如果设计文件只列出清除表土、淤泥的数量，没有准确给出表土、淤泥弃运方式与运输距离，考虑松方系数后回填土的数量、取土位置、运输方式、运输距离以及回填压实方的数量，应用时，必须加以分解和自定，根据弃土堆和借土坑位置，定出运输方式和运输距离等。

③ 预制构件工程量的分解和自定。

构件的预制施工，如桥面板、栏杆和扶手的预制，圆管涵管节、盖板的预制等，一般图纸上只列出需要预制混凝土和钢筋的工程量。应用时，应根据工艺流程加以分解和自定。

一个预制工程可分解成预制、混凝土拌和、混凝土运输、安装、构件运输及钢筋制作，有时还需要考虑预制场地的平整硬化等临时工程量的分摊。这些工程量除设计给出的外，均需要分解和自定。

④ 路面工程量的分解和自定。

路面工程量设计一般只列出路面各层结构的面积数量，这些数量经过单位的换算后有些是可以直接采用的，如封层、稳定土路拌施工等；有些工程量则必须经过分析、分解和自定。如厂拌的各类混合料路面，除了拌和、摊铺、碾压的定额外，还应根据施工组织设计考虑拌和厂的位置和数量，采用相应的定额计算拌和设备的安装、拆除及混合料的运输等数量和费用。

5）清单工程量

根据设计图纸、工程量清单计算规则、清单划分项目，计算出分部分项工程清单数量。

6）已完工程量

在工程施工过程中，根据现场收方的已完工程的内容，确定的已完工程的计量，是施工阶段计量支付工作的基础。

工程量计算的工作是工程计价的重要环节。一方面，工程量计算工作在整个工程计价工作中所花的时间长，它直接影响到工程计价确定的及时性；另一方面，工程量计算是否正确与否直接影响到各个直接工程费的正确与否，从而影响工程计价的准确性。

4.2 施工图预算编制

施工图预算是在施工图设计阶段，根据已批准的施工图，在施工方案（或施工组织设计）已确定的前提下，按照一定的工程量计算规则和预算编制方法编制的工程造价文件，是施工图设计文件的重要组成部分。施工图预算一般由设计单位编制，设计单位必须保证设计文件的完整性和施工图预算的正确性。施工图预算文件应达到的质量要求是：符合规定、结合实际、经济合理、提交及时、不重不漏、计算正确、字迹清晰、装订整齐。

施工图预算提交成果应按《公路基本建设项目概算预算编制办法》规定编制，由封面及目录、预算编制说明及全部预算计算表格组成。施工图预算文件组成及相互关系、列项的内容和层次、费用组成和计算等详见第 2 章。

4.2.1 编制步骤

施工图预算是由单位工程施工图预算、单项工程施工图预算和建设项目施工图预算三级逐级综合汇总而成的。

要想编好施工图预算文件，就必须熟悉施工图预算费用的组成，根据工程概、预算内在的规律和国家有关规定，按照一定的编制程序和步骤进行。施工图预算编制主要可分为四大阶段：熟悉设计图纸和资料，准备预算资料，外业调查、分析，预算内业编制。

1. 熟悉设计图纸和资料

设计图纸不但是指导施工的主要文件，也是编制施工图预算文件的重要依据，列项、计算和确定工程量、确定施工方法等均要以此为基础，只有读懂了图纸，才可以正确计量与计价。编制施工图预算前要认真阅读与核对，掌握工程的特点，做到：

（1）清点图表资料是否齐全。
（2）核对查实图纸尺寸、标高、结构、做法、要求等内容是否有误。
（3）了解设计意图，掌握工程全貌。
（4）核对工程量。

2. 准备预算资料

针对要编制预算的工程内容搜集预算资料，包括预算表格、定额和有关文件等。在编制预算前，应将有关文件、定额及各类补充定额等准备齐全。

3. 外业调查、分析

外业调查资料是编制概预算的基础，若外业资料收集不齐全，将会直接影响工程造价的准确性。外业调查的内容和范围十分广泛，凡对工程造价有影响的因素都必须进行详细调查分析，以保证概预算的准确合理。

4. 预算内业编制

1）编制分析施工组织设计

施工组织设计是规划和指导拟建工程招投标、签订合同、施工准备到竣工验收全过程的全局性的技术经济文件。它是按照客观的施工规律和当时、当地的具体条件，统筹考虑施工活动的人力、资金、材料、机械和施工方法这五个主要因素后,对整个工程的施工进度和资源消耗等作出的科学而合理的安排。

施工组织设计是编制施工图预算的指导性技术文件,由于方案不同,造价相差也较大,施工组织设计决定着施工图预算,反过来,施工图预算又制约着施工组织设计,两者是辩证统一的关系,是相辅相成的。编制施工图预算前,应了解施工组织设计中影响工程造价的主要内容,以便正确计算工程量、套用定额,合理确定各项费用。因此,要提高施工图预算的编制质量,必须合理编制和分析施工组织设计。

施工组织设计文件编制完成后(尤其是施工方案)应认真分析其可行性、合理性、经济性。在编制预算时,重点应对施工方案进行认真分析。分析的主要内容有:

(1)施工方法:同一工程内容,可以采用不同的施工方法来完成。因此,应重点分析根据工程设计的意图和要求同工程实际相结合,选择的施工方法是否最经济。

(2)施工机械:应重点分析是否根据选定的施工方法选配相应的施工机械。

(3)其他方面:运距远近的选择(如土方中取土坑、弃土堆的位置)、材料堆放的位置及仓库的设置、人员高峰期设置等是否合理。

2)分项(列项)

正确划分工程项目(即列项),确定工程量是编制好施工图预算的关键。工程项目是否遗漏、重复,直接影响工程造价。

施工图预算列项是根据概预算项目表中项、目、节划分方法、费率、工程类别和预算定额子目划分,结合拟采取的施工方案,进行分项。分项时必须满足以下三个方面的要求:

(1)按照概预算项目表的要求分项。

(2)要符合定额项目表的要求。

(3)要符合费率的要求。

按以上三方面的要求分项后,便可将工程细目填入 08-2 表中,作为 08-2 表的编制单元。

例 4-1:划分某项目 1 合同段 16 t 自卸汽车配合 9.5 m 摊铺机联合作业 15 cm 厚水泥稳定碎石基层 1000 m^2 预算子目。(其他工艺略,自卸汽车运距 1.5 km)。

解:按照概、预算项目表划分,见表4.1。

表 4.1 总概(预)算表

编制范围:1 合同段

工程名称:15 cm 厚水泥稳定碎石基层　　　　　　　　第 1 页　共 1 页　01 表

项	目	节	工程或费用名称	单位
三			路面工程	km
	3		路面基层	
		1	水泥稳定类基层	m^2
		1	15 cm 厚水泥稳定碎石基层	m^2

3)计算工程量

工程量计算应严格按照图纸尺寸和现行定额、清单规定的工程量计算规则,遵循一定的顺序逐项进行,避免出现盲目、凌乱的状况,使工程量计算工作有条不紊地进行,也可以避免漏项和重项。

编制预算时主要涉及实体工程、辅助工程、临时工程的工程量,及定额工程量、清单工程量、已完工程量。工程量必须按照计算规则、相关规定进行正确计算。

4) 套取定额,初编 08-2 表

套取定额,确定工料机消耗量。将定额值、定额单位、定额号及名称等分别填入 08-2 表栏目,将各定额子目的"工程数量"栏内数量乘以相应的"定额"栏内数量,得到工料机消耗数量,填入 08-2 表数量栏中。每个编制单元中应分别填列:

(1) 编制范围、工程名称。

(2) 工程项目、工程细目、定额单位、工程数量、定额表号。

(3) 各定额子目工、料、机名称、单位、定额消耗量等栏。

5) 基础单价的计算

基础单价是人工工日单价、材料预算单价和施工机械台班单价的统称。定额中除基价和小额零星材料及小型机具用货币指标外,其他均是资源消耗的实物指标。要以货币来表现消耗,就必须计算各种资源的单价。基础单价通过 09 表、10 表和 11 表来计算,各表格之间会有交叉。

(1) 根据地方规定确定人工工日单价。

(2) 根据 08-2 表中所出现的材料种类、规格及机械作业所需的燃料和水电编制 09 表。

编制 09 表时,要知道机械作业的燃料种类和规格,要初编 11 表,列出 08-2 表中出现各机械的不变费用和可变费用消耗。

(3) 根据 08-2 表中列出的自采材料种类、规格,按照外业料场调查资料编制"自采材料料场价格计算表"(10 表),并将计算结果汇入 09 表的"材料原价"栏中,计算自采材料预算单价。

编制 10 表时,10 表中出现的机械型号,需编制 11 表,计算出自采材料的机械台班单价。

(4) 根据 08-2 表、10 表中所出现的所有机械种类和 09 表中自办运输的机械种类,计算机械的台班单价,编制"机械台班单价计算表"(11 表)。

(5) 将上面 4 项所算得的各基础单价汇总,编制人工、材料、机械单价汇总表(07 表)。

6) 计算分项工程的直接费和间接费

有了各分项工程的资源消耗数量及基础单价,便可计算其直接费与间接费。

(1) 将 07 表的单价填入 08-2 表的单价栏,由单价×数量得出人工费、材料费、机械使用费,纵向计算出各定额子目直接工程费,横向汇总计算出各种工料机的数量和金额合计值。

(2) 根据工程类别和工程所在地区,取定各项费率,计算其他工程费费率和间接费费率,编制 04 表。

(3) 将 04 表中费率填入 08-2 表中的相应栏目,计算其他工程费。

其他工程费=直接工程费×其他工程费综合费率(Ⅰ)+
(人工费+施工机械使用费)×其他工程费综合费率(Ⅱ)

(4) 在 08-2 表中计算直接费和间接费。

直接费=直接工程费+其他工程费

间接费=规费+企业管理费

其中:规费=项目的人工费×规费费率

企业管理费=直接费×企业管理费综合费率

例 4-2:某二级公路 1 合同段,软基用碎石垫层处理 4050 m³(其他工艺略),其中碎石为自采材料，用电动破碎机 250 mm×150 mm 将片石加工成未筛分最大粒径 8 cm 碎石，片石 15 元/m³，无矿产资源税，碎石用 8 t 自卸汽车运输 1.5 km；工程所在地的人工为 63.46 元/工日，柴油用桶装，运距 30 km，装卸一次到工地仓库，无其他杂费。当地编制办法中柴油含税价：一次装卸 8.6 元/t，运输 0.83 元/(t·km)；碎石一次装车 2.7 元/t。计算直接工程费。

解：（1）套定额，确定工料机消耗量，初编 08-2 表。

套用预算定额[73-1-3-12-4]，填列：

① 编制范围、工程名称；
② 工程项目、工程细目、定额单位、工程数量、定额表号；
③ 各定额子目工、料、机名称、单位、定额消耗量等栏。

将"工程数量"栏内数量乘以相应的"定额"栏内数量，得到工料机消耗数量，填入 08-2 表数量栏中，见表 4.2（因此处未涉及直接工程费以下部分，为简化表格，把直接工程费及以下费用内容省略，表 4.2 后的表格省略编制范围）。

表 4.2 分项工程概（预）算表

编制范围：1 合同段

工程名称：软土地基碎石垫层　　　　　　　　　　　　　第 1 页　共 1 页　08-2 表

编号	工程项目		软土地基垫层					合计	
	工程细目		碎石垫层						
	定额单位		1000 m³						
	工程数量		4.05						
	定额表号		部 1-3-12-4						
	工料机名称	单位	单价（元）	定额	数量	金额（元）		数量	金额（元）
1	人工	工日		45.5	184.28				
958	碎石	m³		1200	4860				
1003	75 kW 以内履带式推土机	台班		2.51	10.17				
1078	12～15 t 光轮压路机	台班		3.23	13.08				
	直接工程费	元							

（2）基础单价的计算。

基础单价通过 09 表、10 表和 11 表来计算。

① 根据地方规定确定人工工日单价。当地人工为 63.46 元/工日。
② 根据 08-2 表中出现的材料种类、规格及机械作业所需的燃料和水电编制 09 表。

编制 09 表时，要知道机械作业的燃料种类和规格，要初编 11 表，列出 08-2 表中出现各机械的不变费用和可变费用消耗。

本例 08-2 表中材料：碎石；机械：75 kW 以内履带式推土机、12～15 t 光轮压路机。在 11 表编制以上两种机械的台班单价，此两种机械涉及的材料有柴油、电，见表 4.3。

表4.3 机械台班单价计算表

工程名称：软土地基碎石垫层　　　　　　　　　　　　第1页　共1页　11表

序号	定额号	机械规格名称	台班单价（元）	不变费用（元）								小计	可变费用（元）						车船使用税	合计
				折旧费		大修理费		经常修理费		安装拆卸及辅助设施费			人工（元/工日）	柴油（/kg）		电：[元/(kW·h)]				
				调整系数：0.855		调整系数：0.884		调整系数：0.898		调整系数：1										
				定额	调整值	定额	调整值	定额	调整值	定额	调整值		定额	金额	定额	金额	定额	金额		
1	1003	75 kW以内履带式推土机	672.03	101.41	86.71	39.73	35.12	103.3	92.76	0.7	0.7	215.29	2		54.97					
2	1078	12~15 t光轮压路机	450.35	72.75	62.2	21.75	19.23	69.82	62.70			144.13	1		40.46					

注：不变费用包括折旧费、大修理费、经常修理费、安装拆卸及辅助设施费，营改增后调整系数分别为0.855、0.884、0.898和1，结果取2位小数。

根据08-2表、11表中出现的材料，编制09表中柴油和电预算价，见表4.4。

柴油单位运杂费=单位运费+单位装卸费+单位杂费

　　　　　　　=[（0.83÷1.11）×30+0]×1.17/1000+（8.6÷1.11）×1.17×1/1000=0.04（元/kg）

③ 根据08-2表中出现的自采材料种类、规格，按照外业料场调查资料编制"自采材料料场价格计算表"（10表），并将计算结果汇入09表的"材料原价"栏中，并计算自采材料预算单价。

本题自采材料只有碎石，编制10表（表4.5）。编制10表时，需要知道自采材料的机械台班单价，则要根据10表中出现的机械型号，编制11表，计算出机械台班单价，见表4.6。填写完整10表，确定碎石的料场单价为47.19元/m³，见表4.5。

将碎石的料场单价计算结果汇入09表的"材料原价"栏中，计算出自采材料的预算单价，见表4.4。

碎石是自卸汽车自办运输1.5 kW，根据编制办法单程运距5 km及以内的汽车运输按预算定额计算运费。查预算定额[9-1-6-41+42]，8 t自卸汽车运输碎石1.5 kW，工料机消耗量为：8 t以内自卸汽车0.79+0.2×1=0.99（台班/100 m³）。

8 t自卸汽车台班单价，在11表中编制，见表4.6，则每立方米碎石运杂费：

　　（0.79+0.2×1）×529.98÷100+2.7×1.5×1÷1.11=8.9（元）

表 4.4 材料预算单价计算表

工程名称：软土地基碎石垫层　　　　　　　　　　　　　　第 1 页　共 1 页　09 表

序号	规格名称	单位	原价（元）	运杂费					原价运费合计（元）	场外运输损耗		采购及保管费		预算单价（元）
				供应地点	运输方式、比重及运距	毛重系数或单位毛重	运杂费构成说明或计算式	单位运费（元）		费率（%）	金额（元）	费率（%）	金额（元）	
1	柴油	kg	5.8	油站-工地	汽车、1.0、30.0	0.00117	[（0.83/1.11）×30+0]×1.17/1000+（8.6/1.11）×1.17×1/1000	0.04	5.84			2.67	0.16	6.00
2	电	kW·h	1											1
3	碎石	m³	47.19	自采石场	8t自卸汽车、1.0、1.5	1500	（0.79+0.2×1）×529.98/100+2.7×1.5×1/1.11	8.90	56.09	1	0.56	2.67	1.51	58.16

表 4.5 自采材料料场价格计算表

工程名称：软土地基碎石垫层　　　　　　　　　　　　　　第 1 页　共 1 页　10 表

序号	定额号	材料规格名称	单位	料场单价（元）	人工（工日）单价63.46（元）		间接费（元）（占人工费5%）	片石单价15（元）		250×150 mm 电动碎石机单价140.51（元）	
					定额	金额		定额	金额	定额	金额
1	8-1-9-5	未筛分碎石（8 cm）	m³	47.19	0.409	25.96	1.3	1.099	16.49	0.0245	3.44

④ 根据 08-2 表、10 表中所出现的所有机械种类和 09 表中自办运输的机械种类，计算机械的台班单价，编制"机械台班单价计算表"（11 表），见表 4.6。

表 4.6 机械台班单价计算表

工程名称：软土地基碎石垫层　　　　　　　　　　　　　　第 1 页　共 1 页　11 表

序号	定额号	机械规格名称	台班单价（元）	不变费用（元）								可变费用（元）						车船使用税	合计
				折旧费		大修理费		经常修理费		安装拆卸及辅助设施费		小计	人工(元/工日):63.46		柴油（元/kg）:6		电:1[元/（kW·h）]			
				调整系数:0.855		调整系数:0.884		调整系数:0.898		调整系数:1										
				定额	调整值	定额	调整值	定额	调整值	定额	调整值		定额	金额	定额	金额	定额	金额		
1	1003	75 kW 以内履带式推土机	672.03	101.41	86.71	39.42	35.12	103.3	92.76	0.7	0.7	215.29	2	126.92	54.97	329.82				456.74
2	1078	12～15 t 光轮压路机	450.35	72.75	62.2	21.75	19.23	69.82	62.70			144.13	1	63.46	40.46	242.76				306.22

续表

序号	定额号	机械规格名称	台班单价（元）	不变费用（元）								可变费用（元）						车船使用税	合计
				折旧费 调整系数：0.855		大修理费 调整系数：0.884		经常修理费 调整系数：0.898		安装拆卸及辅助设施费 调整系数：1		小计	人工(元/工日)：63.46		柴油（元/kg）：6		电：1[元/(kW·h)]		
				定额	调整值	定额	调整值	定额	调整值	定额	调整值		定额	金额	定额	金额	定额	金额		
3	1756	250×150 mm 电动碎石机	140.51	7.2	6.16	2.44	2.16	33.06	29.69	334	3.34	41.35	1	63.46			35.7	35.7		99.16
4	1385	8 t 以内自卸汽车	529.98	114.97	98.3	18.42	16.28	61.52	55.24			169.82	1	63.46	49.45	296.70				360.16

注：不变费用包括折旧费、大修理费、经常修理费、安装拆卸及辅助设施费，营改增后调整系数分别为0.855、0.884、0.898、1，结果取2位小数。

⑤将各基础单价汇总，编制人工、材料、机械单价汇总表（07表），见表4.7。

表4.7 人工、材料、机械单价汇总表

工程名称：软土地基碎石垫层　　　　　　　　　　　　　　　　第1页　共1页07表

序号	名称	单位	代号	预算单价（元）	备注
1	人工	工日	1	63.46	
2	柴油	kg	863	6	
3	电	kW·h	865	1	
4	碎石	m³	958	58.16	
5	75 kW 以内履带式推土机	台班	1003	672.03	75 kW
6	12~15 t 光轮压路机	台班	1078	450.35	12~15 t
7	250×150 mm 电动碎石机	台班	1756	140.51	
8	8 t 以内自卸汽车	台班	1385	529.98	8t

（3）计算直接工程费。

将07表的单价填入08-2表中的单价栏，由单价×数量得出人工费、材料费、机械使用费，纵向计算出各定额子目直接工程费，横向汇总计算出各种工料机的数量和金额合计值，得出合计直接工程费，见表4.8。

直接工程费计算结果：307078（元）。

其中：人工费：11694（元）；材料费：282658（元）；机械费：6835+5891=12726（元）。

表 4.8 分项工程概（预）算表

工程名称：软土地基碎石垫层　　　　　　　　　　　第 1 页 共 1 页　08-2 表

编号	工料机名称	单位	单价（元）	定额	数量	金额（元）		数量	金额（元）
	工程项目			软土地基垫层			合计		
	工程细目			碎石垫层					
	定额单位			1000 m³					
	工程数量			4.05					
	定额表号			部 1-3-12-4					
1	人工	工日	63.46	45.5	184.28	11694		184.28	11694
958	碎石	m³	58.16	1200	4860	282658		4860	282658
1003	75 kW 以内履带式推土机	台班	672.03	2.51	10.17	6835		10.17	6835
1078	12~15 t 光轮压路机	台班	450.35	3.23	13.08	5891		13.08	5891
	直接工程费	元				307078			307078

7）计算建筑安装工程费、综合单价

根据直接费和间接费计算结果，计算利润和税金。建筑安装工程费通过 03 表计算。

（1）在 08-2 表中计算利润和税金。

按编制办法和规定确定利润、税金的百分率，并计算利润和税金。

利润=（直接费+间接费-规费）×利润率

税金=（直接费+间接费+利润）×增值税税率

（2）合计各单位工程的直接费、间接费、利润、税金和建筑安装工程费，完成 08-2 表的编制。

建筑安装工程费=直接费+间接费+利润+税金

综合单价=建筑安装工程费/子目数量

（3）将 08-2 表建安工程费数据填入 03 表，得出各计价子目的建筑安装工程费和综合单价，完成 03 表的编制。

例 4-3：云南省昆明嵩明县新建二级公路，平均海拔 1750 m，工地距昆明 60 km，主副食综合里程平均 5 km，其他背景同例 4-2，请根据例 4-2 计算结果，试确定其建筑安装工程费和综合单价。

解：（1）计算分项工程的直接费和间接费。

① 根据工程类别和工程所在地区，取定各项费率，计算其他工程费费率和间接费费率，编制 04 表，见表 4.9。

其他工程费费率查第 2 章相关表格：雨季施工增加费费率查表 2.8 为 0.28%；本合同段平均海拔 1750 m，高原地区施工增加费费率查表 2.10 为 7.79%；施工标准化与安全措施费费率查表 2.14 为 1.36%；临时设施费费率查表 2.15 为 2.30%；施工辅助费费率查表 2.16 为 0.83%；工地转移费费率查表 2.17，50 km 为 0.61%，100 km 为 0.82%。

综合费率Ⅰ=冬季施工增加费费率+雨季施工增加费费率+夜间施工增加费费率+

沿海地区工程施工增加费费率+行车干扰施工增加费费率+

施工标准化与安全措施费费率+临时设施费费率+

施工辅助费费率+工地转移费费率
=0+0.28%+0+0+1.36%+2.30%+0.83%+[0.61%+(0.82%-0.61%)×
(60-50)/(100-50)]
=5.42%

表 4.9 其他工程费及间接费综合费率计算表

编制范围：1 合同段

工程名称：软土地基碎石垫层　　　　　　　　　　　　　第 1 页　共 1 页　04 表

序号	工程类别	其他工程费费率（%）											综合费率		间接费费率（%）											
															规费						企业管理费					
		冬季施工增加费	雨季施工增加费	夜间施工增加费	高原地区施工增加费	风沙地区施工增加费	沿海地区施工增加费	行车干扰工程施工增加费	施工标准化与安全措施费	临时设施费	施工辅助费	工地转移费	Ⅰ	Ⅱ	养老保险费	失业保险费	医疗保险费	住房公积金	工伤保险费	综合费率	基本费用	主副食运费补贴	职工探亲路费	职工取暖补贴	财务费用	综合费率
1	2	3	4	5	6	7	8	9	10	11	12	13	14	15	16	17	18	19	20	21	22	23	24	25	26	27
1	其他路面		0.28		7.79					1.36	2.3	0.83	0.65	5.42	7.79	20	2	10	6	1	39	3.9	0.16	0.19		0.34	4.59

注：其他工程费综合费率Ⅰ以直接工程费为基数，Ⅱ以人工费+施工机械使用费为基数。

综合费率Ⅱ（高/风/行）=高原地区施工增加费费率+风沙地区施工增加费费率+
行车干扰工程施工增加费费率
=7.79%+0+0=7.79%

云南省交通运输厅规费费率：养老保险费20%、失业保险费2%、医疗保险费10%、住房公积金6%、工伤保险费1%。

企业管理费=基本费用+主副食运费补贴+职工探亲路费+职工取暖补贴+财务费用
=直接费×企业管理费综合费率

间接费费率查第2章相关表格：基本费用费率查表2.19为3.90%，主副食运费补贴费费率查表2.20为0.16%，职工探亲路费费率查表2.21为0.19%，财务费用费率查表2.23为0.34%。

② 将04表中各费率填入08-2表中的相应栏目，计算其他工程费。

其他工程费=直接工程费×其他工程费综合费率（Ⅰ）+
（人工费+施工机械使用费）×其他工程费综合费率（Ⅱ）
=307078×5.42%+（11694+12726）×7.79%
=16644+1902=18546（元）

③ 分别在08表中计算直接费和间接费。

直接费=直接工程费+其他工程费=307078+18546=325624（元）

规费=项目的人工费×规费费率=11694×39%=4561（元）

企业管理费=直接费×企业管理费综合费率=325624×4.59%=14946（元）

间接费=规费+企业管理费=4561+14946=19507（元）

（2）计算建筑安装工程费。

① 在08-2表中计算利润和税金。

利润=（直接费+间接费-规费）×7.42%=（325624+19507-4561）×7.42%
=25270（元）

税金=（直接费+间接费+利润）×11%=（325624+19507+25270）×11%=40744（元）

② 合计各单位工程的直接费、间接费、利润和税金，得到各单位工程的建筑安装工程费，完成08-2表的编制，见表4.10。

建筑安装工程费=直接费+间接费+利润+税金=325624+19507+25270+40744
=411145（元）

③ 将08-2表中各计价子目的建安工程费数据汇总填入03表中，纵向合计各计价子目的费用合计，得到项目的费用合计，完成03表编制，见表4.11。

综合单价=建筑安装工程费/子目工程数量=411145÷（4.05×1000）=101.52（元）

表4.10 分项工程概（预）算表

编制范围：1合同段

工程名称：软土地基碎石垫层　　　　　　　　　　　第 1 页 共 1 页　08-2表

编号	工料机名称	工程项目		软土地基垫层			合计	
		工程细目		碎石垫层				
		定额单位		1000 m³				
		工程数量		4.05				
		定额表号		部1-3-12-4				
		单位	单价（元）	定额	数量	金额（元）	数量	金额（元）
1	人工	工日	63.46	45.5	184.28	11694	184.28	11694
958	碎石	m³	58.16	1200	4860	282658	4860	282658
1003	75 kW以内履带式推土机	台班	672.03	2.51	10.17	6835	10.17	6835
1078	12～15 t光轮压路机	台班	450.35	3.23	13.08	5891	13.08	5891
	直接工程费	元				307078		307078
	其他工程费	Ⅰ	元		5.42%	16644		16644
		Ⅱ	元		7.79%	1902		1902
	间接费	规费	元		39%	4561		4561
		企业管理费	元		4.59%	14946		14946
	利润		元		7.42%	25270		25270
	税金		元		11%	40744		40744
	建筑安装工程费		元			411145		411145

表 4.11　建筑安装工程费计算表

编制范围：1 合同段

工程名称：软土地基碎石垫层　　　　　　　　　　　　　　　第 1 页 共 1 页　03 表

序号	工程名称	单位	工程量	直接费（元）					间接费（元）	利润（元）费率 7.42%	税金（元）综合税率 11.0%	建筑安装工程费	
				直接工程费			其他工程费	合计				合计（元）	单价（元）
				人工费	材料费	机械使用费	合计							
1	软土地基碎石垫层	m³	4050	11694	282658	12726	307078	18546	325624	19507	25270	40744	411145	101.52

8）实物指标计算

根据套取定额得到的工料机实物消耗量，考虑冬季、雨季和夜间施工增加率、辅助生产、临时用工及场外运输损耗率等统计实物消耗量指标，这可通过 02 表、12 表的计算完成。

（1）将 09 表、10 表、11 表中的人工、材料、机械消耗量汇总编制辅助生产工、料、机单位数量表（12 表），得到辅助生产工料机汇总数量。

（2）汇总 08 表中人工、主要材料、机械台班数量。

（3）计算各种增工数量（冬、雨、夜增工；临时设施用工指标等）。

（4）合计上面 3 项中的各项数据得出工程概预算的实物数量，得到 02 表。

合计 12 表、08-2 表数量，得到工程的实物数量，并计算定额材料的场外运输损耗数量，得到 02 表。

9）计算其他有关费用

按规定计算第二部分至第七部分费用，编制 05 表和 06 表。

（1）编制设备及工器具购置费计算表（05 表）。

（2）计算工程建设其他费用及回收金额计算表（06 表）。

本表应按工程的具体发生的费用项目填写，需要说明和具体的费用项目依次相应在说明及计算式栏内填写或具体计算。各项费用具体填写如下：

土地征用及拆迁补偿费应填写土地补偿单价、数量和安置补助费标准、数量等，列式计算所需费用，填入金额栏。

研究试验费应根据设计需要进行研究试验的项目分别填写项目名称及金额，或列式计算，或进行说明。

建设项目前期工作费按国家有关规定填入本表，列式计算。

建设项目管理费按建筑安装工程费×费率或有关定额列式计算。其他费用按规定计算。

10）编制总概预算表并进行造价分析

（1）编制总概预算表：将 03、05、06 表中的各项填入 01 表中相应栏目，并计算各项技术经济指标。

"技术经济指标"以各项目概预算金额/相应数量计算；"各项费用比例"以各项概预算金额/总概、预算金额计算。

（2）造价分析：根据概算总金额、各单位工程或分项工程的费用比值和各项技术经济指标进行全面分析，对设计提出修改建议，从经济角度对设计是否合理予以评价，找出挖潜措施。

11）编制综合概预算

根据建设项目要求，当分段或分部编制01表和02表时，需要汇总编制综合概预算。

（1）汇总各种概预算表，编制"总概（预）算汇总表（01-1表）。

（2）汇总02表编制"总概（预）算人工、主要材料、机械台班数量汇总表"（02-1表）。

12）编制说明

概预算表格计算并编制完后，必须编制概预算说明，主要说明概预算编制依据，编制中存在的问题，工程总造价的货币和实物量指标及其他与概预算有关但不能在表格中反映的事项。

13）复核与审核

为了保证造价文件的准确，造价文件完成后要进行复核和审核。

14）出版、总结、归档

4.2.2 施工图预算的外业调查工作

编制施工图预算的外业调查，是在初步设计或技术设计调查的基础上进行的，是对原有调查资料的补充和修正，特别对审批中提出的问题需要作出进一步的落实。

1. 外业调查的步骤

施工图预算外业调查时间长、内容多，涉及的关系复杂，应按目的和要求分步进行，主要步骤有：

1）明确调查的任务和目标

在调查之前应熟悉、了解线路情况和工程概况，明确外业调查的内容和范围。

2）造价人员应与其他专业人员之间密切配合

施工图预算外业调查一般是和建设项目的外业勘察工作同步进行的，并与其他专业勘察工作做好协调分工，与其他调查有关的工作或是对项目造价影响较大的工作，比如征地拆迁、材料料场等，需和其他专业人员一起完成。

3）调查内容完整翔实，依据可靠

外业调查要脚踏实地、深入细致地进行，资料应完整，依据可靠。尽可能取得和保留调查资料的凭证和数据，有些调查资料要有法律法规上的依据，情况允许时可以签订一些有关的初步协议、合同或有关的证明文件。

4）分析整理外业资料，补充完善，装订成册

外业完成后，还需要整理外业资料，应进行分析整理，若有不明确或不全的部分，应另行调查，以保证概预算的准确和合理。

外业调查满足要求后，资料成册，以满足预算工作的需要。

2. 外业调查的内容

外业调查的内容和范围十分广泛，凡对工程造价有影响的因素都必须进行详细调查分析，以保证概预算的准确合理。外业调查包括筑路材料的来源（沿线料场及有无自采材料）及价格，材料运输方式及运距，运费标准，占用土地的补偿费、安置费及拆迁补偿费，沿线可利用房屋及劳动力供应情况，拆迁房屋及建筑物，拆迁电力及电信线路，工地转移费和主副食运费补贴里程，人工工资，施工机械养路费，车船使用税等。

1）材料预算价格

外业调查应满足不同材料品种、规格、质量要求，要明确各种材料的供货方式和交货地点，及运输方式和条件，作为材料预算单价计算的依据。

（1）注意事项。

① 考虑价格上涨。

材料预算价格调查时，不仅要考虑当时的情况，更要考虑物价上涨的影响。因为在外业资料调查时，该工程还未开工，材料价格相对稳定，供求基本平衡，一旦大的项目开工后，材料的需求量将大量增加，供求平衡被打破，相应材料价格也会随之上涨。所以在确定材料价格时，除了加强询问，更要对结果进行科学的分析，确定价格变化的可能趋势范围及时效，使价格的确定趋于合理，尤其注意地方性材料。

② 做好计划，合理选择调查材料。

公路项目由于所涉及的材料品种较多，用量也较大，故在外业调查前要做好准备工作，合理选择材料，有计划地安排好外业调查工作。

外购材料、地方性材料、自采加工材料要分开进行。应把需要调查的材料填写在表上，可按预算定额中材料划分的品种进行，注明材料名称、单位、规格及质量要求、材料的品种等，避免预算时产生错误。

③ 明确材料供应地点和数量。

材料的供应地点和供应数量不仅影响到材料的原价，也影响运距及可行的运输方案，对材料的预算价格影响较大。调查内容包括筑路材料的位置、生产规模及工艺、产品种类及规格、产品质量、产量、价格等。

④ 合理确定运输方案。

材料的供应情况清楚后，其运输情况调查内容包括筑路材料的运输方式及运输距离、运费标准等，要经过细致的调查比较，得出合理方案。

⑤ 及时合理收集整理外业资料。

整理调查记录，填写好"沿线筑路材料料场表"、"主要材料试验资料表"，绘制"沿线筑路材料供应示意图"，图中应示出路线的里程桩号、大中桥、隧道、立体交叉、大型挡墙及两侧主要料场的相互位置，材料的上路桩号及距离等。

（2）材料供应价格。

外购材料、地方性材料、自采加工材料要分开进行。

① 外购材料主要调查了解供应渠道、规格品种和质量是否能满足建设工程的技术要求，了解主管部门的规定和市场销售情况，作为取定供应价格的依据。

② 地方性材料、自采加工材料主要考察确定材料料场价格、材料储量等与编制预算有关的问题。

a. 自采加工材料的料场情况调查工作。

应对全线的料场进行一次全面的调查，先初步确定各种自采加工材料料场的位置，然后和有关人员一起做进一步的勘察。对于不能直接刺穿到或取样的有覆盖层的料场，要进行必要的勘探，可以采取挖试坑、扦探甚至钻探的办法取样并查明覆盖层的厚度和岩土种类和数量，以确定覆盖层剥离方法和材料开采的方法。

还应对整个料场的开采、加工、材料及覆盖层弃土的堆放等整个料场用地面积进行丈量，必要时绘制料场平面图，以作为临时用地的依据。对于水源也要作深入的了解，需要外部供水的要确定临时供水的方法。

b. 地方性材料

对于砂石材料，应通过现场勘察或通过必要的取样试验对材料的物理、化学、力学性能作出判断，以确定材料的质量是否可适用，估算出材料的储藏量、开采率或成品率，为材料料场单价计算提供依据。

（3）材料运输情况。

材料运输情况外业调查主要是针对材料的运距、运输方式、运价、装卸费和运输过程中有关费用的调查，为材料预算价格运杂费提供依据。

材料的运距指供应点到工地仓库或堆料场的距离，当供应地点不止一处时，一般指平均运距。当施工组织不能提供工地仓库位置时，运距可按以下方式确定：独立大桥为桥梁中心桩号；路线外购材料为路线的中点里程；若工程分布不均衡，也可按加权平均法求出卸料的重心位置，计算出平均运距的里程，如自采加工材料和地方材料运距，一般根据材料供应示意图采用加权平均法计算。

运输方式可根据运输距离的远近、运输条件、运费的多少，甚至工期的要求等条件，在可行的情况下通过经济比较后确定。材料运输有时采用一种运输方式就可以到达目的地，有时采用两种或两种以上运输方式才能完成。一般来说，汽车运输机动性强，可达性强，可以直接运送到目的地，而火车轮船运输很难做到，一般要由汽车或其他运输工具把货物运到发货站或码头，到达到货站或码头也要经转运才能到达工地。采用火车轮船运输装卸次数多，材料损耗大，周转时间长，除了零担的货物外，一般很少采用。

① 社会汽车运输。

当采用社会汽车运输时，应根据当地交通运输部门颁发的"公路营运里程图表"计算汽车运距，进入便道或上路以后的距离应经实地测算确定。汽车货物运价标准应以所调查的市场运输价格为依据。装卸费一般应向当地搬运公司了解，在材料运输经过的线路中还应调查有无汽车渡口和需要收费的道路、桥梁及收费标准。

② 铁路运输。

铁路货物运价应根据《铁路货物运价规则》作为计算运输费用的依据。铁路运价和装卸费应到铁路局了解，运价根据《货物运价里程表》发站至到站间最短路径计算。铁路货物运杂费包括过秤费、运单费、货签费、货车清扫费、洗刷费、除污费、列车延期使用费、暂存费等。如果需要经过电气化铁路路段，还应按规定计算加收的运价。铁路运输时应调查供应点到发货站和货站至工地运输距离和运输方式。

③ 轮船运输。

轮船运输时运价应向航运管理部门和交通管理部门调查，有些省轮船运输价格已经放开，没有明确规定，运价由双方协商确定，以市场运输价格为准。轮船运输价格组成内容比较多，除了运费，还包括装仓费、回空费、码头费、养河费、起坡费（上、下码头装卸费）等。

④ 其他运输工具。

公路施工有时条件较为艰苦，常规的工具无法到达时，需要采用缆索等工具运输或者需要采用当地的拖拉机、畜力车甚至人力运输。这些情况根据实际费用考虑。

还需要对材料运输条件进行调查，比如是否需要修建临时便桥、便道，临时便道的长度和标准，都应进行具体的丈量并确定上路的具体位置和桩号。临时便道需要征地时，要计算其占地面积。

2）征用土地

公路建设是带状的，占用土地较多，征用土地需要全面考虑土地的类别、用途、范围、属地等，调查计算出各类土地的面积和补偿费用，不要遗漏。其主要工作包括：征用土地调查、用地图测量以及计算征用土地面积和费用。

公路建设用地按照性质划分，可分为永久用地和临时用地。永久用地包括公路路线用地、附属设施（交通工程）用地、沿线其他工程用地等工程永久占地；临时用地包括施工单位在现场的办公、生活用房、加工厂、修理间、预制场、路面材料拌和场、沿线的堆料场、施工便道、临时轨道铺设、自采材料的加工场、材料运输便道等临时性用地，施工完成后应恢复原状。

（1）征用土地调查。

征用土地的外业调查和资料收集工作，应与公路用地图外业测量同时进行。

① 征用土地调查时应先获取土地种类的划分和征用补偿办法、当地政府制定的土地管理实施办法和实施细则、当地政府规定的相关税额等规定。

② 明确公路建设永久用地和临时用地的位置、面积、征地补偿费用等情况。

根据工程实际和施工平面图的布置情况，调查明确应修建的便道、便桥的位置、长度、规格等；明确永久工程和拌和站、预制场等临时工程的大小、位置，计算出永久占地和临时用地占用土地。

通过调查要弄清沿线征地范围内各类土地的类别（耕地、林地等）、各类青苗生长的情况，各类土地平均产量（产值），以县、乡、镇为单位的各类土地的所有量和人口数量等，以便为计算征地补偿费、青苗补偿费、耕地赔偿费、耕地占用税等费用提供依据。施工图预算阶段此类调查应详细一些，并要注意土地类别和归属的正确划分，否则可能造成补偿费用与实际相差较大。

如青苗补偿费和土地自用费的土地类别划分往往是不一样的；又如蔬菜基地，征地是按不同的类别，而青苗补偿则按蔬菜的品种补偿。

（2）公路用地图测量和调查。

公路用地图测量是征用土地外业调查工作中非常重要的一项内容，它是计算占地面积和上报国土管理部门审批征用土地的主要依据。

公路用地图应绘制出沿公路两侧纵向、横向（一定范围）各种土地的分布情况和相对位置，不同土地类别的分界线以及与路线相应的里程桩号（变宽点处注明前后用地宽度及里程桩号），土地所属市、县、乡、镇。

按路基横断面两边实际的占地宽度加上公路用地范围所需要的预留宽度，得出两边需要的占地宽度；再将每个横断面两边需要的占地宽度按相应的里程桩号点绘到地图上，得出两边的变宽点；变宽点之间纵向相连即绘制出公路用地图的界线（红线）。公路用地图纵向应顺直圆滑，不宜折线太多。

（3）计算征用土地面积和费用。

公路用地范围确定后，即可根据公路用地图计算出各类土地的占地面积。一个公路建设项目一般通过一个或几个地、市区，公路征用土地的征地和安置补偿费，应根据公路所通过不同的地区，按当地具体的规定计算。

通过调查测量计算出各类土地征地费用，仅仅是征地费用的总体控制数，初步设计批准后或施工图设计经审定后，在工程未开工前，要办理好各种征地手续，包括与各级相关政府的联系，签订各种合同或协议，对被征土地逐块地进行重新丈量，直到付清征地的所有费用为止。这些工作比较复杂，需要耗用大量的人力和时间，因此除了计算土地的征用费用外，还应计算土地征用管理费。一般以征地总费用为计算基数，费率为3%左右。

沿线其他工程用地可以比照上述方法计算。临时用地可以根据它们的平面总体布置图红线所确定的范围计算各类土地的征地面积。

3）拆迁建筑物和结构物

一条公路需要通过很多田野、城镇、村庄，在确定的公路用地范围内，所有的房屋和附属设施、结构物都是被拆迁征用的对象。建筑物的拆迁和征用土地一样，在公路用地图测量中把沿路线两边的建筑物绘制在用地图上，注明左右的距离、各部尺寸以及地名。在外业工作中除在图上示意外，还要做好调查工作，对房屋的轮廓尺寸、结构类型（混凝土结构、砖瓦结构、砖木结构、土木结构、竹木结构等），楼房的层数以及其他设施（猪圈、粪池、晒谷坪、围墙、护坡、城市里的供水供气管道等），都要调查清楚并注明各种建筑物的所属单位和个人。

拆迁房屋必须持有国家规定的批准文件、拆迁计划、房屋调查资料和补偿、安置方案，向省市县政府房屋拆迁的主管部门提出申请，经批准并发给房屋拆迁许可证后方可拆迁。房屋拆迁需要变更土地使用权的必须依法取得土地使用权。拆除军事设施、教堂、寺庙、文物古迹等一般都有特殊的法律、法规，应依照有关的法律、法规执行。拆迁违章建筑、临时建筑一般不予补偿。

拆迁单位的生产、营业用房必须停产、停业的，从停产停业之日起应计算停产停业补助费、搬迁、运输费应当另计补助费。居民房屋内设施的拆迁和居民搬家要给予一次性补助，此部分费用也可分摊到各类房屋拆迁补偿费用的单价内一并计算。

房屋及建筑物的拆迁以拆迁赔偿总额为计算基数，计算3%左右的拆迁管理费。

4）拆迁电力、电信线路

电力、电信线的拆迁范围应控制在公路用地范围以内，其沿公路两边的分布，在公路路线平面图和公路用地图测量时应准确地测绘在图纸上，同时做好野外调查工作。电力、电信线路种类比较多，造价也不一样，拆迁补偿费用也不相同，调查中要弄清电力、电信线路的分类和所属单位。

电力线路分类按电压等级划分为主，一般来讲均是按此进行拆迁赔偿的。

5）工地转移费和主副食运费补贴里程

主副食运费补贴里程的调查，是指粮食、燃料、蔬菜、水四种生活物资的综合里程。这四种物资对生活来说用量不同，供应地点也不相同，应分别计算，再按规定的综合运距计算公式计算综合运距。在考虑供应点时，要考虑供应量和供应条件（供应的部门和市场），各种物资的运距务必以调查的实际距离为准。

生活用水对南方来讲，水源充足，就近可以满足生活需要，就近设置一些抽水设备和供水管道就可解决问题，而且在施工基地选址时预先就已考虑水源问题。在缺水地区，水源缺乏，生活用水需用汽车远距离运输，水的费用相对来讲比较贵。

一条公路的修建需要消耗大量的电力，各种电动机械需要用电、夜间施工需要用电、工地照明需要用电、办公及生活需要用电等。工地供电电源一般有两种可能，即国家电网的电源或自发电。公路建设应该首先使用国家电网的电力，在外业调查中要了解沿线电力线路的分布情况，需要和供电部门取得联系，确定沿线各处能够接线供电的具体位置和每处的供电范围，根据提供的供电地点和范围，计算沿线应该架设的临时电力线路的长度。由于公路修建的耗电量大，调查中不但应了解供电的可能性，还要考虑供电的能力。在国家电网距离较远或借电不足的情况下，应考虑自发电。自发电一般比国家电网费用高一些，要分别计算电价；有国家电网发电又有自发电时应计算各自在总用量中所占的比重,以便确定自发电的电量和发电设备的配备。

6)临时便道和便桥

临时便道和便桥除了材料料场需要修建外,重点应考虑路基土石方和材料运输的施工便道。在高等级公路修建中,临时便道和便桥的数量有时是很大的,有时为了全面组织施工,临时便道是全线贯通的。

根据工程实际和施工平面图的布置情况,调查可供施工利用的既有道路、施工便桥,在满足施工的前提下应尽量减少临时便道和便桥,有旧路的尽量利用其作为便道。根据施工组织设计的安排,在需要修建便道的地方,通过外业调查确定其便道、便桥的位置、修建长度以及宽度和是否需要铺路面、其结构类型等,以满足计算临时便道、便桥的需要。

7)其他调查

施工图预算编制外业调查工作还有很多,比如沿线的气温、雨量、路线是否通过文物保护区、人工工资、施工机械车船使用税等其他与编制施工图预算有关的影响因素。

4.2.3 施工组织设计对预算的影响

施工组织设计对预算的影响是多方面的,但主要是对直接工程费的影响。现就影响较大的主要因素进行分析。

1. 施工现场平面布置对预算的影响

施工现场平面布置是施工过程空间组织的具体成果,是施工组织设计的重要组成部分。它是在调查的基础上,对施工过程所需的工艺路线、施工设备、原材料堆放、动力供应、场内运输、半成品生产、仓库、料场、生活设施等进行的科学规划与设计。平面布置的确定,决定了预算中的直接费,如场内运输的价格、临时工程的费用、租用土地费用、平整场地费用等。施工现场平面布置是一项综合性的规划,很大程度上取决于施工现场的具体条件,涉及因素广,必须通过方案比较和必要的计算,进行经济和技术的分析决定。平面布置一般应遵循以下原则:

(1)永久性占地和临时性建筑、运输线路的布置,应考虑地形、地貌、洪水、风向等自然因素的影响,在满足施工的前提下,选择交通便利、运输条件好、材料供应方便的地点,尽可能利用荒山、荒地,少占农田和场地平整、工程量小的地点布置。

(2)力求材料直达工地,避免二次搬运和减短场内运距,确定外购材料和自采材料工地仓库或堆放点,预制场、拌和场的位置,并将笨重的和大型的预制构件或材料设置在使用点附近,所有货物的运输量和起重量必须减至最小。

以上平面布置的合理确定对材料的预算单价影响较大,应多方案比较确定。

(3)加工等附属企业基地应尽可能设在原料产地或运输集汇点(如车站、码头)。附属企业内部的布置应以生产工艺流程为依据,并有利于生产的连续性。

(4)应符合保安和消防的要求,慎重考虑避免自然灾害(如洪水、泥石流、山崩等)的措施。

(5)施工管理机构的位置必须有利于全面指挥,生活设施要考虑工人的休息和文化生活。

(6)场地布置应与施工进度、施工方法、工艺流程和机械设备相适应。

(7)在施工平面布置中进行技术经济比较,优化设计,选择经济的结构形式、材料品种结构形式。

2. 施工工期对预算的影响

公路项目作为基础设施建设，它的建成给国民经济带来的经济效益是较为显著的，常常具有紧迫性。因此，缩短建设工期、赢得时间往往成为建设单位头等关心的问题；另外，缩短施工工期，不仅有利于提前还清贷款，还可以减少贷款的利息支出，降低自筹资金与银行贷款产生的费用。

公路建安工程费主要由直接费和间接费构成，直接费一般在合理组织和正常施工条件下费用最低，如在此基础上加快施工进度则直接费会上升。这是因为，在生产率一定的条件下，要缩短工期，就必须集中人力、物力于工程上。这样势必扩大现场、仓库、临时房屋和附属企业规模和数量，增加施工供水、供电等设施的能力，其结果是引起费用的增加。

间接费则与直接费相反，一般是随着工期的缩短而减少。缩短施工工期对于施工企业来说，可以降低经常性的实际支出这些间接费用，如职工工资、按时间提成的固定资产折旧、与施工工期有关的间接费等，都会因工期的缩短而大幅度降低。

因此，施工组织设计应按合理的工期进行劳动力安排、材料供应和机械设备配置，预算编制中，必须对施工工期及施工进度计划详细了解，才能正确套用定额，提高预算的准确性。如预制安装 T 形梁，预制构件底座个数必须根据施工进度计划确定的周转使用次数取定，预制厂的门架个数和设备使用期也需要根据施工计划。

建筑产品是一个系统工程，其质量、安全、工期三方互相制约，不合理地压缩工期，只能牺牲另一方或两方，有可能影响到项目的功能与使用寿命，给项目留下隐患。对此，交通主管部门发布《关于在公路建设中严格控制工期确保工程质量的通知》（交公路发〔2004〕309 号）等文件，予以引导和规范。

3. 施工方法选择对预算的影响

在公路工程设计和建设中，施工方法的选择至关重要，必须依据工程条件和经济合理的原则进行多方面的比较。

1）路基施工方法的选择

在路基工程中，土石方施工的工程量是施工组织设计中控制预算造价的主要因素，施工方法的选择对土石方施工中的人工、机械消耗有很大影响。

在土石方工程中，应根据工程规模、工期、施工条件、施工组织设计等选择恰当的施工方法，例如，对于挖掘机、装载机，应根据土质条件及现场施工条件合理选用：对于松土、普通土采用装载机挖装比较适宜，但当挖土高度大于 3 m 时应有推土机辅助；对于稍微固结的土质可用挖掘机挖装，也可用装载机挖装，但需推土机辅助；固结紧密的土质应在推土机挖松后，采用装载机或挖掘机装载。这些施工方法的确定影响定额选择，影响消耗量。

2）路面施工方法的选择

路面施工对于路面基层施工主要分路拌法和厂拌法；对于路面面层施工主要有热拌、冷拌、贯入、厂拌等方法，各种施工方法的工程成本消耗各不相同。当结构一定时，选择不同的施工方法的每 1000 m^2 造价不同。因此，应结合公路等级对路面的质量要求、路面工程规模和工期要求进行综合分析确定。

路面施工方法选择还应考虑机械的适应和配套问题、工艺要求问题等，如路面混合料采用集中拌和自卸汽车运输摊铺机摊铺时，拌和能力与摊铺能力要相互适应，自卸汽车运输距离与车辆台数和吨位相互配套，以免停工待料或在汽车上积压过久，造成热拌沥青混凝土温度不保或水泥混凝土初凝。

3）构造物施工方法的选择

构造物包括路基土石方、路面工程外的桥梁、涵洞、防护等工程，种类繁多，结构各异，有不同的技术经济特征和施工工艺要求，施工方法也不相同。在进行施工组织设计时，应尽可能按流水作业的原则安排施工进度计划，以提高材料的周转次数，达到降低工程造价的目的。

4. 运输组织计划对预算的影响

运输组织计划不仅直接影响施工进度，也影响工程造价。编制合理的运输组织计划，一般需要达到以下要求：

（1）运距最短，运输量最小。

（2）减少运转次数，力求直达工地。

（3）装卸迅速和运转方便。

（4）尽量利用原有交通条件，减少临时运输设施的投资。

（5）充分发挥运输工具的载运条件。

在实际工作中，为达到上述要求，一般要经过必要的分析计算。一般根据施工机械的经济运距，尽量发挥各种机械的优势，合理组织，选择确定施工机械，降低工程造价，提高预算的编制质量。

总的来说，施工组织设计必须对施工期限、施工方法、机械化程度，以及大型构件预制场、路面混合料拌和场、材料堆放地点，各种必须修建的临时工程的位置和临时占用土地的数量等，作出明确而具体的规定，从而才能合理正确地套用定额及计算各种费用。

4.3 工程量清单计价

工程量清单计价主要步骤包括以下五步：

第一步：读图。

熟悉施工图纸、了解现场。

第二步：列项。

工程量清单列项：根据《公路工程标准施工招标文件》（2009版），按工程特点及常规施工方案划分分项工程，列出清单分项，按规定格式编制成工程量清单文件。

定额组价列项：依据清单分项的工作内容和施工工艺，从预算定额中找出与之匹配的定额项目，列出各个清单分项对应的定额项目。

第三步：算量。

算量就是计算工程量，包括清单工程量和定额工程量的计算。

第四步：套价。

套价就是计算工料机单价，计算出清单各分项的直接工程费。

第五步：计费。

计费就是计算除直接工程费以外的其他费用。清单计价还要计算其他工程费、间接费、利润、税金、暂估价、暂列金额、计日工，这些费用的总和才形成招标控制价和投标报价的总金额。

4.3.1 工程量清单

工程量清单：表现公路工程的分部分项工程子目的编号、名称、单位和相应数量，以及与之配套的格式、内容和相关说明等的明细清单。

4.3.1.1 工程量清单的作用

工程量清单是招标和合同文件的组成部分，是工程量清单计价的基础，贯穿于公路工程招投标阶段和施工阶段，是编制招标控制价、投标报价、计算结算工程量、支付工程款、调整合同价款、办理竣工结算及工程索赔等的依据。其作用主要有：

1. 为投标人投标竞争提供了一个平等和共同的基础

招标工程量清单由招标人提供，作为招标文件的组成部分，由招标人对其准确性和完整性负责，在公路工程的投标中，投标人的竞争活动就有了一个共同基础，投标人对于工程量清单受到的待遇是公正和公平的。

2. 是公路工程招标控制价和投标报价的依据

在招投标过程中，招标人根据工程量清单编制招标控制价，投标人依据企业自身的定额水平和市场价格计算投标价格，自主填报工程量清单所列项目的单价和合价。

3. 是工程付款和结算的依据

承发包签订合同后，招标工程量清单即为合同的组成部分。在施工阶段，发包人根据承包人完成的工程量清单规定内容和合同单价支付工程款。工程结算时，承发包双方按照工程量清单计价表中序号对已完成的分部分项工程或计价项目，按合同单价和相关合同条款核算结算价款。

4. 是调整工程价款、处理工程索赔的依据

发生工程变更和索赔时，根据合同条款，可以选用或者参照工程量清单中的分部分项工程或计价项目及合同单价来确定变更价款和索赔费用。

4.3.1.2 工程量清单计量规则

目前，全国范围内没有单独出版公路工程量清单及计量规则，有部分省市出版了地方清单和计量规则。清单工程量、已完工程量大部分地区一般依据以下两部分结合起来进行工程量的计算、计量与支付：

（1）《公路工程标准施工招标文件》（2009版）中的"工程量清单"部分和"第七章技术规范"中的"计量与支付"规则。

《公路工程标准施工招标文件》适用于各等级公路和桥梁、隧道建设项目，且设计和施工不是由同一承包人承担的工程施工招标。必须进行招标的二级及以上公路工程应当使用《公路工程标准施工招标文件》，二级以下公路项目可参照执行。

（2）项目专用技术规范中的"工程量清单"部分和"计量与支付"规则。

项目专用技术规范是以《公路工程标准施工招标文件》（2009版）中技术规范为基础，结合招标项目具体特点和实际需要补充、修改编制而成的。

（3）"工程量清单"和"技术规范"两部分关系。

① 招标文件和投标文件第五章"工程量清单"由招标人根据标准文件、招标项目具体特点和实际需要编制，并与投标人须知、通用合同条款、专用合同条款、技术规范、图纸相衔接。第五

章所附表格可根据有关规定作相应的调整和补充。

② 第七章技术规范由招标人根据标准文件、招标项目具体特点和实际需要编制。

可见工程量清单必须要和技术规范结合起来理解,两者都是根据《公路工程标准施工招标文件》编制,但是必须结合招标项目具体特点和实际需要编制。标准文件的清单和技术规范都是开口的,都是可以调整和补充的。

有些省份开始建立全省标准化、规范化、程序化的公路工程工程量清单计量体系,成为公路清单计量体系的有益补充。如云南省在 2010 年 5 月 18 日发布了《云南省公路工程工程量标准清单管理办法》、《公路工程工程量清单计量规范》(YNG/T B01—2010)、《公路工程工程量标准清单》(YNG/T B02—2010)、《公路悬索桥工程量标准清单及计量规范》(YNG/T B01—2011)等,并在后续进行了修订和完善。其他做这些工作的还有广东省、浙江省、湖南省等。

4.3.1.3 工程量清单格式

工程量清单应按照《公路工程标准施工招标文件》(2009 版)(上册)第五章"工程量清单"的要求编制,提交的成果包括封面、扉页、说明及表格,签字、盖章应齐全。主要包括说明及工程量清单表格(工程量清单表 5.1 ~ 表 5.5)。标准文件中没有涵盖的工程项目,招标人应根据设计及现行标准、规范来完善技术规范和施工要求。

1. 工程量清单内容说明

按《公路工程标准施工招标文件》(2009 版)格式,工程量清单内容说明包括工程量清单说明、投标报价说明、计日工说明、其他说明,主要说明编制工程量清单时应遵守的规定和注意事项。根据项目把画线空格部分自行填写完整,并补充其他说明部分的内容。

第 1 条工程量清单说明、第 3 条计日工说明应完全按照格式内容不作改变。

第 2 条投标报价说明第 2.8 款暂列金额、2.9 款暂估价应根据项目实际确定填写。

第 4 条其他说明招标人可以根据招标项目的具体情况进一步说明。一般可补充说明第 1 条至第 3 条中没有明确的内容,或其他应遵守的规定和注意的事项,如补充说明清单补项、100 章中相关规定等内容。

1 工程量清单说明

1.1 本工程量清单是根据招标文件中包括的、有合同约束力的图纸以及有关工程量清单的国家标准、行业标准、合同条款中约定的工程量计算规则编制的。约定计量规则中没有的子目,其工程量按照有合同约束力的图纸所标示尺寸的理论净量计算。计量采用中华人民共和国法定计量单位。

1.2 本工程量清单应与招标文件中的投标人须知、通用合同条款、专用合同条款、技术规范及图纸等一起阅读和理解。

1.3 本工程量清单中所列工程数量是估算的或设计的预计数量,仅作为投标报价的共同基础,不能作为最终结算与支付的依据。实际支付应按实际完成的工程量,由承包人按技术规范规定的计量方法,以监理人认可的尺寸、断面计量,按本工程量清单的单价和总额价计算支付金额;或者,根据具体情况,按合同条款第 15.4 款的规定,由监理人确定的单价或总额价计算支付额。

1.4 工程量清单各章是按第七章"技术规范"的相应章次编号的,因此,工程量清单中各章的工程子目的范围与计量等应与"技术规范"相应章节的范围、计量与支付条款结合起来理解或解释。

1.5 对作业和材料的一般说明或规定，未重复写入工程量清单内，在给工程量清单各子目标价前，应参阅第七章"技术规范"的有关内容。

1.6 工程量清单中所列工程量的变动，丝毫不会降低或影响合同条款的效力，也不免除承包人按规定的标准进行施工和修复缺陷的责任。

1.7 图纸中所列的工程数量表及数量汇总表仅是提供资料，不是工程量清单的外延。当图纸与工程量清单所列数量不一致时，以工程量清单所列数量作为报价的依据。

2 投标报价说明

2.1 工程量清单中的每一子目须填入单价或价格，且只允许有一个报价。

2.2 除非合同另有规定，工程量清单中有标价的单价和总额价均已包括了为实施和完成合同工程所需的劳务、材料、机械、质检（自检）、安装、缺陷修复、管理、保险、税费、利润等费用，以及合同明示或暗示的所有责任、义务和一般风险。

2.3 工程量清单中投标人没有填入单价或价格的子目，其费用视为已分摊在工程量清单中其他相关子目的单价或价格之中。承包人必须按监理人指令完成工程量清单中未填入单价或价格的子目，但不能得到结算与支付。

2.4 符合合同条款规定的全部费用应认为已被计入有标价的工程量清单所列各子目之中，未列子目不予计量的工作，其费用应视为已分摊在本合同工程的有关子目的单价或总额价之中。

2.5 承包人用于本合同工程的各类装备的提供、运输、维护、拆卸、拼装等支付的费用，已包括在工程量清单的单价与总额价之中。

2.6 工程量清单中各项金额均以人民币（元）结算。

2.8 暂列金额（不含计日工总额）的数量及拟用子目的说明：_____。

2.9 暂估价的数量及拟用子目的说明：_____。

3 计日工说明

3.1 总则

（1）本说明应参照通用合同条款第15.7款一并理解。

（2）未经监理人书面指令，任何工程不得按计日工施工；接到监理人按计日工施工的书面指令，承包人也不得拒绝。

（3）投标人应在计日工单价表中填列计日工子目的基本单价或租价，该基本单价或租价适用于监理人指令的任何数量的计日工的结算与支付。计日工的劳务、材料和施工机械由招标人（或发包人）列出正常的估计数量，投标人报出单价，计算出计日工总额后列入工程量清单汇总表中并进入评标价。

（4）计日工不调价。

3.2 计日工劳务

（1）在计算应付给承包人的计日工工资时，工时应从工人到达施工现场，并开始从事指定的工作算起，到返回原出发地点为止，扣去用餐和休息的时间。只有直接从事指定的工作，且能胜任该工作的工人才能计工，随同工人一起做工的班长应计算在内，但不包括领工（工长）和其他质检管理人员。

（2）承包人可以得到用于计日工劳务的全部工时的支付，此支付按承包人填报的"计日工劳务单价表"所列单价计算，该单价应包括基本单价及承包人的管理费、税费、利润等所有附加费，说明如下：

a. 劳务基本单价包括承包人劳务的全部直接费用，如工资、加班费、津贴、福利费及劳动保护费等。

b. 承包人的利润、管理、质检、保险、税费；易耗品的使用、水电及照明费，工作台、脚手架、临时设施费，手动机具与工具的使用及维修，以及上述各项随之而来的费用。

3.3 计日工材料

承包人可以得到计日工使用的材料费用（上述3.2款已计入劳务费内的材料费用除外）的支付，此费用按承包人"计日工材料单价表"中所填报的单价计算，该单价应包括基本单价及承包人的管理费、税费、利润等所有附加费，说明如下：

a. 材料基本单价按供货价加运杂费（到达承包人现场仓库）、保险费、仓库管理费以及运输损耗等计算。

b. 承包人的利润、管理、质检、保险、税费及其他附加费。

c. 从现场运至使用地点的人工费和施工机械使用费不包括在上述基本单价内。

3.4 计日工施工机械

（1）承包人可以得到用于计日工作业的施工机械费用的支付，该费用按承包人填报的"计日工施工机械单价表"中的租价计算。该租价应包括施工机械的折旧、利息、维修、保养、零配件、油燃料、保险和其他消耗品的费用以及全部有关使用这些机械的管理费、税费、利润和司机与助手的劳务费等费用。

（2）在计日工作业中，承包人计算所用的施工机械费用时，应按实际工作小时支付。除非经监理人的同意，计算的工作小时才能将施工机械从现场某处运到监理人指令的计日工作业的另一现场往返运送时间包括在内。

4 其他说明

2. 工程量清单表格部分

工程量清单表格部分由第100章~700章、计日工、暂估价、暂列金额、汇总表清单等组成。主要表格包括表5.1~表5.5。

1）表5.1

表5.1是工程量清单表100章~700章的内容，见表4.12。

本处只示例了100章部分内容，200章~700章清单内容详见其他章节。

表4.12 工程量清单表（表5.1节选）

合同段：

清单 第100章 总则					
子目号	子目名称	单位	数量	单价（元）	合价（元）
101-1	保险费				
-a	按合同条款规定，提供建筑工程一切险	总额	1		
-b	按合同条款规定，提供第三者责任险	总额	1		
……	……	……	……	……	……
清单 第100章 合计			人民币		

2）表 5.2 计日工表

计日工表指劳务、材料、施工机械、计日工汇总表，见表 4.13。

表 4.13　计日工表（表 5.2.1~5.2.4）

5.2.1 劳务

编号	子目名称	单位	暂定数量	单价（元）	合价（元）
101	班长	h			
102	普通工	h			
				劳务小计金额	
				（计入"计日工汇总表"）	

5.2.1 材料

编号	子目名称	单位	暂定数量	单价（元）	合价（元）
201	水泥	t			
202	钢筋	t			
				材料小计金额	
				（计入"计日工汇总表"）	

5.2.3 施工机械

编号	子目名称	单位	暂定数量	单价（元）	合价（元）
301	装载机				
301-1	1.5 m³ 以下	h			
301-2	1.5 m³ ~ 2.5 m³	h			
				施工机械小计金额	
				（计入"计日工汇总表"）	

5.2.4 计日工汇总表

名称	金额（元）	备注
劳务	0	
材料	0	
施工机械	0	
	计日工总计	
	（计入"投标报价汇总表"）	

3）表 5.3 暂估价表

暂估价表指材料暂估价表、工程设备暂估价表、专业工程暂估价表等，见表 4.14。

表 4.14　暂估价表（表 5.3.1~5.3.4）

5.3.1 材料暂估价表

序号	名称	单位	数量	单价（元）	合计（元）	备注

续表

5.3.2 工程设备暂估价表

序号	名称	单位	数量	单价（元）	合计（元）	备注

5.3.3 专业工程暂估价表

序号	专业工程名称	数量	单价（元）	合计（元）	备注
专业工程暂估价表小计金额（计入"暂估价汇总表"）					

5.3.4 暂估价汇总表

名称	金额	备注
材料暂估价		
工程设备暂估价		
专业工程暂估价		
暂估价合计（结转"工程量清单计价汇总表"）		

4）表5.4 投标报价汇总表（表4.15）。

表4.15 投标报价汇总表（表5.4）

合同段：

序号	章次	项目名称	金 额（元）
1	100	总　　则	
2	200	路　　基	
3	300	路　　面	
4	400	桥梁、涵洞	
5	500	隧　　道	
6	600	安全设施及预埋管线	
7	700	绿化及环境保护设施	
8		第100章至700章清单合计	
9		已包含在清单合计中的材料、工程设备、专业工程暂估价合计	
10		清单合计减去材料、工程设备、专业工程暂估价合计（即8-9=10）	
11		计日工合计	
12		暂列金额（不含计日工总额）（即10×5%=12）	
13		投标报价（即8+11+12=13）	

5）表5.5 工程量清单单价分析资料

表5.5是要求提供工程量清单单价的完整一套资料，包括概预算表格的01表～12表，在招标人提供工程量清单时，可以说明提供完整的单价分析资料，也常常用一张表代表，代表性的表格式见表4.16。

表4.16 工程量清单单价分析表（表5.5）

项目名称：

子目号	子目名称	单位	工程量	直接费（元）					间接费（元）	利润（元）费率5%	税金（元）综合税率11%	建筑安装工程费	
				直接工程费				其他工程费					
				人工费	材料费	机械使用费	合计		合计			合计（元）	单价（元）
各项费用合计													
章节综合费率[（建安费/直接费-1）%]													

4.3.1.4 工程量清单编制

工程量清单编制主要是按规定格式完成清单列项和清单工程量计算。

1."工程量清单"和"技术规范"两部分的关系

（1）招标文件和投标文件第五章"工程量清单"由招标人根据《公路工程标准文件》、招标项目具体特点和实际需要编制，并与投标人须知、通用合同条款、专用合同条款、技术规范、图纸相衔接。第五章所附表格可根据有关规定作相应的调整和补充。

（2）第七章技术规范由招标人根据《公路工程标准文件》、招标项目具体特点和实际需要编制。

可见工程量清单必须要和技术规范结合起来理解，两者都根据《公路工程标准文件》编制，但是必须结合招标项目具体特点和实际需要编制。标准文件的清单和技术规范都是开口的，都是可以调整和补充的。

2. 第100～700章工程量清单编制

第100～700章清单，依据《公路工程标准施工招标文件》（2009版）计量规则列出清单项、确定清单工程量，编制工程量清单。工程量清单表格由子目号、子目名称、单位、数量、单价、合价组成，工程量清单编制时需要确定前四项，即确定子目号、子目名称、单位、数量，见表4.17。

工程子目应分章编列，公路工程分为第100章总则、第200章路基、第300章路面、第400章桥梁涵洞、第500章隧道、第600章安全设施及预埋管线、第700章绿化及环境保护设施，共计七章，章下面分节、目，按不同的工程子目逐项编写，每个子目对应一个编号，按技术规范中的规定编写。工程项目具体分多少章，章中分多少节，节下多少目，要根据工程具体情况而定，编制清单时，章节的顺序和编号不变，没有时可省略不写。

表4.17 工程量清单

子目号	子目名称	单位	数量	单价	合价
201-1	清理与掘除				
-a	清理现场	m³	13207		
-b	砍伐树木	棵	1989		

续表

子目号	子目名称	单位	数量	单价	合价
-c	挖除树根	棵	1989		
203-1	路基挖方				
-a	挖土方	m³	124332		
-b	挖石方	m³	3650		

（1）子目号：五级编码，各级编号之间使用半角的破折号分开。第一级是专业工程编号，由三位或四位数字构成；第二级是分部工程编号，由一位或两位数字构成；第三级是分项工程编号，由一位或两位数字构成；第四级、第五级是子目编号，是由项目所属工程内容确定的编号，由一位或两位数字构成。同一招标项目的子目号不得有重码。见图4.1。

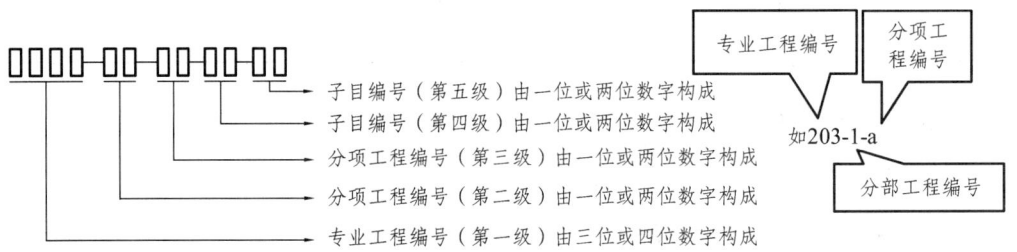

图4.1 工程量清单子目编码示意图

第三级、第四级、第五级编号按分项工程及其子目项编列，没有时则无编号。如清单203-1-a第一级为203，表示第203节挖路基；第二级为1，表示为第一级的子项203-1路基挖方；第三级为a，表示为第二级的子项203-1-a挖土方；本计量子目只有三级。

（2）子目名称：按规范的子目名称结合拟建工程的实际确定。

子目名称，应以规范中的名称为基础，考虑该项目的规格型号材质等特征要求，并结合拟建工程实际情况，对其进行适当调整或细化，使其能够反映影响工程造价的主要因素。如304-3-a"水泥稳定土基层厚…mm"，可根据拟建工程实际写成"水泥稳定土碎石基层厚180 mm（水泥5%）"。

（3）单位：按规范规定的计量单位确定。

（4）数量：按照《公路工程标准施工招标文件》（2009年）或是招标文件技术规范的工程量计算规则计算。清单工程量的计算一定要结合工程量清单和技术规范各章节的计量与支付。

3. 其他清单编制

1）计日工表

计日工：在工程实施过程中，一些临时性或新增加的零星项目，在工程量清单中没有相应项目的额外工作，需要按计日（计量）使用人工、材料和施工机械所需的费用，一般是指合同约定之外的或者因变更而产生的，尤其是时间不允许事先商定价格的额外工作。

公路中这种例外的附加工作出现的可能性较高，且这种例外的附加工作很难估计工程量，用计日工的方法来估计劳务、材料和施工机械的数量，确定单价，以便发生时有计价的依据。

计日工的劳务、材料和施工机械由招标人根据工程特点，列出可能发生的常规子目和估计数量。

计日工省级行政主管部门有规定的按现行规定编制，如某省某交基建〔2016〕896号文规定，清单预算中各专项工程招标的计日工、暂列金额比例规定见表4.18。

表 4.18　计日工、暂列金额比例规定表

项目	计日工比例	暂列金额比例
土建工程	2%	10%
路面、交安、绿化工程	1%	5%

2）暂估价表

暂估价：招标人在工程量清单中给定用于支付必然发生但暂时不能确定价格的材料、设备以及专业工程的金额，包括材料、工程设备暂估单价、专业工程暂估价。

招标人应按照省级行政主管部门发布的工程造价信息或参考市场价格估算材料、设备价格，专业工程暂估价应分不同专业，按有关计价规定估算。

如某省某交基建〔2016〕896号文规定，清单预算中暂估价一般不超过清单合计的2%。

3）暂列金额

暂列金额指招标人在工程量清单中暂定并包括在合同价款中的一笔款项，用于在签订协议书时尚未确定或不可预见变更的施工及其所需材料、工程设备、服务等的金额，以暂列金额（不含计日工总额）形式给出。

$$暂列金额=（第100章\sim700章清单合计-材料、工程设备、专业工程暂估价）\\ \times 暂列金额费率 \quad (4.1)$$

暂列金额费率，招标人应根据工程特点，按有关计价规定估算，一般取5%左右。暂列金额省级行政主管部门有规定的按现行规定编制，如某省某交基建〔2016〕896号文规定，清单预算中各专项工程招标的计日工、暂列金额比例规定见表4.18。

4. 工程量清单的项目划分原则

1）和技术规范保持一致性

工程量清单各工程细目在名称、单位等方面应和技术规范一致，以便投标人清楚各工程细目的内涵和准确地填写各子目的单价。在施工阶段也不会因为两者不一致产生分歧。

2）便于计量支付，减小计量难度

工程细目的大小要科学。

3）便于合同管理及处理工程变更

应将开办项目作为独立的工程细目单列出来，工程量清单中应有计日工清单。

4）保持合同的公平性

5. 清单补项

如拟建工程（如特殊、新颖结构工程）出现规范未包括的项目时，可按清单子目编号规则，补充清单项目及相应的计量规则和技术规范，并按要求报项目建设单位同意后执行（如有要求，建设单位提出意见，主管交通造价管理机构审查通过后执行）。

6. 工程量清单固化

工程量清单固化，常采用固化工程量清单来实现，一般使用Excel制作工程量清单电子固化表格文件。使用固化工程量清单，投标人必须严格遵循工程量清单电子固化文件的数据、格式及运算定义。投标人只需要填写工程量清单中的单价和总额价，即可完成投标工程量清单的编制。

采用固化工程量清单一是可防止投标人恶意修改工程量清单子目或数量；二是避免投标人因计算错误而被废标；三是可以减少评标阶段的算术性符合工作量。

4.3.2 清单计价文件编制

1. 工程量清单计价成果提交

1）招标控制价提交的成果

封面、扉页及表格签字、盖章应齐全，成果内容包括：

（1）招标控制价封面和扉页。

（2）控制价编制说明。

编制说明应包含的主要内容为：

① 工程概况：工程自然、地理、气候、水文条件情况，施工现场情况，环境保护要求，计划工期；标段招标范围及主要工程内容，与其他专业工程（分包工程）的施工界面说明。

② 编制依据。

③ 工程质量、材料、设备、施工方案、施工工艺的特殊说明。

④ 计日工、暂估价、暂列金额的编制说明。

⑤ 其他需要说明的问题。

（3）已标价的工程量清单。

5.1 工程量清单表（100章~700章）；

5.2 计日工表（5.2.1劳务、5.2.1材料、5.2.3施工机械）；

5.3 暂估价表（5.3.1 材料暂估价表、5.3.2 工程设备暂估价表、5.3.3 专业工程暂估价表）；

5.4 投标报价汇总表。

（4）5.5 工程量清单单价分析资料，包括概预算以下表格：

01 表　总概（预）算表；

02 表　人工、材料、机械台班数量汇总表；

03 表　建筑安装工程费计算表；

04 表　其他工程费及间接费综合费率计算表；

07 表　人工、材料、机械台班单价汇总表；

08-2 表　分项工程预算表或 08-1 表　建筑安装工程费计算数据表；

09 表　材料预算单价计算表；

10 表　自采材料料场价格计算表；

11 表　机械台班单价计算表；

12 表　辅助生产工料机械台班单位数量表。

2）投标报价提交的成果

投标人应按照第五章"工程量清单"的要求逐项填报工程量清单，成果内容包括：

（1）封面。

（2）说明。

按《公路工程标准施工招标文件》（2009版）格式，说明包括工程量清单说明、投标报价说明、计日工说明、其他说明。招标人给出的说明部分不要改动,如果有画线空格部分自行填写完整;如果招标文件允许提出更优惠条件,可以在最后部分其他说明处补充内容。

(3)已标价的工程量清单。

(4)5.5 工程量清单单价分析资料,同招标控制价。

2. 工程量清单计价过程

工程量清单计价是由单位工程、单项工程和建设项目清单合计三级逐级汇总而成的。

在工程量清单编制完成后,招标控制价、投标文件编制主要是按规定格式完成定额工程量的计算和套价、计费,即完成已标价工程量清单的编制,确定清单的单价或总额价和合价。

1)子目单价或总额价

(1)已标价工程量清单中的单价为合同单价,除合同规定的调价或变更外保持不变。

(2)已标价工程量清单中的单价为综合单价,投标报价说明 2.2 款"除非合同另有规定,工程量清单中有标价的单价和总额价均已包括了为实施和完成合同工程所需的劳务、材料、机械、质检(自检)、安装、缺陷修复、管理、保险、税费、利润等费用,以及合同明示或暗示的所有责任、义务和一般风险",单价中综合了直接费、企业管理费、规费、利润、税金等,是全费用综合单价。

综合单价计算公式:

$$综合单价=人工费+材料费+施工机具使用费+其他工程费+规费+企业管理费+$$
$$利润+税金+一定范围内的风险费用 \tag{4.2}$$

(3)总额价一般出现在第 100 章总则或是专业工程暂估价中。

2)子目合价

$$子目合价=子目数量×子目单价 \tag{4.3}$$

3)单位工程清单合计(控制价或报价)

单位工程清单合计指清单第 100~700 章的各章合计金额。第 100~700 章的清单子目是分章编列,各章表格末有各章清单合计金额。

4)单项工程清单合计(控制价或报价)

单项工程清单合计就是工程量清单汇总表,包括第 100 章至第 700 章分项清单合计、计日工合计、暂定金额、专业工程暂估价合计,汇总为投标报价总价(招标控制价总价)。

$$单项工程清单合计=\sum 单位工程清单合计+其他费用 \tag{4.4}$$

其他费用包含暂列金额、暂估价、计日工。

5)建设项目清单合计(控制价或报价)

$$建设项目清单合计=\sum 单项工程清单合计 \tag{4.5}$$

6)工程量清单计价过程示意(表 4.19)。

表 4.19 工程量清单计价过程表

项目	计算	备注
分部分项工程费(第 100 章至 700 章)	$\sum$各章子目数量×对应子目单价	分部分项子目综合单价=人工费+材料费+施工机具使用费+其他工程费+规费+企业管理费+利润+税金+一定范围内的风险费用

续表

项目	计算	备注
其他费用	暂列金额+暂估价+计日工	1. 暂列金额 投标人按照招标人在工程量清单中列出金额填写，或按照招标人在招标文件或工程量清单中列出的计算费率计算后填写。 招标人应根据工程特点，按有关计价规定估算，一般可以是（第100章~700章清单合计-材料、工程设备、专业工程暂估价）的5%左右。 2. 暂估价 投标人应当按照招标人给定的暂估材料、工程设备或专业工程单价或总额价填写。 招标人应按照行业造价管理机构发布的工程造价信息或参考市场价格估算暂估材料、工程设备单价，列出明细表；专业工程暂估价应分不同专业，按有关计价规定估算，列出明细表。 3. 计日工 投标人按照招标人在工程量清单中列出的分项和数量，自主确定综合单价并计算计日工费用。 招标人应根据工程特点，列出可能发生的常规子目和估计数量，并依据有关计价依据计算费用
单位工程清单合计（控制价或报价）	分部分项工程费	
单项工程清单合计（控制价或报价）	$\sum$ 单位工程清单合计+其他费用	
建设项目清单合计（控制价或报价）	$\sum$ 单项工程清单合计	

3. 综合单价内风险的分担方法

（1）投标人应完全承担的风险是技术风险和管理风险，如管理费和利润。

（2）投标人应有限度承担的是市场风险，如材料价格、机械使用费等风险。

（3）投标人应完全不承担的是法律、法规、规章和政策变化的风险。

4. 控制价的编制原则

招标控制价：招标人根据国家或省级行政主管部门颁发的有关计价依据和办法，按设计图纸计算的对招标工程限定的投标报价上限。

1）控制价应遵循经济规律

建设项目具有商品属性，控制价是招标阶段的价格上限，应遵循影响商品价格形成的经济规律，实事求是地确定控制价，不有意抬高或压低。

（1）应遵循价值规律，反映市场的平均先进水平。

按照价值规律要求,商品的价格以价值为基础,商品交换也要以等量价值为基础。在确定控制价时应以完成该工程的社会必要劳动时间为基础来确定,同时也要认识到工程造价水平是不断波动的,应反映市场的平均先进水平。

(2)应遵循纸币流通规律,反映价格的波动。

价格与单位纸币所代表的价值量成反比,简单地说就是注意物价上涨或下跌情况,控制价应客观反映当时当地的物价水平,并要考虑价格的波动。当合同没有价格调整时,要考虑人工、材料、机械等价格和费率变动因素,根据工期预测市场价格行情,计算风险费用,将可能在以后发生的价格浮动因素包含在控制价中。

(3)应遵循供求规律。

供求影响价格。注意行业领域、建设项目的供求关系,确定控制价时考虑供求规律。

2)控制价严格按规定执行

(1)控制价的消耗量水平、单价、费用标准应按国家、行业规定执行。

① 消耗量水平应按预算定额。

② 单价应按工程所在地行业造价部门发布的市场指导价取定,没有指导价的参照市场信息价或市场询价。

费用按编制办法和当地补充办法执行。

(2)控制价应由成本、利润和税金组成,一般应控制在批准的施工图预算范围内。

3)控制价应根据合同条件编制

(1)应依据勘察报告、设计图纸、招标文件等合同资料编制,并反映合同要求。

① 控制价的工程范围必须与招标文件规定一致。

控制价应正确反映招标范围,对于地下工程、拆除工程、大型临时工程、必要的辅助工程、"三通一平"等招标范围内的费用应正确计入控制价中。

② 控制价必须适应目标工期的要求,对提前工期的因素有所反映。

③ 实际招标项目的目标工期往往不等同于国家颁布的定额工期,而需要缩短工期,承包人为此需考虑相应的施工措施,增加人员、设备和临时设施等数量,付出比正常工期更多的人力、物力、财力,这样无疑会增加工程成本。在编制控制价时,必须考虑这一因素,将赶工费和奖励等费用一并计入控制价中。

④ 控制价必须适应招标方的质量要求,对高于国家验收规范的质量因素有所反映,体现优质优价。

⑤ 控制价要反映风险分担。

控制价中应包括招标文件中要求投标人承担的风险费用,这样既有利于竞争,又公平合理。对关系职工切身利益的人工费不宜纳入风险,材料价格的风险宜控制在5%以内,施工机械使用费的风险可控制在10%以内。

⑥ 控制价还要反映招标文件所列明材料供应方式、材差计算、材料和施工的特殊要求、技术措施规定等影响造价的因素。

(2)控制价应考虑现场条件和合理的施工方案。

不同的施工现场条件和施工组织设计,对工程造价影响很大。编制控制价时,应对现场实际情况认真调查了解,考虑由于自然条件导致的施工不利因素;应考虑目前的施工管理水平和常用的施工方案,合理确定主体工程、辅助工程和临时工程等,编制控制价。

（3）控制价应考虑不可预见费用、保险、固定价格的工程风险金等风险因素。

（4）控制价应合理反映技术、工艺水平。

对于定额和编制办法中不合理、不能真实反映当地劳动生产水平的工料机消耗和费率（用）应如实地时行抽换。

可见，招标控制价的编制，除依据设计图纸编制外，还需考虑图纸以外的费用（包括由合同条件、现场条件、主要施工方案和施工措施等所产生的费用的取定），依据合同条件的要求，计算综合单价、相关费用，最终确定招标控制价。

5. 投标报价的编制要点

投标报价是由投标单位根据招标文件及有关定额（有时是投标单位根据自身的施工经验与管理水平所制定的企业定额），并根据招标项目所在地区的自然、社会和经济条件及施工组织方案、投标单位的自身条件，计算完成招标工程所需各项费用的造价文件。

投标报价是投标文件重要的组成部分，是投标工作的关键和核心，也是决定能否中标的主要依据。

1）报价的费用组成

报价的费用主要由直接费、间接费、利润、税金以及不可预见费等组成。

不可预见费是工程项目的风险费。

为了便于计算工程量清单中各个分项的价格，进而汇总整个工程标价，通常将工程费用分为直接费和待摊费用。

待摊费是工程项目实施所必需的，但在工程量清单中没有单列项的项目费用，需要将其作为待摊费用分摊到工程量清单的各个报价中去。

2）投标报价的步骤

（1）确定投标项目，组织投标报价班子。

投标需要大量人力、物力和财力，对投标项目要有所选择。投标企业要认真研究项目的合同条件、施工条件，结合自身情况，确定恰当的项目。

投标较为复杂，时间又短，要在较短时间内拿出一份理想的报价，必须组建一个高效精干的投标班子。人员构成上要选派精通业务、掌握招投标知识、反应敏捷、应变能力强、有责任感的骨干人员，还应注意专业配套，分清任务和责任。

（2）现场调查、市场调查与询价。

调查工程所在地的政治、经济、法律、社会、自然条件等对投标和中标后履行合同有影响的各种因素。主要应调查下列情况：

① 项目环境调查。

a. 政治情况：对国际项目，应调查所在国的社会制度与政治制度；政局是否稳定，有无发生政变、暴动和内战的因素；与邻国的关系如何，有无发生边境冲突或封锁边界的可能；与我国的双边关系如何。

b. 经济条件：项目所在地的经济发展情况和自然资源状况；港口、铁路、公路、航空交通运输及电信联络情况；当地的科学技术水平。

c. 法律方面：项目所在地与承包活动有关的、地方性法规等。

d. 社会情况：当地的生活习俗；居民的宗教信仰；民族或部族的关系；工会、社会团体的活动情况;社会治安状况。

e. 自然条件:项目所在地的地理位置和地形、地貌;气象情况,包括气温、湿度、主导风向与风力、年降水量等;地震、洪水、台风与自然灾害情况,水文情况。

f. 市场情况:建筑与安装材料、施工机械设备、燃料、动力、供水与生活用品的供应情况,价格水平,过去几年的物价指数,以及今后的变化趋势和预测;主要构件半成品及商品混凝土的供应能力和价格;劳务市场状况,包括工人的技术水平、工资水平、有关劳动保险和福利待遇的规定。

② 项目自身情况调查。

特别是交通运输条件、地质、气候、劳动力来源、水电、材料供应、临时道路、利用永久工程的可能性、建设单位可提供的临时房屋等,在计算报价前必须详细掌握,并尽可能利用客观已有的有利条件。

项目自身情况是决定投标报价的微观因素,在报价之前应尽可能详尽地了解。调查的主要内容包括:

a. 工程性质、规模、发包范围。

b. 工程的技术规模对材料性能、设备规格型号、供应商家,以及工人技术水平的要求。

c. 总工期和分批竣工交付使用的要求。

d. 施工现场的地形、土质、地下水位、交通运输、供水排水、供电、通信条件等情况。

e. 项目发包人的资信情况、管理水平、项目资金来源及落实情况。

f. 工程价款的支付方式等合同条款情况。

g. 监理工程师的资历与工作作风等。

③ 研究招标文件及工程量清单。

在编制报价之前一定认真研究招标文件中的技术规范及工程量清单说明和子目划分,将清单子目与清单说明及技术规范中的计量规则和方法对应起来进行分析和理解,避免因理解不清造成缺项、漏项或重复计算,致使报价偏低或过高,影响中标概率。

④ 计算或复核工程量。

采用工程量清单招标时,招标文件中有工程量清单,但工程数量有时会和图纸中的数量存在不一致的现象,核实工程量的主要作用有:

a. 全面掌握本项目需发生的各分项工程的数量,便于投标中进行准确的报价。

b. 及时发现工程量清单中关于工程量的错误和漏洞,为制定投标策略提供依据(可以使用不平衡报价法,工程量偏高的项目报低价,工程量偏低的地方报高价)。

c. 有利于促使投标单位对技术规范中的计量支付规定做进一步的研究,便于精确地编写各工程子目的单价。

有些项目不采用工程量清单计价,招标文件中不提供工程量清单,则要自行计算工程量。

⑤ 编制施工组织设计,确定主要施工方案。

招标阶段的施工组织设计要依据调查的项目情况和企业自身的施工管理水平和施工方案情况编制,不同的施工组织设计对投标报价影响很大。

施工组织设计着重考虑对报价影响较大的主体工程、辅助工程和临时工程方案,为报价提供依据。

⑥ 报价计算与分析。

投标报价由企业根据合同、规范（标准）、政策、招标文件和现场情况，市场信息、分包询价、合作关系，以及施工装备、经营管理水平、投标策略、报价技巧等，进行定价。为了在投标竞争中获胜又能赢利，投标报价由投标人自主确定，但不得低于成本。

a. 计算工、料、机单价。

根据工料机消耗量情况和市场价格确定。材料、机械、劳务有合作关系的，应充分考虑其操作性和价格因素。单价应符合投标工程的实际情况，反映市场价格变化和自身的情况。

b. 确定直接费。

根据项目所在地的地形地貌、气候、交通、通信等情况确定其他工程费。

c. 确定间接费。

根据企业管理水平和经营状况等确定企业管理费；按规定确定规费。

d. 预计风险费。

投标人应根据项目的工期、质量要求，规模、技术要求，工程所在地的实际情况，自身的经验等因素，对可能的风险进行逐个分析，确定一个比较合理的费用比率。

e. 确定利润。

投标利润确定，既要考虑可获得最大的可能利润，又要保证投标价格具有可靠的竞争性。投标人应充分考虑市场竞争情况、分包工程情况、存在的风险情况等，确定正确的投标策略，确定合理的利润率。

f. 确定投标价格。

计算出来的投标报价可能存在偏差，甚至可能出现重、漏、不合理等情况，需要对其进行核对、调整，投标人应多角度对投标项目进行盈亏分析与预测，分析降价成本、增加盈利的措施，确定合理的总价和各分项综合单价，最终确定投标报价。

3）报价策略

（1）以获得较大利润为投标策略。

（2）以保本或微利为投标策略。

施工企业的经营业务近期不饱满，或预测市场工程项目因资金不足开工较少，标价以微利可保本为主。

（3）以最大限度低报价为投标策略。

（4）超常规报价。

（5）根据招标项目的不同特点采用不同报价。

① 竞争型报价策略：以开拓市场、低盈利为目标。投标人处在以下几种情况下，应采取竞争型报价策略：经营状况不景气，近期接到的投标邀请较少；竞争对手有威胁性；试图打入新的地区；开拓新的工程施工类型；投标风险小、施工工艺简单、工程量大、社会效益好的项目；附近有本企业其他正在施工的项目。

② 盈利型报价策略：投标报价时充分发挥自身优势，以实现最佳盈利为目标。投标人在该地区已经打开局面、施工能力饱和、信誉度高、竞争对手少、具有技术优势并对招标人有较强的名牌效应，投标人主要是想扩大影响，或者施工条件差、难度高、资金支付条件不好、工期质量等要求苛刻等。

4）报价技巧

（1）不平衡报价法。

不平衡报价法指在保持总价格水平的前提下，将某些项目的单价定得比正常水平高些，而另外一些项目的单价则可以比正常水平低些，但这种提高和降低又应保持在一定限度内，避免工程单价的明显不合理而导致废标。不平衡报价法通常有以下几种情况：

① 为了将初期投入的资金尽早回收，以减少资金占用时间和贷款利息，而将待摊入单价中的各项费用多摊入早收款的项目（如基础工程、土方工程等），使这些项目的单价提高，而将后期的项目单价适当降低。

② 对在工程实施中可能增加工程量的项目适当提高单价，而在实施中可能减少工程量的项目则适当降低单价。

③ 图纸不明确或有错误的，估计今后有可能修改的项目单价可提高，工程内容说明不清楚的单价可降低，这样有利于以后的索赔。

④ 工程量清单中无工程量而只填单价的项目（如土方工程中的挖淤泥、岩石等备用单价）其单价宜高，这样做不会影响总标价，而一旦发生时可以多获利。

⑤ 对于暂定金额（或工程），分析其将来要做的可能性大的，价格可定高些；估计不一定发生的，价格可定低些，以增加中标的机会。

⑥ 零星用工（计日工作）一般可稍高于工程单价中的工资单价，因它不属于承包价的范围，发生时实报实销，也可多获利。如果招标文件中有"名义工程量"则不必提高零星用工单价。

（2）利用可谈判的"无形标价"。

在投标文件中，某些不以价格形式表达的"无形价格"，在开标后有谈判余地，承包人可利用这种条件争取收益。

（3）调价系数的利用。

多数施工承包合同中都包括有关价格调整的条款，并给出利用物价指数计算调价系数的公式，付款时承包人可根据该系数得到由于物价上涨的补偿。

（4）附加优惠条件。

如附加带资承包、延期付款、缩短工期或留赠施工设备等可以吸引发包人，提高中标的可能性。

（5）多方案报价法。

多方案报价法是利用工程说明书或合同条款不够明确之处，以争取达到修改工程说明书和合同为目的的一种报价方法。

当工程说明书和合同条款中有某些不够明确之处时，往往承包人要承担很大的风险。为了减少风险就须扩大工程单价，增加"不可预见费"，但这样做亦会因报价过高而增加被淘汰的可能性。

多方案报价法就是为了对付这种两难局面而出现的，其具体做法是在标书上报两个单价：一是按原工程说明书和合同条款一个价；二是加以注释"如工程说明书或合同条款可作某些改变时"，则可降低多少费用，使报价成为最低的，以吸引发包人修改说明书和合同条款。

（6）增加建议方案法。

投标人在编制投标文件的过程中，如发现改进某些不合理的设计或利用某项新技术可以降低造价时，除对原设计提出报价外，还可以增加一个修改设计的比较方案及相应的低报价。

这往往能得到发包人的赏识而达到理想的效果。

当进行多方案报价、增加建议方案法时，要看招标文件是否允许采用，以免废标。

4.3.3 100章计价

1. 第100工程量清单编制和计价的特殊性

第100~700章清单,依据《公路工程标准施工招标文件》(2009版)计量规则列出清单项,确定清单工程量,编制工程量清单。其中第200~700章清单项目都是实体项目,可以根据图纸尺寸计算出清单工程量,计算出综合单价,求出合价。

工程量清单中100章内容,在图纸上没有给出尺寸和数量,需要根据《公路工程标准施工招标文件》(2009版)和相关规定编制。

2. 第100工程量清单组成

100章总则共分4节,包括:通则、工程管理、临时工程与设施、承包人驻地建设。

1)通则(表4.20)

表4.20 100章通则工程量清单计量规则

子目号	子目内容	单位	计量规则	工作内容
101	通则			
101-1	保险费			
-a	按合同条款规定,提供建筑工程一切险	总额	按保险公司的保单金额以总额为单位计量;保险期为合同约定的施工期及缺陷责任期	根据合同条款办理建筑工程一切险
-b	按合同条款规定,提供第三者责任险	总额	承包人施工机械设备保险和雇佣人员工伤事故保险费、人身意外伤害保险费由承包人负担	根据合同条款办理第三者责任险

101-1保险费根据保险公司的保单经监理人签证后支付。如果由发包人统一与保险公司办理上述两项保险,则由发包人扣回。

注:承包人施工机械设备保险和雇佣人员工伤事故保险费、人身意外伤害保险费承包人摊入各相关工程子目的单价和费率之中,不单独计量。

2)工程管理

根据财政部、国家安全生产监督管理总局印发的《企业安全生产费用提取和使用管理规定》(财企〔2012〕16号)等文件规定,安全生产费用(以下简称安全费用)是指企业按照规定标准提取在成本中列支,专门用于完善和改进企业或者项目安全生产条件的资金。安全费用按照"企业提取、政府监管、确保需要、规范使用"的原则进行管理。

财企〔2012〕16号第七条,建设工程施工企业以建筑安装工程造价为计提依据。各建设工程类别安全费用提取标准如下:

(1)矿山工程为2.5%。
(2)房屋建筑工程、水利水电工程、电力工程、铁路工程、城市轨道交通工程为2.0%。
(3)市政公用工程、冶炼工程、机电安装工程、化工石油工程、港口与航道工程、公路工程、通信工程为1.5%。

建设工程施工企业提取的安全费用列入工程造价,在竞标时,不得删减,列入标外管理。国家对基本建设投资概算另有规定的,从其规定。

总包单位应当将安全费用按比例直接支付分包单位并监督使用,分包单位不再重复提取。

财企〔2012〕16号第十五条规定,企业在上述标准的基础上,根据安全生产实际需要,可适当提高安全费用提取标准。本办法公布前,各省级政府已制定下发企业安全费用提取使用办法的,其提取标准如果低于本办法规定的标准,应当按照本办法进行调整;如果高于本办法规定的标准,按照原标准执行。

财企〔2012〕16号第十九条规定,建设工程施工企业安全费用应当按照以下范围使用:

(1)完善、改造和维护安全防护设施设备(不含"三同时"要求初期投入的安全设施)支出,包括施工现场临时用电系统、洞口、临边、机械设备、高处作业防护、交叉作业防护、防火、防爆、防尘、防毒、防雷、防台风、防地质灾害、地下工程有害气体监测、通风、临时安全防护等设施设备支出。

(2)配备、维护、保养应急救援器材、设备支出和应急演练支出。

(3)开展重大危险源和事故隐患评估、监控和整改支出。

(4)安全生产检查、咨询、评价(不包括新建、改建、扩建项目安全评价)和标准化建设支出。

(5)配备和更新现场作业人员安全防护用品支出。

(6)安全生产宣传、教育、培训支出。

(7)安全生产适用的新技术、新装备、新工艺、新标准的推广应用支出。

(8)安全设施及特种设备检测检验支出。

(9)其他与安全生产直接相关的支出。

100章工程管理工程量清单计量规则见表4.21。

表4.21 100章工程管理工程量清单计量规则

子目号	子目内容	单位	计量规则	工作内容
102	工程管理			
102-1	竣工文件	总额	以总额为单位计量	按《公路工程竣(交)工验收办法》、《公路工程竣(交)工验收办法实施细则》、当地省级主管部门发布的竣工文件编制实施细则(如有)及合同条款规定进行编制
102-2	施工环保费	总额	以总额为单位计量	是承包人在施工过程中采取预防和消除环境污染措施所需的费用
102-3	安全生产费	总额	以总额为单位计量	见财企〔2012〕16号第十九条
102-4	工程管理软件(暂估价)	总额	以暂估价的形式按总额计量	1.计算机配置、维护、备份管理及网络构筑;2.系统操作人员的培训、劳务

还可以增加子目102-5保通费,如果省其工作内容:

① 制订交通流计划;

② 设置交通安全设施;

③ 设置必要的路障、警告信号等;

④ 配备现场交通疏通、指挥人员

3）临时工程与设施（表4.22）

表4.22 100章临时工程与设施工程量清单计量规则

子目号	子目内容	单位	计量规则	工作内容
103	临时工程与设施			
103-1	临地道路修建、养护与拆除（包括原道路的养护费）	总额	以总额为单位计量	按《公路工程标准施工招标文件》（2009版）相应技术规范要求完成
103-2	临时占地	总额		
103-3	临时供电设施			
-a	设施架设、拆除	总额		
-b	设施维修	总额		
103-4	电信设施的提供、维修与拆除	总额		
103-5	供水与排污设施	总额		

4）承包人驻地建设（表4.23）

表4.23 100章承包人驻地建设工程量清单计量规则

子目号	子目内容	单位	计量规则	工作内容
104-1	承包人驻地建设	总额	以总额为单位计量	1. 承包人驻地建设包括：施工与管理所需的办公室、住房、工地试验室、车间、工作场地、仓库与储料场、拌和场、医疗卫生与消防设施等； 2. 驻地建设的建设、管理与维护； 3. 工程交工时，按照合同或协议要求将驻地移走、清除、恢复原貌

3. 第100章费用计算方法

第100章费用计算，往往根据造价编制者的经验确定，没有统一的规定，常常会造成一些争议。近年来，一些省份先后作了费用计算规定，下面以某省某交基建〔2016〕896号文规定（一类工程指高速公路、一级公路；二类工程指二级及以下公路），说明公路土建部分费用计算方法。

1）101-1 保险费

保险金额为工程量清单第100章（不含建筑工程一切险及第三者责任险的保险费）至第700章的合计金额。

（1）建筑工程一切险：一般工程保险费率为2.5‰，独立特大桥、隧道保险费率为3.5‰~4‰。

（2）第三者责任险：保险费率为0.5‰。

2）102-1 竣工文件

结合《某省高速公路施工标准化实施要点》要求，竣工文件结合招标工程内容按表4.24的规定计算：

表4.24 竣工文件编制费

路线（土建工程）（元/标段）		独立桥梁（元/座）	
一类工程	二类工程	特大桥	技术复杂特大桥
20万元	10万元	20万元	50万元

注：路面、绿化、交安和五大系统按上述标准乘以0.3~0.4系数；房建按相关规定执行。

3）102-2 施工环保费

考虑项目的区位复杂程度，以第 200 章至 700 章合计为基数，按下列费率计算：

一类工程：0.5‰；

二类工程：0.2‰；

独立特大桥、技术复杂大桥：1‰。

4）102-3 安全生产费

安全生产费按照工程量清单第 100 章至第 700 章合计（不含安全生产费及建筑工程一切险及第三者责任险的保险费）的 1.5%计算。

5）102-4 信息化建设

结合《某省高速公路施工标准化实施要点》要求、项目的区位复杂程度来考虑，按下列标准计算：

一类工程：50 万元/标段；

二类工程：10 万元/标段。

6）102-5 保通费

结合项目保通方案测算，且应针对项目或标段所处区位及与原有道路性质、交通量的复杂程度来考虑，按下列标准计算：

一类工程：按 3.0 万元/（km·年）进行计算；

二类工程：按 1.0 万元/（km·年）进行计算。

新建工程根据工程实际情况以主线里程按照上述标准计列，改扩建工程按照上述标准乘以 1.5 系数。

7）103-1 临时道路修建、养护与拆除（含原有道路的养护）

考虑项目的区位复杂程度，按实际里程计列，其中修建按 30 万元/km 测算，养护及拆除按 5 万元/（km·年）测算或按批准的施工图设计和施工组织设计的要求计列。

8）103-2 临时占地

考虑项目的区位复杂程度，按工程所在地临时用地补偿标准进行计算并计算土地恢复费用。

9）103-3 临时供电设施架设、维护与拆除

考虑项目的区位复杂程度，架设与拆除以实际里程计列，按（15～18）万元/km 进行计算，维护根据施工组织设计的要求计算。

10）103-4 电信设施的提供、维修与拆除

结合项目的区位复杂程度来考虑，按下列标准计算：

一类工程：5 万元/标段；

二类工程：3 万元/标段。

11）103-5 临时供水与排污

结合《某省高速公路施工标准化实施要点》要求，环境保护等要求来考虑，按下列标准计算：

一类工程：10 万元/标段；

二类工程：5 万元/标段。

12）104-1-1 驻地（办公、生活场地）建设

结合《某省高速公路施工标准化实施要点》要求，高速公路土建按（150~250）万元/标段计算；路面工程、独立特大桥按（120~150）万元/标段计算。

13）104-1-2 工地试验室建设

结合《某省高速公路施工标准化实施要点》要求，高速公路土建工程、独立特大桥按第200~700章合计的2‰计算。

14）104-1-3 拌和站建设

结合《某省高速公路施工标准化实施要点》要求，高速公路土建和路面工程、独立特大桥按第200~700章合计的1.5‰计算。

15）104-1-4 钢筋加工场

结合《某省高速公路施工标准化实施要点》要求，高速公路土建工程、独立特大桥按第200~700章合计的1.5‰计算。

16）104-1-5 预制场建设

结合《某省高速公路施工标准化实施要点》要求，高速公路土建工程、独立特大桥按第200~700章合计的1.5‰计算。

17）104-1-6 施工材料存放场建设

结合《某省高速公路施工标准化实施要点》要求，高速公路土建工程、独立特大桥按第200~700章合计的1.5‰计算。

100章按规定计列了临时工程与设施、承包人驻地建设后，因其他工程费中施工标准化与安全措施费、临时设施费中临时场地建设费用已在第100章中单独计列，施工辅助费中试验检测部分费用在暂估价中计列，故在单价分析中扣除上述部分所占比例约为2.7%。

习 题

1. 计日工的概念是什么？计日工清单编制的原则是什么？其计价的原则是什么？
2. 简述公路清单工程量计算规则。
3. 简述清单编制内容。
4. 简述已标价工程量清单编制内容。
5. 简述施工图预算编制的步骤。
6. 简要分析施工图预算和清单计价的异同。
7. 简述施工组织设计对预算的影响。
8. 施工图预算的外业调查工作的主要内容是什么？注意事项有哪些？
9. 预算中外业调查的作用是什么？
10. 招标控制价和投标报价有什么异同？谈谈你的理解。
11. 简述招标控制价编制的注意事项。
12. 投标报价的策略有哪些？
13. 简述综合单价内风险的分担方法？
14. 试述工程量清单计价过程，并举例。
15. 请说说为什么要进行清单补项？应注意什么？

16. 什么是工程量清单固化？为什么要进行清单固化？现在常用的方法是什么？
17. 招标控制价提交成果主要组成有哪些？
18. 试述招标控制价的编制步骤。
19. 试述第100章计价的特点。
20. 试述第100章计价与第200～700章清单子目有什么异同？
21. 试述第100章费用与其他工程费有什么关联？

5 路基与防护工程

5.1 基本问题

路基工程包括路基土石方工程、排水工程、路基防护工程及特殊路基工程,量大面广,是公路造价中的重点和难点。

《公路工程标准施工文件》(2009版)的技术规范、计量与支付条款,规定了清单计量规则(以下简称《计量规范》)。《公路工程预算定额》(JTG/T B06-2—2007)(以下简称《定额》),规定了定额套用及工程量计算规则。本书以《计量规范》及《定额》规则介绍分部分项工程的计量与计价。

5.1.1 土壤及岩石分类

《定额》第一章说明第1条就对土壤及岩石作了分类,适用于清单和定额数量。

土壤岩石类别划分:按开挖的难易程度将土壤、岩石分为六类。

土壤分为三类:松土、普通土、硬土。

岩石分为三类:软石、次坚石、坚石。

定额土、石分类与六级土、石分类和十六级土、石分类对照表见表5.1。

表5.1 土、石分类对照表

公路定额分类	松土	普通土	硬土	软石	次坚石	坚石
六级分类	Ⅰ	Ⅱ	Ⅲ	Ⅳ	Ⅴ	Ⅵ
十六级分类	Ⅰ~Ⅱ	Ⅲ	Ⅳ	Ⅴ~Ⅵ	Ⅶ~Ⅸ	Ⅹ~ⅩⅥ

5.1.2 土石方体积折算

土石方在施工中存在密实状态不同的情况,不同状态需要进行换算,《定额》第一章说明第8条第(1)款对此进行了规定,适用于清单和定额数量。

土石方体积的计算:除定额中另有说明者外,土方挖方按天然密实体积计算,填方按压(夯)实后的体积计算,石方爆破按天然密实体积计算。当以填方压实体积为工程量,采用以天然密实方为计量单位的定额时,所采用的定额应乘以下列系数,见表5.2。

表5.2 土石天然密实方和压实方换算系数

公路等级	土类			
	土方			石方
	松土	普通土	硬土	
二级及二级以上等级公路	1.23	1.16	1.09	0.92
三、四级公路	1.11	1.05	1.00	0.84

其中：推土机、铲运机施工土方的增运定额按普通土栏目的系数计算；人工挖运土方的增运定额和机械翻斗车、手扶拖拉机运输土方、自卸汽车运输土方的运输定额在表 5.2 系数的基础上增加 0.03 的土方运输损耗，但弃方运输不应计算运输损耗。

5.1.3 路基土石方工程量

1. 规定

《计量规范》下册 101.06 工程量的计量中作了如下相关规定，适用于清单和定额：

（1）土方体积可采用平均断面法计算，但与似棱体公式计算结果比较，如果误差超过±5%时，监理人可指示采用似棱体公式。

（2）各种不同类别的挖方与填方计量，应以图纸所示界线为限，而且应在批准的横断面图上标明。

（3）用于填方的土方量，应按压实后的纵断面高程和路床面为准来计量。计价时，应考虑在挖方或运输过程中引起的体积差。

2. 工程量计算

路基土石方计算工作量较大，加之地面形状很复杂，路基填挖变化的不规则性，要精确计算土石方体积是十分困难的。在工程上通常采用近似计算。

计算时一般应按工程的要求，在保证实用的前提下力求简化。就公路工程来说，路基挖填方常用平均横断面法，还可用棱台体积法、坐标法、微积分等较为精确的方法，有些大的平交口等处也用方格网法。预算时需要计算或摘取土石方工程量。

1）平均断面法

公路一般地形复杂、狭长、挖填深度较大又不规则，土石方体积最常用的是平均断面法。

原理：假定相邻两个横断面间为一棱柱体，见图 5.1，根据横断面面积按下式计算体积。

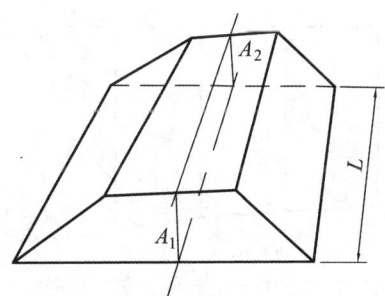

图 5.1 平均断面法示意图

$$V = \frac{1}{2}(A_1 + A_2)L \tag{5.1}$$

式中　V ——体积，即相邻两横断面间的土石方数量（m³）；

　　　A_1、A_2 ——相邻两断面的挖（或填）方面积（m²）；

　　　L ——相邻两断面间的距离（m）。

公式中 L 视地形情况而定，一般为 20 m，在路线平曲线处的转折点、桥隧处加密。此法简单方便，但精度较低，若相邻两断面均为填方或均为挖方且面积大小相近则较为准确。

2）棱台体积法

若 A_1 和 A_2 相差较大，则用棱台公式更为接近。计算公式为：

$$V = \frac{1}{3}(A_1 + A_2 + \sqrt{A_1 A_2})L \tag{5.2}$$

式中各数据含义同公式（5.1）。

3）利用设计成果数据计算或摘取

当编制预算时间较紧，不要求过程资料核对时，道路土石方可利用道路逐桩横断面图读出横断面积，用平均断面法等计算体积，或者直接摘取土石方数量表体积数据。

4）断面积计算

路基横断面面积的计算方法有积距法（条分法）、块分法、坐标法等，均为不规则图形面积计算方法。

（1）积距法（条分法）。

积距法：把图形分成若干个等宽的梯形和三角形（图 5.2），每个小条块的面积近似等于中心高度与单位宽度的乘积，分别计算并累积中位线的高度再乘以分条宽度即为图形面积。其做法是用作图法累积中位线高度（用分规累计中位线高度，并按比例尺计算出实际高度再乘以分条宽即为面积）。

每个小条块的近似面积：$A_i = b h_i$ (5.3)

则横断面面积：$A = b h_1 + b h_2 + b h_3 + \ldots + b h_n = b \sum_{i=1}^{n} h_i$ (5.4)

当 $b=1$ m 时，横断面面积 A 就等于各小条块平均高度之和。此时：$A = \sum_{i=1}^{n} h_i$

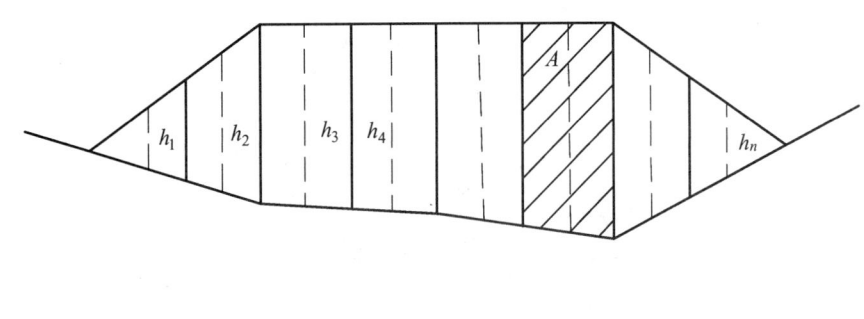

图 5.2 积距法示意图

（2）块分法。

块分法：把路基横断面图按地面线与设计线上的转折点，利用近似图形，用竖线分成若干个不等宽的三角形和梯形，分别计算每块图形的面积并累加起来，即为图形面积，见图 5.3。

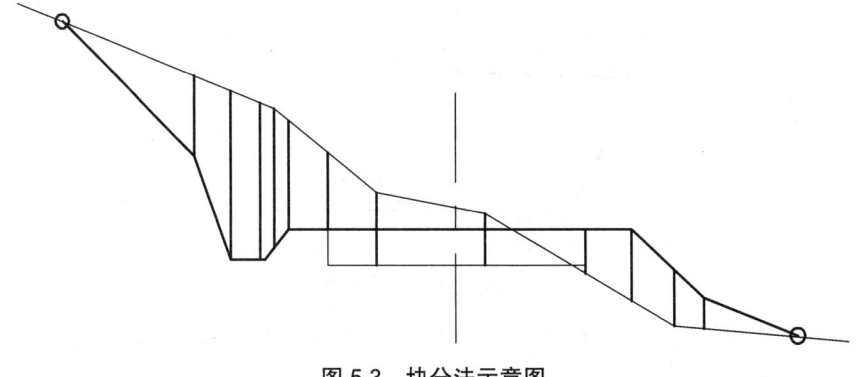

图 5.3 块分法示意图

此法常用公式进行计算，常用横断面计算图形和公式见表 5.3。

表 5.3 常用横断面面积计算表

横截面图式	截面积计算公式
	$A = h(b+nb)$
	$A = h\left[b + \dfrac{h(m+n)}{2}\right]$
	$A = b\dfrac{h_1+h_2}{2} + nh_1h_2$
	$A = h_1\dfrac{a_1+a_2}{2} + h_2\dfrac{a_2+a_3}{2} + h_3\dfrac{a_3+a_4}{2} + h_4\dfrac{a_4+a_5}{2}$
	$A = \dfrac{a}{2}(h_0 + 2h + h_n)$ $h = h_1 + h_2 + h_3 + h_4 + h_5$

（3）图测法。

随着电子计算机的普及，公路横断面图采用 CAD 绘制。当有 CAD 电子图时，用块分法的原理，常用 CAD 电子图直接量测横断面面积。此法用计算机计算，精度高、速度快。

（4）坐标法。

坐标法：用不规则图形的所有节点的坐标按公式计算面积。已知断面图上各转折点坐标（x_i, y_i），见图 5.4，则断面面积为：

$$A = \dfrac{1}{2}\sum_{i=1}^{n}(x_i y_{i+1} - x_{i+1} y_i) \tag{5.5}$$

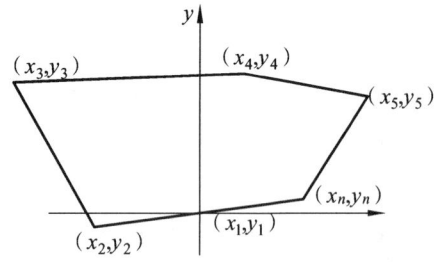

图 5.4 坐标法示意图

坐标法的计算精度较高，适宜用计算机程序计算。当已知断面图上各转折点坐标时，可以编程录入各点坐标，方便快捷地计算各断面面积。

3. 土石方数量计算应注意的问题

（1）填挖方数量分别计算（填、挖方面积和体积分别计算）。

（2）土、石方应分别计算（土、石面积和体积分别计算）。

（3）路基填、挖方数量中应考虑路面所占的体积（填方扣除、挖方增加）。

（4）桥位处、隧道处所占的路基土石方应扣除。

（5）清楚特殊路基处理时和一般路基挖填方及路面工程之间的扣减关系，不重复计算也不减少数量。

（6）一般工程的土石方总量，实际上是指计价土石方数量。

（7）一条公路的土石方总量，一般包括路基工程、排水工程、临时工程、小桥涵工程等项目的土石方数量。独立大、中桥梁、长隧道的土石方工程数量应另外计算。

（8）因零填方地段基底压实、耕地填前碾压后回填至原地面标高所需土石方数量，填方数量为碾压天然土地面的面积乘以沉降量，可以按下列公式计算：

$$Q = F \times h \tag{5.6}$$

式中 Q——增加的填方数量；

F——填前夯（压）实的天然土的地面面积（m^2）；

H——沉降量（cm）。

其中：

$$h = P/C \tag{5.7}$$

式中 h——天然土因压实而产生的沉降量（cm）；

P——有效作用力（N/cm^2）

C——土的抗沉陷系数（N/cm^3），一般按 12～15 t 压路机的有效作用力 $P=66\ N/cm^2$ 计算，见表 5.4。

表 5.4 C 值表

原状土名称	沼泽土	耕土、松湿黏土	松湿黏土	泥灰石
C 值（N/cm^3）	2～3	3～3.5	3.5～4	5～10

（9）路基沉陷是指路基表面在垂直方向产生的不均匀变形。地基沉陷可分为两种情况：一是路基本身的压缩沉陷；二是路基承载力不足，在路基自重的作用下引起沉陷或向两侧挤出。高路堤特别是路基较软处的高填路堤，其沉降量更加明显。因此，要求填土必须有一定的预留沉降量，

这部分数量应由设计依据沉降理论计算或地区经验取定,并计入计价方数量。

(10)为保证路基边缘的压实度需要加宽填筑土方量。

一般在施工时应将填方段超出设计宽度填筑(帮坡),采用机械碾压实,整修路堤边坡表面时,应将其两侧超填的宽度切除。

路堤每边加宽的填筑宽度视路堤填筑高度而定,通常每侧取 20~50 cm。根据《公路路基施工技术规范》(JTG F10—2006)的规定,"整修用机械填筑的路堤表面时,应将其两侧超填的宽度土方切除。超过宽度允许值为:砂性土 0.20~0.3 m,0.15~0.20 m,黏性土 0.10~0.20 m"。

当公路填方段较长时,这部分土石方数量很大,编制概预算时不计入因宽填而增加的土方量显然是不合理的。这部分数量不应计入计价方量中,但应将其所发生的费用摊入填方计价方量的单价中。可以按下列公式计算:

$$Q = L \times H \times d \tag{5.8}$$

式中 Q——因超填帮坡增加的填方数量;

L——路基填方段长度;

H——路基填方段平均填高;

d——垂直边坡方向帮坡厚度。

5.1.4 路基土石方调配

1. 相关概念

(1)断面方:根据线路标志桩的路基填挖横断面积及其相应间的距离,所分别计算出来的土石方数量,称为断面方数量,即设计图上给出的"土石方数量表"中的数量。

(2)利用方:利用路堑挖方填入路堤的方量。(编制预算时,对利用方只计填方,不计挖方,但应考虑夯实增加的工料机消耗。)

(3)施工方(公路工程中习惯称"计价方"):路堑挖方和取土坑借土填筑路堤的填方之和。

2. 土石方调配的概念及目的

路基土石方应考虑在经济合理的运距条件下尽可能移挖作填,以达到用最少的施工方数量达到路基工程快速施工和节约的目的。所谓土石方调配,就是要确定路堑挖方用多少数量移挖作填,有多少数量运往弃土堆,还需要多少从路堤两侧取土坑或其他取土场挖运用作路堤填土的施工组织设计方法。填方土源有附近公路挖方利用、借土;挖方去向有调往附近填方利用、弃土等。见图 5.5。

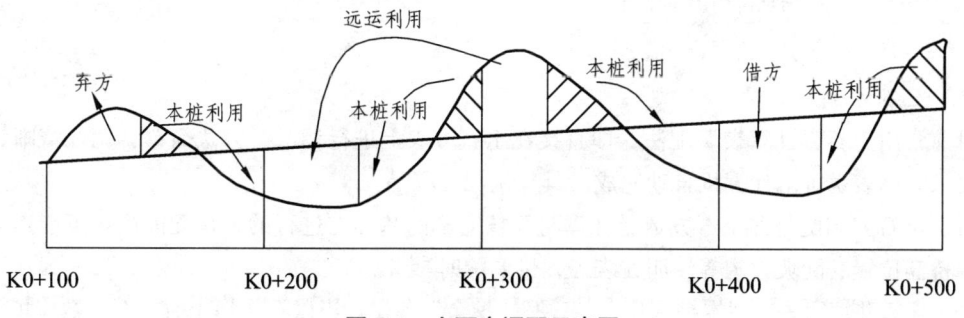

图 5.5 土石方调配示意图

土石方调配的目的：确定填方用土的来源、挖方弃土的去向以及计价土石方的数量和运量等，通过调配合理地解决各路段土石方平衡与利用问题，使从路堑挖出的土石方，在经济合理的调运条件下移挖作填，达到填方有所"取"，挖方有所"用"，避免不必要的路外借土和弃土，以减少占用耕地和降低公路造价。

3. 土石方调配原则

土石方调配总的原则：加大利用方，减少施工方；首先横向平衡，再考虑纵向平衡，再考虑借方（或弃方）；考虑土质及土方最大经济运距。具体如下：

（1）就近利用，以减少运量。

在半填半挖断面中，应首先考虑在本路段内移挖作填进行横向平衡，然后再作纵向调配，以减少总的运输量。

（2）不跨沟调运。

土石方调配应考虑桥涵位置对施工运输的影响，一般大沟不作跨越调运。

（3）高向低调运。

应注意施工的可能与方便，尽可能避免和减少上坡运土；位于山坡上的回头曲线段优先考虑上线向下线的土方竖向调运。

（4）经济合理。

为使调配合理，必须根据地形情况和施工条件，选用适当的运输方式，进行远运利用与附近借土的经济比较（移挖作填与借土费用的比较），确定合理的经济运距，用以分析工程用土是调运还是外借。

土方调配"移挖作填"固然要考虑经济运距问题，但这不是唯一的指标，还要综合考虑弃方或借方占地，赔偿青苗损失及对农业生产的影响等。有时移挖作填虽然运距超出一些，运输费用可能稍高一些，但如能少占地，少影响农业生产，这样，对整体来说也未必是不经济的。

（5）不同的土方和石方应根据工程需要分别进行调配，以保证路基稳定和人工构造物的材料供应。

（6）土方调配对于借土和弃土应事先同地方商量，妥善处理。

4. 土石方调配方法

1）土石方调配关系式

$$\text{断面方}=\text{挖方}+\text{填方}=(\text{挖方}+\text{借方})+(\text{填方}-\text{借方})=\text{施工方}+\text{利用方} \quad (5.9)$$

$$\text{挖方}+\text{借方}=\text{填方}+\text{弃方} \quad (5.10)$$

$$\text{挖方}=\text{利用方}+\text{弃方} \quad (5.11)$$

$$\text{填方}=\text{利用方}+\text{借方} \quad (5.12)$$

2）土石方调配方法

目前常用土石方计算表调配法，即直接在土石方表上进行调配，方法简单，调配清晰，精度符合要求。该表也可由计算机自动完成。具体调配步骤是：

（1）土石方调配是在土石方数量计算与复核完毕的基础上进行的，调配前应将可能影响运输调配的桥涵位置、陡坡大沟等注明在表旁，供调配时参考。

（2）计算并填写表中"本桩利用""填缺""挖余"各栏。当以石作填土时，石方数应填入"本桩利用"的"土"一栏，并以符号区别。然后按填挖方分别进行闭合核算，其核算式为：

$$填方=本桩利用+填缺 \tag{5.13}$$

$$挖方=本桩利用+挖余 \tag{5.14}$$

（3）在作纵向调配前，根据"填缺""挖余"的分布情况，选择适当施工方法及可采用的运输方式定出合理的经济运距，供土方调配时参考。

（4）根据填缺、挖余分布情况，结合路线纵坡和自然条件，本着技术经济、少占用农田的原则，具体拟订调配方案。将相邻路段的挖余就近纵向调配到填缺内加以利用，并把具体调运方向和数量用箭头表明在纵向调配栏中。

（5）经过纵向调配，如果仍有填缺或挖余，则应会同当地政府协商确定借土或弃土地点，然后将借土或弃土的数量和运距分别填注到借方或废方栏内。

（6）调配完成后，应分页进行闭合核算，核算式为：

$$填缺=远运利用+借方 \tag{5.15}$$

$$挖余=远运利用+废方 \tag{5.16}$$

（7）本公里调配完毕，应进行本公里合计，总闭合核算除上述外，尚有：

$$（跨公里调入方）+挖方+借方=（跨公里调出方）+填方+废方 \tag{5.17}$$

（8）土石方调配一般在本公里内进行，必要时也可跨公里调配，但需将调配的方向及数量分别注明，以免混淆。

（9）每公里土石方数量计算与调配完成后，须汇总列入"路基每公里土石方表"，并进行全线总计与核算。至此完成全部土石方计算与调配工作。

5. 计价土石方数量

借方：填方数量减去利用方后尚缺的土方数量。

废方：挖方数量减去利用方后尚余的土方数量。

$$计价土石方数量=挖方数量+借方数量 \tag{5.18}$$

土石方数量计算关系：

$$填方=本桩利用+纵向调运（远运利用）+借方 \tag{5.19}$$

$$挖方=本桩利用+纵向调运（远运利用）+废方 \tag{5.20}$$

$$挖方+借方=填方+废方 \tag{5.21}$$

如某工程土石方数量为填方 500 m³、挖方 200 m³、借方 400 m³、弃方 100 m³，则

计价土石方数量=挖方数量+借方数量=200+400=600（m³）

挖方+借方=填方+废方：200+400=500+100

6. 关于调配计算的几个问题

1）经济运距

移挖作填与附近借方经济比较，调运挖方与借土费用相等时的运距。

$$L_{经}=\frac{B}{T}+L_{免} \tag{5.22}$$

式中 B——借土单价（元/m³），包括征地、开挖、运输、弃土等费用；

T——远运运费单价（元/m³·km）；

$L_{免}$——免费运距（km）。

远运利用的费用：运输费用、装卸费等。

借土费用：包括征地（占地及青苗补偿费用等）、开挖、运输、弃土等费用。

2）平均运距

运距：从挖方体积的重心到填方体积的重心之间的距离。

平均运距：挖方路段中心桩号至填方路段中心桩号的距离。

3）运量

土石方运量为平均运距与土石方调配数量的乘积，单位：m³·km。

5.1.5 挖沟槽土石方

公路中的挡土墙、排水沟等基础开挖，一般采用分段计算汇总或平均断面法计算，常采用垂直开挖、放坡开挖、加挡土板开挖几种形式。

1. 土方中的放坡

1）放坡的含义

在槽坑开挖土方施工过程中，当土的挖深超过规定时，为了防止土壁坍塌，保持边壁稳定，需加大槽坑上口宽度（放坡宽度），使槽坑壁保持一定坡度，以防止不滑坡、不坍塌，这种施工方法就称放坡，见图5.6。

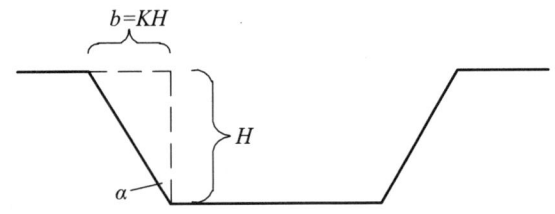

b—放坡宽度；H—挖深；α—放坡角度；K—放坡系数

图5.6 放坡示意图

（1）挖深H的含义。

基础土方开挖深度应按基础垫层底面标高至自然地面标高的平均厚度确定。

（2）放坡系数K。

从图5.6中可以看出，放坡宽度（b）与挖深（H）和放坡角度（α）之间存在正切关系，即$\tan\alpha = b/H$，即为放坡系数$K=b/H$。计算挖沟槽、基坑、土方工程量需放坡时，应根据施工组织设计规定计算，如无明确规定，放坡系数可按市政工程定额规定，见表5.5。

2）放坡计算规定

（1）沟槽、基坑中土壤类别不同时，分别按其放坡起点、放坡系数，根据不同土壤厚度使用加权平均法计算。

（2）计算放坡时，在交接处的重复工程量不予扣除，放坡起点为沟槽、基坑底（有垫层的算至垫层底面）。

表 5.5 放坡系数表

土类别	放坡起点（m）	人工挖土	机械挖土		
			在坑内作业	在坑上作业	顺沟槽在坑上作业
一、二类土	1.20	1∶0.50	1∶0.33	1∶0.75	1∶0.50
三类土	1.50	1∶0.33	1∶0.25	1∶0.67	1∶0.33
四类土	2.00	1∶0.25	1∶0.10	1∶0.33	1∶0.25

2. 挖沟槽土方量计算方法（图 5.7）

$$V = L \times (a + 2c + kH) \times H \tag{5.23}$$

式中　V——挖沟槽土方工程量（m^3）；

　　　L——沟槽计算长度（m）；

　　　a——基础或垫层底宽（m）；

　　　H——平均挖深（m）；

　　　c——增加工作面宽度（m），设计有规定时按设计规定取；

　　　k——坡度系数，不放坡时取 $k=0$。

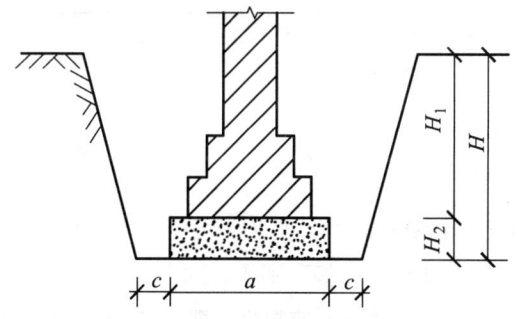

图 5.7　垫层底面放坡示意图

3. 支挡土板的土方计算公式

挖基础土方需支挡土板时，设计有规定的，按设计要求执行；如无明确规定，可按市政工程定额规定：宽度按图示底宽，单面加 10 cm，双面加 20 cm 计算。挡土板面积，按槽、坑垂直支撑面积计算。支挡土板后不得再计算放坡，见图 5.8。

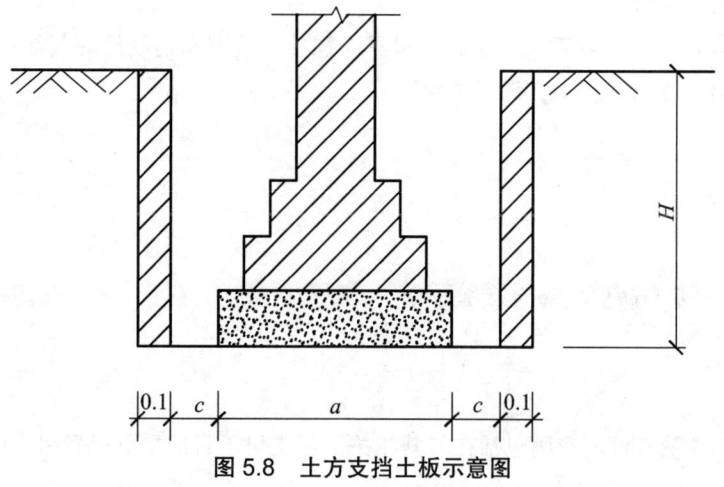

图 5.8　土方支挡土板示意图

$$V = L \times (a + 2c + 2 \times 0.1) \times H \tag{5.24}$$

式中　2×0.1——两块挡土板所占宽度（m）；

其他符号意义同前。

5.1.6　工作面增加宽度

土方工程施工的工作面增加宽度，应按施工组织设计及定额规定计算，如无明确规定，宽度可按市政工程定额规定，见表5.6。

表 5.6　工作面宽度计算表（c）

基础材料	每边各增加工作面宽度（cm）	基础材料	每边各增加工作面宽度（cm）
砖基础	20	混凝土基础支模板	30
浆砌毛石、条石基础	15	基础垂直面做防水层	80
混凝土基础垫层支模板	30		

说明：（1）工作面宽度从基础底面起增加，而不是从垫层底面起增加。

（2）在同一基础断面内，具备多种增加工作面条件时，只能按本上表最大尺寸计算。

5.1.7　有关问题说明

（1）面积：除非另有规定，计算面积时，其长、宽应按图纸所示尺寸线或按监理人指示计量。对于面积在 1 m² 以下的固定物（如检查井等）不予扣除。

（2）结构物：应按图纸所示净尺寸线，或根据监理人指示修改的尺寸线计量；水泥混凝土的计量应按监理人认可的并已完工工程的净尺寸计算，钢筋的体积不扣除，倒角不超过 0.15 m×0.15 m 时不扣除，体积不超过 0.03 m³ 的开孔及开口不扣除，面积不超过 0.15 m×0.15 m 的填角部分也不增加。

（3）所有以延米计量的结构物（如管涵等），除非图纸另有表示，应按平行于该结构物位置的基面或基础的中心方向计量。

（4）全部必需的模板、脚手架、装备、机具、螺栓、垫圈和钢制件等其他材料，应包括在工程量清单所列的有关支付项目中，均不单独计量。

5.2　清单编制

《计量规范》路基与防护工程为第 200 章，主要包括路基土石方、排水与防护，共 15 节。清单分项及计算规则如下。

1. 通则

201 节通则不计量支付。费用包括在与其相关工程支付子目的单价或费率之中。

2. 场地清理（202节）

202节场地清理工程量清单计量规则见表5.7。

表5.7 202节场地清理工程量清单计量规则

子目号	子目内容	单位	计量规则	工作内容
202-1	清理与掘除			
-a	清理现场	m²	按图示水平投影面积计量	1. 清除路基范围内的所有垃圾 2. 清除灌木、竹林及胸径小于100 mm的树木、石头 3. 清除废料、运输及堆放 4. 适用材料的移运、堆放 5. 草皮的铲除与开挖、清除表土、腐殖土(10~30 cm) 6. 坑穴回填、整平、压实
-b	砍伐树木	棵	胸径（离地面1.3 m高处的直径）大于100 mm的树木，以棵计量	1. 砍树、截锯 2. 移运、堆放
-c	挖除树根	棵		1. 挖除、移运、堆放 2. 坑穴整平压实 3. 场地清理
202-2	挖除旧路面			
-a	水泥混凝土路面	m²	包括路面基层，以图示（实测）面积计量	1. 挖除 2. 坑穴整平压实 3. 废料装卸、运输、堆放 4. 适用材料的移运、堆放
-b	沥青混凝土路面	m²		
-c	碎石路面	m²		
202-3	拆除结构物			
-a	钢筋混凝土结构	m³	以图示（实测）体积计量	1. 挖除 2. 坑穴整平压实 3. 废料装卸、运输、堆放
-b	混凝土结构	m³		
-c	砖、石及其他砌体结构	m³		

注：（1）清理现场应按路基开挖线或填筑边线之间的水平投影面积计量，清理深度在300 mm内。

（2）清理现场没有特殊要求且清理深度在300 mm内时，按表中子目计量；超出上述范围应单独列项计量。如出现垃圾场或对清理有特殊要求时，为避免扯皮，可以对特殊的清理和掘除，单独分成清除耕植土、垃圾清运等子目计量，余下的常规清理在清理现场中计量。

（3）本节常会出现图纸和现场差异较大，作控制价时常用图示尺寸计算体积或面积，中间和结算计量时以实测尺寸计算。

例5-1：某公路路基范围内用地：旱地、水田、道路、花椒林、荒地（亩*）各2.53、12.09、29.71、37.65、60.50，宅基地6.01 m²，其他工程数量见表5.8，试编制工程量清单。

表5.8 主要工程量数量表

	砍树挖根数量表				拆迁建筑物表				
序号	起讫桩号	砍树（棵）	除草（m²）	挖树根（棵）	序号	桩号	钢混房（m³）	砖砌体（m³）	浆砌圬工（m³）
1	K0+020~K0+260	26		26	1	K0+010~K0+050		200	50

*注：1亩=667 m²。

续表

砍树挖根数量表					拆迁建筑物表				
序号	起讫桩号	砍树（棵）	除草（m²）	挖树根（棵）	序号	桩 号	钢混房（m³）	砖砌体（m³）	浆砌圬工（m³）
2	K0+260~K1+000	30		30	2	K0+080~K0+110		300	
3	K1+100~K1+190	15		15	3	K0+260~K0+290			100
4	K1+190~K2+300	10		10	4	K0+580~K0+650			50
5	K2+300~K3+500	23	8000	23	5	K2+680~K2+800	250	400	50
6	K3+500~K4+468	1905		1905					
合　计		2009	8000	2009	合计		250	900	250

解：（1）列项。

根据设计资料和《计量规范》，列出清单项，初编工程量清单表，见表5.8。

（2）计算和摘取清单工程量。

根据设计资料和计量支付规定，计算清单工程量。

202-1-a 清理现场：（2.53+12.09+37.65+60.5）×666.67+6.01=75186.39（m²）

202-3-c 砖、石及其他砌体结构：900+250=1150（m³）

其他清单工程量按设计的合计数量摘取。

（3）编制工程量清单表。

填写完成子目号、子目名称、单位、数量，完成工程量清单编制，见表5.9。

表5.9　场地清理工程量清单

子目号	子目名称	单位	数量	单价	合价
202-1	清理与掘除				
-a	清理现场	m²			
-b	砍伐树木	棵	2009		
-c	挖除树根	棵	2009		
202-3	拆除结构物				
-a	钢筋混凝土结构	m³	250		
-b	混凝土结构	m³			
-c	砖、石及其他砌体结构	m³	1150		

一般在章节有清单子目时，其所在节应子目完整，即使在其前后子目没有数量，也要保留。教材中为了简化书写，有时相关案例只列出有数量的清单子目。

3. 挖方路基（203节）

《计量规范》将203节挖方路基分为路基挖方[挖土方、挖石方、挖除非适用材料（不包括淤泥）、挖除淤泥]，改河、改渠、改路挖方（挖土方、挖石方）两节6个子目，见表5.10。

表 5.10 挖方路基工程量清单计量规则

子目号	子目内容	单位	计量规则	工作内容
203-1	路基挖方			
-a	挖土方	m³	按路线中线长度乘以核准的横断面面积，以天然密实体积计量（扣除清除表土，增加路面厚度）	1. 临时防、排水 2. 开挖、装卸、运输、堆放、分理填料 3. 路床顶面 300 mm 挖松、压实 4. 整修路拱和边坡 5. 弃方和剩余材料的处理
-b	挖石方	m³		1. 临时防、排水 2. 石方爆破、开挖、装卸、运输、堆放、分理填料 3. 石方解小、清理坡面危石 4. 整修路拱和边坡 5. 弃方和剩余材料的处理 6. 路床顶面人工凿平或填平压实
-c	挖除非适用材料（不包括淤泥）	m³	按核准的断面或实际范围为依据，以体积计量	1. 围堰排水 2. 开挖、装卸、运输 3. 弃方处理
-d	挖除淤泥	m³		
203-2	改河、改渠、改路挖方			
-a	挖土方	m³	按路线中线长度乘以核准的横断面面积，以体积计量	同 203-1-a
-b	挖石方	m³		同 203-1-b

注：（1）挖土方清单不区分土质类别，土方一律放入 203-1-a 或 203-2-a 中；同样，挖石方清单不区分石质类别，石方一律放入 203-1-b 或 203-2-b 中。
（2）挖方的土石方体积应按挖掘前的天然密实体积计算。如需按压（夯）实体积折算时，应按表 5.2 系数计算。
（3）路基挖方和改河、改渠、改路挖方清单工程量，都是按设计图示尺寸计算永久工程的开挖数量。
（4）路基挖土方包括挖方路基施工和边沟、截水沟等开挖（无铺砌的边沟、截水沟、排水沟其开挖工程量）。
（5）挖方清单工作内容中都已包括了弃土运输、弃土场购置、清理等费用，投标人根据施工现场情况自行考虑，决定报价。

例 5-2：路基清理垃圾、灌木等 35340 m²；挖普通土 54584 m³，挖硬土 123424 m³，挖土质台阶 56517 m²；开炸石方（次坚石）143037 m³，挖软石 34423 m³，石方弃方 54320 m³，需远运 5 km。挖方路段路床顶面以下需要挖松再压实面积 12000 m²。编制工程量清单。

解：（1）列项.

根据设计资料和《计量规范》，列出清单项，初编工程量清单表，见表 5.10。

（2）计算和摘取清单工程量。

根据设计资料和计量支付规定，计算清单工程量。

挖土方按体积计算，不区分土质类别：54584+123424=178008（m³）

挖石方按体积计算，不区分土质类别：143037+34423=177460（m³）

其他清单工程量按设计的合计数量摘取。

（3）编制工程量清单表。

填写完成子目号、子目名称、单位、数量，完成工程量清单编制，见表 5.11。

表 5.11 挖方路基工程量清单

子目号	子目名称	单位	数量	单价	合价
202-1	清理与掘除				
-a	清理现场	m²	35340		
203-1	路基挖方				
-a	挖土方	m³	178008		
-b	挖石方	m³	177460		

4. 填方路基（204节）

《计量规范》将204节填方路基分为路基填筑（包括填前压实）（换填土、利用土方、利用石方、利用土石混填、借土填方、粉煤灰路堤、结构物台背回填、锥坡及台前溜坡），改路、改河、改渠填筑（利用土方、利用石方、借土填方）两节11个子目，见表5.12。

表 5.12 填方路基工程量清单计量规则

子目号	子目内容	单位	计量规则	工作内容
204-1	路基填筑（包括填前压实）			
-a	换填土	m³	按压实的体积，以立方米计量	1. 不良土的翻挖、装卸、运弃 2. 换填好土的挖运、摊平、压实
-b	利用土方	m³		1. 临时防、排水 2. 填前压实或挖台阶 3. 摊平 4. 洒水或晾晒压实 5. 整修路拱和边坡
-c	利用石方	m³		1. 临时防、排水 2. 填前压实或挖台阶 3. 人工码砌、嵌缝、摊平 4. 压实 5. 整修路拱和边坡
-d	利用土石混填	m³		
-e	借土填方	m³	按压实的体积，以立方米计量	1. 临时排水与防护 2. 借土场（取土坑）费用 3. 施工便道、便桥的修建与养护 4. 填方材料的开挖、运输 5. 填前压实或挖台阶 6. 摊平 7. 洒水或晾晒压实 8. 整修路拱和边坡
-f	粉煤灰路堤	m³		1. 临时排水与防护 2. 材料储运（含储灰场建设）、摊铺、晾晒 3. 土质护坡 4. 压实 5. 整修路拱和边坡 6. 试验路段施工
-g	结构物台背回填	m³		挖运、摊平、压实、整型
-h	锥坡及台前溜坡	m³		

续表

子目号	子目内容	单位	计量规则	工作内容
204-2	改路、改河、改渠填筑			
-a	利用土方	m³	按压实的体积,以立方米计量	同204-1-b
-b	利用石方	m³		同204-1-c
-c	借土填筑	m³		同204-1-e

注:(1)路基填料中石料含量等于或大于70%时,按填石路堤计量;石料含量小于70%且大于30%时,按土石混填路堤计量;石料含量小于30%时,按填土路堤计量。
(2)填筑的土石方体积应按压(夯)实体积计算。如需按天然密实体积折算时,应按表5.2系数计算。
(3)路基填筑和改路、改河、改渠填筑清单工程量,都是按设计图示尺寸计算永久工程的开挖数量。
(4)填筑清单工作内容中都已包括了借土运输,借土场(取土坑)中非适用材料的挖除、弃运及借土场的资源使用费、场地清理、地貌恢复等费用,投标人根据施工现场情况自行考虑,决定报价。
(5)利用土、石方的开挖作业在第203节路基挖方中计量。
(6)粉煤灰路堤土质包边土在本节支付子目号204-1-e中计量。
(7)零填挖路段的翻松、压实含入报价之中,不另计量。

5. 特殊地区路基处理(205-1节软土地基处理)

《计量规范》将特殊地区路基处理205节分为8小节,205-1节分为抛石挤淤,砂垫层、砂砾垫层,灰土垫层,预压与超载预压,真空预压与真空堆载预压,袋装砂井,塑料排水板,加固土桩,碎石桩,砂桩,CFG桩,土工织物,强夯,强夯置换共14个子目,见表5.13。

表5.13 特殊路基处理工程量清单计量规则

子目号	子目内容	单位	计量规则	工作内容
205-1	软土地基处理			
-a	抛石挤淤	m³	以图示(实测)体积计量	1. 排水清淤 2. 抛填片石 3. 嵌缝填平、压实
-b	砂垫层、砂砾垫层	m³	以图示(实测)体积计量	1. 运料 2. 铺料、整平 3. 压实
-c	灰土垫层	m³		1. 拌和 2. 摊铺、整型 3. 碾压 4. 养护
-d	预压与超载预压	m³	以图示(实测)体积计量	1. 布载 2. 卸载 3. 清理现场
-e	真空预压与真空堆载预压	m³	以图示(实测)预压后体积计量	1. 密封沟开挖 2. 围堰 3. 制安、拆除滤排水管 4. 铺设垫层、密封膜 5. 安拆真空设备,抽真空 6. 材料装运、堆载、卸载 7. 整平、观测
-f	袋装砂井	m	按图示以不同直径及深(长)度分别以米计量	1. 桩机安装、移位、拆除 2. 装砂袋、扎口 3. 定位、打钢管 4. 下砂袋 5. 拔钢管

续表

子目号	子目内容	单位	计量规则	工作内容
-g	塑料排水板	m	以图示不同规格及长度分别以米计量（不计伸入垫层内长度）	1. 桩机安装、移位、拆除 2. 穿塑料排水管 3. 安桩靴 4. 定位、打钢管 5. 拔钢管 6. 剪断排水管
-h	加固土桩	m	以图示不同桩径及桩深（长）度以图示长度，按米为单位计量	1. 桩机安装、移位、拆除 2. 成孔喷粉 3. 二次搅拌
-i	碎石桩	m		1. 桩机安装、移位、拆除 2. 定位、成孔 3. 冲孔填充
-j	砂桩	m		
-k	CFG桩	m		1. 桩机安装、移位、拆除 2. 定位、钻孔 3. 水泥粉煤灰碎石混合料配运料、拌和、灌注、提管 4. 凿桩头
-l	土工织物	m²	以图示单层净面积数量（不计搭接及反包边增加量）计量	1. 铺设 2. 搭接 3. 锚固、缝接或黏结 4. 场内取运料
-m	强夯	m²	以图示面积计量	1. 试夯 2. 测设夯点及夯击 3. 平整及压实 4. 机械安装、移位、拆除 5. 强夯后的标准贯入、静力触探测试
-n	强夯置换	m³	以图示体积计量	1. 试夯 2. 测设夯点 3. 挖运填粗粒材料 4. 夯击 5. 平整及压实 6. 机械安装、移位、拆除 7. 强夯后的标准贯入、静力触探测试

注：（1）工地沉降观测作为承包人应做的工作，不予计量与支付。
（2）临时排水与防护设施认为已包括在相关工程中，不另行计量。
（3）软土地基处理中的挖除换填计量不在此表中，其计量原则：挖除原路基一定深度及范围内淤泥以立方米计量，列入本规范203节相应的支付子目中；换填的填方，包括由于施工过程中地面下沉而增加的填方量以立方米计量，列入本规范204节相应的支付子目中。

例 5-3：某路基挖土质台阶 56517 m²；填方用挖方土 194256 m³、挖方石 34196 m³、借土填方 210576 m³（普通土远运 3 km），土石分开填筑；路基内有一段水塘需要开挖淤泥 300 m³，回填土方。试列出该路基工程的工程量清单。

解：（1）列项：见表 5.13。

（2）计算和摘取清单工程量。

挖淤泥放入路基挖方中，填土方放入借土填方中，其他数量摘取到相应清单中。

借土填方：210576+3570=214146（m³）

（3）编制工程量清单表：见表 5.14。

表5.14 填方路基工程量清单

子目号	子目名称	单位	数量	单价	合价
203-1	路基挖方				
-d	挖除淤泥	m³	300		
204-1	路基填筑（包括填前压实）				
-a	利用土方	m³	194256		
-b	利用石方	m³	34196		
-c	利用土石混填	m³			
-d	借土填方	m³	214146		

例 5-4：某路基内有水塘抛石挤淤 2550 m³，砂砾垫层 1020 m³，其上再填筑普通土；有软基段 425 m，用 CFG 桩 277 m、砂砾垫层 2870 m² 厚 30 cm、两层土工格栅处理，土工格栅铺筑下层宽 26 m，上层宽 25 m，在路基边缘每侧包边回裹 2 m，增加 3400 m²。试列出该路基工程的工程量清单。

解：（1）列项：见表 5.15。

（2）计算和摘取清单工程量。

挖淤泥放入路基挖方中，换填的抛石挤淤、砂砾垫层放入 205 节中；软基段 CFG 桩、砂砾垫层、土工格栅放入 205 节中；把同类清单数量合并。

砂砾垫层：1020+2870×0.30=1881（m³）

土工格栅：425×（26+25）=21675（m²）

（3）编制工程量清单表：见表 5.15。

表5.15 软土地基工程量清单

子目号	子目名称	单位	数量	单价	合价
205-1	软土地基处理				
-a	抛石挤淤	m³	2550		
-b	砂垫层、砂砾垫层	m³	1881		
-k	CFG 桩	m³	277		
-l	土工织物	m²	21675		

6. 特殊地区路基处理（205-2～8 节）

《计量规范》将特殊地区路基处理 205 节分为 8 小节，其中 205-2～8 节，见表 5.16。

表5.16 特殊路基处理工程量清单计量规则

子目号	子目内容	单位	计量规则	工作内容
205-2	滑坡处理	m³	按实际发生的挖除及回填体积计量	1. 防排水及临时用水 2. 封闭滑体上的裂隙 3. 挖、装、运、卸 4. 安全保护措施
205-3	岩溶洞回填	m³	以实际填筑体积计量；其他处理措施，参照类似项目的规定计量	1. 防排水 2. 挖、装、运、卸 3. 取料回填 4. 夯实

续表

子目号	子目内容	单位	计量规则	工作内容
205-4	膨胀土处理			
-a	厚…mm 石灰土改良	m²	按图示（实测）以不同厚度以平方米计量，仅指石灰土改良的费用	1. 石灰的购置、运输 2. 消解、拌和 3. 养护
205-5	黄土处理			
-a	陷穴	m³	按实际开挖和回填体积计量	1. 防排水 2. 挖、装、运、卸 3. 取料回填 4. 压实
205-6	盐渍土处理			
-a	厚…mm	m²	以图示（实测）按不同厚度以平方米计量	1. 铲除盐渍土、装、运、卸 2. 取料分层填筑、分层压实
205-7	风积砂填筑	m³		1. 备料、运输、摊平、碾压
205-8	季节性冻土改性处理	m³	按不同填料规格，以图示体积计量	1. 清除软层、装、运、卸 2. 取料分层填筑、分层压实

注：（1）膨胀土处理仅指石灰土改良的费用，改良时掺配土方的挖运、填筑及压实等作业含入第203节、204节相关子目。
（2）滑坡处理采用抗滑支挡工程施工时所发生工程量按不同工程项目，分别在相关支付子目下计量。
（3）工地沉降观测作为承包人应做的工作，不予计量与支付。
（4）临时排水与防护设施认为已包括在相关工程中，不另行计量。

7. 路基整修（206节）

206节路基整修包括按规范规定进行的路堤整修和路堑边坡的整修，达到符合设计的线形、纵横坡、边坡、边沟和路基断面尺寸的有关作业。该作业应在路基工程陆续完成，所有排水构造物已经完成并在回填之后进行。

本节工作内容不作计量与支付，涉及的费用包括在与其相关的工程子目的单价或费率中。

8. 坡面排水（207节，表5.17）

表5.17 坡面排水工程量清单计量规则

子目号	子目内容	单位	计量规则	工作内容
207-1	M…浆砌片石边沟	m	按设计图示长度，分不同结构类型以米计量	1. 扩挖、装、运、卸、回填 2. 砌筑勾缝、铺筑垫层 3. 嵌缝 4. 抹灰压顶 5. 预制安装（钢筋）混凝土盖板
207-2	M…浆砌片石排水沟	m		
207-3	M…浆砌片石截水沟	m		
207-4	M…浆砌片石急流槽	m³	按设计图示体积，分不同材料以立方米计量，包括消力池、消力槛、抗滑台等附属设施	1. 挖、装、运、卸、回填 2. 砌筑、勾缝 3. 填缝 4. 养护
207-5	…mm×…mm 路基盲沟	m	按设计图示长度，按不同断面尺寸及所用材料计量	1. 挖、装、运、卸、回填 2. 铺筑垫层、填缝 3. 填料及夯实 4. 出水口砌筑 5. 填黏土并洒水夯实

续表

子目号	子目内容	单位	计量规则	工作内容
207-6	涵洞上下游改沟、改渠铺砌	m³	按设计图示,以不同圬工体积计算	1. 扩挖、装、运、卸、回填 2. 砌筑勾缝、铺筑垫层 3. 填缝 4. 养护 5. 预制安装(钢筋)混凝土盖板
207-7	现浇混凝土坡面排水结构物	m³	按设计图示以圬工体积计算	1. 模板安装、拆除、堆放 2. 混凝土拌和、运输、浇筑、养护
207-8	预制混凝土坡面排水结构物	m³	按设计图示以圬工体积计算	1. 模板安装、拆除、堆放 2. 混凝土拌和、运输、浇筑 3. 预制构件运输、铺砌、勾缝 4. 填缝 5. 养护

注:(1)当尺寸类别较多时,可自行按顺序增加。
(2)边沟、截水沟、排水沟因加固铺砌而需扩挖部分的开挖,作为沟铺砌的附属工作,不另计量与支付。而无铺砌的边沟、截水沟、排水沟其开挖工程量包含在路基挖方中计价。
09公路标准文件中边沟、截水沟、排水沟的加固铺砌分不同结构类型以米计量。但由于尺寸、形状不同,计算时常采用以体积(m^3)计量更为方便。清单可以根据情况选择长度以米计或是体积以立方米计。
(3)路基盲沟按长度以米计量,不包括土工合成材料。土工合成材料这类隔离层按铺装类型的不同,可按面积(m^2)(如铺土工布)或体积(m^3)(如碎石、砾石垫层)计量。所用的土工合成材料的计量、支付按第205节规定执行,其他也参照205节。
(4)渗井、检查井、雨水井的计量、支付按第314节规定执行。
(5)所用砂砾垫层或基础材料、填缝材料、钢筋以及地基平整夯实及回填等土方工程均含入相关子目单价之中,不另行计量与支付。

例5-5:某公路M7.5浆砌片石边沟1065 m,排水沟423 m,截水沟524 m,共计1948.8 m³;其中无铺砌的截水沟挖土384 m³,路基设有纵横向600 mm×400 mm碎石盲沟576 m,砂垫层110 m³。试编制工程量清单。

解:(1)列项。
(2)计算和摘取清单工程量。
题中工程量清单数量已给出,按清单计量规则摘取到相应子目中。
(3)编制工程量清单表:见表5.18。

表5.18 路基排水工程量清单

子目号	子目名称	单位	数量	单价	合价
207-1	M…浆砌片石边沟				
-a	M7.5	m	1065		
207-2	M…浆砌片石排水沟				
-a	M7.5	m	423		
207-3	M…浆砌片石截水沟				
-a	M7.5	m	524		
207-5	路基盲沟				
-a	600 mm×400 mm 路基盲沟	m	576		

9. 防护工程

1）护坡、护面墙（208节，表5.19）

表5.19 护坡、护面墙工程量清单计量规则

子目号	子目内容	单位	计量规则	工作内容
208-1	植物护坡			
-a	种草	m²	按设计图示面积，以平方米计量	1. 整修坡面、铺设表土 2. 草籽采购、运输、种植、浇水、施肥 3. 养护
-b	三维植被网护坡	m²	按设计图示面积，以平方米计量	1. 整修坡面 2. 三维土工网铺设、固定 3. 客土、种子的采购和运输 4. 种植、浇水、施肥 5. 养护
-c	客土喷播护坡	m²		1. 整修坡面 2. 客土、种子等混合料的采购和运输 3. 喷播 4. 养护
208-2	干砌片石	m³	按设计图示体积，以立方米计量	1. 整修坡面 2. 基础挖、装、运、卸、回填 3. 备料、搭拆脚手架 4. 铺垫层、干砌
208-3	M…浆砌片石护坡			
-a	拱形护坡	m³	按设计图示体积，分不同的砂浆强度等级以立方米计量	1. 整修坡面 2. 搭拆脚手架 3. 挖槽、铺垫层 4. 砌筑、勾缝 5. 制作滤水层、泄水孔、嵌缝
-b	方格护坡	m³		
208-4	预制混凝土块护坡			
-a	预制空心砖护坡	m³	按设计图示体积，分不同的强度等级以立方米计量	1. 整修坡面 2. 模板和脚手架搭拆、堆放 3. 挖槽、铺垫层 4. 预制安装预制块 5. 制作滤水层、泄水孔、嵌缝
-b	拱形骨架护坡	m³		
-c	方格护坡	m³		
-d	预制六棱砖护坡	m³		
208-5	护面墙			
-a	M…浆砌片（块）石	m³	按设计图示体积，分不同的强度等级以立方米计量	1. 整修坡面 2. 基础挖、装、运、卸、回填 3. 模板和脚手架搭拆、堆放 4. 铺垫层 5. 砌筑、勾缝、抹灰压顶 6. 制作滤水层、泄水孔、嵌缝
-b	C…混凝土	m³		1. 整修坡面 2. 基础挖、装、运、卸、回填 3. 模板和脚手架搭拆、堆放 4. 铺垫层 5. 混凝土拌和、运输、浇筑 6. 制作滤水层、泄水孔、嵌缝

续表

子目号	子目内容	单位	计量规则	工作内容
208-6	封面	m²	按设计图示面积,以平方米计量	1. 岩体冲洗、土体平整 2. 浇筑、养护 3. 嵌缝 4. 边坡坡顶排水
208-7	捶面	m²		1. 嵌补填平边坡 2. 浇筑、养护 3. 嵌缝 4. 边坡坡顶排水

2）挡土墙（209 节，表 5.20）

表 5.20 挡土墙工程量清单计量规则

子目号	子目内容	单位	计量规则	工作内容
209-1	砌体挡土墙			
-a	M…浆砌片（块）石	m³	按设计图示体积,分不同的砂浆强度等级以立方米计量	1. 防排水 2. 整修坡面 3. 基础挖、装、运、卸、回填 4. 备料、搭拆脚手架 5. 砌筑、勾缝、抹面、压顶 6. 制作滤水层、泄水孔、嵌缝
-b	M…浆砌混凝土块	m³		1. 防排水 2. 整修坡面 3. 基础挖、装、运、卸、回填 4. 模板和脚手架搭拆、堆放 5. 砌筑、勾缝 6. 制作滤水层、泄水孔、嵌缝
-c	M…浆砌料石	m³		1. 防排水 2. 整修坡面 3. 基础挖、装、运、卸、回填 4. 备料、搭拆脚手架 5. 砌筑、勾缝、抹面、压顶 6. 制作滤水层、泄水孔、嵌缝
-d	砂砾垫层	m³		1. 备运料 2. 铺筑、整平 3. 夯实
209-2	干砌挡土墙			
-a	片（块）石	m³	按设计图示体积,以立方米计量	1. 整修坡面 2. 基础挖、装、运、卸、回填 3. 备料、搭拆脚手架 4. 干砌、铺滤水层
-b	砂砾垫层	m³		1. 备运料 2. 铺筑、整平 3. 夯实
209-3	混凝土挡土墙			
-a	C…混凝土	m³	按设计图示体积,分不同的强度等级以立方米计量	1. 防排水 2. 整修坡面 3. 基础挖、装、运、卸、回填 4. 模板和脚手架搭拆、堆放 5. 混凝土拌和、运输、浇筑、养护 6. 制作滤水层、泄水孔、嵌缝

续表

子目号	子目内容	单位	计量规则	工作内容
-b	钢筋	kg	按设计图示质量,以千克计量	制作安装
-c	砂砾垫层	m³	按设计图示体积,以立方米计量	1. 备运料 2. 铺筑、整平 3. 夯实

例 5-6：M10 浆砌片石方格护坡 435.2 m³、挖基 141 m³，M7.5 浆砌片石拱形护坡 812.37 m³、挖基 243 m³；挡土墙 M10 浆砌片（块）石墙身 628.32 m³、C15 片石混凝土基础 52.21 m³、勾缝 1032 m²、抹面 580 m²、挖基 423 m³。试编制工程量清单。

解：（1）列项。

（2）计算和摘取清单工程量。

题中工程量清单数量已给出，按照清单计量规则摘取到相应子目中。

（3）编制工程量清单表：见表 5.21。

表 5.21 防护工程量清单

子目号	子目名称	单位	数量	单价	合价
208-3	M…浆砌片石护坡				
	M7.5 浆砌片石拱形护坡	m³	812.37		
	M10 浆砌片石方格护坡	m³	435.20		
209-1	砌体挡土墙				
-a	C15 片石混凝土基础	m³	52.21		
-b	M10 浆砌片（块）石	m³	628.32		

3）锚杆、锚定板挡土墙（210 节，表 5.22）

表 5.22 锚杆、锚定板挡土墙工程量清单计量规则

子目号	子目内容	单位	计量规则	工作内容
210-1	锚杆挡土墙			
-a	混凝土立柱	m³	按设计图示体积,分不同的强度等级以立方米计量	1. 模板和脚手架搭拆、堆放 2. 基础挖、装、运、卸、回填 3. 混凝土拌和、运输、浇筑 4. 填缝 5. 养护
-b	混凝土挡板	m³		
-c	锚杆	kg	按设计图示质量,以千克计量	1. 钻孔、清孔 2. 锚杆制作安装 3. 灌浆、张拉 4. 抗拔力试验
-d	钢筋	kg		制作安装
210-2	锚定板挡土墙			
-a	混凝土锚定板	m³	按设计图示体积,分不同的强度等级以立方米计量	1. 模板和脚手架搭拆、堆放 2. 基础挖、装、运、卸、回填 3. 混凝土拌和、运输、浇筑 4. 填缝 5. 养护
-b	钢筋混凝土肋柱	m³		
-c	混凝土挡板	m³		

续表

子目号	子目内容	单位	计量规则	工作内容
-d	拉杆	kg	按设计图示质量,以千克计量	1. 拉杆制作、防腐、焊接 2. 挖槽埋设拉杆
-e	钢筋	kg		制作安装

注:锚孔的钻孔、锚杆的制作和安装、锚孔灌浆、钢筋混凝土立柱和挡土板的制作、安装、墙背回填、防排水设置及锚杆的抗拔力试验等,以及一切未提及的相关工作均为完成锚杆挡土墙及锚定板挡土墙所必须的工作,均含入相关支付子目单价之中,不单独计量。

4)加筋土挡墙(211节,表5.23)

表5.23 加筋土挡墙工程量清单计量规则

子目号	子目内容	单位	计量规则	工作内容
211-1	加筋土挡墙			
-a	M…浆砌片石基础	m³	按设计图示体积,分不同的强度等级以立方米计量	1. 整修坡面 2. 基础挖、装、运、卸、回填 3. 砌筑、勾缝
-b	C…混凝土基础	m³		1. 模板搭拆、堆放 2. 基础挖、装、运、卸、回填 3. 混凝土拌和、运输、浇筑 4. 填缝 5. 养护
-c	C…混凝土帽石	m³		1. 模板和脚手架搭拆、堆放 2. 混凝土拌和、运输、浇筑 3. 填缝、泄水管的设置 4. 养护
-d	C…混凝土墙面板	m³	按设计图示体积,分不同的强度等级以立方米计量	1. 预制安装墙面板 2. 混凝土拌和、运输、浇筑 3. 制作滤水层、泄水孔、嵌缝 4. 养护
-e	C…钢筋混凝土带	m³		1. 模板搭拆、堆放 2. 混凝土拌和、运输、浇筑 3. 钢筋铺设 4. 填缝 5. 养护
-f	聚丙烯土工带	kg	按设计图示质量,以千克计量	制作安装

注:(1)基坑开挖与回填、墙顶抹平层、沉降缝的填塞、泄水管的设置及钢筋混凝土带的钢筋等,均作为承包人的附属工作,不另计量。
(2)加筋土挡墙的路堤填料按图纸的规定和要求,在本规范第204节计量。

5)喷射混凝土和喷浆边坡防护(212节,表5.24)

表5.24 喷射混凝土和喷浆边坡防护工程量清单计量规则

子目号	子目内容	单位	计量规则	工作内容
212-1	挂网土工格栅喷浆防护边坡			
-a	厚…mm喷浆防护边坡	m²	按设计图示面积,区分不同厚度以平方米计量	1. 坡面清理 2. 排水孔设置 3. 混凝土拌和、运输 4. 喷射、养护

续表

子目号	子目内容	单位	计量规则	工作内容
-b	铁丝网	Kg	按设计图示质量,以千克计量	编织及挂网、锚固
-c	土工格栅	m²	按设计图示面积,以平方米计量	铺设、固定
-d	锚杆	m	按设计图示长度,以米为单位计量	1. 坡面清理 2. 锚孔钻孔、清孔、移动钻具 3. 锚杆制作、安设 4. 砂浆拌和、灌浆
212-2	挂网锚喷混凝土防护边坡（全坡面）			
-a	厚…mm喷混凝土防护边坡	m²	按设计图示面积,区分不同厚度以平方米计量	1. 坡面清理 2. 排水孔设置 3. 混凝土拌和、运输 4. 喷射、养护
-b	钢筋网	kg	按设计图示质量,以千克计量	编织及挂网、锚固
-c	铁丝网	kg		
-d	土工格栅	m²	按设计图示面积,以平方米计量	铺设、固定
-e	锚杆	m	按设计图示长度,以米为单位计量	1. 坡面清理 2. 锚孔钻孔、清孔、移动钻具 3. 锚杆制作、安设 4. 砂浆拌和、灌浆
212-3	坡面防护			
-a	厚…mm喷射混凝土	m²	按设计图示面积,区分不同厚度以平方米计量	1. 坡面清理 2. 排水孔设置 3. 混凝土拌和、运输 4. 喷射、养护
-b	厚…mm喷射水泥砂浆	m²		1. 坡面清理 2. 排水孔设置 3. 砂浆拌和、运输 4. 喷射、养护
212-4	土钉支护			
-a	土钉钻孔桩	m	按设计图示长度,以米为单位计量	1. 坡面清理 2. 钻孔、清孔、移动钻具 3. 土钉制作、安设 4. 砂浆拌和、灌浆
-b	土钉预制击入桩	m		1. 坡面清理 2. 钻孔、清孔、移动钻具 3. 预制、插钉、锚固 4. 砂浆拌和、灌浆
-c	厚…mm喷射混凝土	m²	按设计图示面积,区分不同厚度以平方米计量	1. 坡面清理 2. 排水孔设置 3. 混凝土拌和、运输 4. 喷射、养护

续表

子目号	子目内容	单位	计量规则	工作内容
-d	钢筋	kg	按设计图示质量,以千克计量	制作安装
-e	钢筋网	kg		编织及挂网、锚固
-f	网格梁、立柱、挡土板	m³	按设计图示体积,分不同的强度等级以立方米 计量	1. 模板和脚手架搭拆、堆放 2. 混凝土拌和、运输、浇筑 3. 填缝、泄水管的设置 4. 养护
-g	土工格栅	m²	按设计图示净面积,以平方米计量	铺设、固定

注：(1) 喷射前的岩面清理，锚孔钻孔，锚杆制作以及钢筋网和铁丝网编织及挂网土工格栅的安装铺设等工作，均为承包人在完成锚杆喷射混凝土和喷射砂浆边坡防护工程中应做的附属工作，不另行计量与支付。
(2) 土钉支护施工中的土方工程、临时排水工程以及未提及的其他工程均作为土钉支护施工的附属工作，不予单独计量，其费用含入相关工程子目单价之中。

6）预应力锚索边坡加固（213 节，表 5.25）

表 5.25 预应力锚索边坡加固工程量清单计量规则

子目号	子目内容	单位	计量规则	工作内容
213-1	预应力锚索（钢绞线规格）	m	按设计图示长度,分不同材质规格以米为单位计量	1. 坡面清理 2. 钻孔、清孔、移动钻具 3. 锚索制作安装、张拉、锚头锚索护套 4. 砂浆拌和、注浆 5. 抗拔力试验
213-2	混凝土锚固板（C…）	m³	按设计图示体积,分不同的强度等级以立方米计量	1. 坡面清理 2. 模板搭拆、堆放 3. 混凝土拌和、运输、浇筑 4. 养护

7）抗滑桩（214 节，表 5.26）

表 5.26 抗滑桩工程量清单计量规则

子目号	子目内容	单位	计量规则	工作内容
214-1	混凝土抗滑桩			
-a	…m×…m，C…混凝土抗滑桩	m	按设计图示长度,分不同材质规格以米为单位计量	1. 设置支护和护壁 2. 挖孔、清孔、通风、钎探、排水 3. 混凝土拌和、运输、浇筑 4. 凿桩头、无破损检测
-b	…m×…m，C…混凝土抗滑桩	m		
-c	钢筋（带肋钢筋）	kg	按设计图示质量,以千克计量	制作安装
214-2	桩板式抗滑挡墙			
-a	挡土板	m³	按设计图示体积,分不同的强度等级以立方米计量	1. 模板搭拆、堆放 2. 基础挖、装、运、卸、回填 3. 混凝土拌和、运输、浇筑 4. 填缝 5. 养护

注：(1) 桩板式抗滑挡墙施工中的挖孔桩按混凝土抗滑挖孔桩规定计量。钻孔灌注桩、锚杆、锚索等项工作按实际发生参照第 405 节、第 212 节、第 213 节相关规定进行计量。
(2) 土方工程、临时排水等相关工作均作为辅助工作不予计量，费用含入相关工程报价中。

8）河道防护（215节，表5.27）

表5.27　抗滑桩工程量清单计量规则

子目号	子目内容	单位	计量规则	工作内容
215-1	浆砌片石河床铺砌（M…）	m³	按设计图示体积，分不同的强度等级以立方米计量	1. 防排水 2. 基础挖、装、运、卸、回填 3. 备料、搭拆脚手架 4. 砌筑、勾缝、抹面、压顶 5. 制作滤水层、泄水孔、嵌缝
215-2	浆砌片石顺坝（M…）	m³		
215-3	浆砌片石丁坝（M…）	m³		
215-4	浆砌片石调水坝（M…）	m³		
215-5	浆砌片石锥坡（M…）	m³		

注：（1）当尺寸类别较多时，可自行按顺序增加。
（2）河道防护抛石防护、砂砾（碎石）垫层按设计图示体积，以立方米计量。

随着技术的发展，软基处理形式、排水方式、防护加固措施等都会有新的发展变化，当出现《计量规范》清单表没有的项目时，可补充清单在相关节内容中，也可单独补充节。

例5-7： 四车道一级公路长18462.97 m，路基填方全部为利用方，本桩利用和远运利用200 m以内用推土机施工，弃方用装载机配合自卸汽车施工，利用填料混合填筑，弃土场防护和排水施工；土质路堑路床处理：用推土机施工路床80 cm换填碎石土（碎石含量不小于60%），碎石土从主线调入或就地取土；数量见表5.28～表5.30。编制工程量清单。

表5.28　路基土石方数量表

挖方分类及数量（m³）							填方数量（m³）			本桩利用天然密实方（m³）	
总数量	I	II	III	IV	V	VI	压实方总数量	天然密实方土方	天然密实方石方	土	石
	数量	数量	数量	数量	数量	数量					
2457622		372889	616071	822694	511538	134430	512303	295319	228260	62406	11679

注：表中数量填方填至路面底，挖方挖至路面底。

表5.29　弃土场防护数量表

弃土挡墙					排水沟			挖基（m³）	
长度（m）	墙身块石（m³）	墙身片石（m³）	基础片石（m³）	墙顶抹面（m²）	长度（m）	浆砌片石（m³）	沟顶抹面（m²）	普土	坚土
1060	1272	6360	2544	1060	1200	3600	8400	6947	5111

注：表中砌筑砂浆M7.5，抹面M10。

表5.30　土质路堑路床处理数量表

换填挖土方		80 cm碎石土填筑						
数量（m³）	运量（km·m³）	填方数量（m³）			利用方数量（m³）天然密实方			运量（Km·m³）
		压实方总数量	天然密实方土方	天然密实方石方	本桩利用		远运利用	
					土	石	土	石	
114840	488017	114840	30659	79359			30659	79358.6	359393

解：（1）列项。
（2）计算和摘取清单工程量。

题中工程量清单数量已给出，按照清单计量规则摘取到相应子目中。

① 从路基土石方数量表计算清单工程量：

挖土方：372889+616071=988960（m³）

挖石方：822694+511538+134430=1468662（m³）

利用石方压实方：228260÷0.92=248109（m³）

利用土方压实方：512303-248109=264194（m³）

利用方中石方所占比例：248109÷512303=0.484

《计量规范》中规定，路基填料中石料含量等于或大于70%时，按填石路堤计量；石料含量小于70%且大于30%时，按土石混填路堤计量；石料含量小于30%时，按填土路堤计量。根据题意，利用方中的填料混合在一起填筑，且石方占48.4%，放入清单利用土石混填中。

② 《计量规范》203节挖方清单工作内容中都已包括了弃土运输、弃土场购置、清理等费用，但弃土场的防护、排水、绿化等费用没有包括，在相应章节中另列清单。根据弃土场防护数量表列出清单。排水沟放入207-2节，弃土挡墙放入209-1节：

1272+6360+2544=10176（m³）

③ 土质路堑路床处理方式为换填80 cm碎石土（碎石含量不小于60%），碎石土从主线调入或就地取土，需要从路面底向下再开挖80 cm路床，然后填筑80 cm碎石土。挖方和填筑分别放入203和204节中。根据土质路堑路床处理数量表：

挖土方：114840（m³）

204节中没有合适的清单，补充清单204-1-1路床碎石土（碎石含量≥60%）：114840（m³）

④ 扣减、合并清单数量。

挖土方：988960+114840=1103800（m³）

（3）编制工程量清单表：见表5.31。

表5.31 工程量清单

子目号	子目名称	单位	数量	单价	合价
203-1	路基挖方				
-a	挖土方	m³	988960		
-b	挖石方	m³	1468662		
204-1	路基填筑（包括填前压实）				
-a	利用土方	m³			
-b	利用石方	m³			
-c	利用土石混填	m³	512303		
-1	路床碎石土（碎石含量≥60%）	m³	114840		
207-2	M…浆砌片石排水沟				
-a	M7.5	m	1200		
209-1	砌体挡土墙				
-a	M7.5浆砌片（块）石	m³	10176		

例5-8：接上例，填方路床未处理，土质路堑路床换填80 cm碎石土、红黏土、软基处理无重

复。红黏土、路堤软基浅层：换填碎石、碎石土垫层、土工格栅，软基碎石换填平均厚度 2.5 m，填方清除表土 30 cm 再换填，土工格栅为双向拉伸 GSL45/HDPE，表中为净面积，见表 5.32 和图 5.9、图 5.10。编制工程量清单（含上例有变化子目）。

表 5.32 特殊路基工程数量表

部位	红黏土处治				软基浅层处治			
	碎石土垫层（m³）	换填碎石（m³）	土工格栅（m²）	U 型钉（Kg）	碎石（m³）	碎石土（m³）	土工格栅（m²）	U 形钉（kg）
路堤基底	16145	43054	65872	2309	18584	4460	17871	633
路堑路槽	18079	48212	76939	2669				

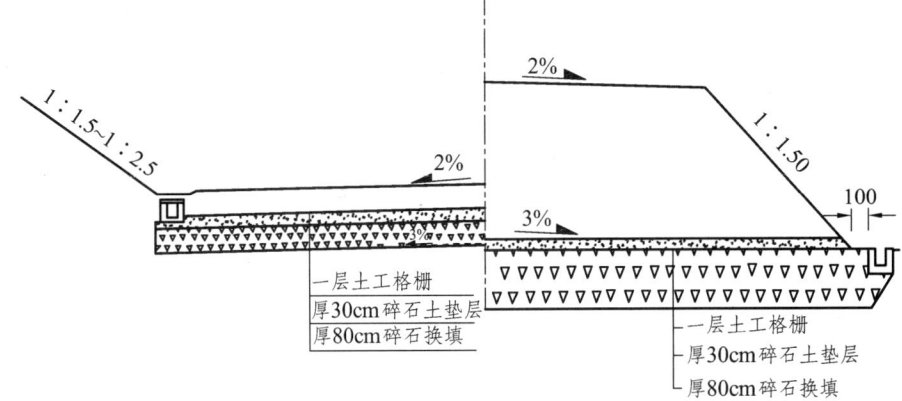

图 5.9 红黏土处治示意图（挖方、填方）

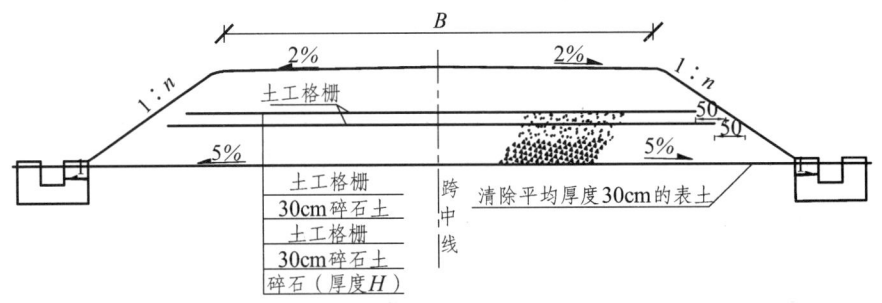

图 5.10 软基浅层处治设计图

解：（1）列项。

（2）计算和摘取工程量。

①题中工程量清单数量已给出，按照清单计量规则摘取到相应子目中。

②红黏土是高液限土，在《计量规范》中没有具体子目，可以单独补充一节 205-9 红黏土，也可以参照 205-4 膨胀土和 205-1 软土地基处理的原则，分散到相关子目中。

③挖除列入本规范 203 节相应子目中；换填的碎石土垫层、碎石垫层及土工织物等处置根据方式不同放入 205-1 相应子目中，《计量规范》中没有的子目可以向下补充。

④注意扣减、增加相应数量。从上题已知：路基石方数量表中数量填方从清除 30 cm 表土填至路面底，挖方从原地面挖至路面底；土质路堑路床换填 80 cm 碎石土。

红黏土处治段：路堤原地面下换填碎石 80 cm 需计量增加挖方 43054 m³，原地面上填筑 30 cm

碎石土垫层需计量扣减填方 16145 m³；路堑碎石、碎石土垫层共 110 cm 均要从路面底向下开挖，需计量增加挖方 18079+48212=66291（m³）。

软基浅层处治段：路堤基底换填碎石厚度平均为 2.5 m，需计量增加挖方 18584 m³；原地面上填筑 60 cm 碎石土垫层需计量扣减填方 4460 m³。

挖方增加：43054+66291+18584=127929（m³）
利用土石混填减少：16145+4460=20605（m³）

⑤ 合并同类清单数量。

挖除非适用材料清单工程量：988960+127929=1116889（m³）
利用土石混填清单工程量：512303-20605=491698（m³）
土工格栅清单工程量：65872+76939+17871=160682（m²）
碎石土垫层清单工程量：16145+18079+4460=38684（m³）
碎石垫层清单工程量：43054+48212+18584=109850（m³）

（3）编制工程量清单表：见表 5.33。

表 5.33 工程量清单

子目号	子目名称	单位	数量	单价	合价
203-1	路基挖方				
-c	挖除非适用材料（不包括淤泥）	m³	1116889		
204-1	路基填筑（包括填前压实）				
-a	利用土方	m³			
-b	利用石方	m³			
-c	利用土石混填	m³	491698		
205-1	软土地基处理				
-l	双向拉伸 GSL45/HDPE 土工格栅	m²	160682		
-o	碎石土垫层	m³	38684		
-p	碎石垫层	m³	109850		

5.3 定额计算规则

路基与防护工程在《定额》中分为相对独立的第一章路基工程和第五章防护工程，是公路中内容较多、涉及面较广的章节，也是公路计量计价的重点、难点。

5.3.1 第一章路基工程

1. 第一章说明

第一章路基工程定额共分路基土石方、排水、软基处理三节，章节说明中均是定额运用时需要注意的事项。

（1）土壤岩石类别划分，见本章 5.1.1 土壤及岩石分类。

(2)定额工程除注明外,均包括:
① 各种机械1 km内由停车场至工作地点的往返空驶;
② 工具小修;
③ 钢钎淬火。

2. 第一节路基土、石方工程说明

(1)"人工挖运土方""人工开炸石方""机械打眼开炸石方""抛坍爆破石方"等定额中,已包括开挖边沟消耗的人工、材料和机械台班数量,因此,开挖边沟的数量应合并在路基土、石方数量内计算。

(2)各种开炸石方的定额中已经包含了边坡清理的工作。

(3)机械施工土、石方,挖方部分机械达不到需由人工完成的工程量由施工组织设计确定。其中,人工操作部分,按相应定额乘以1.15的系数。

(4)抛坍爆破石方定额按地面横坡坡度划分,地面横坡变化复杂,为简化计算,凡变化长度在20m以内,以及零星变化长度累计不超过设计长度的10%时,可并入附近路段计算。

抛坍爆破的石方清运及增运定额,系按设计数量乘以(1-抛坍率)编制。

(5)自卸汽车运输路基土、石方定额项目和洒水汽车洒水定额项目,仅适用于平均运距在15km以内的土、石方或水的运输。当平均运距超过15 km时,应按社会运输的有关规定计算其运输费用。当运距超过第一个定额运距单位时,其运距尾数不足一个增运定额单位的半数时不计,等于或超过半数时按一个增运定额运距单位计算。

(6)路基加宽填筑部分如需清除时,按刷坡定额中普通土子目计算;清除的土方如需远运,按土方运输定额计算。

(7)下列数量应由施工组织设计提出,并入路基填方数量内计算:
① 清除表土或零填方地段的基底压实、耕地填前夯(压)实后,回填至原地面标高所需的土、石方数量。
② 因路基沉陷需增加填筑的土、石方数量。
③ 为保证路基边缘的压实度须加宽填筑时,所需的土、石方数量。

(8)工程量计算规则。
① 土石方体积的计算,见本章5.1.2土石方体积折算。
② 零填及挖方地段基底压实面积等于路槽底面积宽度(m)和长度(m)的乘积。
③ 抛坍爆破的工程量,按抛坍爆破设计计算。
④ 整修边坡的工程量,按公路路基长度计算。

例5-9:某高速公路数量见表5.34(填方为压实方,其余为天然密实方),借方为普通土。试计算利用方填方、借方填方定额数量;借方的开挖和运输定额数量。

表5.34 某高速公路路基土、石方工程数量

项目	挖方(万 m³)					远运利用方(万 m³)					填方(万 m³)
	松土	普通土	硬土	石方	合计	松土	普通土	硬土	石方	合计	
工程量	50	150	100	100	400	30	100	50	30	210	400

解:(1)利用方填方、借方填方定额数量。

根据第一节说明工程量计算规则,除定额中另有说明者外,定额土方填方按压(夯)实后的

体积计算，因此，要将填方换算成压实方计算数量。

① 将利用方的天然密实方数量换算为压实方数量（注意土方运输损耗系数）。

松土：30÷（1.23+0.03）=23.8095（万 m^3）

普通土：100÷（1.16+0.03）=84.0336（万 m^3）

硬土：50÷（1.09+0.03）=44.6429（万 m^3）

石方：30÷0.92=32.6087（万 m^3）

利用方（压实方）合计：23.8095+84.0336+44.6429+32.6087=185.0947（万 m^3）

② 计算借方压实数量。

400-185.0947=214.9053（万 m^3）

（2）借土方的开挖量和运输定额数量。

据第一节说明工程量计算规则，定额土方挖方按天然密实体积计算。

① 借土方的开挖数量。

214.9053×1.16=249.2901（万 m^3）

或其开挖定额乘 1.16 的系数。

② 借土方的运输工程数量。

214.9053×（1.16+0.03）=255.7374（万 m^3）

或其运输定额乘 1.19 的系数。

3. 第二节排水工程说明

（1）边沟、排水沟、截水沟的挖基费用按人工挖截水沟、排水沟定额计算，其他排水工程的挖基费用按第一节土、石方工程的相关定额计算。

（2）边沟、排水沟、截水沟、急流槽定额均未包括垫层的费用，需要时按有关定额另行计算。

（3）雨水算子的规格与定额不同时，可按设计用量抽换定额中铸铁算子的消耗。

（4）工程量计算规则：

① 本章定额砌筑工程的工程量为砌体的实际体积，包括构成砌体的砂浆体积。

② 本章定额预制混凝土构件的工程量为预制构件的实际体积，不包括预制构件中空心部分的体积。

③ 挖截水沟、排水沟的工程量为设计水沟截面面积乘以水沟长度与水沟坑工体积之和。

④ 路基盲沟的工程量为设计设置盲沟的长度。

⑤ 轻型井点降水定额按 50 根井管为一套，不足 50 根的按一套计算。井点使用天数按日历天数计算，使用时间按施工组织设计确定。

例 5-10：边沟 M7.5 浆砌片石、挖普通土、回填砂砾土为：Ⅰ-1 型 1083 m^3、798 m^3、323 m^3，Ⅰ-2 型 62.92 m^3、46.92 m^3、42.56 m^3。人工挖基，2 m^3 装载机装车，8 t 自卸汽车运输 3 km 弃置；砂砾土、片石购买。根据表 5.35，编制报价原始数据表。

表 5.35 边沟、排水沟工程量清单

子目号	子目名称	单位	数量	单价	合价
207-1	M…浆砌片石边沟				
-a	M7.5 浆砌片石Ⅰ-1 型	m	2280		
-b	M7.5 浆砌片石Ⅰ-2 型	m	130		

解：编制报价原始数据表步骤如下：

（1）根据方案明确各工艺。

（2）分析工艺需要套取的定额子目、确定工程量。

注：无法明确计算工程量的按一定的比例分摊。

（3）以单个清单子目为一个编制单元，列算清单和定额工程量，编制报价原始数据表，填写其清单和定额列项、工程量等信息。

清单子目工程内容包括：扩挖、装、运、卸、回填；砌筑勾缝、铺筑垫层；嵌缝；抹灰压顶；预制安装（钢筋）混凝土盖板。依据以上工程内容和采用的施工方法，套用定额，填写数据，见表5.36。

表5.36　边沟、排水沟报价原始数据表

编号	子目名称	单位	数量	取费	备注
207-1	M…浆砌片石边沟				
-a	M7.5浆砌片石Ⅰ-1型	m	2280		
1-2-1-2	人工挖截水沟、排水沟	1000 m³	0.798	人工土方	挖基
1-1-10-2	2 m³装载机装土方	1000 m³	0.798	机械土方	挖基土装车
1-1-11-9+10×4	8以内自卸汽车运输3 km	1000 m³	0.798	汽车运输	挖基土运输
1-2-3-1换	石砌边沟、排水沟、截水沟浆砌片石	10 m³实体	108.3	构造物1	M5水泥砂浆换成M7.5水泥砂浆
4-11-5	基础垫层填砂砾	10 m³实体	323	构造物1	回填
-b	M7.5浆砌片石Ⅰ-2型	m	130		
1-2-1-2	人工挖截水沟、排水沟	1000 m³	0.4692	人工土方	挖基
1-1-10-2	2 m³装载机装土方	1000 m³	0.4692	机械土方	挖基土装车
1-1-11-9+10×4	8以内自卸汽车运输3 km	1000 m³	0.4692	汽车运输	挖基土运输
1-2-3-1换	石砌边沟、排水沟、截水沟浆砌片石	10 m³实体	6.292	构造物1	M5水泥砂浆换成M7.5水泥砂浆
4-11-5	基础垫层填砂砾	10 m³实体	4.256	构造物1	回填

4. 第三节软基处理工程说明

（1）袋装砂井及塑料排水板处理软土地基，工程量为设计深度，定额材料消耗中已包括砂袋或塑料排水板的预留长度。

（2）振冲碎石桩定额中不包括污泥排放处理的费用，需要时另行计算。

（3）挤密和石灰砂桩处理软土地基定额的工程量为设计桩断面面积乘以设计桩长。

（4）粉体喷射搅拌桩和高压旋喷桩处理软土地基定额的工程量为设计桩长。

（5）高压旋喷桩定额中的浆液系按普通水泥浆编制的，当设计采用添加剂或水泥用量与定额不同时，可按设计要求进行抽换。

（6）土工布的铺设面积为锚固沟外边缘所包围的面积，包括锚固沟的底面积和侧面积。定额中不包括排水内容，需要时另行计算。

（7）强夯定额适用于处理松、软的碎石土、砂土、低饱和度的粉土与黏性土、湿陷性黄土、杂填土和素填土等地基。定额中已综合考虑夯坑的排水费用，使用定额时不得另行增加费用。夯击遍数应根据地基土的性质由设计确定，低能量满夯不作为夯击遍数计算。

（8）堆载预压定额中包括了堆载四面的放坡、沉降观测、修坡道增加的工、料、机消耗以及施工中测量放线、定位的工、料消耗，使用定额时均不得另行计算。

5.3.2 第五章防护工程

（1）本章定额中未列出的其他结构形式的砌石防护工程，需要时按"桥涵工程"项目的有关定额计算。

（2）本章定额中除注明者外，均不包括挖基、基础垫层的工程内容，需要时按"桥梁工程"项目的有关定额计算。

（3）本章定额中除注明者外，均已包括按设计要求需要设置的伸缩缝、沉降缝的费用。

（4）本章定额中除注明者外，均已包括水泥混凝土的拌和费用。

（5）植草护坡定额中均已综合考虑黏结剂、保水剂、营养土、肥料、覆盖薄膜等的费用，使用定额时不得另行计算。

（6）浇拱形骨架护坡可参考本章定额中的现浇框格（架）式护坡进行计算。

（7）预应力锚索护坡定额中的脚手架系按钢管脚手架编制的，脚手架宽度按 2.5 m 考虑。

（8）工程量计算规则：

① 铺草皮工程量按所铺边坡的坡面面积计算。

② 护坡定额中以 100 m^2 或 1000 m^2 为计量单位的子目的工程量，按设计需要防护的边坡坡面面积计算。

③ 木笼、竹笼、铁丝笼填石护坡的工程量按填石体积计算。

④ 本章定额砌筑工程的工程量为砌体的实际体积，包括构成砌体的砂浆体积。

⑤ 本章定额预制混凝土构件的工程量为预制构件的实际体积，不包括预制构件中空心部分的体积。

⑥ 预应力锚索的工程量为锚索（钢绞线）长度与工作长度的质量之和。

⑦ 抗滑桩挖孔工程量按护壁外缘所包围的面积乘设计孔深计算。

5.3.3 定额运用的注意事项

路基工程计价时应该注意一些常见数据及厚度、距离、配合比等的套用和换算（第四章已讲解），还要特别注意辅助工程量的确定、土石工程量的分解和自定，这些内容往往对定额正确套用影响很大。

1. 辅助工程量取定原则

在编制路基工程造价时，辅助工程量的取定，应符合项目的实际情况并考虑分标段的要求，主要有防排水、安全防护方面的措施，如路基工程中的轻型井点降水安装、拆除。

2. 路基工程量的分解和自定

路基工程量的分解和自定主要是土石方工程量的分解和自定。这部分内容很容易遗忘但牵涉工程量较大，如清除场地后回填土石方体积，填前夯实后增加的土石方体积，自然沉降引起的增加的土石方体积，都是与地基有关但必须增补计算的工程量。

清除表土和淤泥的计价中，如果设计文件只列出了清除表土、淤泥的数量，没有准确给出表土、淤泥弃运方式与运输距离，考虑松方系数后回填土的数量、取土位置、运输方式、运输距离以及回填压实方的数量，应用时，必须加以分解和自定，根据弃土堆和借土坑位置，定出运输方式和运输距离等。

3. 分解或换算

路基工程内容多，涉及的定额也多，套用时常常需要按工序分析后分解或换算。

1）路基盲沟定额套用注意事项

一般路基盲沟工程包括挖基+土工布+PVC 排水管+回填碎石，因此，定额使用时应注意抽换土工布、PVC 排水管及碎石的用量。另外，由于定额子目偏少（最大结构尺寸为 0.6 m×0.8 m），对于大尺寸结构（如 2 m×2 m 以上的盲沟、渗沟）直接套用盲沟定额时存在人工消耗量抽换的问题，抽换的依据不足，建议将大结构尺寸的盲沟、渗沟按工程内容分列计算，如挖基套用挖截水沟、排水沟定额，土工布、排水管、碎石均套用相应的定额计算。

2）挡土墙定额套用注意事项

挡土墙工程一般包括基础开挖、砂砾垫层、基础、墙身、回填等项目。套用定额时注意问题主要有：片石混凝土的配比调整，台后回填定额使用，泄水孔、土工布材料计算等。一般来说基础开挖应按机械开挖计算；垫层可套用砂砾垫层用片石渣进行材料抽换（除非图纸明示材料品种）；土工布及泄水管等防排水材料直接增加到墙身定额中，其中孔径超过 50 mm 的泄水孔还应计算成孔费用；回填工程主要是回填材料的选用，一般图纸标注为回填碎石，实际施工时多采用回填石渣，可采用材料抽换或按装运及碾压土石方定额计算。

3）抗滑桩定额套用注意事项

抗滑桩、挖孔桩定额，编制预算时，建议进行如下处理：

（1）清表或削坡土石方：抗滑桩工程一般设置在坡面上，设计图纸未标注清表及削坡土石方数量时，应根据地形条件计算清表或削坡土石方工程；并单独列路基工程滑坡清单。

（2）桩身土石方开挖：计算完成后应校核总体积=护壁混凝土+桩身混凝土体积，桩长大于 30 m 时建议增加通风、照明费用，可参照相关省份的补充定额进行计算。

（3）护壁钢筋：护壁结构一般需配置钢筋网或补强钢筋，若设计图纸未提供钢筋工程数量时，造价人员应计算护壁钢筋数量，护壁钢筋数量与护壁厚度、桩径、地质等有关，每立方米护壁混凝土的含筋量变化较大，一般为 30~80 kg/m³。

（4）桩身混凝土：桩身混凝土的计算一般可套用部颁定额进行计算，但地质及地形条件较差时，需要按水下混凝土计算时，可套用水下灌注桩混凝土计算，并将混凝土消耗由 12.02 调整为 10.2（抗滑桩桩身定额消耗量）。

（5）桩身检测管：当桩身混凝土按水下混凝土计算时应计算桩身检测管。

（6）若挖孔弃渣运距超过 40 m 时，应另行计算弃渣费用。

5.4 计价实例

例 5-11：某平原微丘区二级公路 30 km，路基宽 12 m，数量见表 5.37，表中数量除标注外均为压实方，填前碾压 336420 m²，问题：（1）计算路基设计断面方、计价方数量；（2）编制工程量清单、报价原始数据表。

表 5.37 路基数量表

序号	项目名称	单位	数量	附注
1	本桩利用土方	万 m³	2.2	硬土，135 kW 推土机推土
2	远运利用土方	万 m³	4.8	硬土，运距 250 m，8 m³ 铲运机铲土
3	借土方	万 m³	62	硬土，运距 4 km，135 kW 推土机推松集土，2 m³ 装载机装土
4	填土方	万 m³	69	
5	本桩利用石方（天然密实方）	万 m³	0.9	软石，机械打眼开炸 135 kW 推土机运
6	远运利用石方（天然密实方）	万 m³	7.7	软石，运距 200 m，机械打眼开炸 135 kW 推土机集石，2 m³ 装载机装车，机动翻斗车运
7	填石方	万 m³	9.3478	

解：（1）计算路基设计断面方、计价方数量。

设计断面方=挖方（天然密实方）+填方（压实方）

挖土方数量：（2.2+4.8）×1.09=7.63（万 m³）

挖石方数量：0.9+7.7=8.6（万 m³）

填方数量：69+9.3478=78.3478（万 m³）

断面方数量：7.63+8.6+78.3478=94.5778（万 m³）

计价方数量=挖方数量+借方数量=断面方数量-利用方数量

即：7.63+8.6+62=78.23（万 m³）或 94.5778-2.2-4.8-8.6÷0.92=78.23（万 m³）

（2）编制工程量清单（表 5.38）。

依据工程量清单计量规则，计算工程量，编制清单表见表 5.38。

利用土方压实方 2.2+4.8=7（万 m³）

利用石方压实方 8.6÷0.92=9.3478（万 m³）

借土填方压实方 62（万 m³）

表 5.38 工程量清单表

子目号	子目名称	单位	数量	单价	合价
203-1	路基挖方				
-a	挖土方	m³	76300		
-b	挖石方	m³	86000		
204-1	路基填筑（包括填前压实）				
-a	利用土方	m³	70000		
-b	利用石方	m³	93478		
-c	利用土石混填	m³			
-d	借土填方	m³	620000		

（3）编制报价原始数据表。

根据清单子目包括的工程内容和采用的施工方法，以每个清单子目为一个编制单元，编制报价原始数据表，见表 5.39。各清单子目应分摊的工程数量：

挖方总量：76300+86000=162300（m³）

填方总量：783478 m³

挖方、填方总量：162300+783478=945778（m³）

整修路拱 30000×12=360000 m²，分摊如下：

203-1-a 挖土方：360000×（76300÷945778）=29043（m²）

203-1-b 挖石方：360000×（86000÷945778）=32735（m²）

204-1-a 利用土方填筑：360000×（70000÷945778）=26645（m²）

204-1-b 利用石方填筑：360000×（93478÷945778）=35581（m²）

204-1-c 借土填方：360000×（620000÷945778）=235996（m²）

整修边坡 30 km，分摊如下：

203-1-a 挖土方：30×（76300÷945778）=2.420（km）

203-1-b 挖石方：30×（86000÷945778）=2.728（km）

204-1-a 利用土方填筑：30×（70000÷945778）=2.220（km）

204-1-b 利用石方填筑：30×（93478÷945778）=2.965（km）

204-1-d 借土填方：30×（620000÷945778）=19.666（km）

填前碾压 336420 m²，分摊如下：

204-1-a 利用土方填筑：336420×（70000÷783478）=30058（m²）

204-1-b 利用石方填筑：336420×（93478÷783478）=40139（m²）

204-1-c 借土填方：336420×（620000÷783478）=266224（m²）

表 5.39　报价原始数据表

编号	子目名称	单位	数量	取费	备注
203-1-a	挖土方	m³	76300		
1-1-12-15	135 kW 推土机推硬土第一个 20 m	1000 m³ 天然密实方	22	机械土方	1.09
1-1-13-3	8 m³ 铲运机铲土第一个 100 m	1000 m³ 天然密实方	48	机械土方	1.09
1-1-13-4×3	8 m³ 铲运机铲土增运 150 m	1000 m³ 天然密实方	48	机械土方	1.09
1-1-20-1	机械整修路拱	1000 m²	29.043	机械土方	分摊计算
1-1-20-3	二级及以上等级公路整修边坡	1 km	2.42	人工土方	分摊计算
203-1-b	挖石方	m³	86000		
1-1-15-24	机械打眼开炸软石 135 kW 推土机运第一个 20 m	1000 m³ 天然密实方	86	机械石方	
1-1-15-27	135 kW 推土机运软石增运 10 m	1000 m³ 天然密实方	77	机械石方	
1-1-10-5	2 m³ 装载机装石	1000 m³ 天然密实方	77	机械石方	
1-1-8-2	机动翻斗车运石第一个 100 m	1000 m³ 天然密实方	77	汽车运输	
1-1-8-4	机动翻斗车运石 500 m 内增运 100 m	1000 m³ 天然密实方	77	汽车运输	
1-1-20-1	机械整修路拱	1000 m²	32.735	机械土方	分摊计算
1-1-20-3	二级及以上等级公路整修边坡	1 km	2.728	人工土方	分摊计算
-a	利用土方	m³	70000		
1-1-5-4	路堤填前压实 12~15 t 光轮压路机	1000 m²	30.058	机械土方	分摊计算

续表

编号	子目名称	单位	数量	取费	备注
1-1-18-9	15 t振动压路机碾压二级公路土方	1000 m³压实方	70	机械土方	
1-1-20-1	机械整修路拱	1000 m²	26.645	机械土方	分摊计算
1-1-20-3	二级及以上等级公路整修边坡	1 km	2.22	人工土方	分摊计算
-b	利用石方	m³	93478		
1-1-5-4	路堤填前压实12~15 t光轮压路机	1000 m²	40.139	机械土方	分摊计算
1-1-18-20	15 t振动压路机碾压二级公路石方	1000 m³压实方	93.478	机械石方	
1-1-20-1	机械整修路拱	1000 m²	35.581	机械土方	分摊计算
1-1-20-3	二级及以上等级公路整修边坡	1 km	2.965	人工土方	分摊计算
-d	借土填方	m³	620000		
1-1-5-4	路堤填前压实12~15 t光轮压路机	1000 m²	266.224	机械土方	分摊计算
1-1-12-15	135 kW推土机推松集土	1000 m³天然密实方	620	机械土方	1.09×0.8
1-1-10-2	2 m³装载机装土	1000 m³天然密实方	620	机械土方	1.09
1-1-11-17	12 t自卸汽车运土第一个1 km	1000 m³天然密实方	620	汽车运输	1.12
1-1-11-18	12 t自卸汽车运土5 km以内增运3 km	1000 m³天然密实方	620	汽车运输	1.12×6
1-1-18-9	15 t振动压路机碾压二级公路土方	1000 m³压实方	620	机械土方	
1-1-20-1	机械整修路拱	1000 m²	235.996	机械土方	分摊计算
1-1-20-3	二级及以上等级公路整修边坡	1 km	19.666	人工土方	分摊计算

例 5-12：某标段高速公路路基土石方设计，无挖方，按断面计算的填方数量 201000 m³，平均填土高度 5.0 m，边坡坡比 1∶1.5。本标段路线长度为 6 km，路基宽度为 26 m，地面以上范围内填方中 40%从其他标段调用，平均运距 3000 m，其他为借方，平均运距为 2000 m（按普通土考虑）。为保证路基边缘的压实度加宽铺筑度为 50 cm，完工后要刷坡但不远运。假设填前压实沉陷厚度为 15 cm，土的压实干密度为 1.4 t/m³，自然土的含水量约低于其最佳含水量 2%，水的平均运距为 1 km。问题：列出编制本项目土石方施工图预算所需的全部工程细目名称、单位、定额代号、数量等内容，并填入表格（表 5.40），需要时应列式计算。

解：（1）路基填前压实沉陷增加数量：6000×（26+5×1.5×2）×0.15=36900（m³）

（2）路基宽填增加数量：6000×0.5×2×5=30000（m³）

（3）实际填方数量：201000+30000+36900=267900（m³）

（4）利用方数量：201000×40%=80400（m³）

（5）借方数量：267900-80400=187500（m³）

（6）填前压实数量 6000×（26+5×1.5×2）=246000（m²）

（7）土方压实需加水数量：267900×1.4×2%=7501（m³）

（8）整修路拱数量：6000×26=156000（m²）

表 5.40 施工图预算数据表

序号	工程细目		单位	定额代号	工程量	调整系数
1	3 m³ 装载机装土（利用方）		1000 m³	10110003	80.4	1.16
2	15 t 以内自卸汽车运土方（利用方）	第一个 1 km	1000 m³	10111021	80.4	1.19
		增运 2 km	1000 m³	10111022	80.4	4×1.19
3	2 m³ 装载机装土（借方）		1000 m³	10109008	187.5	1.16
4	15 t 以内自卸汽车运土方（借方）	第一个 1 km	1000 m³	10111021	187.5	1.19
		增运 1 km	1000 m³	10111022	187.5	2×1.19
5	土方碾压		1000 m³	10118004	267.9	
6	土方洒水（8000 L 洒水车）		1000 m³	10122009	7.501	
7	耕地填前压实		1000 m²	10105004	246	
8	刷坡		1000 m³	10121002	30	
9	整修边坡		1 km	10120003	6	
10	整修路拱		1000 m²	10120001	156	

例 5-13：某高速公路设计数量见表 5.41，已知远运利用土、石方的平均运距为 2 km，借方、弃方的平均运距为 4.3 km，借方为普通土。问题：（1）编制清单。（2）合同文件规定："借土填方，按压实的体积，以立方米计量"。该细目计价内容包括"借土场（取土坑）中填方材料的开挖、运输、摊平、压实等一切与此有关作业的费用"。借土场采用 75 kW 推土机集土，10 t 内自卸汽车配合 2 m³ 以内轮式装载机挖运土方，12～15 t 光轮压路机压实，其他分摊和定额略。填写借土填方的报价原始数据表；（3）人工和机械工预算单价为 50 元/工日，综合取费费率见表 5.42。75 kW 以内推土机、2 m³ 内装载机、10 t 以内自卸汽车、6～8 t 内光轮压路机、15 t 内振动光轮压路机台班单价分别为：590 元、1400 元、650 元、250 元、800 元，编制借土填方分项工程预算表。（4）编制借土填方的建安费计算表（03 表）。以上 4 步除填写相应表格，需要时应列式计算或文字说明。

表 5.41 路基土石方数量表

挖方（万 m³）					本桩利用（万 m³）		远运利用（万 m³）		填方（万 m³）
松土	普通土	硬土	软石	次坚石	土方	石方	土方	石方	
0.8	20	1.7	6	0.6	5.2	2	16.5	4	28
全弃	全利用	全利用	全利用						

注：表中挖方、利用方均指天然密实方，填方指压实方。

表 5.42 其他工程费、间接费综合费率计算表

序号	项目名称	其他工程费率（%）							规费综合费率	间接费率（%）					综合费率（%）
		冬季施工增加费	雨季施工增加费	安全及文明施工措施费	临时设施费	施工辅助费	工地转移费	综合费率I		现场管理费					
										基本费用	其他单项费用			财务费用	
											主副食运费补贴	职工探亲路费	职工取暖补贴		
1	机械土方	0.67	0.11	0.59	1.42	0.49	0.67		30.0	3.26	0.24	0.22	0.13	0.21	
2	汽车运输	0.12	0.11	0.21	0.92	0.16	0.4		30.0	1.44	0.25	0.14	0.12	0.21	

解：问题1：

（1）计算清单工程量。

203-1-a 挖土方 0.8+20+1.7=22.5（万 m^3）

203-1-b 挖石方 6+0.6=6.6（万 m^3）

204-1-b 利用土方

本桩利用土 5.2 万 m^3 普通土和硬土数量按比例计算，普通土：（硬土+普通土）=20：（20+1.7）。

普通土压实方：5.2×20/（21.7）÷1.16=4.1316（万 m^3）

硬土压实方：(5.2-4.7926)÷1.09=0.3738（万 m^3）

远运利用土方 16.5 万 m^3，普通土和硬土数量按比例计算。

远运利用普通土压实方：16.5×20÷（21.7）÷（1.16+0.03）=12.7793（万 m^3）

远运利用硬土压实方：（16.5-15.2074）÷（1.09+0.03）=1.1541（万 m^3）

利用土方压实方=4.1316+0.3738+12.7793+1.1541=18.4388（万 m^3）

204-1-c 利用石方：（2+4）÷0.92=6.5217（万 m^3）

利用方合计：18.4388+6.5217=24.9605（万 m^3）

204-1-e 借土填方：28-24.9605 =3.0395（万 m^3）

（2）编制工程量清单表，见表 5.43。

表 5.43 工程量清单表

子目号	子目名称	单位	数量	单价	合价
203-1	路基挖方				
-a	挖土方	m^3	225000		
-b	挖石方	m^3	66000		
204-1	路基填筑(包括填前压实)				
-a	换填土				
-b	利用土方	m^3	184388		
-c	利用石方	m^3	65217		
-d	利用土石混填	m^3			
-e	借土填方	m^3	30395		

问题2：填写借土填方的报价原始数据表

根据招标文件计量与支付细则规定，施工方案：借土场采用 75 kW 推土机集土，10 t 内自卸汽车配合 2 m^3 以内轮式装载机挖运土方，12～15 t 光轮压路机压实，填写借土填方的报价原始数据表见表 5.44。

表 5.44 报价原始数据表

编号	清单项目或定额子目名称	单位	数量	定额调整
204-1-e	借土填方	m^3	30395	
1-1-12-2	75 kW 内推土机推运普通土 20 m 内	1000 m^3 天然密实方	30.395	×0.8×1.16
1-1-10-2	2 m^3 内装载机装土方	1000 m^3 天然密实方	30.395	×1.16
1-1-11-13+14×7	10 t 以内自卸汽车配合装载机运输 4.5 km	1000 m^3 天然密实方	30.395	×（1.16+0.03）
1-1-18-9	12～15 t 光轮压路机碾压二级公路路基	1000 m^3 压实方	30.395	

（3）编制借土填方分项工程预算表。

完成综合取费费率04表，得出机械土方、汽车运输的其他工程费综合费率Ⅰ分别为3.95%、1.92%；间接费综合费率分别为4.06%、2.16%。（表格略）

根据报价原始数据表中填报的定额，单价和费率，编制分项工程预算表见表5.45。

表5.45 分项工程预算表

工程细目名称：借土填方　　　　工程细目编号：204-1-e　　　　单价及金额单位：元

代号	工料机名称	单位	单价	工程项目											
				推土机推土			装载机装土、石方			自卸汽车配装载机运土石方			机械碾压路基		合计
				75kW以内推土机第一个20m普通土			2m³内装载机装土方			10t内自卸汽车配合装载机运输土方3km			12~15t光轮压路机碾压二级公路路基		
				1000m³天然密实土			1000m³天然密实土			1000m³天然密实土			1000m³路基实体		
				30.395			30.395			30.395			30.395		
				1-1-12-2×0.8×1.16			1-1-10-2×1.16			(1-1-11-13+14*7)×1.19			1-1-11-14		
				定额	数量	金额	定额	数量	金额	定额	数量	金额	定额	数量	金额	数量	金额
1	人工	工日	50	4.176	126.93	6347							3	91.185	4559		
1003	75kW以内推土机	台班	590	2.747	83.495	49262							1.7	51.672	30486		
1050	2m³内装载机	台班	1400				1.647	50.061	70085								
1386	10t以内自卸汽车	台班	650							17.517	532.429	346079					
1075	6~8内光轮压路机	台班	250										1.24	37.69	9423		
1088	15t内振动光轮压路机	台班	800										1.65	50.152	40122		
直接工程费		元				55609			70085			346079			84590		556363
其他工程费		元	3.95%			2197	3.95%		2768	1.92%		6645	3.95%		3341		14951
间接费	规费	元	30%			1904	300%		0	30%		0	30%		1368		3272
	企业管理费	元	4.06%			2347	4.06%		2958	2.16%		7619	4.06%		3570		16494
利润7.42%						4463			5625			26737			6789		43614
税金11%						7317			8958			42579			10962		69816
合计						73837			90394			429659			110620		704510
单价																	23.18

（4）编制借土填方的建安费计算表（03表），见表5.46。

表 5.46 建安费计算表（03表）

序号	工程名称	单位	工程量	直接工程费（元）	其他工程费（元）	间接费（元）	利润（元）	税金（元）	建安工程费（元）	单价
1	借土填方	m³	30395	556363	14951	19766	43614	69816	704510	23.18

习　题

1. 路基的横断面有哪些基本形式？路基工程包括哪些项目？
2. 路基施工前的准备工作包括哪些内容？
3. 路基开挖的注意事项有哪些？简述路基开挖的方法。
4. 简述石方爆破的注意事项。
5. 路基填筑材料有什么要求？对填土路堤有哪些规定？土石混填有哪些规定？
6. 桥、涵及结构物回填有什么要求？
7. 路基排水系统包括哪些方面的内容？各有哪些结构形式？
8. 路基防护与加固包括哪几类？各有哪些措施？
9. 简述软土路基的处理措施。
10. 某一路段本桩挖方 1000 m³（其中松土 200 m³、普通土 600 m³、硬土 200 m³），其他区段挖方 200 m³（普通土、天然方），填方数量 1200 m³。本断面挖方可利用方量为 900 m³（其中松土 100 m³、普通土 600 m³、硬土 200 m³），远运利用方普通土 200 m³ 天然方。试求借方和弃方数量。
11. 某三级公路设计土石方数量如表 5.47：

表 5.47 土石方数量

挖方（m³）				填方（m³）
松土	普通土	硬土	次坚石	
33300	105000	45000	29400	300000

本项目路线长度为 30 km，路基宽度为 8.5 m，挖方、填方路段长度各占一半，全部挖方均可用作路基填方，其中土方平均运距为 200 m、石方平均运距为 60 m。如需借方，其平均运距为 1300 m（按普通土考虑）。假设路基平均占地宽度为 12 m，填前压实沉陷厚度为 0.1 m，土的压实干密度为 1.4 t/m³，自然状态土的含水量约低于其最佳含水量 2%，水的平均运距为 1 km。

问题：（1）计算本项目路基断面方、挖方、填方、利用方、借方和弃方数量。

（2）列出编制本项目土石方施工图预算所需的全部工程细目名称、单位、定额代号及数量等内容，并填在表格中，需要时应列式计算。

12. 某地区有一山岭重丘区高速公路，路基土方挖方土质为普通土，平均运距 30 m 的有 1000000 m³，平均运距 50 m 的有 1000000 m³，平均运距 200 m 的有 1000000 m³，平均运距 3000 m 的有 1000000 m³。

问题：（1）计算挖土方的平均运距。

（2）提出全部合理的机械化施工方式。

（3）提出不同机械施工方式的预算定额工程细目名称、定额表号及定额直接费。

13. 某二级公路建设项目路基土石方的工程量（断面方）见表5.48：

表 5.48　路基土石方的工程量表

挖方（m³）		填方（m³）		借土填方（m³）	
普通土	次坚石	土方	石方	普通土	次坚石
470700	1045000	582400	1045200	200000	11500

问题：

（1）请问本项目土石方的计价方数量、断面方数量、利用方数量（天然密实方）、借方数量（天然密实方）和弃方数量各是多少？

（2）假设土的压实干密度为 1.35 t/m³，自然状态土的含水率约低于其最佳含水率1.5%，请问为达到压实要求，应增加的用水量是多少？

（3）假设填方路段路线长 20 km，路基宽度 12 m，大部分均为农田。平均填土高度为 2 m，边坡坡率为 1∶1.5，请问耕地填前压料的工程数量应是多少？

6 路面工程

6.1 基本问题

6.1.1 路面工程主要构造

路面按其组成的结构层次从下至上可分为垫层、基层和面层。

1. 垫层

垫层是设置在土基和基层之间的结构层。垫层一般应比基层每侧宽出 25 cm 以上或与路基同宽。其主要功能：(1) 改善土基的温度和湿度状况，以保证路面层和基层的强度和稳定性，并不受冻胀翻浆的破坏作用；(2) 能扩散由面层和基层传来的车轮荷载垂直作用力，减小土基的应力和变形；(3) 阻止路基土嵌入基层中，使基层结构不受影响。

垫层根据选用的材料不同，分为透水性垫层和稳定性垫层。根据其设置目的和作用不同，可又可细分为稳定层、隔离层、防冻层、防污层、整平层和辅助层。

透水性垫层是由松散的颗粒材料构成，如碎石、片石、块石、砂砾、砂、矿渣、卵石等。其对材料的强度要求不高，但水稳性、隔热性和吸水性一定要好。可用颗粒材料（如等）或（如、水泥煤渣稳定）等铺筑。稳定性垫层是由整体性材料构成，如水泥稳定土、石灰、煤渣等无机结合料稳定土。

2. 基层

基层主要是承受由面层传来的车辆荷载垂直力，并把它扩散到垫层和土基中，是路面结构的承重层。基层要求有足够的强度、刚度、平整度、水稳定性。

基层由一层或数层组成，上层称基层或上基层，下层称底基层或下基层。路面的基层（底基层）可分为结合料稳定类和粒料类，见图 6.1。

(1) 结合料稳定类基层：在各种粉碎或原状松散的土、碎（砾）石、工业废渣中，掺入适当数量的无机结合料（如水泥、石灰或工业废渣等）和水，经拌和得到的混合料在压实与养生后，其抗压强度符合规定要求的材料称为无机结合料稳定类混合料，以此修筑的路面基层称为无机结合料稳定基层。无机结合料稳定类刚度介于柔性路面材料和刚性路面材料之间，常称之为半刚性材料。以此修筑的基层或底基层亦称为半刚性基层或半刚性底基层。在我国已建成的城市道路、高速公路和一级公路中，大多数路面采用了这种基层，一般包括水泥稳定类、石灰稳定类和综合稳定类。以水泥稳定土为例：

水泥稳定土基层（底基层）：在粉碎的土或原状松散的土（包括各种粗、中、细粒土）中，掺入适量的水泥和水，按照技术要求，经拌和摊铺，在最佳含水量下压实及养生成型，其抗压强度符合规定要求，以此修建的路面基层称为水泥稳定类基层（底基层）。它包括水泥土、水泥砂砾、水泥稳定碎石等。水泥稳定土的强度随水泥剂量的增加而增长,但水泥用量过多,会不经济,易开裂,水泥剂量为 4%~8% 较为合理,具体应经试验确定。混合料须拌和均匀并充分压实,湿法养生,养生温度愈高,强度增长得愈快。

$$水泥剂量=水泥质量/干土质量 \tag{6.1}$$

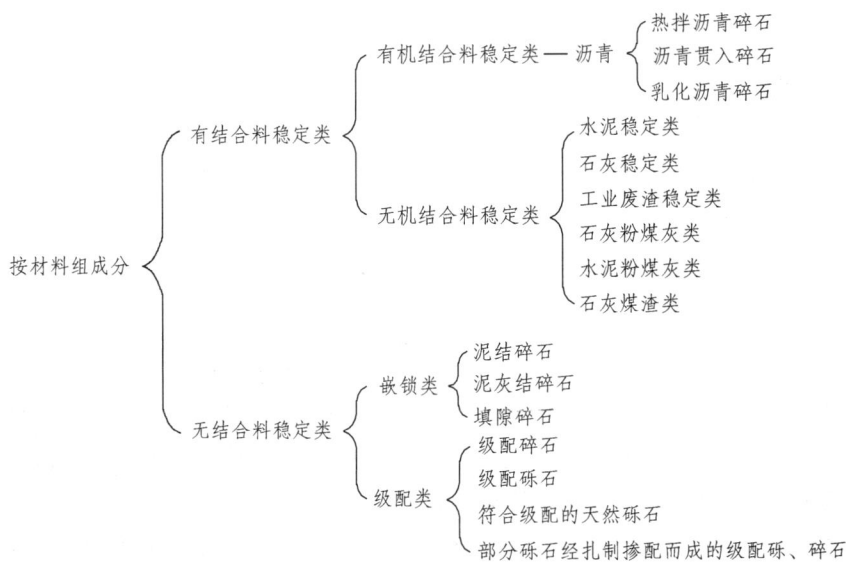

图 6.1 基层材料组成示意图

（2）粒料类基层（底基层）：粒料类包括级配碎（砾）石、填隙碎石、泥（灰）结碎石和天然砂砾（石）。粒料类中的泥（灰）结碎石、填隙碎石属于嵌锁型基层（底基层），强度主要依靠碎石之间的嵌锁和摩阻作用所形成的内摩阻力以及黏结力保证,其强度和稳定性取决于石料的强度、形状、尺寸、均匀性、表面粗糙度以及施工时的压实程度等;粒料类中的级配碎（砾）石、符合级配的天然砂砾属于级配型基层（底基层），其强度和稳定性取决于粒料之间的内摩阻力和黏结力的大小,即很大程度上取决于碎（砾）石的类型、最大粒径、细料的含量及塑性指数以及密实度等。

3. 面层

面层是修筑在基层上的表面层次,保证汽车以一定的速度安全、舒适而经济地运行。要求有较高的结构强度、刚度和稳定性,而且应耐磨、不透水,其基表面还应有良好的抗滑性和平整度。

（1）沥青路面。

沥青路面的类型,主要有沥青混凝土、沥青玛琦脂碎石、沥青贯入式、沥青表处等,在沥青面层间还有透层、黏层、封层等相关结构。

① 沥青混凝土。

沥青混凝土:沥青和级配矿料（粗集料、细集料、填料）拌和形成的较密级配混合料（以 AC 表示密级配沥青混合料）。

按摊铺时的温度可分为热拌热铺和热拌冷铺沥青混凝土;按路面的结构形式可分为单层式、双层式和三层式;按矿料最大粒径分为粗粒式（25 mm、35 mm,表示为 AC-25、AC-30）、中粒式（16 mm、19 mm,表示为 AC-16、AC-20）、细粒式（10 mm、13 mm,表示为 AC-10、AC-13）、砂粒式（最大公称粒径为 5 mm，表示为 AC-5）；另外，还有一种抗滑表层其最大公称粒径为 13 mm 或 16 mm，表示为 AK-13、AK-16。

沥青混凝土面层宜采用双层式结构，下层采用粗粒式或中粒式沥青混凝土，上层采用中粒式或细粒式沥青混凝土。对于高速公路，也可采用三层式结构。

② 沥青玛碲脂碎石混合料：由沥青结合料量与少量的纤维稳定剂、细集料以及较多量的填料（矿粉）组成的沥青玛碲脂，填充于间断级配的粗集料骨架的间隙，组成一体形成的沥青混合料，简称 SMA。其特点是粗集料多、矿粉多、沥青多、细集料少。

纤维稳定剂宜选用木质素纤维、矿物纤维等，矿物纤维宜选用玄武岩等矿石制造。纤维稳定剂的掺加比例以沥青混合料总量的质量百分比计算，通常情况下用于 SMA 路面的木质素纤维不宜低于 0.3%，矿物纤维不宜低于 0.4%，必要时可适当增加纤维用量。

③ 沥青贯入式。

沥青贯入式路面是在初步压实的碎（砾）石上，用沥青浇灌，再分层撒铺嵌缝料和浇洒沥青，并通过分层压实而形成的一种较厚的路面面层，其厚度通常为 4~8 cm。

沥青贯入式路面根据沥青材料贯入深度不同可分为深贯入式（6~8 cm）和浅贯入式（4~5 cm）。

沥青贯入式路面强度高、稳定性好、施工简便、不易产生裂缝，但沥青材料洒布在矿料中不易均匀，因此，强度不均匀。为了防止表面水的渗入，须加封层密闭表面空隙，以增强路面的水稳性和耐用性。如果封层采用拌和法施工，则其下部宜采用贯入法，常称为沥青上拌下贯式路面，其厚度一般为 5~8 cm。

④ 沥青表处。

沥青表面处治是用沥青裹覆矿料，铺筑厚度小于 3 cm 的一种薄层路面面层。沥青表面处治的作用是保护下层路面结构层，防水、抗磨耗、防滑和改善碎砾石路面的使用品质。为保证矿料间良好的嵌挤作用，同一层的矿料颗粒尺寸应力求均匀，最大粒径应与表处层的厚度相同，且所用沥青须有一定的稠度。

⑤ 透层：为使沥青面层与非沥青材基层结合良好，在基层上喷洒液体石油沥青、乳化沥青、煤沥青而形成的透入基层表面一定深度的薄层。

设置透层是为了增强沥青面层与非沥青材料基层的黏结性，减小基层的透水性；有时路面基层铺筑后，不能及时修筑面层且须开放交通时，也用透层作短期处理以保护基层。

沥青路面各类基层都必须喷洒透油层，基层上设置下封层时，透层油不宜省略。宜采用慢裂的洒布型乳化沥青（PC-2、PA-2），也可采用中、慢凝液体石油沥青或煤沥青，用油量为 0.8~1.0 kg/m^2，若须开放交通时，应增加用油量（约 1.3 kg/m^2）。

⑥ 黏层：为加强路面沥青层及沥青层之间、沥青层与水泥混凝土路面之间的黏结而洒布的沥青材料薄层。在水泥混凝土路面、旧沥青路面以及与新铺沥青混合料接触的路缘石、雨水进水口、检查井等的侧面，均应洒布黏层沥青，对于双层式或三层式热拌热铺沥青混合料路面，在铺筑上一层之前，如果其下面的沥青层表面已被污染，也需洒布黏层沥青。

宜采用快裂和中裂乳化沥青、改性沥青，也可采用快、中凝液体石油沥青，用油量在 0.4~0.6 kg/m^2。所使用的基层基质沥青标号宜与主层沥青混合料相同。

⑦ 封层：为封闭表面空隙、防止水分浸入而在沥青面层或基层上铺筑的有一定厚度的沥青混合料薄层。修筑在沥青面层表面的称为上封层，铺筑在沥青面层下面、基层表面的称为下封层。

上封层用于空隙较大、透水严重的沥青面层；有裂缝或已修补的旧的沥青路面，需加铺磨耗层或保护层的改建沥青路面。上封层应视使用目的、路面的破损程度等选择乳化沥青稀浆封层、微表处、改性沥青集料封层、薄层磨耗层或其他适宜的材料。

下封层用于多雨地区且沥青面层空隙较大，渗水严重，在铺筑基层后，不能及时铺筑沥青面层，且须开放交通的情况。下封层宜采用层铺法处治或稀浆封层，下封层的厚度不宜小于 6 mm，且做到完全密水。

稀浆封层可用适当级配的石屑或砂、填料（水泥、石灰、粉煤灰、石粉等）与乳化沥青、外掺剂和水，按一定比例拌和而成的流动状态的沥青封层。稀浆封层厚度一般为 1.5~11 mm，我国常用的是 3~6 mm。

稀浆封层可采用乳化沥青或改性乳化沥青作结合料，如果采用改性乳化沥青稀浆封层，要求乳化剂能与沥青改性剂（如 SBS、EVA、PE 等）具有良好的配伍性；外加剂常用无机盐，有氯化铵、氯化钙、氯化镁、硫酸铝等；填料一般可用水泥、石灰粉、粉煤灰等小于 0.074 mm 粒径的粉料，这些粉料既可以填充空隙，提高封层的强度与耐磨性，又可以调整稀浆封层混合料的稠度、破乳速度和均匀性。

（2）水泥混凝土路面。

① 水泥混凝土的组成材料包括水泥、细集料（砂）、粗集料（碎、砾石）、水及外加剂以及钢筋（传力杆、拉杆及补强钢筋等）。目前，根据交通量的大小，水泥混凝土路面的面板厚度一般为 18~24 cm，高等级公路已采用了 25 cm 的厚度，交通量很大的重交通道路的面板厚度为 28~30 cm。路面结构采用水泥稳定粒料、水泥石灰稳定土等基层和多形式、多层次的稳定土底基层，路面总厚度为 70~100 cm。当不设基层时，可设置整平层 6~10 cm。

② 为确保混凝土路面经久耐用，混凝应有一定的抗压、抗折强度，一般抗压强底不低于 30 MPa，抗折强度不低于 4 MPa；粗集料的级配最大粒径应不大于 40 mm，其级配可采用连续级配和间断级配，工程中一般采用工作性优良的连续级配，若为间断级配，应采用强力振捣；水灰比通常为 0.5~0.55，当采用真空吸附方法时，水灰比可降到 0.35~0.4；混凝土的含砂率一般为 28%~33%。

③ 外加剂为改善混凝土的技术性质，在混凝土的制备过程中，常掺入一定量的流变剂、调凝剂和引气剂等外加剂。

a. 流变剂是改善新拌混凝土流变性能的外加剂，减水剂是常用的一种。加入适量的减水剂，可大大地改善新拌混凝土的工作性或显著降低水灰比，提高混凝土的强度和改善混凝土的抗冻、抗磨、收缩等性能。

b. 调凝剂是调节水泥混凝土凝结时间的外加剂，有早强剂、促凝剂、速凝剂和缓凝剂等。

早强剂是加速混凝土早期强度发展的外加剂，常用的有氯化钙和三乙醇复合早强剂。

促凝剂是缩短混凝土中的水泥浆从塑性状态到固体状态转化时间的外加剂。

速凝剂是使水泥混凝土迅速凝结和硬化的外加剂，可用于冬季施工。通常掺入量为水泥用量的 2.5%~4.0%，初凝时间可在 5 min 之内，终凝时间在 10 min 之内。

缓凝剂是延缓水泥凝结时间的外加剂，常在气温较高时拌制混凝土使用。

引气剂能在混凝土中形成细小的、均匀分布的空气微泡，改善新拌混凝土工作性，减少泌水和离析，可缓冲硬化后混凝土的水分结冰膨胀作用，提高混凝土的抗冻性、抗渗性和抗蚀性。掺入量宜为水泥用量的 0.005%~0.01%，并应经试验和实地试用后再确定是否适用。

例如：混凝土路面完工后，要经过 2~3 周的湿法养生才能开放交通，若需提前，则可加入早强剂，铺筑 3~5 d 后，即可开放交通；当采用干硬性混凝土时，需掺入减水剂，以改善其施工和易性。

6.1.2 路面防排水

在公路建设中，为使渗入路面的表面水降至最小限度，以及迅速地排除进入路面结构内的水分，所采用的设施主要由以下四个部分组成：路面表面防排水、中央分隔带防排水、路面结构内部防排水、桥面防排水体系

1）路面表面防排水

路面表面防排水主要采用漫流排水方式和集中排水方式。路面表面的防排水设施由路拱横坡、路肩坡度和拦水带等组成。

在路线纵坡平缓、汇水量不大、路堤较低且边坡坡面不会受到冲刷的情况下，采用横向漫流的方式向坡面分散排除路面表面水。否则，在路肩外侧边缘设置拦水带，将路面表面水汇集在拦水带同路肩铺面组成的浅三角形过水断面或排水盲沟内，当硬路肩汇水量较大时，可在路肩上设置排水沟，在适当长度内设置泄水口配合急流槽将路面积水排除。

路堑横向排流的路面表面水汇集于边沟内，排出路基外。

2）中央分隔带防排水

一般路段的中央分隔带排水系统的主要作用是排除中央分隔带范围内的表面渗水。中央分隔带内可设置纵向排水渗沟，并间隔 40~80 m 设一横向排水管将渗沟内的水排引出路界，渗沟周围包裹反滤织物（土工布），以免渗入水携带的细粒将渗沟堵塞。渗沟上的回填料与路面结构的交界处铺设涂双层沥青火设防水土工布。中央分隔带排水系统主要由渗沟、渗沟内的集水管和每隔一定间距设置的横向排水管组成。

超高路段中央分隔带排水。高等级公路超高路段不允许上侧半幅路面的表面水横向漫流过下侧半幅路面。因此，超高路段的中央分隔带，除应具有一般路段中央分隔带应具有的功能和构造要求外，尚应设置明沟拦截上侧半幅路面漫流过来的表面水。针对不同的中央分隔带形式，目前在高等级公路建设中主要采用以下两种方式：

（1）凸形中央分隔带：采取在中央分隔带路缘石外侧设置纵向格栅盖板沟，并通过每隔一定间距设置集水井，并通过横向排水管将水排出路基范围之外。

（2）凹形中央分隔带：在中央分隔带内设置纵向格栅盖板沟，上侧半幅路面的表面水直接漫流入中央分隔带内的纵向沟，每隔一定间距设置集水井，通过横向排水管将水排出路基范围之外。

3）路面结构内部防排水

路面内部排水设施的泄水能力应大于渗入路面结构内的水量，且下游排水设施的泄水能力应

超过上游排水设施的泄水能力。

从路面结构本身入手，可以在表层、中间层和基层设置。如开级配透水性沥青混凝土表层、排水性土工织物中间层、透水性基层等，一般先通过竖向渗流进入排水层，然后横向渗流进入在边缘设置的纵向集水沟和排水管，由横向出水管引出路基。

4）桥面防排水

桥面上应采用防、排结合的原则设置系统，竖向防止水渗入主体结构，横向把路面水和渗入水排除。

可以通过不透水或密实面层、防水层、防水混凝土阻隔渗水，通过桥面上设置纵坡、横坡汇集水流，通过泄水管等排出。

6.1.3 施工方法

路面施工应做到现场规划，架设供电线路，设置料场、车场、搅拌站，选择机械和设备，平整场地，准备材料，保证材料运输道路安全畅通。搅拌场宜设置在摊铺路段的中间位置，内部布置应满足原材料储运、混合料运输、供水、供电、钢筋加工等使用要求，并尽量紧凑，减少占地。

路面的基层（底基层）、面层施工中，根据混合料的拌和方式主要有路拌法和厂拌法，其摊铺方式有人工和机械两种。路面工程不同的构造主要施工方法见图6.2。

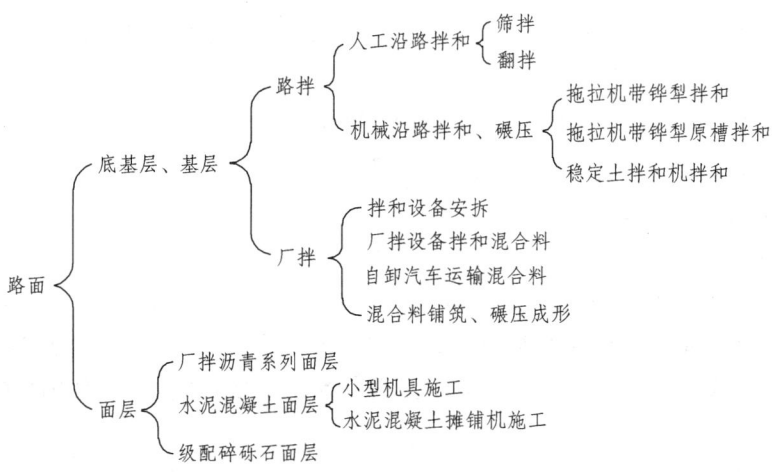

图 6.2 公路路面工程主要施工方法

1）底基层、基层

（1）路拌法施工。

路拌法是指采用人工或利用拖拉机（带铧犁）或稳定土拌和机在路上（路槽中）或沿线就地拌和混合料的施工方法。路拌法施工仅适用于二级及二级以下公路，其中二级公路应采用稳定土拌和机制备混合料；对于高速和一级公路，直接铺筑在土基上的底基层下层可以用稳定土拌和机进行路拌法施工。

路拌法施工水泥稳定土基层、级配碎（砾）石的工艺流程，见图6.3、图6.4。

（2）厂拌法施工。

厂拌法是指采用拌和设备集中拌和混合料的施工方法。二级以上公路适用厂拌法。

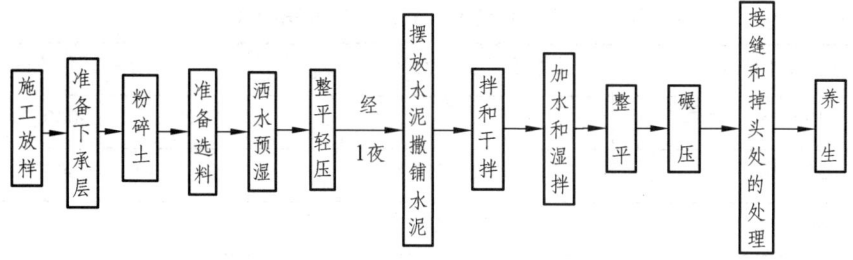

图 6.3　路拌法水泥稳定土施工流程图

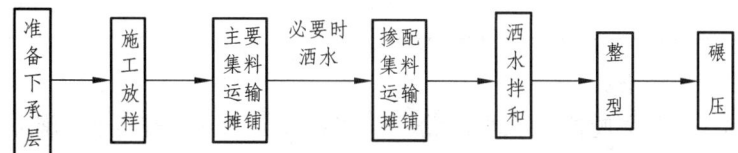

图 6.4　路拌法级配碎（砾）石施工流程图

拌和厂（场）应平整并具有足够的承载能力。高速公路和一级公路的拌和厂，场地应采用 C20 混凝土硬化，混凝土强度等级应不低于 C15 级，厚度应不小于 200 mm。

对高速公路和一级公路，应采用专用稳定材料拌和设备拌制混合料。稳定细粒材料集中拌和时，土块应粉碎，最大尺寸应不大于 15 mm。

无机结合料稳定中、粗粒材料的拌和生产设备应满足下列要求：

对高速公路和一级公路，混合料拌和设备的产量宜大于 500 t/h，水泥稳定材料从装车到运输至现场，时间宜不超过 1 h，超过 2 h 时应作为废料处置。

2）沥青路面

沥青路面主要工序：施工前的准备工作、沥青混合料的拌和与运输、摊铺、压实。其要点有：

（1）施工前的准备工作主要有料源的确定及进场材料的质量检验、机械选型与配套、拌和厂选择、修筑试验路段等项工作。

摊铺前准备好基层路面，数量应至少能满足一天的沥青路面施工。如配备搅拌设备拌和能力为 200 t/h、最大摊铺宽度为 12 m 的摊铺机，摊铺 12 m 宽、6 cm 厚的沥青路面时，预先准备的基层路面应在 1500 m 以上。

（2）沥青混合料的拌和。

必须在沥青拌和厂（场、站）采用拌和机械拌制。拌和厂与工地现场距离应充分考虑交通堵塞的可能，确保混合料的温度下降不超过要求，且不致因颠簸造成混合料离析。

拌和厂应具有完备的排水设施，各种集料必须分隔贮存，细集料应设防雨顶棚，料场及场内道路应作硬化处理，严禁泥土污染集料。

沥青混合料可采用间歇式拌和机或连续式拌和机拌制。高速和一级公路宜采用间歇式拌和机，连续式拌和机使用集料必须稳定不变，一个工程从多处进料、料源或质量不稳定时，不得采用连续式拌和机。

拌和设备的选型及场地布置应根据工程量和工期选择生产能力和移动方式（固定式、半固定式和移动式）。固定式沥青混合料拌和厂，应根据设备的数量、工作时产生的粉尘与噪声、供电与供水以及施工运输等条件选择厂址和确定场地面积，面积估计可参考表 6.1 的数据。

表6.1 沥青混合料拌和厂场地面积参考表

生产能力（t/h）	搅拌器容量（间歇式）（kg）	场地面积（m²）
30~35	500	3000
35~40	750	4500
60~70	1000	6500
90~110	1500	9000
120~140	2000	12000

（3）沥青混合料的运输。

沥青混合料宜采用较大吨位的运料车运输，运料车的运力应稍有富余，施工过程中摊铺机前方应有运料车等候。对高速、一级公路，宜待等候的运料车多于5辆后开始摊铺。

（4）沥青混合料的摊铺。

沥青路面不得在气温低于10 ℃（高速和一级公路）或5 ℃（其他等级公路），以及雨天、路面潮湿的情况下施工。改性沥青混合料施工温度较普通沥青混合料提高10~20 ℃，SMA混合料施工温度应视纤维品种和数量、矿粉用量的不同，在改性沥青混合料的基础上适当提高。

热拌沥青混合料应采用沥青摊铺机摊铺，在喷洒有黏层油的路面上铺筑改性沥青混合料或SMA时，宜使用履带式摊铺机。铺筑高速公路、一级公路时，一台摊铺机的摊铺宽度不宜超过6 m（双车道）~7.5 m（3车道以上），通常宜采用两台或更多台数的摊铺机前后错开10~20 m成梯队方式同步摊铺。

沥青面层宜连续施工，摊铺速度宜控制在2~6 m/min，对改性沥青混合料及SMA混合料宜放慢至1~3 m/min。摊铺机速度可由作业质量要求和搅拌站能力及贮存、运输能力等因素综合考虑，如200 t/h拌和站，配备15辆17 t自卸运料车，在一次摊铺宽度为12 m、厚度为5 cm路面时，摊铺机的速度为2.5 m/min时铺筑效果比较理想。

（5）沥青混合料的碾压。

沥青路面施工应配备足够数量的压路机，选择合理的压路机组合方式及初压、复压、终压及成型的碾压步骤，以达到最佳碾压效果。高速公路铺筑双车道沥青路面的压路机数量不宜少于5台，施工气温低、风大、碾压层薄时，压路机数量应适当增加。

6.2 清单编制

《计量规范》路面工程为300章，包括301通则，302垫层，303石灰稳定土底基层、基层，304水泥稳定土底基层、基层，305石灰、粉煤灰稳定土底基层、基层，306级配碎（砾）石底基层、基层，307沥青稳定碎石基层（ATB），308透层和黏层，309热拌沥青混合料面层，310沥青表面处治与封层，311改性沥青及改性沥青混合料，312水泥混凝土路面板，313培土路肩、中央分隔带回填土、土路肩加固及路缘石，314路面及中央分隔带排水，315其他路面，分为15节。清单分项及计算规则如下。

1. 通则

301节通则不计量支付。费用应包括在与其相关工程支付子目的单价或费率之中。

2. 路面垫层、底基层、基层

路面垫层、底基层、基层工程量计量规则见表6.2、表6.3。

表6.2 路面垫层工程量清单计量规则

子目号	子目内容	单位	工作内容
302-1	碎石垫层		
-a	厚…mm	m²	1. 清理下承层、洒水
302-2	砂砾垫层		2. 材料检验、备料（拌和）、运输
-a	厚…mm	m²	3. 摊铺、整型
302-2	水泥稳定土垫层		4. 碾压
-a	厚…mm	m²	5. 养护
302-2	石灰稳定土垫层		
-a	厚…mm	m²	

表6.3 底基层、基层工程量清单计量规则

子目号	子目内容	单位	工作内容
303-1	石灰稳定土底基层		
-a	厚…mm	m²	
303-2	搭板、埋板下石灰稳定土底基层	m³	
304-1	水泥稳定土底基层		
-a	厚…mm	m²	
304-2	搭板、埋板水泥稳定土底基层	m³	
304-3	水泥稳定土基层		1. 清理下承层、洒水
-a	厚…mm	m²	2. 材料检验、备料（拌和）、运输
305-1	石灰粉煤灰稳定土底基层		3. 摊铺、整型
-a	厚…mm	m²	4. 碾压
305-2	搭板、埋板石灰粉煤灰稳定土底基层	m³	5. 养护
305-3	石灰工业废渣稳定土基层		
-a	厚…mm	m²	
306-1	级配碎石底基层		
-a	厚…mm	m²	
306-2	搭板、埋板碎石底基层	m³	

续表

子目号	子目内容	单位	工作内容
306-3	级配碎石基层		
-a	厚…mm	m²	
306-4	级配砾石底基层		1. 清理下承层、洒水
-a	厚…mm	m²	2. 材料检验、备料（拌和）、运输
306-5	搭板、埋板级配砾石底基层	m³	3. 摊铺、整型
306-7	级配砾石基层	m²	4. 碾压
-a	厚…mm	m²	5. 养护
307-1	沥青稳定碎石基层（ATB-25）		
-a	厚…mm	m²	
-b	厚…mm	m²	

路面主体垫层、底基层、基层工程量：按图示面积，按不同厚度以平方米计量。

$$\text{路面主体垫层、底基层、基层工程量} = \text{图示宽度} \times \text{图示长度} \tag{6.2}$$

搭板、埋板（底）基层工程量：按图示体积，按立方米计量。

$$\text{搭板、埋板（底）基层工程量} = \text{图示宽度} \times \text{图示长度} \times \text{图示厚度} \tag{6.3}$$

放坡铺设的工程量按中截面面积计算，当遇到不规则形状时，按铺设的实际面积计算。

清单编制时应注意：

（1）以平方米为单位时，材料配比、厚度等规格型号、作法不同时，分列清单；以立方米为单位时，材料配比不同时，分列清单。

（2）石灰稳定土、水泥稳定土、石灰粉煤灰稳定土、石灰工业废渣稳定土等结合料稳定类垫层、基层、底基层稳定的土可以为细粒土、中粒土和粗粒土，如碎石、砂砾、碎石土、砂砾土等集料。如水泥稳定土基层子目可以根据项目情况分为：水泥稳定砂砾、石屑、碎石等。

（3）垫层、底基层、基层出现《公路工程标准施工文件》（2009版）清单表没有的材料时，可补充清单。如垫层常用的还有矿渣、卵石、块石、风化料等。

3. 沥青路面面层

（1）透层和黏层按图纸规定的或监理人指示的喷洒面积，经监理人验收合格，以平方米计量。个别特殊形状的面积，应采用适当的计算方法计量。除监理人另有指示外，超过图纸规定的计算面积均不予以计量。

（2）热拌沥青混合料面层工程量：按图示平均面积，按粗、中、细粒式沥青混凝土和不同厚度分别以平方米计量。

（3）沥青表面处治工程量：按图纸所示面积，按不同厚度分别以平方米计量。

（4）封层工程量：按图纸所示面积，以平方米计量。

（5）改性沥青混合料：按图纸所示，按不同厚度及实际摊铺的面积以平方米计量。

可见，透层、黏层、热拌沥青混合料面层、沥青表面处治、封层、改性沥青混合料面层的工程量（表6.4～表6.7）计算公式如下：

$$\text{工程量} = \text{图示宽度} \times \text{图示长度} \tag{6.4}$$

放坡铺设的工程量按中截面面积计算,当遇到不规则形状时,按铺设的实际面积计算。

表6.4 透层、黏层工程量清单计量规则

子目号	子目内容	单位	工作内容
308-1	透层	m²	1. 清理下承层 2. 材料检验、备料、运输 3. 洒油、撒矿料 4. 养护
308-2	黏层	m²	

清单编制时应注意:应分别根据材料和用量的不同细分子目,分列清单。

表6.5 热拌沥青混合料面层工程量清单计量规则

子目号	子目内容	单位	工作内容
309-1	细粒式沥青混凝土		
-a	厚…mm	m²	
-b	厚…mm	m²	1. 清理下承层、洒水
309-2	中粒式沥青混凝土		2. 材料检验、配制(拌和)、运输
-a	厚…mm	m²	3. 摊铺、整型
-b	厚…mm	m²	4. 碾压
309-3	粗粒式沥青混凝土		5. 养护
-a	厚…mm	m²	
-b	厚…mm	m²	

清单编制时应注意:沥青混凝土种类、掺和料、厚度等规格型号、作法不同时,分列清单。如热拌沥青混合料面层可分为密级配沥青混凝土混合料AC-25、20、16、13、10、5。

表6.6 沥青表面处治、封层工程量清单计量规则

子目号	子目内容	单位	工作内容
310-1	沥青表面处治		1. 清理下承层
-a	厚…mm	m²	2. 材料检验、加热、备料、运输
-b	厚…mm	m²	3. 洒油、撒矿料、碾压
310-2	封层	m²	4. 养护

清单编制时应注意:沥青表面处治材料品种、厚度等规格型号、作法不同时,分列清单;封层修筑部位、材料品种、厚度等规格型号、作法不同时,分列清单。

表6.7 改性沥青混合料面层工程量清单计量规则

子目号	子目内容	单位	工作内容
311-1	细粒式改性沥青混合料路面		
-a	厚…mm	m²	1. 清理下承层、洒水
-b	厚…mm	m²	2. 材料检验、备料(拌和)、运输
311-2	中粒式改性沥青混合料路面		3. 摊铺、整型 4. 碾压
-a	厚…mm	m²	5. 养护
-b	厚…mm	m²	

续表

子目号	子目内容	单位	工作内容
311-3	SMA 路面		
-a	厚…mm	m²	
-b	厚…mm	m²	

清单编制时应注意：沥青混凝土种类、掺和料、厚度等规格型号、作法不同时，分列清单。如 SMA 路面（沥青玛琋脂碎石混合料）可分为 SMA-20、16、13、10。

例 6-1： 某一级公路 K8+600—K10+599，无桥隧和交叉，全段路面组成见图 6.5～图 6.7，尺寸以厘米计。上面层设计油石比为 5，基层水泥含量 4%，基层喷洒透层沥青，沥青面层之间设黏层沥青，封层、黏层、透层均采用阳离子乳化沥青，其中封层采用 BC-1 型，黏层采用 PC-3 型，透层采用 PC-2 型。试计算该工程路面工程量并列出清单。

解：（1）读图。

里程 K8+600—K10+599，路面宽 23 m，左右侧对称布置。中央分隔带 2 m，路缘石所占宽度每侧为 0.2 m，每侧路缘带宽 0.5 m，行车道宽 7 m，硬路肩 2.5 m，土路肩 0.5 m。边坡侧沥青面层边坡坡率为 1∶1、基层边坡坡率为 1∶1、底基层边坡边率为 1∶1.5，中央分隔带侧沥青面层紧贴路缘石垂直侧面、基层边坡坡率为 1∶1、底基层边坡边率为 1∶1.5。

（2）计算清单工程量。

根据公式（6.2）、（6.4），路面底基层、基层、封层、面层工程量计算公式如下：

工程量=图示宽度×图示长度

放坡铺设的工程量按中截面面积计算，当遇到不规则形状时，按铺设的实际面积计算。

① 图示长度：10599-8600=1999（m）

② 清单工程量。

图示宽度：路基边缘有放坡，中央分隔带有路缘石及绿化带放坡影响，宽度是变化的，按实际宽度计算，为方便计算，从路面最上层向下计算。

a. 上面层 4cm AC-16（C）SBS 改性沥青混凝土。

宽度=（7+2.5+0.5+0.04÷2）×2=20.04（m）

工程量=1999×20.04=40059.96（m²）

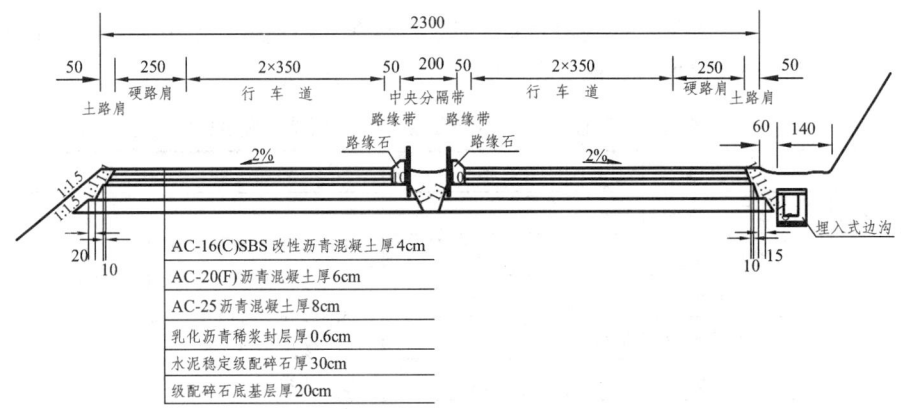

图 6.5 路面结构图

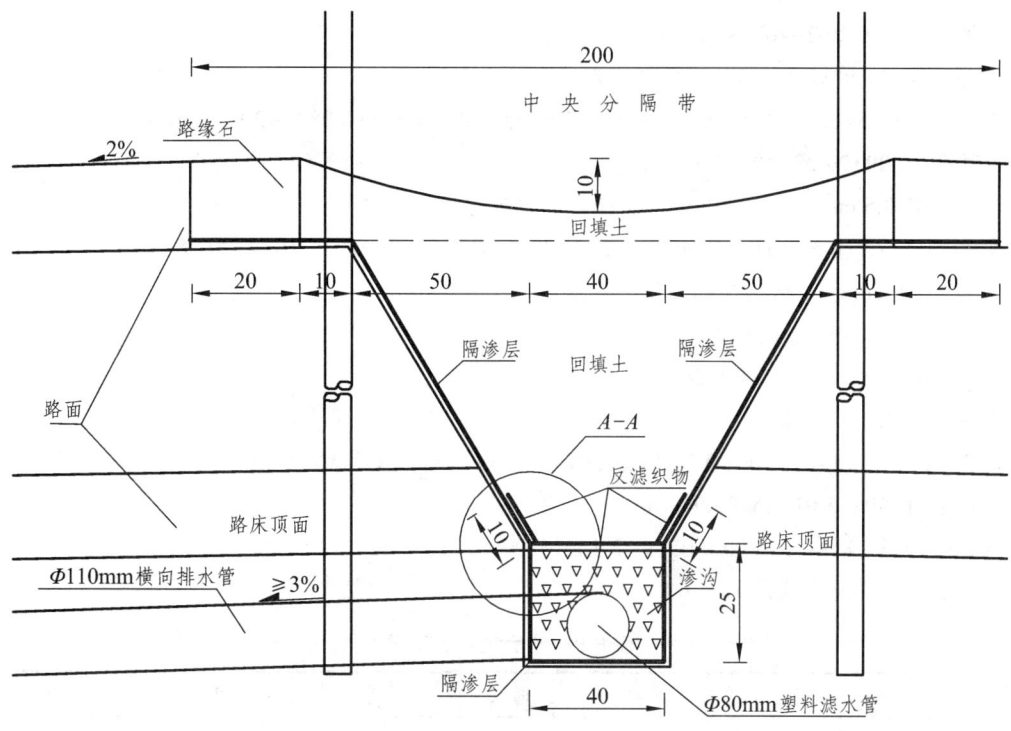

图 6.6 中央分隔带构造图

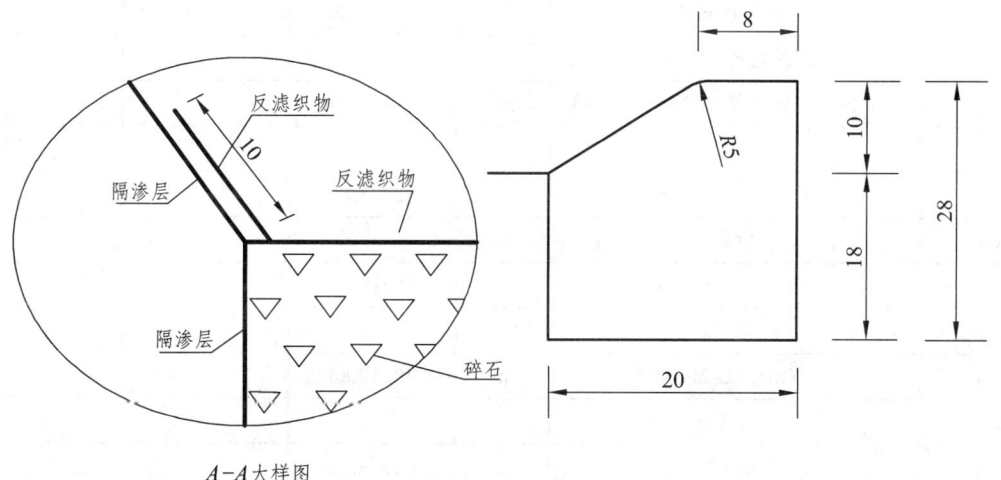

图 6.7 中央分隔带 A—A 大样及路缘石构造图

b. 黏层（上面层与中面层间），放于中面层顶，其宽度为中面层顶宽，即上面层底宽
宽度=（7+2.5+0.5+0.04）×2=20.08（m）
工程量=1999×20.08=40139.92（m²）

c. 中面层 6 cm AC-20（F）中粒式沥青混凝土。
宽度=（7+2.5+0.5+0.04+0.06÷2）×2=20.14 m 或 20.08+2×0.06/2=20.14（m）
工程量=1999×20.14=40259.86（m²）

d. 黏层（中面层与下面层间），放于下面层顶，其宽度为下面层顶宽，即中面层底宽。
宽度=20.08+2×0.06=20.2（m）

工程量=1999×20.2=40379.80（m²）

e. 下面层8 cm AC-25粗粒式沥青混凝土。

宽度=（7+2.5+0.5+0.1+0.08÷2）×2=20.28（m）或20.2+2×0.08÷2=20.28（m）

工程量=1999×20.28=40539.72（m²）

f. 下封层0.6 cm、透层：位于基层顶，其宽度为基层顶宽。

宽度=（7+2.5+0.5+0.18+0.1+0.3）×2=21.16 m 工程量=1999×21.16=42298.84（m²）

g. 基层30 cm水泥稳定级配碎石。

宽度=21.16+4×0.3÷2=21.76（m）

工程量=1999×21.76=43498.24（m²）

h. 底基层20 cm级配碎石。

宽度=（21.16+4×0.3）+（0.2+0.15+2×0.2×1.5÷2）=23.01（m）

工程量=1999×23.01=45996.99（m²）

黏层：40139.92+40379.80=80519.72（m²）

（3）编制工程量清单，见表6.8。

表6.8 路面工程量清单

子目号	子目名称	单位	数量	单价	合价
306-1	级配碎石底基层				
-a	厚200 mm	m²	45996.99		
304-3	水泥稳定土基层				
-a	水泥稳定土碎石厚300 mm（4%）	m²	43498.24		
308-1	透层				
-a	PC-2型乳化沥青	m²	42298.84		
308-2	黏层				
-a	PC-3型乳化沥青	m²	80519.72		
309-2	中粒式沥青混凝土				
-a	厚60 mmAC-20（F）	m²	40259.86		
309-3	粗粒式沥青混凝土				
-a	厚80 mm AC-25	m²	40539.72		
310-2	封层				
-a	BC-1型乳化沥青稀浆下封层	m²	42298.84		
311-1	细粒式改性沥青混合料路面				
-a	SBS厚40 mmAC-16（C）	m²	40059.96		

4. 水泥混凝土面层

水泥混凝土路面板：按图示面积，按不同品种和强度，分不同厚度以平方米计量。

$$水泥混凝土路面板工程量=图示宽度×图示长度 \qquad (6.5)$$

当遇到不规则形状时，按铺设的实际面积计算（表6.9）。

钢筋：水泥混凝土路面的补强钢筋及拉杆、传力杆等钢筋按图纸所示，以千克计量，因搭接而增加的钢筋不予计入。

$$钢筋工程量=图示长度×钢筋每米单位重量 \tag{6.6}$$

表6.9 水泥混凝土面层工程量清单计量规则

子目号	子目内容	单位	工作内容
312-1	水泥混凝土路面板		
-a	厚…mm（混凝土弯拉强度…MPa）	m²	1. 清理下承层 2. 模板制作、安装、拆除 3. 混凝土拌和、运输、浇筑、抹平 4. 拉毛 5. 压（刻）纹 6. 伸缝、缩缝 7. 锯缝、嵌缝 8. 路面养生
-b	厚…mm（混凝土弯拉强度…MPa）	m²	
312-2	钢筋		
-a	HPB235	kg	1. 补强钢筋制作安装 2. 拉杆、传力杆制作安装
-b	HRB335	kg	

清单编制时应注意：水泥混凝土路面板混凝土品种、强度等级、掺和料、厚度等规格型号、作法不同时，分列清单。如水泥混凝土路面板根据水泥混凝土品种不同，常用的有普通水泥混凝土、纤维水泥混凝土、碾压水泥混凝土等。

5. 培土路肩、中央分隔带回填土、土路肩加固及路缘石

培土路肩、中央分隔带回填土工程量：按压实后工程数量，以立方米为单位计量。

$$培土路肩、中央分隔带回填土工程量=宽度×长度×厚度 \tag{6.7}$$

水泥混凝土加固土路肩（现浇、预制块）工程量：沿路肩表面量测长度，按不同规格型号以延米为单位计量（表6.10）。

路缘石：按图示的长度现场量测，以延米为单位计量。

$$水泥混凝土加固土路肩、路缘石工程量=长度 \tag{6.8}$$

表6.10 培土路肩、中央分隔带回填土、土路肩加固及路缘石工程量清单计量规则

子目号	子目内容	单位	工作内容
313-1	培土路肩	m³	1. 修筑 2. 夯实
313-2	中央分隔带回填土	m³	
313-3	现浇混凝土加固土路肩（厚…mm）	m	1. 模板制作、安装、拆除 2. 基槽开挖与回填、夯实 3. 混凝土拌和、运输、浇筑、养生 4. 接缝
313-4	混凝土预制块加固土路肩（厚…mm）	m	1. 基槽开挖与回填、夯实 2. 垫层 3. 预制块预制、运输、铺砌 4. 接缝
313-5	混凝土预制块路缘石	m	1. 基槽开挖与回填、夯实 2. 垫层铺筑 3. 预制块预制、运输、铺砌 4. 接缝

清单编制时应注意：材料品种、尺寸等规格型号不同时，分列清单。

例 6-2：接例 6.1，路缘石中央分隔带开口长度为 B，K8+808～K8+860 段 B 为 50 m，K10+286.50～K10+313.50 段 B 为 25 m，其他见图 6.8～图 6.10，尺寸以厘米计。试计算路面 C25 混凝土预制块路缘石、中央分隔带回填土工程量并编制工程量清单。

解：（1）读图。

路缘石左右侧对称布置在中央分隔带两侧，中央分隔带回填土根据图 6.6 和图 6.8，两者都要分成中央分隔带未开口段、开口段两种情况计算，其中回填土分为 A、B 部分（图 6.6）。

（2）计算清单工程量。

根据公式（6.7）、（6.8），工程量计算公式如下：

中央分隔带回填土工程量=宽度×长度×厚度

路缘石工程量=长度

① 中央分隔带回填土。

a. 回填土中央分隔带开口段。

里程长度 K8+808～K8+860 段 52 m，K10+286.50～K10+313.50 段 27 m，共 52+27=79（m）。

A 部分一处开口段端部：每端是半个圆台共两个，里程长度 2 m，回填土工程量

$$V = \frac{h}{3}(R^2 + r^2 + Rr)$$

$$=0.5×（0.4^2+1.4^2+0.4×1.4）÷3=0.45（m^3）$$

B 部分一处开口段端部：每端是半个圆柱共两个，里程长度 2 m，回填土工程量

$$V = \pi r^2 h$$

$$=\pi×[（2-0.4）÷2]^2×0.18=\pi×0.8^2×0.18=0.36（m^3）$$

开口段共两处，端部共 4 m，其余 79-4=75 m 无回填土，共有回填土

$$2×（0.45+0.36）=1.62（m^3）$$

b. 回填土中央分隔带未开口段，里程长度=1999-79=1920 m。

A 部分未开口段是一个长度相等的方棱台，回填土工程量

$$V = \frac{h}{6}(2ab + a_1 b + 2a_1 b_1 + ab_1)$$

$$=0.5×（2×0.4×1920+2×1.4×1920+0.4×1920+1.4×1920）÷6$$

$$=864（m^3）$$

B 部分未开口段是一个长方体，回填土工程量

$$V=0.18×1.6×1920=552.96（m^3）$$

未开口段共有回填土：864+552.96=1416.96（m³）

c. 回填土合计：1.62+1416.96=1418.58（m³）。

② 路缘石。

a. 路缘石中央分隔带开口段，里程长度 79 m。

一处开口段端部：每端是个半圆共两个（图 6.10），里程长度 2 m，路缘石工程量

$$2×\pi×（1-0.1）\text{ m}$$

开口段共两处，端部共 4 m，其余 79-4=75 m 无路缘石，共有路缘石

$$2×2×\pi×（1-0.1）=11.31（m）$$

b. 路缘石中央分隔带未开口段。

里程长度=1999-79=1920（m），共有路缘石 2×1920=3840（m）。

c. 路缘石合计：11.31+3840=3851.31（m）。

（3）编制工程量清单（表 6.11）。

表 6.11 路缘石、中央分隔带回填土工程量清单

子目号	子目名称	单位	数量	单价	合价
313-2	中央分隔带回填土				
-a	回填耕植土	m³	1418.58		
313-5	混凝土预制块路缘石				
-a	C25 混凝土	m	3851.31		

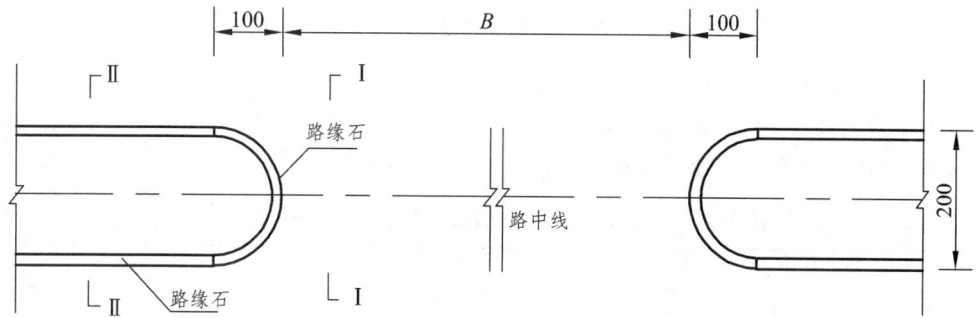

图 6.8 中央分隔带开口段平面示意图（断面图见图 6.9）

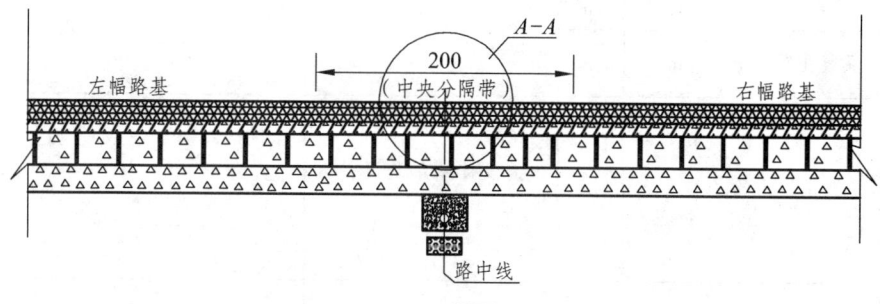

Ⅰ-Ⅰ 断面

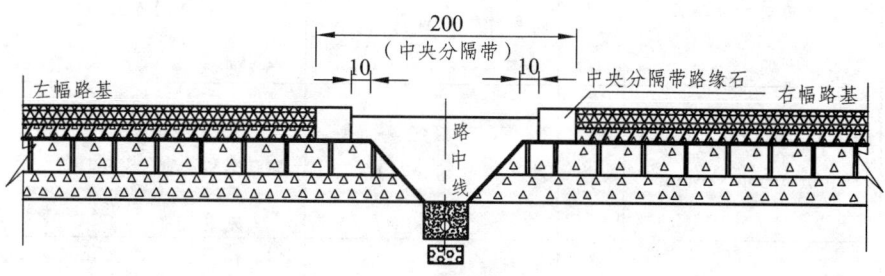

Ⅱ-Ⅱ 断面

图 6.9 断面图

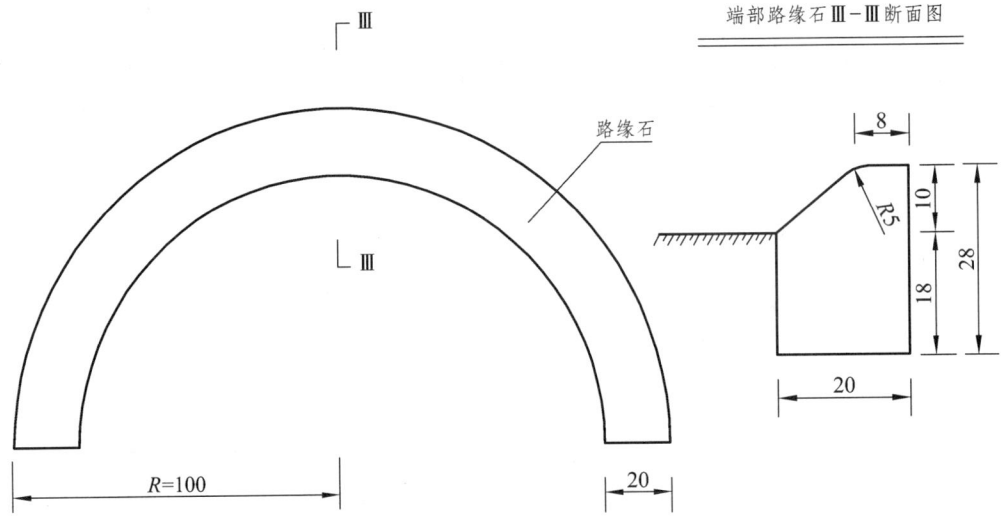

图 6.10 端部路缘石大样图

6. 路面及中央分隔带排水

本节工作为路面和中央分隔带排水工程,包括纵、横、竖向排水管、渗沟、缝隙式圆形集水管、集水井、路肩排水沟和拦水带等结构物,见表 6.12。

表 6.12 路面及中央分隔带排水工程量清单计量规则

节	子目内容	单位		工作内容
314-1	排水管		按设计图示长度,分不同材料、不同直径分别以米计量	1. 基础开挖和基础浇筑 2. 胶泥隔水层及出水口预制混凝土垫块 3. 混凝土包封 4. 排水管铺设
-a	PVC-U 管($\phi\cdots$mm)	m		
-b	铸铁管($\phi\cdots$mm)	m		
-c	混凝土管($\phi\cdots$mm)	m		
314-2	纵向雨水沟(管)	m	按设计图示长度,以米计量	1. 挖基、运输土石方 2. 制作安装沟管 3. 填缝 4. 端部混凝土 5. 盖板制作安装 6. 回填
314-3	C$\cdots$混凝土集水井	座	按设计图示数量,不同尺寸以座计量	1. 挖基、运输土石方 2. 预制安装混凝土 3. 井盖板制作安装 4. 钢筋 5. 回填
314-4	中央分隔带渗沟($\cdots$mm×$\cdots$mm×$\cdots$mm)	m	按设计图示不同截面尺寸,以延米计量	1. 挖基、运输土石方 2. 土工布铺设 3. 埋设纵向排水管 4. 填碎石(砾)石 5. 基坑回填
314-5	沥青油毡防水层	m²	按设计图示面积,以平方米计量	1. 挖基、运输土石方 2. 粘贴沥青油毡 3. 接头处理 4. 涂刷沥青 5. 回填

续表

节	子目内容	单位		工作内容
314-6	路肩排水沟			
-a	混凝土路肩排水沟	m	按设计图示长度，以米计量	1. 配运料 2. 现浇或预制混凝土 3. 砌筑 4. 勾缝、接缝
-b	砂砾垫层	m³	按设计图示体积，（路基填筑中已计量者除外）以立方米计量	1. 配运料 2. 铺料、整平 3. 压实
-c	土工布	m²	按设计图示面积，以平方米计量	1. 清理下承层 2. 铺设土工布 3. 搭接及锚固
314-7	拦水带			
-a	沥青混凝土拦水带	m	按设计图示长度，按长度以米计量	1. 拌和、运输 2. 铺筑
-b	水泥混凝土拦水带	m		1. 配运料 2. 现浇或预制混凝土 3. 砌筑 4. 勾缝、接缝

清单编制时应注意：

（1）各项内容可以根据材质和规格的不同，补充清单；当表中没有合适内容，放入其他节也不合适时，可以向下补充新的节内容。如中央分隔带纵向雨水沟（管）常用的有现浇混凝土、预制安装混凝土雨水沟等；中央分隔带集水井常用的有现浇、预制安装、砖砌、石砌集水井等；中央分隔带渗沟常用的有 PVC-U 管式渗沟、高密度聚乙烯管（HDPE）等。

（2）09 公路标准文件中渗沟以米为单位计量，渗沟中的土工布不另计量，包含在渗沟单价中。但由于尺寸、形状、用料等不同，计算时常采用分部位计量列方便。一般主体以体积（m³）计量，其他部位根据特点分别采用合适单位计量。

随着公路修建里程的增长，路面形式也越来越多，工作中可以根据项目情况补充清单。可补充在相关节内容中，也可以单独补充节。如可补充 315 节其他路面：沥青贯入式碎石路面（石油沥青、乳化沥青）、上拌下贯式沥青碎石路面（石油沥青、乳化沥青）、天然砂砾路面、级配碎（砾）石路面、粒料改善土路面、泥结碎（砾）石路面、整齐块石路面（水泥混凝土预制块、砖块、块石）、半整齐块石路面（粗凿块石）、不整齐块石路面（拳石、手摆片石）等。

例 6-3：接上例，中央分隔带横向排水管 264.83 m，渗沟纵向排水管为 PVC-U 管，此段无超高段，路面挖方边缘长 1890 m，其余为填方路段边缘。路面边缘排水见图 6.11、图 6.12，中央分隔带排水见图 6.6～图 6.10，图中尺寸以厘米计，边缘的透水性填料为砂砾，ϕ 50 mmPVC 管每 60 m 布置一个，从起点开始布置，每个长 30 cm。计算路面排水工程量，列出清单。

解：（1）读图。

本段里程 K8+600—K10+599，路面排水分为边缘、中央分隔带两部分，其中边缘分为填方、挖方两种形式，构造不同，应分别计算排水工程量。

（2）计算清单工程量。

① 中央分隔带处设置的排水设施。

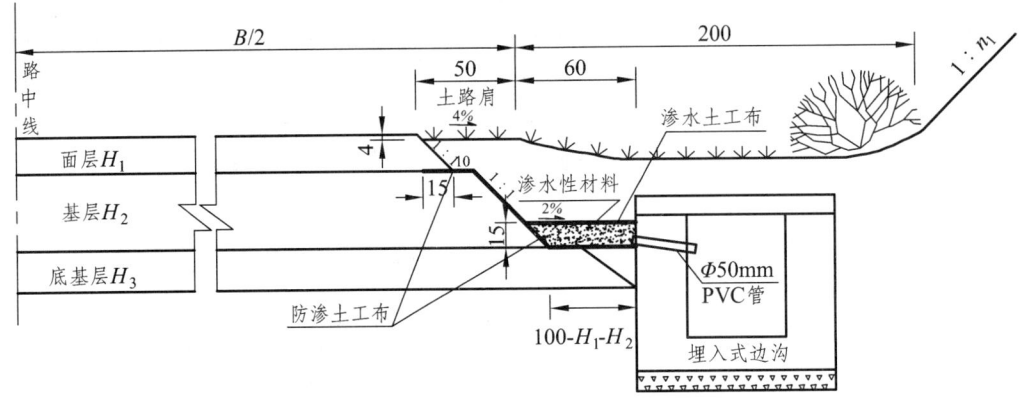

图6.11 挖方路段路面边缘排水构造图

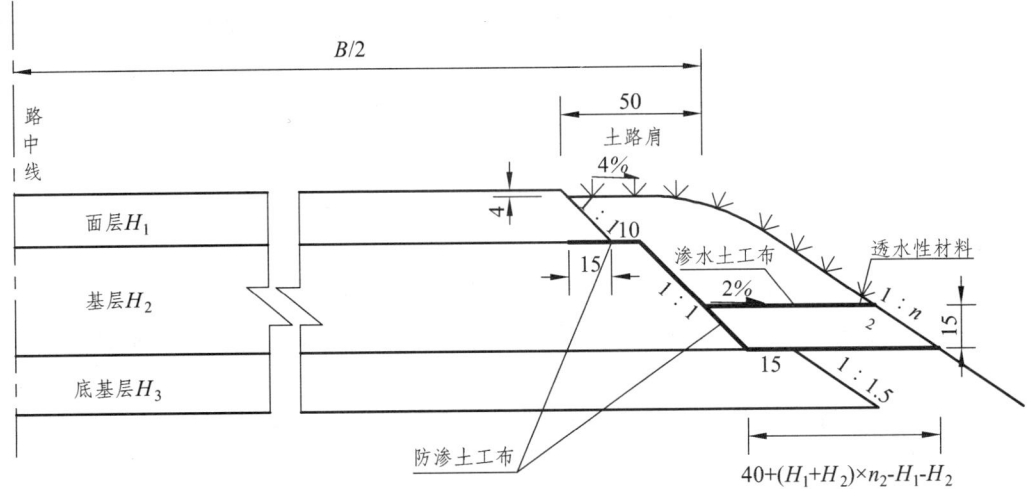

图6.12 填方路段路面边缘排水构造图

a. 排水管按不同材料、不同直径分别以米计量。

ϕ110 mmHDPE 横向排水管工程量 264.83 m，含挖基。

b. 渗沟按不同截面尺寸以延米计量。

中央分隔带渗沟（宽 400 mm×高 250 mm）以延米计量，包括碎石、防渗土工布、渗水土工布、纵向排水管在内。工程量：10599-8600=1999 m

② 路面边缘排水。

包括砂砾填料、防渗土工布、渗水土工布、横向PVC排水管 ϕ50 mm。

路面挖方边缘长 1890 m，其余为填方路段边缘长：1999×2-1890=2108 m。先计算路面边缘排水挖方边缘、填方边缘每延米的工程数量。

a. 挖方边缘每延米的工程数量：

透水性填料：下顶宽（$100-H_1-H_2$）=（100-18-30）=52（cm）

上顶宽（$100-H_1-H_2$）+15=52+15=67（cm）

工程数量 1×0.15×（0.52+0.67）÷2=0.089（m³）

防渗土工布：[15+10+$H_2\sqrt{2}$+52]÷100=（25+1.414×30+52）÷100=1.194（m²）

渗水土工布：工程数量就是透水性填料上顶宽 0.67 m。

b. 填方边缘每延米的工程数量：

透水性填料：下顶宽 $40+(H_1+H_2)\times n_2-H_1-H_2=40+(18+30)\times1.5-18-30=64$（cm）

上顶宽 $64-0.15\times(1.5-1)=56.5$（cm）

工程数量 $1\times0.15\times(0.64+0.565)\div2=0.09$（m³）

防渗土工布：$[15+10+H_2\sqrt{2}+64]\div100=(25+1.414\times0.3+64)\div100=0.894$（m²）

渗水土工布：工程数量就是透水性填料上顶宽 0.565 m。

c. 路面边缘排水合计数量：

砂砾填料 $1890\times0.089+2108\times0.09=357.93$（m³）

防渗土工布 $1890\times1.194+2108\times0.894=4141.21$（m²）

渗水土工布 $1890\times0.67+2108\times0.565=2457.32$（m²）

横向排水管 ϕ50mmPVC 管：$1890/60=31.5$，取 33 个，共长 $33\times0.3=9.9$（m）。

（3）编制工程量清单。

标准清单没有路面边缘排水，放在其他节也不合适，可向下补充 314-8 节，并补充清单，见表 6.13。

表 6.13 路面排水工程量清单

子目号	子目名称	单位	数量	单价	合价
314-1	排水管				
-a	HDPE 横向排水管（ϕ110 mm）	m	264.83		
314-4	中央分隔带渗沟（…mm×…mm×…mm）				
-a	碎石渗沟（宽 400 mm×高 250 mm）	m	1999		
314-8	路面边缘排水				
-a	砂砾填料	m³	357.93		
-b	防渗土工布	m²	4141.21		
-c	渗水土工布	m²	2457.32		
-d	PVC 排水管 ϕ50 mm	m	9.9		

6.3 定额计算规则

6.3.1 第二章路面工程

6.3.1.1 章说明

章说明主要说明了定额单位、路面厚度、用水量调整、水费和洒水汽车台班调整、本章混凝土已包括拌和费用、单车道路面时压路机系数调整、混合料运输距离和费用等情况。

（1）本章定额包括各种类型路面以及路槽、路肩、垫层、基层等，除沥青混合料路面、厂拌基层稳定土混合料运输以 1000 m³ 路面实体为计算单位外，其他均以 1000 m² 为计算单位。

（2）路面项目中的厚度均为压实厚度，培路肩厚度为净培路肩的夯实厚度。

（3）本定额中混合料系按最佳含水量编制，定额中已包括养生用水并适当扣除材料天然含水量,但山西、青海、甘肃、宁夏、新疆、西藏等省、自治区,由于湿度偏低,用水量可根据具体情况,在定额数量的基础上酌情增加。

(4)本章定额中凡列有洒水汽车的子目,均按 5 km 范围内洒水汽车在水源处自吸水编制,不计水费。如工地附近无天然水源可利用,必须采用供水部门供水(如自来水)时,可根据定额子目中洒水汽车的台班数量,按每台班 35 m³ 计算定额用水量,乘以供水部门规定的水价增列水费。洒水汽车取水的平均运距超过 5 km 时,可按路基工程的洒水汽车洒水定额中的增运定额增加洒水汽车的台班消耗,但增加的洒水汽车台班消耗量不得再计水费。

(5)本章定额中的水泥混凝土均已包括其拌和的费用,使用定额时不得再另行计算。

(6)压路机台班按行驶速度,两轮光轮压路机为 2.0 km/h、三轮光轮压路机为 2.5 km/h、轮胎式压路机为 5.0 km/h、振动压路机为 3.0 km/h 进行编制。如设计为单车道路面宽度时,两轮光轮压路机乘以 1.14 的系数、三轮光轮压路机乘以 1.33 的系数、轮胎式压路机和振动压路机乘以 1.29 的系数。

(7)自卸汽车运输稳定土混合料、沥青混合料和水泥混凝土定额项目,仅适用于平均运距在 15 km 以内的混合料运输,当平均运距超过 15 km 时,应按社会运输的有关规定计算其运输费用。当运距超过第一个定额运距单位时,其运距尾数不足一个增运定额单位的半数时不计,等于或超过半数时按一个增运定额运距单位计算。

例 6-4:稳定土拌和机拌和水泥砂砾基层 54 万 m²,厚 15 cm,6000 L 洒水汽车洒水(515.31 元/台班),在 6 km 处吸取自来水(0.6 元/m³)。求增加的费用及洒水汽车台班数。

解:定额本章说明 4 规定,本题洒水汽车取水运距 6 km,且吸取的是自来水,需要增列水费、增加洒水汽车消耗量。

(1)增列水费可根据定额子目中洒水汽车的台班数量,按每台班 35 m³ 计算定额用水量,乘以供水部门规定的水价增列水费。查定额[84-2-1-2-21]稳定土拌和机拌和水泥稳定砂砾基层压实厚度 15 cm,6000 L 洒水汽车定额消耗量为 0.75 台班/1000 m²,则增加用水数量:

0.75×(540000÷1000)×35=14175(m³)

增加用水费用:14175×0.6=8505(元)

(2)运距超过 5km,可按路基工程的洒水汽车洒水定额中的增运定额增加洒水汽车的台班消耗。查[46-1-1-22-7×2]洒水汽车洒水 10 km 每增运 0.5 km,增加洒水汽车消耗量:

$$14175 \times \frac{0.88}{1000} \times \frac{1}{0.5} = 24.95 \text{(台班)}$$

增加洒水汽车消耗量增加的费用:24.95×515.31=12856.99(元)

(3)增加的费用合计:8505+12856.99=21361.99(元)

(4)实际洒水汽车总消耗量:0.75×(540000÷1000)+24.95=429.95(台班)

6.3.1.2 第一节路面基层及垫层说明

第一节的说明主要说明了定额每层压实厚度规定和调整;分层拌和、碾压时人材机调整;稳定土配合比换算;人工沿路翻拌和筛拌的土不计过筛费用,定额中土预算价格,按自采和自办运输计算;定额稳定土基层中的碎石土、砂砾土指天然料;底基层采用基层定额时的调整等情况。

(1)各类稳定土基层、级配碎石、级配砾石基层的压实厚度在 15 cm 以内,填隙碎石一层的压实厚度在 12 cm 以内，垫层、其他种类的基层和底基层压实厚度在 20 cm 以内，拖拉机、平地机和压路机的台班消耗按定额数量计算。如超过上述压实厚度进行分层拌和、碾压时，拖拉机、平地机和压路机的台班消耗按定额数量加倍计算，每 1000 m² 增加 3 个工日。

（2）各类稳定土基层定额中的材料消耗系按一定配合比编制的，当设计配合比与定额标明的配合比不同时，有关材料可按下式进行换算：

$$C_i = [C_d + B_d \times (H_1 - H_0)] \times \frac{L_i}{L_d}$$

式中　C_i——按设计配合比换算后的材料数量；

　　　C_d——定额中基本压实厚度的材料数量；

　　　B_d——定额中压实厚度每增减 1 cm 的材料数量；

　　　H_0——定额的基本压实厚度；

　　　H_1——设计的压实厚度；

　　　L_d——定额标明的材料百分率；

　　　L_i——设计配合比的材料百分率。

【例】石灰粉煤灰稳定碎石基层，定额标明的配合比为：石灰∶粉煤灰∶碎石=5∶15∶80，基本压实厚度为 15 cm；设计配合比为：石灰∶粉煤灰∶碎石=4∶11∶85；设计压实厚度为 16 cm。各种材料调整后的数量为：

生石灰：$[15.829 + 1.055 \times (16 - 15)] \times \frac{4}{5} = 13.507$（t）

粉煤灰：$[63.31 + 4.22 \times (16 - 15)] \times \frac{11}{15} = 49.52$（m³）

碎石：$[164.89 + 10.99 \times (16 - 15)] \times \frac{80}{85} = 186.87$（m³）

（3）人工沿路翻拌和筛拌稳定土混合料定额中均已包括土的过筛工消耗，因此，土的预算价格中不应再计算过筛费用。

（4）本节定额中土的预算价格，按材料采集及加工和材料运输定额中的有关项目计算。

（5）各类稳定土基层定额中的碎石土、砂砾土系指天然碎石土和天然砂砾土。

（6）各类稳定土底基层采用稳定土基层定额时，每 1000 m² 路面减少 12～15 t 光轮压路机 0.18 台班。

例 6-5：水泥砂砾底基层（水泥含量 5%），设计厚度 32 cm，拖拉机带铧拌犁拌和。试按预算定额确定每 1000 m² 消耗量。

解：水泥砂砾底基层设计厚度 32 cm，需要进行分层拌和、碾压，分成 16 cm 厚的两层。

每 1000 m² 消耗量：

（1）查预算定额[2-1-2-5+6]得单层 16 cm 厚水泥砂砾基层消耗量。

（2）根据第一节第 6 条"各类稳定土底基层采用稳定土基层定额时，每 1000 m² 路面减少 12～15 t 光轮压路机 0.18 台班"，得单层 16 cm 厚水泥砂砾底基层消耗量。

（3）根据第一节第 1 条，当分两层拌和、碾压时，拖拉机、平地机和压路机的台班消耗按定额数量加倍计算，每 1000 m² 增加 3 个工日，得两层 16 cm 厚水泥砂砾底基层消耗量。

注意：虽然没有定额说明，根据定额消耗量的确定原则，拌和材料的消耗量和厚度有关，由材料净用量+损耗组成。则两层拌和时厚度为单层 16 cm 的两倍，材料数量也应翻倍。详见表 6.14。

表 6.14　每 1000m² 定额消耗量

项目	单层 16 cm 厚水泥砂砾基层	单层 16 cm 厚水泥砂砾底基层	两层 16 cm 厚水泥砂砾底基层
人工（工日）	=14.3+0.6=14.9	14.9	=14.9+3=17.9
32.5 级水泥（m³）	=15.95+1.085=17.035	17.035	=（15.95+1.085）×2=34.07
砂砾（m³）	=197.2+13.15=210.35	210.35	=（197.2+13.15）×2=420.7
设备摊销费（元）	=（1.6+0.1）×0.855=1.5	1.5	1.5
120 kW 以内自行式平地机（台班）	0.37	0.37	=2×0.37=0.74
75 kW 以内履带式拖拉机（台班）	0.21	0.21	=2×0.21=0.42
6～8 t 光轮压路机（台班）	0.27	0.27	=2×0.27=0.54
12～15 t 光轮压路机（台班）	1.27	=1.27-0.18=1.09	=2×1.09=2.18
6000 L 以内洒水汽车（台班）	=0.75+0.03=0.78	0.78	0.78

6.3.1.3　第二节路面面层说明

（1）泥结碎石、级配碎石、级配砾石、天然砂砾、粒料改善土壤路面面层的压实厚度在 15cm 以内，拖拉机、平地机和压路机的台班消耗按定额数量计算。如超过上述压实厚度进行分层拌和、碾压时，拖拉机、平地机和压路机的台班消耗按定额数量加倍计算，每 1000m² 增加 3 个工日。

（2）泥结碎石及级配碎石、级配砾石面层定额中，均未包括磨耗层和保护层，需要时应按磨耗层和保护层定额另行计算。

（3）沥青表面处治路面、沥青贯入式路面和沥青上拌下贯式路面的下贯层以及透层、黏层、封层定额中已计入热化、熬制沥青用的锅、灶等设备的费用，使用定额时，不得另行计算。

（4）沥青碎石混合料、沥青混凝土和沥青碎石玛琦脂混合料路面定额中，均已包括混合料拌和、运输、摊铺作业时的损耗因素，路面实体按路面设计面积乘以压实厚度计算。

（5）沥青路面定额中均未包括透层、黏层和封层，需要时可按有关定额另行计算。

（6）沥青路面定额中的乳化沥青和改性沥青，均按外购成品料进行编制；如在现场自行配制时，其配制费用计入材料预算价格中。

（7）如沥青玛琦脂碎石混合料设计采用的纤维稳定剂的掺加比例与定额不同时，可按设计用量调整定额中纤维稳定剂的消耗。

（8）沥青路面定额中，均未考虑为保证石料与沥青的黏附性而采用的抗剥离措施的费用，需要时，应根据石料的性质，按设计提出的抗剥离措施，计算其费用。

（9）在冬五区、冬六区采用层铺法施工沥青路面时，其沥青用量可按定额用量乘以下列系数：沥青表面处治 1.05；沥青贯入式基层 1.02；面层 1.028；沥青上拌下贯式下贯部分 1.043。

（10）本定额系按一定的油石比编制的。当设计采用的油石比与定额不同时，可按设计油石比调整定额中的沥青用量。换算公式如下：

$$S_i = S_d \times \frac{L_i}{L_d}$$

式中　S_i——按设计油石比换算后的沥青数量；

S_d——定额中的沥青数量；

L_d——定额中标明的油石比；

L_1——设计采用的油石比。

例 6-6：某高速公路表面层设计采用 SMA 路面，设计材料稳定剂为合成矿物纤维素，设计掺入量为 0.35%，确定定额中稳定剂的数量。

解：定额中稳定剂的掺入量按路面材料总质量的 0.3% 计算。

7.344×0.35%÷0.3%=8.568（t）

或根据[2-2-12-2]定额计算：

1000 m³ 路面实体积需消耗混合料体积 1020 m³，SMA 的材料干密度为：2.353 t/m³（预算定额附录一）、纤维稳定剂（代号 856）的场内运输及操作损耗率为 2%（预算定额附录四），则

7.344÷1.02÷1020÷2.353=0.3%

矿物纤维稳定剂消耗量：

1020×2.353×0.35%×1.02=8.568（t）

例 6-7：某中粒式沥青混凝土，设计油石比为 5，试按预算定额规定调整。

解：查《预算定额》附录一表 4 可知，预算定额油石比为 4.8，查预算定额[155-2-2-11]中粒式沥青混凝土拌和，每 1000 m³ 路面实体拌和混合料 1020 m³，用石油沥青 113.465 t。

则根据公式（6.8），沥青数量调整为：113.465×5÷4.8=118.193（t）

6.3.1.4　第三节路面附属工程说明

（1）整修和挖除旧路面按设计提出的需要整修的旧路面面积和需要挖除的旧路面体积计算。

（2）整修旧路面定额中，砂石路面均按整修厚度 6.5 cm 计算，沥青表处面层按整修厚度 2 cm 计算，沥青混凝土面层按整修厚度 4 cm 计算，黑色路面基层的整修厚度均按 6.5 cm 计算。

（3）硬路肩工程项目，根据其不同设计层次结构，分别采用不同的路面定额项目进行计算。

（4）铺砌水泥混凝土预制块人行道、路缘石、沥青路面镶边和土硬路肩加固定额中，均已包括水泥混凝土预制块的预制，使用定额时不得另行计算。

6.3.2　定额运用的注意事项

路面工程计价时应该注意一些常见数据及厚度、配合比等套用和换算，还要特别注意辅助工程量确定、路面工程量的分解和自定（第四章中已提到），这些内容往往对定额正确套用影响很大。

1. 厚度

（1）路面项目中的厚度均为压实厚度。

路面各层实体=定额面积×压实厚度

（2）同一层厚度不同时的换算，分层拌和、碾压时的换算。

2. 配合比

混合料配合比、路面材料油石比可按设计调整；SMA 稳定剂可按设计调整，定额中为木纤维。调整材料数量的基础数据见《预算定额》附录一。

3. 辅助工程量取定原则

在编制路面工程造价时,辅助工程量的取定,应符合项目的实际情况并考虑分标段的要求。需要确定以下要素:厂拌各类混合料路面拌和设备的安装、拆除,场地修建及混合料的运输等数量和费用。

1)拌和设备

(1)拌和设备位置、型号及数量确定。

应根据施工组织设计考虑拌和厂的位置、型号、数量,确定路面工程中的稳定土厂拌设备、沥青混合料拌和设备、混凝土搅拌站(楼)设备的安装和拆除。一般需要根据工期、拌和设备的功率、生产效率、场地情况等确定。每一路面标段一般可以计列一套设备,但是如果工程数量太少,不经济时,也可以几个标段一起合用。

(2)拌和设备型号、数量的定额调整。

采用相应的定额计算厂拌基层(底基层)稳定土混合料的定额是按拌和能力为 300t/h 的拌和设备编制的,拌和设备不同时,按定额要求作调整:可按《预算定额》116 页"不同生产能力拌和设备定额消耗数量调整表"中的数据调整定额中人工、装载机和拌和设备的消耗数量(2-1-7 厂拌基层稳定土混合料的注)。

例 6-8: 求采用拌和能力为 200 t/h 的拌和设备拌和水泥剂量为 5%,设计厚度为 18 cm 的水泥碎石基层 1000 m^2,定额的拌和设备消耗量。

解: 设计配合比与定额相同,设计厚度为 18 cm 的厂拌水泥碎石基层定额为[109-2-1-7-5 + 6×3]。其中 1000 m^2 的 300 t/h 以内稳定土厂拌设备消耗量为:

300 t/h 以内稳定土厂拌设备:0.24 + 0.02×3=0.30(台班)

根据定额注,实际用拌和设备与定额拌和设备的拌和能力不同,应按《预算定额》116 页"不同生产能力拌和设备定额消耗数量调整表"调整。将定额中的 300 t/h 以内稳定土厂拌设备调整为:200t/h 以内稳定土厂拌设备 0.36 + 0.02×3=0.42(台班)。

2)混合料运输距离、运费

当混合料集中拌和时,就会产生将拌制好的混合料运至施工现场的环节,一种材料如有两个以上的供应点时,应根据不同的运距、运量、运价采用加权平均的方法计算运费。设计有多种铺筑厚度时,可能对混合料运输费用产生较大影响时,应分别按不同厚度起终点取定其运距、运量,作为计算依据。但往往同一路段的同一层次铺筑厚度变化不大,且厚度与长度相比数量也较小,对运费的影响较小,实际操作为简化计算,常不考虑厚度的不同。

混合料平均运距计算,主要有三步:确定公路沿线同一材料在多料场供应条件下相邻料场间经济供应的分界点(相邻两料场间经济分界点);计算每个料场在供应范围内材料平均运距;计算全线多料场供应的加权平均运距。

(1)相邻料场间经济供应的分界点。

当公路工程沿线有若干个同种材料的供应点(料场),则两相邻料场间可以确定一个经济分界点。经济分界点的确定原则:当两个料场材料单价相同时,其分界点距离前、后两料场的距离相等。料场分布图见图 6.13。根据经济分界点的概念,可得出如下关系:

$$\begin{cases} b_1 + a_1 = b_2 + a_2 \\ a_1 + a_2 = A \end{cases} \quad (6.9)$$

式中　b_1——1号料场至公路的间距，即1号料场的上路距离；
　　　b_2——2号料场至公路的间距，即2号料场的上路距离；
　　　a_1——1号料场上路桩号至大桩号方向经济分界点的间距；
　　　a_2——2号料场上路桩号至小桩号经济分界点的间距；
　　　A——两料场上路点间的距离。

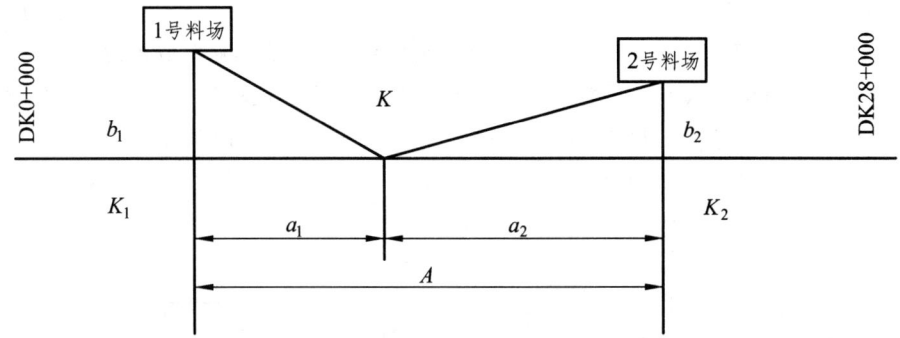

图6.13　料场分布图

当 K_2 桩号大于 K_1 桩号时，两料场的经济分界点 K 的里程可按下式计算：

$$K = K_1 + a_1 = K_2 - a_2 \quad (6.10)$$

式中　K_1——1号料场的上路桩号；
　　　K_2——2号料场的上路桩号；
　　　K——经济分界点桩号；
　　　a_1、a_2 同公式（6.9）。

由经济分界点公式进一步推导得到：

$$\begin{cases} a_1 = [(b_2 - b_1) + A]/2 \\ a_2 = [A - (b_2 - b_1)]/2 \end{cases} \quad (6.11)$$

计算桩号时应注意：路线起、终点至最近料场上路桩号的范围内，其起、终点即为经济分界点（自然分界点），不必计算。

例 6-9：某公路1标段全长28 km，全标段路面所需石料有1号料场和2号料场供应，1号料场位于该公路起始端6 km外侧4 km处，2号料场位于该段公路终点端8 km外侧2 km处，见图6.13，试确定两个料场的供应范围。

解：确定料场经济供应范围，先确定两个料场间的经济分界点 K 的桩号。

根据题意和图示分别确定两个料场的上路里程桩号：

1号料场的上路桩号 $K_1 = (K0+000) + (K6+000) = K6+000$

2号料场的上路桩号 $K_2 = (K28+000) - (K8+000) = K20+000$

则 $A = (20000 - 6000) = 14000$ m $= 14$ km

根据公式 $\begin{cases} a_1 = [(b_2 - b_1) + A]/2 \\ a_2 = [A - (b_2 - b_1)]/2 \end{cases}$，代入本题数据，得：

$a_1 = [(2-4) + 14]/2 = 6$（km）；$a_2 = [14 - (2-4)]/2 = 8$（km）

由公式 $K = K_1 + a_1 = K_2 - a_2$，得：经济分界点 K 桩号为 K =（K6+000）+（K6+000）= K12+000
则 1 号料场的供应范围：K0+000 ~ K12+000，共 12 km；
则 2 号料场的供应范围：K12+000 ~ K28+000，共 16 km。

思考：如果材料供应价格不等，1 号料场如何确定材料供应范围？

（2）每个料场在供应范围内材料平均运距。

以 1 号料场供应范围内材料平均运距计算为例进行分析。假定每千米材料需要量均为 X，则材料供应范围内石料需要数量为 $(c_1+a_1)X$。1 号料场上路点左段所需材料数量为 c_1X，材料重心在左段中间 M 点。左段材料从 1 号料场到上路点 K_1，再到 M 点，运距为 $(b_1+c_1/2)$；右段所需材料数量为 a_1X，材料重心在右段中间 N 点，运距为 $(b_1+a_1/2)$，见图 6.14 所示。

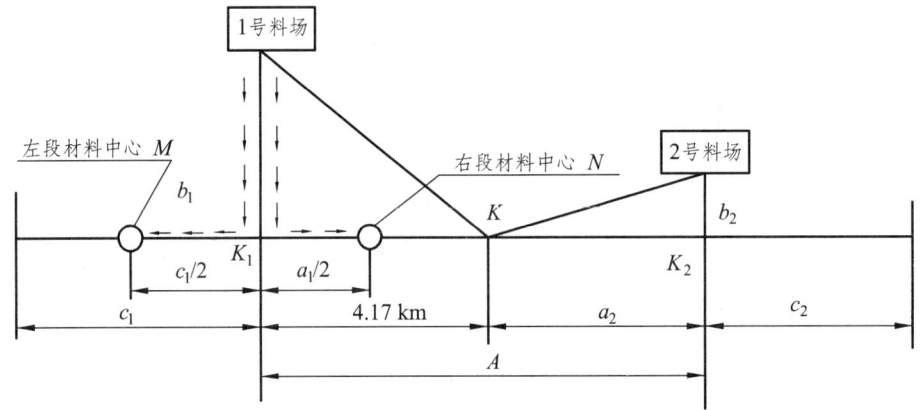

图 6.14　1 号料场材料供应示意图

则 1 号料场在供应范围内材料平均运距为：

$$L_1 = \frac{c_1 \times X \times (b_1+c_1/2) + a_1 \times X \times (b_1+a_1/2)}{(c_1+a_1)\times X} = \frac{c_1\times(b_1+c_1/2)+a_1\times(b_1+a_1/2)}{c_1+a_1} \quad (6.12)$$

同理，2 号料场在供应范围内材料平均运距为：

$$L_2 = \frac{c_2 \times X \times (b_2+c_2/2) + a_2 \times X \times (b_2+a_2/2)}{(c_2+a_2)\times X} = \frac{c_2\times(b_2+c_2/2)+a_2\times(b_2+a_2/2)}{c_2+a_2} \quad (6.13)$$

例 6-10：以例 6-9 的背景资料和所计算出的数据，分别求 1 号、2 号料场供应石料的平均运距。

解：由上例计算数据可知：c_1=6 km，a_1=6 km
根据公式（6.12），代入本题数据，得 1 号料场供应石料平均运距：

$$L_1 = \frac{6\times(4+6/2)+6\times(4+6/2)}{6+6} = 7 \text{ km}$$

根据 c_2=8 km，a_2=8 km，同理可计算出 2 号料场供应石料平均运距

$$L_2 = \frac{8\times(2+8/2)+8\times(2+8/2)}{8+8} = 6 \text{ km}$$

（3）全线多料场供应的加权平均运距。

当有多个料场时，各自运距计算出来后，可根据各自供应的材料数量，求出全线该种材料的加权平均运距。加权平均运距：

$$L = \frac{\sum_{i=1}^{n} Q_i L_i}{\sum_{i=1}^{n} Q_i} \tag{6.14}$$

式中 Q_i——第 i 个料场的运量（m³）;

n——料场的个数;

L_i——第 i 个料场的平均运距（km）;

L——n 个料场的加权平均运距（km）。

当每公里供料数量一样时，公式 6.14 可简化为：

$$L = \frac{\sum_{i=1}^{n} S_i \times L_i}{\sum_{i=1}^{n} S_i} \tag{6.15}$$

式中 S_i——第 i 个料场的供应里程长度（km）;

n——料场的个数;

L_i——第 i 个料场的平均运距（km）;

L——n 个料场的加权平均运距（km）。

例 6-11：仍以例 6-9 为背景，求该标段石料平均运距。

解：1 号和 2 号料场各自运距计算出来后，可根据各自供应的材料数量，求出全线石料的加权平均运距。

1 号料场供应石料平均运距 L_1 为 7 km，2 号料场供应石料平均运距 L_2 为 6 km;

1 号料场供应石料里程长度 12 km，2 号料场供应石料里程长度 16 km

根据公式（6.11），计算出全线加权平均运距为：

$$L = \frac{12 \times 7 + 16 \times 6}{(12+16)} = 6.43 \text{ km}$$

例 6-12：一路面标段，长 36 km，沥青混凝土宽度 22 m、厚度 18 cm。在距路线两端 1/3 处各有 1 处较平整场地适宜设置沥青拌和场，上路距离均为 200 m，估计每设置 1 处拌和场的费用约为 100 万元。施工组织提出了设 1 处和 2 处拌和场的两种方案比选。假设施工时工料机价格水平与定额基价一致，用 15 t 自卸汽车运输，请选择费用较省的施工组织方案。

分析要点：本例主要考查综合平均运距、运量及运价、混合料的综合费用的计算。注意几点：

（1）综合平均运距计算实际上就是平均运距×运量的权重。

（2）自卸汽车运输稳定土混合料、沥青混合料和水泥混凝土，综合平均运距在 15 km 以内时，当运距超过第一个定额运距单位时，其运距尾数不足一个增运定额单位的半数时不计，等于或超过半数时按一个增运定额运距单位计算。

（3）沥青混合料运输基价参照《公路工程预算定额》上册第 161 页。

解：（1）混合料综合平均运距计算。

① 设置 1 处拌和场。

设置 1 处拌和场时，拌和场设置在路线 1/3 处，距路线起终点分别为 12 km、24 km，平均运距分别为 6 km、12 km，见图 6.15。混合料综合平均运距：

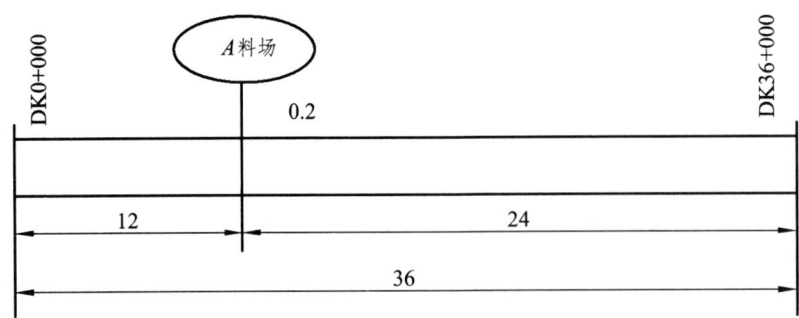

图 6.15　1 处拌和场材料供应示意图

$$\frac{12\times6+24\times12}{36}+0.2=10.2(\text{km})$$

② 设置 2 处拌和场。

设置 2 处拌和场时，分别设置在距路线两端 1/3 处，A、B 两个拌和场离起终点均为 12 km，A、B 两点间的距离 L_{AB} 也是 12 km，见图 6.16。

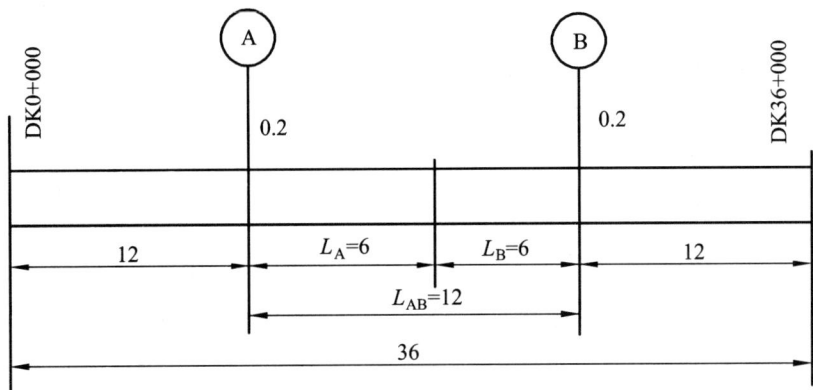

图 6.16　2 处拌和场材料供应示意图

求两料场的经济分界点：

$$L_B=\frac{1}{2}[L_{AB}-(b-a)]=\frac{1}{2}[12-(0.2-0.2)]=6(\text{km})$$

则经济分界点 K 离 A 和 B 均为 6 km，两个料场的供料范围均为 18 km，每个拌和场距其供料路段的起终点分别为 12 km、6 km，平均运距分别为 6 km、3 km。两个料场混合料平均运距：

$$\frac{(12\times6+6\times3)\times2}{36}+0.2=5.2(\text{km})$$

（2）混合料运输费用计算。

混合料工程量：$0.18\times22\times36000=142560$（$\text{m}^3$）。

沥青混合料运输基价查预算定额[161-2-2-13]，平均运距 10 km 以内和 5 km 以内增运分别套取定额，计取基价。平均运距设置 1 处拌和场 10.2 km、设置 2 处拌和场 5.2 km，尾数 0.2 km 不足一个增运定额单位的半数不计，增运距离分别取 9 km、4 km。则

① 设置 1 处拌和场时混合料运输费用：（5473+445×18）×142560÷1000

=1922136（元）

② 设置2处拌和场时混合料运输费用：（5473+500×8）×142560÷1000
$$=135.0471（万元）$$

（3）两方案的经济性比较。

设置1处拌和场时的综合费用：100+192.2136=192.2136（万元）

设置2处拌和场时的综合费用：100×2+135.0471=335.0471（万元）

由于设置1处拌和场的综合费用低于设置2处拌和场的综合费用，从经济角度出发，推荐设置1处拌和场的施工组织方案。

4．其他常见数据及换算

1）垫层材料的消耗量标准确定

垫层是一种单一的材料结构，按压实系数确定。各种材料压实系数见《公路工程预算定额》附录一，其计算公式如下：

$$C=1000HK(1+P) \tag{6.16}$$

式中 C——每1000 m² 定额材料消耗量（m³）；

H——设计路面垫层的压实厚度（m）；

K——相应材料的压实系数；

P——相应材料的场内运输及操作损耗（%），见《公路工程预算定额》附录四。

当采用《公路工程预算定额》以外的，可参照类似路面垫层定额的压实系数，也可根据现场材料试验测定的压实系数计算。

2）路面基层、面层混合料材料消耗定额测算通用公式

路面基层、面层混合料材料消耗定额测算通用公式，无须知道公式6.7中B_d、C_d是多少。

$$C_d = \frac{F \times H_0 \times \gamma_{混} \times L_i}{\sum_{i=1}^{n} L_i \times \gamma_{松}} \times (1+i) \tag{6.17}$$

式中 C_d——定额中基本压实厚度的材料数量；

F——定额计量单位（1000m²）；

H_0——定额的基本压实厚度（cm）；

L_i——设计配合比材料百分率；

$\gamma_{混}$——路面压实混合料干密度（t/m³），由预算定额附录一查得；

$\gamma_{松}$——路面材料松方干密度（t/m³），由预算定额附录一查得；

$\sum_{i=1}^{n} L_i$——设计配合比材料百分率之和，即100；

i——材料场地运输及操作损耗（%），由《预算定额》附录四查得。

该公式的特点是可以直接求得各种路面材料的定额消耗量，而前面提到的公式 $C_i=[C_d+B_d\times(H_1-H_0)]\times\frac{L_i}{L_d}$ 则必须知道定额中的基本压实度的材料数量 C_d 和 B_d 才能算得实需定额值。

3）基层材料的消耗量标准确定

基层有结合料稳定类整体型和粒料嵌锁型、级配型两大类。消耗量按压实混合料干密度、松方干密度（见《公路工程预算定额》附录一）等考虑，除了使用路面混合料定额消耗量通用公式，

在路拌法水泥稳定土基层定额中,当已知水泥剂量时,其计算公式如下:

$$水泥用量 = 混合料体积 \times 混合料压实干密度 \times \frac{水泥剂量}{1+水泥剂量} \times$$
$$(1+场内运输及操作损耗率) \quad (6.18)$$

$$集料数量 = \frac{[混合料体积 \times 混合料压实干密度 \times (1+场内运输及操作损耗率) - 水泥用量]}{材料松方干密度 \times 集料配合比之和} \times$$
$$所占配合比 \quad (6.19)$$

例 6-13: 已知某路面基层采用 5% 水泥石屑基层,拟采用路拌法稳定土拌和机施工,路面基层设计厚度 15 cm,定额计量单位 1000 m²。求水泥、石屑的定额材料消耗量。

解: 确定干密度:$\gamma_{混} = 2.140$ t/m³,$\gamma_{石屑松} = 1.530$ t/m³

场内运输及操作损耗 i,查水泥、石屑均为 2%。则材料定额消耗量:

$$水泥用量 = 混合料体积 \times 混合料压实干密度 \times \frac{水泥剂量}{1+水泥剂量} \times$$
$$(1+场内运输及操作损耗率)$$
$$= 1000 \times 0.15 \times 2.140 \times \frac{5\%}{1+5\%} \times (1+2\%) = 15.591 \text{ (t)}$$

$$集料数量 = \frac{[混合料体积 \times 混合料压实干密度 \times (1+场内运输及操作损耗率) - 水泥用量]}{材料松方干密度 \times 集料配合比之和} \times$$
$$所占配合比$$
$$= \frac{[1000 \times 0.15 \times 2.140 \times (1+2\%) - 15.59\%]}{1.53 \times 1} \times 100\%$$
$$= 203.81 \text{ (m}^3\text{)}$$

将计算结果与定额 2-1-2-25 对照。

5. 路面工程量的分解和自定

路面工程量设计一般只列出路面各层结构的面积数量,这些数量经过单位的换算后有些是可以直接采用的(如封层、稳定土路拌施工等),有些工程量则必须经过分析、分解和自定。在计价时应根据工艺性质、设计说明、详图等确定工程数量,避免漏列。

6.4 计价实例

例 6-14: 某一级公路 10.35 km,总宽 23 m,垫层为 30 cm 碎石层,见图 6.17,施工方法为分两层机械摊铺、碾压,碎石从料场购买,运到工地价 30 元/m³。编制碎石垫层工程量清单、报价原始数据表。

解:(1)编制工程量清单。

依据工程量清单计量规则,路面碎石垫层按设计铺筑面积计算,则:

上顶宽:(11.67-0.3×1.5-0.3×1)×2=21.84(m)

下顶宽：11.67×2=23.34（m）

清单工程量：10350×（21.84+23.34）÷2=233807（m²）

编制清单表见表6.15。

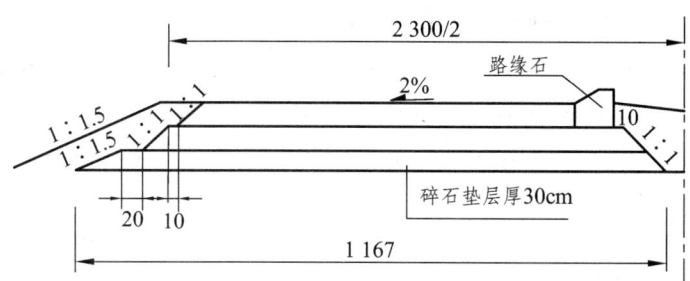

图 6.17 路面碎石垫层示意图

表 6.15 路面碎石垫层清单表

子目号	子目名称	单位	数量	单价	合价
302-1	碎石垫层				
-a	厚 300 mm	m²	233807		

（2）编制报价原始数据表。

清单子目工程内容包括：清理下承层、洒水；材料检验、备料（拌和）、运输；摊铺、整型；碾压；养护。依据以上工程内容和采用的施工方法，套用定额，见表6.16。

表 6.16 路面垫层报价原始数据表

编号	子目名称	单位	数量	取费	备注
302-1	碎石垫层				
-a	厚 300 mm	m²	233807		
2-1-1-15	机械铺料碎石垫层压实厚度 30 cm	1000 m²	233.807	其他路面	分两层摊铺，拖拉机、平地机和压路机台班消耗按定额数量加倍，每1000 m²增加3个工日

例 6-15：某二级公路 1 标段 30 km，基层为 20 cm 厚 5%水泥碎石，底基层为 20 cm 厚的（5：15：80）石灰粉煤灰砂砾，清单见表6.17。集中拌和、15 t 自卸汽车运输、7.5 m 摊铺机铺筑，施工组织设计资料显示，距路线两端1/3处各有一块比较平坦场地，与路线紧邻。路面施工期为6个月，拌和设备为300 t/h，每天施工 10 h，设备利用率为 0.85，拌和设备安拆需 1 个月，拌和站场地处理不考虑。请按表 6.15 格式编制原始数据表，需要时应列式计算。

表 6.17 路面基层底基层清单表

子目号	子目名称	单位	数量	单价	合价
304-3	水泥稳定土基层				
-a	水泥稳定碎石（6%）厚 200 mm	m²	771780		
305-1	石灰粉煤灰稳定土底基层				
-a	石灰粉煤灰稳定砂砾厚	m²	789780		

解：本题套取定额时注意路面工程量的分解和自定。厂拌混合料路面，除了拌和、摊铺、碾压的定额外，还应根据施工组织设计考虑拌和厂的位置和数量，采用相应的定额计算拌和设备的安装、拆除及混合料的运输等数量和费用。

（1）基层、底基层混合料拌和设备数量的计算。

混合料拌和数量：查定额[109-2-1-7-5+6×5]厂拌水泥碎石基层压实厚度20 cm 水泥剂量5%，查定额[113-2-1-7-29+30×5]厂拌石灰粉煤灰砂砾基层20cm（配合比5∶15∶80），配合比与定额一致，不用换算。查《预算定额》附录一，水泥稳定碎石压实干密度2.277 t/m³，石灰粉煤灰稳定砂砾压实干密度1.982 t/m³。

厂拌水泥碎石基层：771780×（151.5+5×10.1）÷1000=155900（m³）

155900×2.277=354984.300（t）

厂拌石灰粉煤灰砂砾底基层：789780×（151.5+5×10.1）÷1000=159536（m³）

159536×1.982=316200.352（t）

基层、底基层共需拌和：354984.300+316200.352=671184.652（t）

根据施工工期安排，要求在6个月内完成路面基层、底基层的施工，拌和设备型号为300 t/h，每天施工10 h，设备利用率为0.85，拌和设备安拆需1个月，则需要的拌和设备数量为：

671184.652÷[300×10×0.85×30×（6-1）]=1.75（台）

应设置2台拌和设备，安拆分摊：

基层 2×354984.300÷671184.652=1.058（台）

底基层 2-1.058=0.942（台）

（2）基层、底基层混合料综合平均运距。

沿线应设稳定土拌和场两处，每处安装拌和设备1台，根据题意，在距路线两端1/3处各有一块比较平坦的场地，且与路线紧邻。则混合料综合平均运距为：

$$\frac{(10\times5+5\times2.5)\times2}{30}=4.17（km）$$

（3）编制报价原始数据表。

清单子目工程内容包括：清理下承层、洒水；材料检验、备料（拌和）、运输；摊铺、整型；碾压；养护。依据以上工程内容和采用的施工方法，套用定额，填写数据，见表6.18。

表 6.18 路面基层底基层报价原始数据表

编号	子目名称	单位	数量	取费	备注
304-3	水泥稳定土基层				
-a	水泥稳定碎石（6%）厚200 mm	m²	771780		
2-1-7-5+6×5	厂拌水泥碎石基层压实厚度20 cm	1000 m²	771.78	其他路面	
2-1-8-21+22×6	厂拌基层混合料15 t自卸汽车运4 km	1000 m³	155.900	汽车运输	
2-1-9-7	7.5 m内摊铺机铺筑基层稳定土	1000 m²	771.78	其他路面	
2-1-10-4	厂拌设备安拆	1 座	1.058	其他路面	
305-1	石灰粉煤灰稳定土底基层				
-a	石灰粉煤灰稳定砂砾厚200 mm	m²	789780		
2-1-7-29+30×5	厂拌石灰粉煤灰砂砾基层20 cm	1000 m²	780.98	其他路面	

续表

编号	子目名称	单位	数量	取费	备注
2-1-9-8	7.5 m 内摊铺机铺筑底基层	1000m²	780.98	其他路面	
2-1-8-21+22×6	厂拌底基层混合料 15 t 自卸汽车运 4 km	1000m³	159.536	汽车运输	
2-1-10-4	厂拌设备安拆	1座	0.942	其他路面	

例 6-16： 施工组织设计 4 个月完成路面面层的施工，用 1 台 320 t/h 拌和沥青，拌和场至现场混合料的平均运距 2.1 km，15 t 自卸汽车运输。根据例 6.1 背景资料及列出的工程量清单，编制沥青面层的报价原始数据表。

解：（1）面层混合料拌和设备数量分摊计算。

查定额[2-2-11]沥青混凝土（粗、中、细粒式）1000 m³ 路面实体需要拌和 1020 m³ 混合料。查《预算定额》附录一，沥青混凝土粗、中、细粒式压实干密度分别为 2.365 t/m³、2.358 t/m³、2.351 t/m³。

沥青混凝土（粗、中、细粒式）拌和数量：

（40539.72×2.365+40259.86×2.358+40059.96×2.351）×1.020=290689.957（t）

1 台 320 t/h 拌和设备，安拆分摊：

粗粒式面层 1×40539.72×2.365×1.02÷290689.957=0.336（台）

中粒式面层 1×40259.86×2.358×1.02÷290689.957=0.333（台）

细粒式面层 1-0.336-0.333=0.331（台）

（2）编制报价原始数据表。

清单子目工程内容包括：清理下承层、洒水；材料检验、备料（拌和）、运输；摊铺、整型；碾压；养护。依据以上工程内容和采用的施工方法，套用定额，填写数据，见表 6.19。

表 6.19 路面面层报价原始数据表

编号	子目名称	单位	数量	取费	备注
309-2	中粒式沥青混凝土				
-a	厚 60 mm AC-20（F）	m²	40259.86		
2-2-11-12	中粒式沥青混凝土拌和（320 t/h 内）	1000m³ 路面实体	2.416	高级路面	
2-2-13-21+22×2	沥青混合料 15 t 以内自卸车运 2 km	1000m³ 路面实体	2.416	汽车运输	
2-2-14-51	机铺沥青混凝土中粒式 320 t/h 内	1000m³ 路面实体	2.416	高级路面	
2-2-15-6	混合料拌和设备安拆（320 t/h 内）	1座	0.333	高级路面	分摊
309-3	粗粒式沥青混凝土				
-a	厚 80 mm AC-25	m²	40539.72		
2-2-11-6	粗粒式沥青混凝土拌和（320 t/h 内）	1000 m³ 路面实体	3.243	高级路面	
2-2-13-21+22×2	沥青混合料 15 t 以内自卸车运 2 km	1000 m³ 路面实体	3.243	汽车运输	
2-2-14-50	机铺沥青混凝土粒式 320 t/h 内	1000 m³ 路面实体	3.243	高级路面	
2-2-15-6	混合料拌和设备安拆（320 t/h 内）	1座	0.336	高级路面	分摊

续表

编号	子目名称	单位	数量	取费	备注
311-1	细粒式改性沥青混合料路面				
-a	SBS 厚 40 mmAC-16（C）	m²	40059.96		
2-2-11-6 换	细粒式沥青混凝土拌和（320 t/h 内）	1000 m³ 路面实体	1.602	高级路面	石油沥青换成 SBS 改性沥青 117.372 t
2-2-13-21+22×2	沥青混合料 15 t 以内自卸车运 2 km	1000 m³ 路面实体	1.602	汽车运输	
2-2-14-52	机铺沥青混凝土细粒式 320 t/h 内	1000 m³ 路面实体	1.602	高级路面	
2-2-15-6	混合料拌和设备安拆（320 t/h 内）	1 座	0.331	高级路面	分摊

上面层设计油石比为 5，查《预算定额》附录一表 4 可知，预算定额中沥青混凝土细粒式油石比为 5.22，则查预算定额[2-2-11-6]细粒式沥青混凝土拌和，每 1000 m³ 路面实体拌和混合料 1020 m³，用石油沥青 122.536 t，则根据公式（6.8）沥青数量调整为：

122.536×5÷5.22=117.372（t）

例 6-17：某二级公路 K0+000-K6+350，标准断面总宽 20 m，2×8.0 m 行车道+2×2 m 土路肩，路面结构见图 6.18、图 6.19；垫层机械铺筑，基层稳定土拌和机拌和，面层轨道式摊铺机铺筑，水泥混凝土运输距离 0.8 km，接缝见图 6.18；拉杆 $\phi 14$ 带肋钢筋共 25802 kg，传力杆 $\phi 25$ 光圆钢筋共 2888 kg，填缝料为沥青玛琋脂。试编制工程量清单、报价原始数据表，初编水泥混凝土面板清单子目的 08-2 表（可省略直接工程费及以下费用部分，只填写消耗量），混凝土的拌和、设备的安拆略去不考虑。

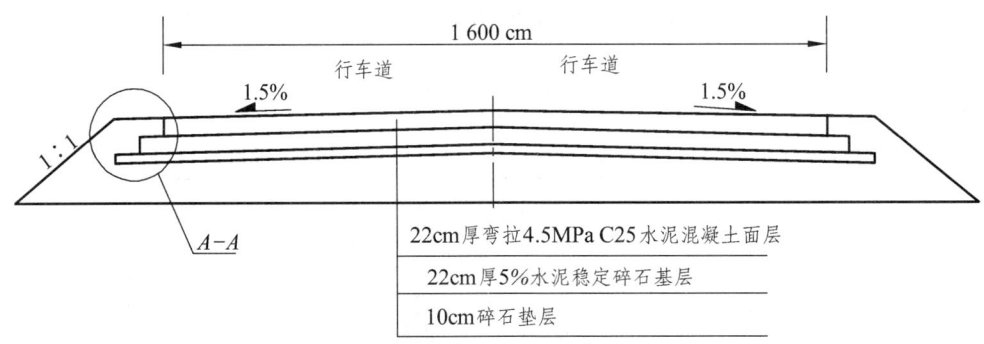

图 6.18 水泥路面横断面示意图

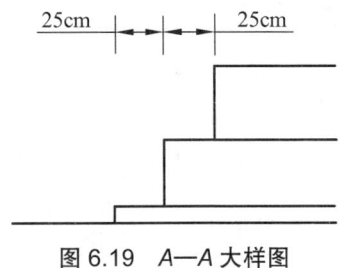

图 6.19 A—A 大样图

解：（1）编制工程量清单。

① 计算清单项目工程量。

22 cm 厚水泥混凝土面层：6350×16=101600（m²）

20 cm 厚 5%水泥稳定碎石基层：（16+0.25×2）×6350=104775（m²）

10 cm 厚碎石垫层：（16+0.5×2）×6350 =107950（m²）

② 编制清单，见表 6.20。

表 6.20　水泥路面清单表

子目号	子目名称	单位	数量	单价	合价
302-1	碎石垫层				
-a	厚 100 mm	m²	107950		
304-3	水泥稳定土基层				
-a	水泥稳定碎石厚 200 mm	m²	104775		
312-1	水泥混凝土面板				
-a	厚 220 mm（混凝土弯拉强度 4.5MPa）	m²	101600		

（2）编制报价原始数据表。

依据各清单子目工程内容和采用的施工方法，套用定额，见表 6.21。

表 6.21　水泥路面原始数据表

编号	子目名称	单位	数量	取费	备注
302-1	碎石垫层				
-a	厚 100 mm	m²	107950		
2-1-1-15-20×5	机械铺碎石垫层	1000 m²	107.950		
304-3	水泥稳定土基层				
-a	水泥稳定碎石厚 200 mm	m²	104775		
2-1-2-23+24×5	稳定土拌和机拌和水泥碎石基层 20 cm	1000 m²	104.775		
312-1	水泥混凝土面板				
-a	厚 220 mm（混凝土弯拉强度 4.5 MPa）	m²	101600		
2-2-17-13	拉杆传力杆轨道摊铺机铺	t	28.68		光圆钢筋、带肋钢筋分别调整为 1.023 t、0.115 t
2-2-17-3+4×2 换	轨道摊铺机铺筑混凝土厚 22 cm	1000 m²	101.6		

水泥混凝土路面清单项目已包括拉杆、传力杆钢筋。

拉杆、传力杆钢筋：25802+2888=28690（kg）

定额 2-2-17-13 中 1 t 钢筋，光圆钢筋消耗量 0.601 t，带肋钢筋 0.537 t。

合计：0.601+0.537=1.138（t）

实际光圆钢筋定额数量：1.138×25802÷28690=1.023（t）

实际带肋钢筋定额数量：1.138×2888÷28690=0.115（t）

定额中光圆钢筋、带肋钢筋应按设计分别调整为 1.023 t、0.115 t。

（3）编制 08-2 表。

根据报价原始数据表初编08-2表,填写消耗量,见表6.22。

表6.22 分项工程概(预)算表

编制范围:1合同段

工程名称:厚220 mm(混凝土弯拉强度4.5 MPa)　　　　　　　　第 1 页 共 1 页　08-2表

编号	工程项目			拉杆、传力杆及钢筋			普通混凝土			合计	
	工程细目			拉杆传力杆 (人工轨道摊铺机铺)			轨道摊铺机铺 筑混凝土厚22 cm				
	定额单位			1 t			1000 m²				
	工程数量			28.69			101.6				
	定额表号			部2-2-17-13			部2-2-17-3+4×2换				
	工料机名称	单位	单价(元)	定额	数量	金额(元)	定额	数量	金额(元)	数量	金额(元)
1	人工	工日		8.2	235.258		87	8839.2		9074.458	
102	锯材	m³					0.064	6.502		6.502	
111	光圆钢筋	t		1.023	29.35		0.003	0.305		29.655	
112	带肋钢筋	t		0.115	3.299					3.299	
182	型钢	t					0.001	0.102		0.102	
231	电焊条	kg		0.6	17.214					17.214	
656	20~22号铁丝	kg		0.7	20.083					20.083	
832	32.5级水泥	t					84.598	8595.157		8595.157	
851	石油沥青	t		0.007	0.201		0.107	10.871		11.072	
864	煤	t					0.022	2.235		2.235	
866	水	m³					34	3454.4		3454.4	
899	中(粗)砂	m³					103.22	10487.152		10487.152	
952	碎石(4 cm)	m³					186.26	18924.016		18924.016	
996	其他材料费	元		14.9	427.481		273	27736.8		28164.281	
1051	3.0 m³以内轮胎式装载机	台班					1.38	140.208		140.208	
1235	2.5~4.5 m轨道式水泥混凝土摊铺机	台班					0.51	51.816		51.816	
1243	混凝土电动刻纹机	台班					8.91	905.256		905.256	
1245	混凝土电动切缝机	台班					3.38	343.408		343.408	
1307	6 m³内混凝土搅拌运输车	台班					3.02	306.832		306.832	
1325	40 m³/h以内混凝土搅拌站	台班					1.1	111.76		111.76	
1405	6000 L以内洒水汽车	台班					1.9	193.04		193.04	
1726	32 kW内交流电弧焊机	台班		0.11	3.156					3.156	
1998	小型机具使用费	元		11	315.59					315.59	

例6-18:水泥砂砾路面基层54万 m²,厚15 cm,稳定土拌和机拌和,6000 L洒水汽车洒水(515.31元/台班),在6 km处吸取自来水(0.6元/m³),当地其他价格如下:人工63.46元/工日、32.5级水

泥 320 元/t、砂砾 25 元/m³、120 kW 自行式平地机 1200 元/台班、6~8 t 光轮压路机 300 元/台班、12~15 t 光轮压路机 480 元/台班、235 kW 以内稳定土拌和机 2300 元/台班；费率见表 6.23，其他按现行规定。请编制工程量清单、报价原始数据表、08-2 表并确定综合单价。

表 6.23 其他工程费及间接费综合费率计算表

序号	工程类别	其他工程费费率（%）综合费率		间接费费率（%）	
		Ⅰ	Ⅱ	规费综合费率	企业管理费综合费率
1	汽车运输	2.01		39	2.24
2	其他路面	4.77		39	4.43

解：（1）编制工程量清单。

水泥砂砾路面基层清单工程量 54 万 m²，编制清单表见表 6.24。

表 6.24 路面水泥砂砾基层清单表

子目号	子目名称	单位	数量	单价	合价
304-3	水泥稳定土基层				
-a	水泥稳定砂砾厚 150 mm	m²	540000		

（2）编制报价原始数据表。

清单子目工程内容包括：清理下承层、洒水；材料检验、备料（拌和）、运输；摊铺、整型；碾压；养护。依据以上工程内容和采用的施工方法，套用定额，见表 6.25。

表 6.25 路面水泥砂砾基层原始数据表

编号	子目名称	单位	数量	取费	备注
304-3	水泥稳定土基层				
-a	水泥稳定砂砾厚 150 mm	m²	540000		
2-1-2-21	稳定土拌和机拌和水泥稳定砂砾基层压实厚度 15 cm	1000 m²	540	其他路面	补充水数量 14175 m³/540000 m²
1-1-22-7×2	洒水汽车洒水 10 km 内增运 1 km	1000 m³ 水	14.175	汽车运输	

定额本章说明 4 规定，本题洒水汽车取水运距 6 km，且吸取的是自来水，需要增列水费、增加洒水汽车消耗量。

① 增列水费可根据定额子目中洒水汽车的台班数量，按每台班 35 m³ 计算定额用水量，乘以供水部门规定的水价增列水费。查定额[84-2-1-2-21]稳定土拌和机拌和水泥稳定砂砾基层压实厚度 15 cm，6000 L 洒水汽车定额消耗量为 0.75 台班/1000 m²，则增列用水数量：

0.75×（540000÷1000）×35=14175（m³）

增加水费：14175×0.6=8505（元）

② 运距超过 5 km，可按路基工程的洒水汽车洒水定额中的增运定额增加洒水汽车的台班消耗。查[46-1-1-22-7×2]洒水汽车洒水 10 km 内增运 1 km，用水数量 14175 m³。

（3）编制 08-2 表。

根据报价原始数据表编制 08-2 表，见表 6.26。

表6.26 分项工程概（预）算表

编制范围：1合同段

工程名称：水泥稳定砂砾基层厚150 mm　　　　　　　　　　第 1 页 共 1 页　08-2表

编号	工料机名称	单位	单价（元）	工程项目：稳定土拌和机拌和 工程细目：水泥稳定砂砾基层压实厚度15 cm 定额单位：1000 m² 工程数量：540 定额表号：部2-1-2-21			工程项目：洒水汽车洒水 工程细目：10 km内增运1 km 定额单位：1000 m³水 工程数量：14.175 定额表号：1-1-22-7×2			合计	
				定额	数量	金额（元）	定额	数量	金额（元）	数量	金额（元）
1	人工	工日	63.46	13.2	7128	452343				7128	452343
832	32.5级水泥	t	320	15.95	8613	2756160				8613	2756160
902	砂砾	m³	25	197.2	106488	2662200				106488	2662200
866	水	m³	0.6	26.25	14175	8505				14175	8505
1057	120 kW以内自行式平地机	台班	1200	0.37	199.8	239760				199.8	239760
1075	6～8 t光轮压路机	台班	300	0.27	145.8	43740				145.8	43740
1078	12～15 t光轮压路机	台班	480	1.27	685.8	329184				685.8	329184
1155	235 kW以内稳定土拌和机	台班	2300	0.29	156.6	360180				156.6	360180
1405	6000 L洒水汽车	台班	515.31	0.75	405	208701	1.76	24.948	12856	429.948	221557
直接工程费		元				7060773			12856		7073629
其他工程费	Ⅰ	元		4.77%		336799	2.01%		258		16644
	Ⅱ	元									1902
间接费	规费	元		39%		176414	39%		0		4561
	企业管理费	元		4.43%		7397572	2.24%		13114		14946
利润		元		7.42%		1097800	7.42%		1946		1097800
税金		元		11%		1767629	11%		3099		1767629
建筑安装工程费		元				17836987			31273		17868260

（4）确定综合单价。

根据08-2表，编制03表，确定综合单价，见表6.27。

表6.27 建筑安装工程费计算表

编制范围：1合同段

工程名称：水泥稳定砂砾厚150 mm　　　　　　　　　　　第 1 页 共 1 页　03表

序号	工程名称	单位	工程量	直接费（元）						间接费（元）	利润（元）费率7.42%	税金（元）综合税率11.0%	建筑安装工程费	
				直接工程费				其他工程费	合计				合计	单价（元）
				人工费	材料费	机械使用费	合计							
1	水泥稳定砂砾厚150 mm	m³	540000	452343	5426865	1194421	7073629	337057	7410686	7587100	1099746	1770728	17868260	33.09

习 题

1. 试述路面工程编制中的主要辅助工程量有哪些？如何确定？
2. 试述路面工程量的分解和自定主要有哪些？如何确定？
3. 简述厂拌法稳定土基层清单编制内容、定额套用内容。
4. 简述厂拌法稳定土基层、底基层定额套用异同。
5. 简述厂拌、路拌法施工基层稳定土在工艺、清单编制和定额套用上有何异同。
6. 简述路面工程招标控制价编制的注意事项。
7. 简述路面垫层、底基层、基层清单工程量计算规则和定额工程量计算规则。
8. 简述水泥混凝土路面面层的清单工程量计算规则和定额工程量计算规则。
9. 路面集中拌和混合料的运输距离确定的原理是什么？实际中如何确定？为什么？
10. 请说说路面集中拌和混合料平均运距计算的步骤。
11. 简述控制价编制的主要步骤。
12. 说说编制报价原始数据表的方法和目的。
13. 石灰、粉煤灰稳定碎石基层，采用稳定土拌和机拌和，设计配合比为 4∶8∶88，设计厚度为 18 cm，初期 6000 L 洒水汽车洒水养生，用水量为压实混合料的 1/4，水源运距 6 km。试按预算定额确定每 1000 m² 资源消耗量变化情况。
14. 某路面基层用稳定土拌和机拌和 20 cm 厚水泥石屑基层（水泥含量 6%），试确定工料机定额消耗量及定额基价。
15. 已知某路面基层采用石灰、粉煤灰稳定土人工沿路拌和（筛拌法）的预算定额中石灰、粉煤灰和土的配合比为 12∶35∶53，路面基层设计厚度 15 cm，定额计量单位 1000 m²，求石灰、粉煤灰和土的定额消耗量。
16. 水泥砂砾底基层（水泥含量 5%），设计厚度 32 cm，稳定土拌和机拌和。试按预算定额确定每 1000 m² 消耗量。
17. 根据例 6.2 背景资料及编制的工程量清单，编制报价原始数据表。
18. 根据例 6.3 背景资料及编制的工程量清单，编制报价原始数据表。
19. 已知某高速公路某标段路面 5%水泥石屑基层（厚 20 cm），采用 100 t/h 稳定土厂拌施工，8t 自卸汽车运输基层混合料 3 km，120 kW 平地机铺筑，试根据工程量清单工程子目列算工程量和定额子目在报价原始数据表中。
20. 水泥砂砾底基层（水泥含量 5%）1000 m²，设计厚度 32 cm，拖拉机带铧犁拌和。试编制工程量清单、报价原始数据表，并初编 08-2 表（可省略直接工程费及以下费用部分），填写消耗量。
21. 水泥砂砾底基层（水泥含量 5%）1000 m²，设计厚度 32 cm，稳定土拌和机拌和。试编制工程量清单、报价原始数据表。
22. 求采用拌和能力为 200t/h 的拌和设备拌和水泥剂量为 5%，设计厚度为 18 cm 的水泥碎石基层 1000 m²，试编制工程量清单、报价原始数据表。
23. 已知某路面基层采用石灰、粉煤灰稳定土人工沿路拌和（筛拌法）的预算定额中石灰、粉煤灰和土的配合比为 12∶35∶53，路面基层设计厚度 15 cm，定额计量单位 1000 m²，求石灰、粉煤灰和土的定额消耗量。

24. 水泥砂砾路面基层 1000 m²,厚 15 cm,稳定土拌和机拌和,6000 L 洒水汽车洒水,在 6 km 处吸取自来水,请编制工程量清单、报价原始数据表、08-2 表并确定综合单价。当地价格和费率见表 6.27、表 6.28,其他按现行规定。

表 6.28 当地价格表

工料机名称	单位	单价(元)	工料机名称	单位	单价(元)
人工	工日	59.1	120 kW 以内自行式平地机	台班	984.15
32.5 级水泥	t	367.07	6~8 t 光轮压路机	台班	271.95
水	m³	2.79	12~15 t 光轮压路机	台班	451.25
砂砾	m³	58.97	235 kW 以内稳定土拌和机	台班	1832.91
			6000 L 以内洒水汽车	台班	548.7

表 6.29 其他工程费及间接费综合费率计算表

序号	工程类别	其他工程费费率(%) 综合费率		间接费费率(%)	
		I	II	规费综合费率	企业管理费综合费率
1	汽车运输	2.01		39	2.24
2	其他路面	4.77		39	4.43

25. 根据表 6.30 所示工程数量列出路面工程量清单和套定额,编制原始报价表。油水比、水泥含量等与定额数值相同。

表 6.30 路面主要工程数量表

铺筑里程	面 层				基 层		底基层		C25 砼硬化路肩
	AC-13C 细粒式沥青混凝土		AC-16C 中粒式沥青混凝土		水泥稳定碎石		级配碎石底基层		
	厚度	面积	厚度	面积	厚度	总面积	厚度	总面积	
(Km)	(cm)	(m²)	(cm)	(m²)	(cm)	(m²)	(cm)	(m²)	(m³)
4.16558	4	34942.76	5	34942.76	45	34942.76	15	34942.76	680.78

7 桥涵工程

7.1 基本问题

7.1.1 钢筋

1. 钢筋的分类及其表示方法（表 7.1）

表 7.1 热轧钢筋的主要力学、工艺性能

钢筋种类	HPB235	HPB300	HRB335			HRB400		
钢筋直径（mm）	6～22	6～22	6～25	28～40	>40～50	6～25	28～40	>40～50
最小屈服强度（MPa）	235	300	335			400		
最小抗拉强度（MPa）	370	420	455			540		
延伸率（%）	25		17			16		
180°冷弯弯芯内径	d		$3d$	$4d$	$5d$	$4d$	$5d$	$6d$

注：d 为钢筋公称直径（mm）。

冷轧带肋钢筋分为 CRB550、CRB650、CRB800、CRB970、CRB1170 五个牌号。CRB550 为普通混凝土用钢筋，其他牌号为预应力混凝土钢筋。

2. 混凝土保护层

普通钢筋和预应力直线形钢筋的最小混凝土保护层厚度（钢筋外缘或管道外缘至混凝土表面的距离）不应小于钢筋公称直径，后张法构件预应力直线形钢筋不应小于其管道直径的 1/2，且应符合表 7.2 的规定。

表 7.2 普通钢筋和预应力直线形钢筋最小混凝土保护层厚度（mm）

序号	构件类别	环境条件		
		Ⅰ	Ⅱ	Ⅲ、Ⅳ
1	基础、桩机承台 （1）基坑底面有垫层或侧面有模板（受力主筋） （2）基坑底面无垫层或侧面无模板（受力主筋）	40 60	50 75	60 85
2	墩台身、挡土结构、涵洞、梁、板、拱圈、供上建筑（受力主筋）	30	40	45
3	人行道构件、栏杆（受力主筋）	20	25	30
4	箍筋	20	25	30
5	缘石、中央分隔带、护栏等行车道构件	30	40	45
6	收缩、温度、分布、防裂等表层钢筋	15	20	25

Ⅰ类环境是指温暖或寒冷地区的大气环境，与无侵蚀性的水或土接触的环境。

Ⅱ类环境是指严寒地区的大气环境,使用除冰盐环境、海滨环境。

Ⅲ类环境是指海水环境。

Ⅳ类环境是指受侵蚀性影响的环境。

当受拉区主筋的混凝土保护层厚度大于 50 mm 时,应在保护层内设置直径不小于 6 mm、间距不大于 100 mm 的钢筋网。

钢筋机械连接件的最小混凝土保护层厚度,宜符合表 7.2 受力主筋保护层厚度的规定,但不得小于 20 mm。

3. 搭接长度

（1）钢筋接头一般钢筋采用焊接接头和机械连接接头（套筒挤压接头、镦粗直螺纹接头）,当施工和构造条件有困难时,也可采用绑扎接头。

钢筋机械连接接头适用于 HRB335、HRB400 的直径为 16～40 mm 带肋钢筋的连接。

绑扎接头的钢筋直径不宜大于 28 mm,但轴心受压和偏心受压构件中受压钢筋,可不大于 32 mm。轴心受拉和小偏心受拉构件一般不采用绑扎接头。

焊接接头一般采用闪光接触对焊,当闪光接触对焊条件不具备时,也可采用电弧焊（帮条焊或搭接焊）、电渣压力焊和气压焊。电弧焊应采用双面焊,不得已方可采用单面焊缝。

（2）设计图纸已注明的搭接长度的,按图纸规定计算。

（3）设计图纸未注明搭接的,搭接长度与搭接方式有关,按《公路桥涵施工技术规范》（JTG/T F50—2011）规定执行:

① 钢筋接头采用搭接电弧焊、帮条电弧焊时,接头双面焊缝的长度不应小于 $5d$,单面焊缝的长度不应小于 $10d$（d 为钢筋直径）。

② 受拉钢筋绑扎接头的搭接长度,应符合表 7.3 的规定;受压钢筋绑扎接头的搭接长度,应取受拉钢筋绑扎接头搭接长度的 0.7 倍。

表 7.3 受拉钢筋绑扎接头的搭接长度

钢筋类型	混凝土强度等级		
	C20	C25	>C25
HPB235	35 d	30 d	25 d
HRB335	45 d	40 d	35 d
HRB400、RRB400	—	50 d	45 d

注:① 当带肋钢筋直径 d 不大于 25 mm 时,其受拉钢筋的搭接长度应按表中值增加 $5d$ 采用;当带肋钢筋直径 d 小于或等于 25 mm 时,其受拉钢筋的搭接长度应按表中值减少 $5d$ 采用。
② 当混凝土在凝固过程中受力钢筋易受扰动时,其搭接长度应增加 $5d$。
③ 在任何情况下,纵向受拉钢筋的搭接长度不应小于 300 mm;受压钢筋的搭接长度不应小于 200 mm。
④ 环氧树脂涂层钢筋的绑扎搭接长度,受拉钢筋按表值的 1.5 倍采用。
⑤ 两根不同直径的钢筋的搭接长度,以较细的钢筋直径计算。

③ 受拉区内 HPB235 钢筋绑扎接头的末端应做弯钩,HRB335、HRB40、RRB4000 钢筋的绑扎接头末端可不做弯钩;直径不大于 12 mm 的受压 HPB235 钢筋的末端可不做弯钩,但搭接长度不应小于钢筋直径的 30 倍。钢筋搭接处,应在中心和两端用铁丝扎牢。

④ 钢筋接头系数。

10 mm 以内的盘圆钢筋可以按设计要求的长度下料,但条圆钢筋超过一定的长度后就需要接头,接头处计算搭接长度时为了简化计算,可以钢筋接头系数的方法计算,计算公式如下:

$$钢筋接头系数 = \frac{钢筋单根长}{钢筋单根长 - 接头长} \quad (7.1)$$

4. 最小锚固长度

当计算中充分利用钢筋的强度时，其最小锚固长度应符合表 7.4 规定。

表 7.4　钢筋最小锚固长度 l_a

钢筋种类			HPB235				HRB335				HRB400、KI400			
混凝土强度等级			C20	C25	C30	≥C40	C20	C25	C30	≥C40	C20	C25	C30	≥C40
受压钢筋（直端）			40d	35d	30d	25d	35d	30d	25d	20d	40d	35d	30d	25d
项目	受拉钢筋	直端	—	—	—	—	40d	35d	30d	25d	45d	40d	35d	30d
		弯钩端	35d	30d	25d	20d	30d	25d	25d	20d	35d	30d	30d	25d

注：（1）d 为钢筋直径；
（2）对于受压束筋和等代直径 $d_e \leq 28$ mm 的受拉束筋的锚固长度，应以等代直径按表值确定，束筋的各单根钢筋在同一锚固终点截断；对于等代直径 $d_e > 28$ mm 的受拉束筋，束筋内各单根钢筋，应自锚固起点开始，以表内规定的单根钢筋的锚固长度的 1.3 倍，呈阶梯形逐根延伸后截断，即自锚固起点开始，第一根延伸 1.3 倍单根钢筋的锚固长度，第二根延伸 2.6 倍单根钢筋的锚固长度，第三根延伸 3.9 倍单根钢筋的锚固长度；
（3）采用环氧树脂涂层钢筋时，受拉钢筋最小锚固长度应增加 25%；
（4）当混凝土在凝固过程中易受扰动时，锚固长度应增加 25%。

5. 钢筋工程量的计算方法

$$钢筋工程量（kg）= 钢筋根数 \times 单根长度（m）\times 单位理论质量（kg/m） \quad (7.2)$$

钢筋单位理论质量一般通过查表得到，见表 7.5。还可以通过公式近似计算：

$$钢筋单位理论质量 = 0.00617 d^2 \quad (7.3)$$

式中，d——钢筋（公称）直径，取单位为毫米。

计算钢筋工程量，关键就是算出钢筋的长度。钢筋一般要结合布置图和钢筋详图，明确根数。

$$钢筋长度 = 构件图示尺寸 - 保护层总厚度 + 两端弯钩长度 + 图纸注明的搭接长度 +$$
$$弯起钢筋斜长的增加值 \quad (7.4)$$

表 7.5　钢筋的单位理论质量表（kg/m）

公称直径（mm）	截面面积（mm²）	单位理论质量（kg/m）	公称直径（mm）	截面面积（mm²）	单位理论质量（kg/m）
6	28.27	0.222	20	314.20	2.47
6.5	33.2	0.26	22	380.10	2.98
8	50.27	0.395	25	490.90	3.85
10	78.54	0.617	28	615.80	4.83
12	113.10	0.888	32	804.20	6.31
14	153.90	1.21	36	1018.00	7.99
16	201.10	1.58	40	1257.00	9.87
18	254.50	2	50	1964.00	15.42

公路设计图中钢筋一般会注明规格、根数和各部分长度或尺寸，做造价时一般只要核算下钢筋的根数和长度，看下是否满足保护层厚度的要求，尺寸是否符合规定，数量表中数据是否和详图一致，列表分类计算复核即可。设计图按厘米给出了平直段长度、弯钩增加长度、搭接长度、弯起钢筋斜长（或长度、高度），计算复核钢筋长度就是钢筋各部分长度按图示尺寸累加起来，四舍五入取整。

钢筋长度=平直长度+弯钩增加长度+图纸注明的搭接长度+弯起钢筋斜长 （7.5）

例 7-1：计算图 7.1 中 2 号钢筋单根的质量。

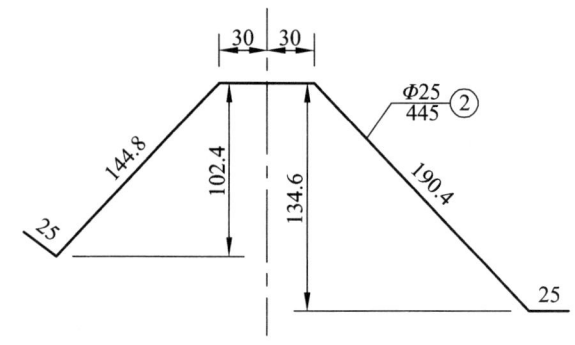

图 7.1　2 号钢筋图

2 号筋单根长度（cm）=5+144.8+30+30+190.4+25=445.2（cm）　取 445 cm。

根据公式（7.1），钢筋工程量（kg）=钢筋根数×单根长度（m）×单位理论质量（kg/m）
=1×4.45×3.85=17（kg）

当设计没有给出钢筋各部分长度时，可根据以下知识计算钢筋长度。

1）受力主钢筋弯钩增加长度

钢筋的弯制和端部弯钩应按图纸，并符合《公路桥涵施工技术规范》（JTG/T F50—2011）规定，见表 7.6。

表 7.6　受力主钢筋制作和末端弯钩形状

弯曲部位	弯曲角度	形状图	钢筋种类	公称直径 d（mm）	弯曲直径 D	平直段长度
末端弯钩	180°		HPB235 HPB300	6~22	≥2.5d	≥3d
	135°		HRB335	6~25	≥3d	≥5d
				28~40	≥4d	
				50	≥5d	
			HRB400	6~25	≥4d	
				28~40	≥5d	
				50	≥6d	
			RRB400	8~25	≥3d	
				28~40	≥4d	
	90°		HRB335	6~25	≥3d	≥10d
				28~40	≥4d	
				50	≥5d	
			HRB400	6~25	≥4d	
				28~40	≥5d	
				50	≥6d	
			RRB400	8~25	≥3d	
				28~40	≥4d	

续表

弯曲部位	弯曲角度	形状图	钢筋种类	公称直径 d（mm）	弯曲直径 D	平直段长度
中间弯折	≤90°		各种钢筋		≥20d	—

注：采用环氧树脂涂层钢筋时，除应满足表内规定外，当钢筋直径 d≤20 mm 时，弯钩内直径 D 不应小于 4d；当 d>20 mm 时，弯钩内直径 D 不应小于 6d；直线段长度不应小于 5d。

（1）弯钩增加长度。

① 当如图 7.2 所示时，180°弯钩增加长度 = ABC 弧长 − AF + 3d

$$= \pi \times (0.5D + 0.5d) - 2.25d + 3d = 6.25d \quad (7.6)$$

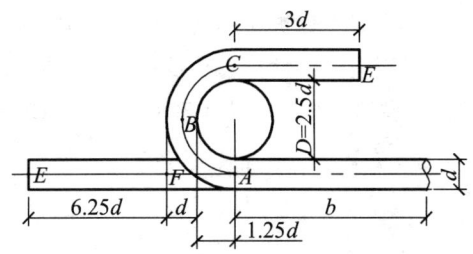

图 7.2　180°弯钩计算图

② 当如图 7.3 所示时，135°弯钩增加长度 = 135°弧长 − (d + 0.5D) + 10d

$$= \pi \times (0.5D + 0.5d) \times 135°/180° - (d + 0.5D) + 10d$$

$$= \pi \times 2.5d \times 135°/180° - 3d + 10d = 12.89d \quad (7.7)$$

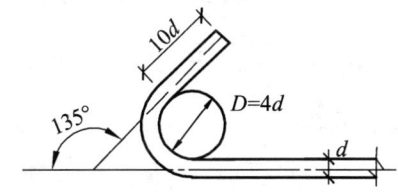

图 7.3　135°弯钩计算图

③ 弯钩增加长度通用公式。

$$L_{弯钩} = (0.5D + 0.5d) \times 弯起角度 \times \pi/180° - (d + 0.5D) + L_{平直} \quad (7.8)$$

式中　$L_{弯钩}$——弯钩增加长度；

$L_{平直}$——钢筋的平直段长度（按规范、设计要求）；

D——钢筋的弯弧内直径（按规范要求）；

d——钢筋直径。

当设计图纸给出尺寸时，我们按公式（7.6）~（7.8）的计算方法和表 7.5 规定计算、复核钢筋弯钩增加长度。

（2）弯起钢筋的增加长度。

弯起钢筋的弯起角度，一般有 30°、45°、60°三种，其弯起增加值是指斜长与水平投影长度之间的差值，弯起钢筋斜长及增加长度计算方法见表 7.7。

表 7.7 弯起钢筋斜长及增加长度计算表

形状				
计算方法	斜边长 s	$2h$	$1.414h$	$1.155h$
	增加长度 $s-l=\Delta l$	$0.268h$	$0.414h$	$0.577h$

2）箍筋长度计算

箍筋长度=单根箍筋的长度×肢数 　　　　　　　　　　　　　　　　　　　（7.9）

单根箍筋的长度与箍筋设置的形式有关系，常见的是矩形箍筋，还有圆形箍、螺旋箍、异形式箍筋等，箍筋长度计算时应扣除混凝土保护层厚度，增加弯钩、设计标明的搭接长度。设计图纸一般会标明箍筋尺寸和长度，编制造价时计算、复核长度，就是把钢筋各部分长度按图示尺寸累加起来。设计没有给出各部分长度时，根据公式（7.10）～（7.12）计算。

① 圆形箍筋：$L=(D-2a)\times\pi+l_a+$ 弯钩增加长 $\times 2+$ 弯钩直段长 $\times 2$ 　　　（7.10）

式中　L——圆形箍单肢长度；

　　　D——构件断面直径；

　　　a——混凝土保护层厚度；

　　　l_a——搭接长度，按图纸或规范规定计算。

当给出了箍筋直径，公式（7.7）中（$D-2a$）换成圆形箍筋直径，其他不变。

② 螺旋箍筋：根据设计给出长度计算，当没有时，根据公式（7.8）～（7.9）计算。

螺旋箍筋的长度是连续不断的，可按以下公式一次计算出螺旋箍总长度。

$$L=[(H-2c)/p]\times\sqrt{p^2+(D-2c)^2\pi^2}+弯钩增加长\times 2 \quad (7.11)$$

式中　H——需配置螺旋箍的构件长或高；

　　　c——混凝土保护层厚度；

　　　p——螺旋箍螺距；

　　　D——需配置螺旋箍的构件断面直径。

当给出螺旋箍筋设置区域的长度时，把（$H-2c$）换成设置区域的长度，其他不变。

或　　　　　$l=\dfrac{2000\pi a}{p}[1-\dfrac{e^2}{4}-\dfrac{3}{64}(e^2)^3]$，

其中　　　　$a=\dfrac{\sqrt{p^2+4D^2}}{4}$，　$e^2=\dfrac{4a^2-D^2}{4a^2}$ 　　　　　　　　　　　　（7.12）

式中　l——每 1 m 钢筋骨架和螺旋箍筋长度（mm）；

　　　p——螺旋箍螺距（mm）；

　　　D——螺旋箍的缠绕直径，采用箍筋的中心距，即主筋外皮距离加上一个箍筋直径（mm）。

③ 箍筋弯钩。

箍筋的末端应做弯钩，弯钩的形状应符合设计规定。弯钩的弯曲直径应大于被箍受力主钢筋的直径，且 HPB235 级钢筋应不小于箍筋直径的 2.5 倍，HRB335 级钢筋应不小于箍筋直径的 4 倍。弯钩的平直部分的长度，一般结构应不小于箍筋直径的 5 倍；有抗震要求的结构，应不小于箍筋直径的 10 倍。设计对弯钩的形状未规定时，可按图 7.4a）、b）加工，有抗震要求的结构，应按图 7.4c 加工。

④箍筋根数：按设计图给出的根数累加。设计没有给出根数时，根据公式（7.13）计算。

$$箍筋根数 = \text{ROUNDUP}\left(\frac{L}{@}\right) + 1 \tag{7.13}$$

式中 ROUNDUP（）——括号内的数向上取整；
    L——箍筋设置区域的长度；
    @——箍筋间距。

注：此公式不是一成不变的，箍筋的根数与设计布置范围有密切的关系。+1 是在某一区间设置箍筋才加，如果箍筋是环状布置的，则不加，关键是要理解箍筋布置的范围。

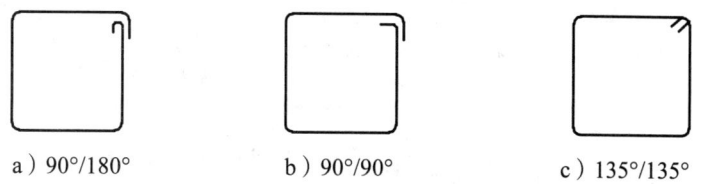

a）90°/180°　　　b）90°/90°　　　c）135°/135°

图 7.4　箍筋弯钩形式图

箍筋弯钩增加长度根据公式（7.8）计算。

7.1.2　钢绞线

钢绞线按 GB/T 5224—2014 规定执行，本节对常用的钢绞线作简要说明，其他详见相关规范。

1. 分类与代号

钢绞线按结构分为以下 8 类，结构代号为：

（1）用两根钢丝捻制的钢绞线　　　　　　　　　　　　1×2
（2）用三根钢丝捻制的钢绞线　　　　　　　　　　　　1×3
（3）用三根刻痕钢丝捻制的钢绞线　　　　　　　　　　1×3I
（4）用七根钢丝捻制的标准型钢绞线　　　　　　　　　1×7
（5）用六根刻痕钢丝和一根光圆中心钢丝捻制的钢绞线　1×7I
（6）用七根钢丝捻制又经模拔的钢绞线　　　　　　　　（1×7）C
（7）用十九根钢丝捻制的 1+9+9 西鲁式钢绞线　　　　　1×19 S
（8）用十九根钢丝捻制的 1+6+6/6 瓦林吞式钢绞线　　　1×19 W

标记示例：公称直径为 15.20 mm，抗拉强度为 1860 MPa 的七根钢丝捻制的标准型钢绞线标记为：预应力钢绞线 1×7-15.20-1860-GB/T 5224-2104

1×7 结构钢绞线外形见图 7.5。

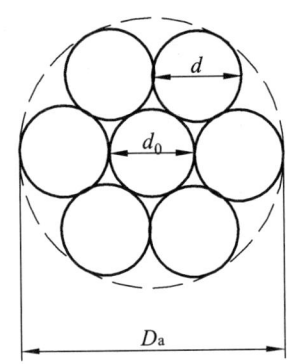

图 7.5 1×7 结构钢绞线外形示意图

2. 钢绞线锚固类型

钢绞线锚固类型见图 7.6。

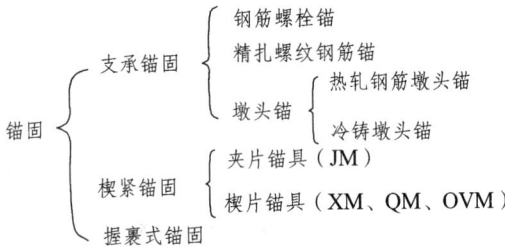

图 7.6 钢绞线锚固类型示意图

3. 钢绞线有关概念

根（或丝）：一根钢丝。

股：由几根钢丝组成的一股钢绞线。

束（数）：预应力构件截面中见到的钢绞线束数量，与孔道数量相同，每一束张拉一次，每一束配两个锚具。预应力构件横截面中见到的钢绞线束的数量，与孔道数量相同，每一束要张拉一次，如为预制构件，则多为两端同时张拉；若是连续梁现浇施工，则中间段（第一施工缝之间）为每束两端设 2 套连接器，同时张拉，其余各施工缝之间段每束设 1 套连接器，单端张拉。

××孔：所使用的锚具的孔数。选择定额时，其孔数≥设计图标定的孔数（不一定将所有的孔数都用上）。

束长：每束一次张拉的长度。

每吨××束：它是指在标准张拉长度内，每吨钢绞线折合成多少束。所以说它不一定是整数。这是钢绞线计算的基本数据。

4. 1×7 结构钢绞线的尺寸及允许偏差、公称横截面积、每米理论重量（表 7.8）

表 7.8 1×7 结构钢绞线的尺寸及允许偏差、公称横截面积、每米理论质量

钢绞线结构	公称直径 D_a（mm）	直径允许偏差（mm）	钢绞线公称横截面积 S_0（mm）	每米理论质量（g/m）	中心钢丝直径 d_0 加大范围（%）≥
1×7	9.50（9.63）	+0.30	54.8	430	2.5
	11.10（11.11）	-0.15	74.2	582	

续表

钢绞线结构	公称直径 D_a（mm）	直径允许偏差（mm）	钢绞线公称横截面积 S_0（mm）	每米理论重量（g/m）	中心钢丝直径 d_0 加大范围（%）≥
1×7	12.70	+0.40 -0.15	98.7	775	2.5
	15.20（15.24）		140	1101	
	15.7		150	1178	
	17.80（17.78）		191（189.7）	1500	
	18.90		220	1727	
	21.60		285	2237	
1×7I	12.70	+0.40 -0.15	98.7	775	
	15.20（15.24）		140	1101	
（1×7）C	12.70	+0.40 -0.15	112	890	
	15.20（15.24）		165	1295	
	18.00		223	1750	

注：可按括号内规格供货。

7.2 清单编制

7.2.1 清单分项

《计量规范》桥涵工程为 400 章，包括桥梁、涵洞及其附属结构物的施工和计量计价，分 21 节，主要分为桥涵一般要求、前期准备，桥的基础、下部和上部结构的混凝土制安、防排水、铺装、支座、接缝和伸缩装置等，见表 7.9。《计量规范》中是常规项目，特殊结构物的施工和计量要根据相应规范及图纸编写项目专用本。

公路桥梁清单分项中特别要注意一些计价不计量的项目，这些项目在《计量规范》中有单独的节和工作内容，但是不列清单子目，作为有关子目的附属工作，不另计量与支付。有以下四节：402 节模板、拱架和支架，412 节预制构件的安装，414 节小型钢构件，418 节防水处理。

表 7.9 桥涵工程清单分项

专业	节	内容	备注
桥梁	401 通则	桥梁荷载试验、地质钻探及取样试验	可补充特大桥监控量测
	402 模板、拱架和支架	包括就地浇筑和预制混凝土、钢筋混凝土、预应力混凝土，石料和混凝土预制块砌体所用的模板、拱架和支架的设计制作、安装、拆卸施工等有关作业	不另计量
	403 钢筋	包括基础、下部、上部、附属	
	404 基础挖方及回填	基坑挖方、基础垫层	
	405 钻孔灌注桩		

续表

专业	节	内容	备注
桥梁	406 沉桩		
	407 挖孔灌注桩		
	408 桩的垂直静荷载试验	桩的检验和破坏荷载试验，均为暂定工程量	
	409 沉井	包括井壁、封底、填芯、顶板的混凝土	
	410 结构混凝土工程	包括混凝土基础、下部结构、上部（现浇、预制、现浇整体化）、附属（现浇、预制）	
	411 预应力混凝土工程	先张法预应力（钢丝、钢绞线、钢筋）后张法预应力（钢丝、钢绞线、钢筋）预应力混凝土上部结构（现浇、预制）	
	412 预制构件的安装	钢筋混凝土及预应力混凝土预制构件的起吊、运输、装卸、储存和安装	不另计量
	413 砌石工程	包括浆砌（片、块、料）石、浆砌预制混凝土块	
	414 小型钢构件	桥梁及其他公路构造物，除钢筋及预应力钢筋以外的小型钢构件（如管道支架等）的供应、制造、保护和安装	不另计量
	415 桥面铺装	包括沥青混凝土、水泥混凝土、防水层、桥面排水	
	416 桥梁支座	普通钢、板式橡胶、钢盆式橡胶、球形钢、STU、抗风支座	
	417 桥梁接缝和伸缩装置	模数式、填充式、梳齿板式、板式橡胶、钢板、橡胶条、沥青麻絮、镀锌铁皮沥青麻絮	
	418 防水处理	桥梁工程中的混凝土或砌体表面防水工作	不另计量
涵洞	419 圆管涵及倒虹吸管涵		
	420 盖板涵、箱涵		
	421 拱涵		

7.2.2 清单计量规则

1. 通则（401节，表7.10）

1）桥梁荷载试验

（1）特大桥、结构复杂的大桥完工以后，承包人应协助和配合发包人，对桥梁或桥梁的某一部分进行荷载试验，以验证结构物是否具有足够承受设计荷载的能力。

（2）荷载试验由发包人委托有资格的科研或设计单位承担。

（3）桥梁荷载测试项目按图纸规定，一般动载试验包括冲击、自振频率、动挠度、脉动、动应变试验；静载试验包括静挠度及静应变试验。上述项目发包人将根据具体情况，选择部分或全部进行试验，必要时可增加其他项目进行试验。

（4）根据试验结果，结构物或结构物的任一部分，如由于施工原因不能满足图纸要求，承包人应进行重建或补强，重建或补强结构物的费用由承包人负责。

2）地质情况变化时的处理

桥梁基础在施工过程中，若地质情况有变化，承包人应及时报告监理人并提出处理意见，经监理人批准后实施。需要进行补充钻探，以查明桥梁基础的地质情况时，报请监理人审查批准后，承包人可进行补充地质钻探并取样做必要的试验，据以继续进行基础施工或改变基础设计。改变基础设计时，应按变更设计程序进行，并经监理人审查批准。

表7.10　401节通则工程量清单计量规则

子目号	子目内容	单位	计量规则	工作内容
401-1	桥梁荷载试验（暂估价）	总额	荷载试验费用由发包人估定，以暂估价的形式按总额计入工程总价内	桥梁、桩基的荷载试验、破坏试验
401-2	地质钻探及取样试验（暂定工程量）			
-a	φ70 mm	m	按实际完成并经监理人验收后，分不同钻径以米计量	1. 钻探及取样 2. 试验及成果分析试验
-b	φ110 mm	m		

注：（1）地质钻探及取样试验主要是按试验合同内容（主要试验桥梁整体或部分工程的承载能力及变形）钻探。
（2）桥梁荷载试验主要是桥梁、桩基的荷载试验、破坏试验。

2. 钢筋（403节，表7.11）

《计量规范》将桥梁钢筋按构件部位分节，每节中再按钢筋外形（光圆、带肋）分子目。

表7.11　403节钢筋工程量清单计量规则

子目号	子目内容	单位	计量规则	工作内容
403-1	基础钢筋（包括灌注桩、承台、沉桩、沉井等）			
-a	光圆钢筋（HPB235、HPB300）	kg	根据图纸所示及钢筋表（不包括固定、定位架立钢筋）所列，按实际安设并经监理人验收的钢筋以千克（kg）计量	1. 制作、搭接 2. 安装 3. 检测
-b	带肋钢筋（HRB335、HRB400）	kg		
403-2	下部结构钢筋			
-a	光圆钢筋（HPB235、HPB300）	kg	根据图纸所示及钢筋表（不包括固定、定位架立钢筋）所列，按实际安设并经监理人验收的钢筋以千克（kg）计量	1. 制作、搭接 2. 安装 3. 检测
-b	带肋钢筋（HRB335、HRB400）	kg		
403-3	上部结构钢筋			
-a	光圆钢筋（HPB235、HPB300）	kg	根据图纸所示及钢筋表（不包括固定、定位架立钢筋）所列，按实际安设并经监理人验收的钢筋以千克（kg）计量	1. 制作、搭接 2. 安装 3. 检测
-b	带肋钢筋（HRB335、HRB400）	kg		
403-4	附属结构钢筋			
-a	光圆钢筋（HPB235、HPB300）	kg	根据图纸所示及钢筋表（不包括固定、定位架立钢筋）所列，按实际安设并经监理人验收的钢筋以千克（kg）计量	1. 制作、搭接 2. 安装 3. 检测
-b	带肋钢筋（HRB335、HRB400）	kg		

注：（1）附属结构包括缘石、人行道、防撞墙、栏杆、护栏、桥头搭板、枕梁、抗震挡块、支座垫块等构造物，其所用钢筋，均列入403-4项内。
（2）本表中的钢筋包括钢筋混凝土中的钢筋，预应力混凝土中的非预应力钢筋及混凝土桥面铺装中的钢筋。
（3）除图纸所示或监理人另有认可外，因搭接而增加的钢筋不予计入。
（4）钢筋及钢筋骨架用的铁丝、钢板、套筒（连接套）、焊接、钢筋垫块或其他固定、定位架立钢筋的材料，以及钢筋的防锈、截取、套丝、弯曲、场内运输、安装等，作为钢筋工程的附属工作，不另行计量。

根据钢筋制作情况,可以补充清单,如补充桥面铺装的钢筋网片、钢管拱钢材等清单。

公路桥梁钢筋配筋用一般构造图、剖面图、配筋详图表示,表达方式很直观,通常把每个结构构件的钢筋通过剖开的方式表达出来,钢筋的锚固长度、搭接长度、断点位置均在图上标注清楚,作为预算人员照图计算即可。

公路表达方法图纸较多,计算时常常要几个图对照着看,特别是建设项目较大时,常要与标准图配合使用,需反复查阅大量图纸,正确使用图号和确定尺寸需要一定的知识和经验。公路设计图给出工程数量,但是计量计价时,一般不能直接摘取,需要复核。计算钢筋工程数量时,多对照着图纸查看,难度不太大,但是因为繁杂量大,耗时费力,统计难度大,常根据设计提供的表格格式,利用电子表格来计算和复核,以便计算更快更准。

例 7-2:计算图 7.7~图 7.10 中 1 号、4 号、7 号和 7a 号、7'号和 7a'号钢筋工程量,编制工程量清单。i 为 3.0,$\alpha = \arctan i$,$d = 906/\cos(\alpha - 906)$,图中尺寸除钢筋直径以毫米计外,余均以厘米为单位。

解:(1)列项、计算和摘取工程量。

① 先计算变量。

$d = 906/\cos\alpha - 906 = 906/\cos(\arctan 3) - 906 = 0.41(\text{cm})$

$BL = 906/\cos\alpha = d + 906 = 0.41 + 906 = 906.41(\text{cm})$

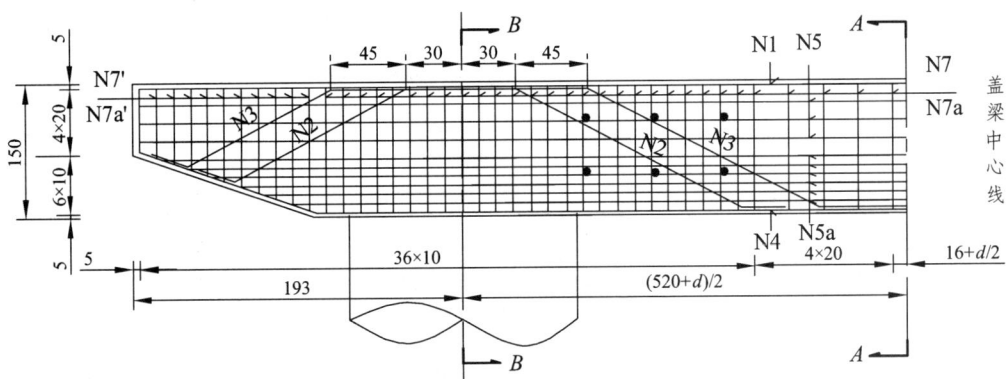

图 7.7 立面图(注:点钢筋为 N6)

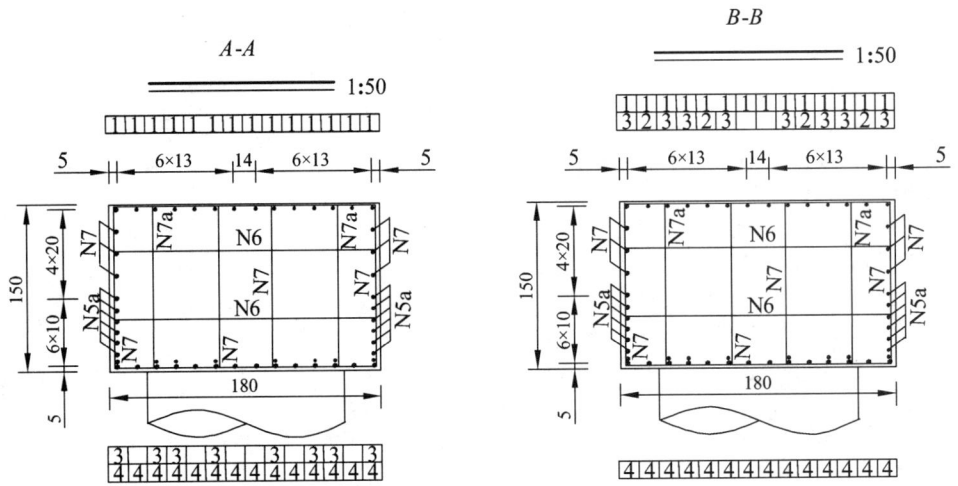

图 7.8 剖面图

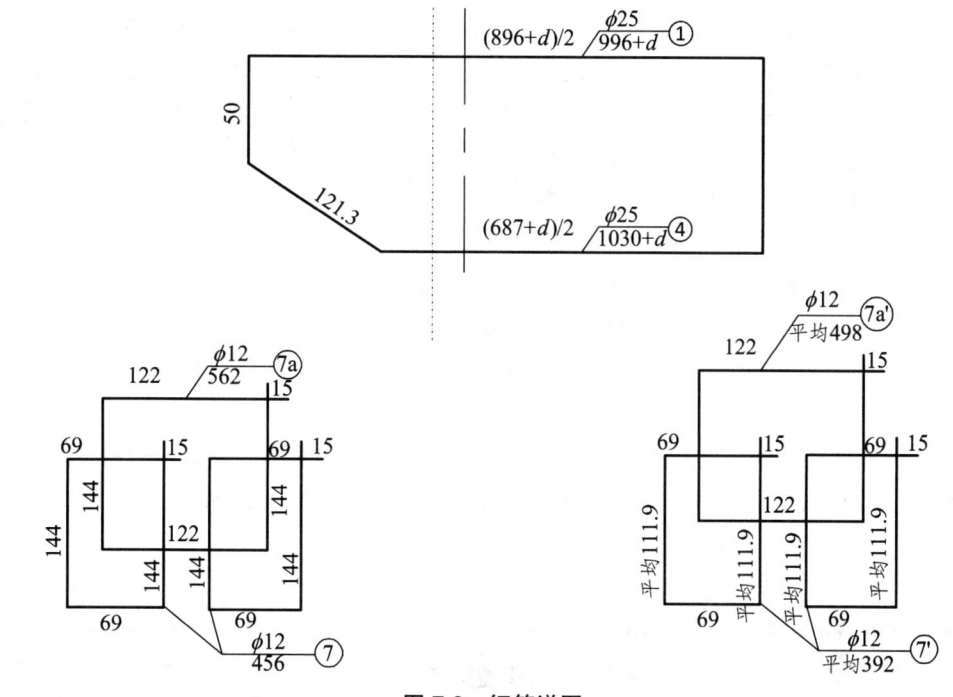

图 7.9 钢筋详图

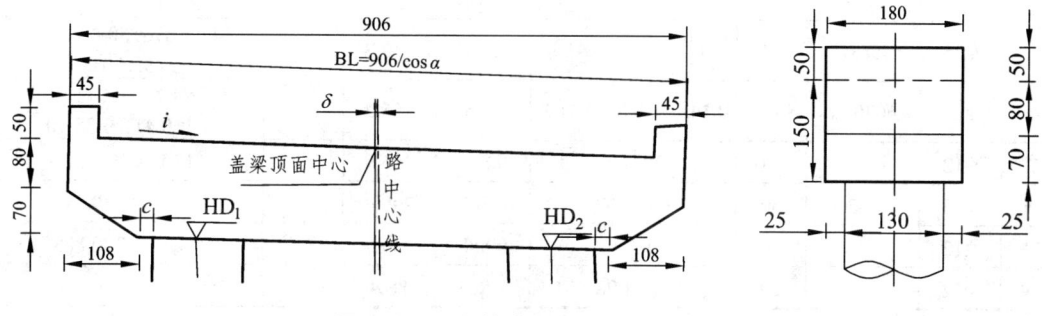

图 7.10 一般构造图（立面、侧面）

② 分别计算复核各钢筋工程量。

1 号钢筋单根长度（cm）=（896+0.41）+50×2=996（cm）

1 号钢筋根数计算：根据 A—A 剖面图，1 号钢筋编号标注在与钢筋断面对应的方格内；布置方式是：两边保护层各 5 cm、两边对称布置 6 根间距 13 cm，中间两根间距 14 cm；根数为：6+6+1+1=14（根）。

复核保护层尺寸：[180-（6×13×2+14）]/2=5（cm），正确。

1 号钢筋工程量（kg）=钢筋根数×单根长度（m）×单位理论质量（kg/m）
=14×9.96×3.85=536.8（kg）

4 号钢筋单根长度（cm）=（687+0.41）+（50+121.3）×2=1029.6（cm），取 1030 cm。

4 号钢筋根数计算：根据立面图和 A—A 剖面图，和 1 号钢筋相同布置，共 14 根。

4 号钢筋工程量（kg）=钢筋根数×单根长度（m）×单位理论质量（kg/m）
=14×10.3×3.85=555.2（kg）

根据立面图和 A—A、B—B 剖面图，7 号和 7a 号箍筋，成套出现，一套包括一个 7a 号箍筋两个7号箍筋；7′号和7a′号箍筋，成套出现，一套包括一个7a′号箍筋两个7′号箍筋。箍筋宽度方向从两侧向中间段布置方式是：两边保护层各5 cm、两边对称布置7′号和7a′号箍筋间距10 cm，两边对称布置7号和7a号箍筋间距10 cm，中间段布置7号和7a号箍筋间距20 cm，中间两套间距$16+d$ cm。

7号单根长度（cm）=（69+144+15）×2=456（cm），每套2根

7a号单根长度（cm）=（122+144+15）×2=562（cm）

7′号单根长度（cm）=（平均111.9+69+15）×2=391.8（cm），取392 cm，每套2根

7a′号单根长度（cm）=（平均111.9+122+15）×2=497.8（cm）取平均498 cm

7′号和7a′号箍筋数量根据立面图数出，两侧各布置2×10=20（套）。7′号为20×2=40（根），7a′号20（根）。

7号和7a号箍筋中间段各布置2×4+1+1=10（套），两端加密段各布置2×36-2×10-2=50套（扣除7′号和7a′号20套，最末端的是1号和4号钢筋，没有箍筋，扣除两套箍筋）。7号为（10+50）×2=120（根），7a号10+50=60（根）。

③列表计算盖梁钢筋：见表7.12。

其中，带肋钢筋清单工程量：1092+1013=2105（kg）

表7.12 一个盖梁钢筋明细表

编号	直径（mm）	单根长度（cm）	根数	共长（m）	单位重（kg）	共重（kg）	合计（kg）	计算式
1	⏀25	996+d	14	0.14×（996+0.41）	3.85	536.8	1092	14×（896+50×2+0.41）×3.85/100
4	⏀25	1030+d	14	0.14×（1030+0.41）	3.85	555.2		14×[687+（50+121.3）×2+0.41]×3.85/100
7	⏀12	456	120	120×4.56	0.888	485.9	1013	120×4.56×0.888
7a	⏀12	562	60	60×5.62	0.888	299.4		60×5.62×0.888
7′	⏀12	平均392	40	40×3.92	0.888	139.2		40×3.92×0.888
7a′	⏀12	平均498	20	20×4.98	0.888	88.4		20×4.98×0.888

（2）编制工程量清单表：见表7.13。

表7.13 盖梁钢筋工程量清单

子目号	子目名称	单位	数量	单价	合价
403-2	下部结构钢筋				
-a	光圆钢筋（HPB235、HPB300）	kg			
-b	带肋钢筋（HRB335、HRB400）	kg	2105		

例7-3： 根据表7.14全桥钢筋数量表，列出清单、计算式。

表7.14 全桥钢筋数量表

名称及规格	上部构造					桥墩					桥台				
	预制T梁	T梁现浇	桥面铺装	桥面连续	防撞护栏	盖梁	挡块垫石	墩柱	系梁	桩基	台帽、耳背墙	挡块垫石	承台	桩基	搭板
HRB400	71818	5599.3		1331.9	6475.7	9168.8	1601	20912	2568.8	37662.2	2917.6	800.4	26241.8	59868.8	4776.3
HPB300	19057.1	2677.1	10758.3	421.2	1435.7		640.2		249.6		989.4	319.1		2822.0	241.2

解：列项、计算工程量，编制工程量清单及计算表见表 7.15。

表 7.15 钢筋工程量清单及计算表

子目号	子目名称	单位	数量	单价	合价	计算式
403-1	基础钢筋（包括灌注桩、承台、沉桩、沉井等）					
-a	光圆钢筋（HPB235、HPB300）	kg	2822			桥台灌注桩 2822
-b	带肋钢筋（HRB335、HRB400）	kg	123773			取整：桥墩灌注桩 37662.2+桥台灌注桩 59868.8+承台 26241.8
403-2	下部结构钢筋					
-a	光圆钢筋（HPB235、HPB300）	kg	1239			墩系梁 249.6+台帽、耳背墙 989.4
-b	带肋钢筋（HRB335、HRB400）	kg	35567			取整：墩柱 20912+盖梁 9168.8+墩系梁 2568.8+台帽、耳背墙 2917.6
403-3	上部结构钢筋					
-a	光圆钢筋（HPB235、HPB300）	kg	32914			取整：预制 T 梁 19057.1+T 梁现浇 2677.1+桥面铺装 10758.3+桥面连续 421.2
-b	带肋钢筋（HRB335、HRB400）	kg	78750			取整：预制 T 梁 71818+T 梁现浇 5599.9+桥面连续 1331.8
403-4	附属结构钢筋					
-a	光圆钢筋（HPB235、HPB300）	kg	2636			取整：搭板 241.2+墩挡块、垫石 640.2+墩挡块、垫石 319.1+防撞护栏 1435.7
-b	带肋钢筋（HRB335、HRB400）	kg	13653			取整：搭板 4776.3+墩挡块、垫石 1601+墩挡块、垫石 800.4+防撞护栏 6475.6

3. 基础挖方及回填（404 节，表 7.16）

表 7.16 404 基础开挖工程量清单计量规则

子目号	子目内容	单位	计量规则	工作内容
404-1	干处挖土方	m³	按设计图所示，基础所占面积周边外加宽 0.5 m，垂直由河床顶面至基础底标高实际工程体积计算（因施工、放坡、立模而超挖的土方不另计量）	1. 防排水 2. 基坑护（撑） 3. 挖运土石方 4. 清理回填
404-2	水下挖土方	m³		1. 围堰、排水 2. 基坑护（撑） 3. 挖运土石方 4. 清理回填
404-3	干处挖石方	m³		1. 防排水 2. 基坑护（撑） 3. 挖运土石方 4. 清理回填
404-4	水下挖石方	m³		1. 围堰、排水 2. 基坑护（撑） 3. 挖运土石方 4. 清理回填

续表

子目号	子目内容	单位	计量规则	工作内容

注：(1) 基础挖方应按下述规定，取用底、顶面间平均高度的棱柱体体积，分别按干处、水下及土、石，以立方米计量。干处挖方与水下挖方是以经监理人认可的施工期间实测的地下水位为界线。在地下水位以上开挖的为干处挖方；在地下水位以下开挖的为水下挖方。基础底面、顶面及侧面的确定应符合下列规定：
  a. 基础挖方底面：按图纸所示或监理人批准的基础（包括地基处理部分）的基底高程。
  b. 基础挖方顶面：按监理人批准的横断面上所标示的原地面线计算。
  c. 基础挖方侧面：按顶面到底面，以超出基底周边 0.5 m 的竖直面为界。
（2）当承包人遇到特殊或非常规情况时，应及时通知监理人，由监理人定出特殊的基础挖方界线。凡未取得监理人批准，承包人以特殊情况为理由而完成的任何挖方将不予计量，其基坑超深开挖，应由承包人用砂砾或监理人批准的回填材料予以回填压实。
（3）台后路基填筑及锥坡填土在第 204 节内计量与支付。

4. 钻孔灌注桩（405 节，表 7.17）

表 7.17　405 钻孔灌注桩工程量清单计量规则

子目号	子目内容	单位	计量规则	工作内容
405-1	钻孔灌注桩（φ…m）	m	以设计图示，按不同桩径的桩长以米计量，计量应自桩底高程至承台底或系梁底。对于与桩连为一体的柱式墩台，如无承台或系梁时，则以桩位处地面线为分界线，地面线以下部分为灌注桩桩长，若图纸有标识的，按图纸标识为准	1. 搭设平台、围堰筑岛、栈桥 2. 护筒 3. 开挖、钻孔、清孔 4. 钻孔泥浆制作、循环、运输 5. 浇筑混凝土 6. 埋检测管、无破损检测 7. 破桩头
405-2	钻取混凝土芯样（φ70 mm）（暂定工程量）	m	按取回的混凝土芯样的长度以米计量	1. 钻芯 2. 取样 3. 分析
405-3	破坏荷载试验用桩（φ…m）（暂定工程量）	m	按设计桩长度以米计量	1~7 项同 405-1 的内容 8. 试桩机具 9. 试验数据的分析和报告

注：钢筋在第 403 节内计量，列入 403-1 子目内。

5. 沉桩（406 节，表 7.18）

表 7.18　406 沉桩工程量清单计量规则

子目号	子目内容	单位	计量规则	工作内容
406-1	钢筋混凝土沉桩（φ…m）	m	按设计图示，以不同桩径的桩身长度以米计量。桩身长度的计量应自图纸所示或监理人批准的桩尖高程至承台底或盖梁底	1. 搭设平台、围堰筑岛、栈桥 2. 桩浇筑预制、养生、移运、沉入 3. 法兰盘及其他钢材 4. 埋检测管、无破损检测 5. 破桩头
406-2	预应力混凝土沉桩（φ…m）	m		
406-3	试桩（φ…m）	m		1~5 项内容同 405-1 6. 试桩机具 7. 试验数据的分析和报告

注：(1) 试桩如系工程用桩，则该试桩按不同桩径分别列入支付子目中的钢筋混凝土沉桩子目内；如果试桩不作为工程用桩，则应按不同桩径以米为单位计量，列入支付子目中的试桩子目内。
（2）钢筋混凝土或预应力混凝土沉桩（包括试桩）所用钢筋在第 403 节内计量，列入 403-1 子目内，其余钢板及材料加工等均含在钢筋混凝土沉桩工程子目中，不另行计量与支付。
（3）制造预应力混凝土沉桩用预应力钢材在第 411 节内计量。制造预应力混凝土沉桩用法兰盘及其他钢材，除按上述规定在第 403 节、第 411 节计量外的所有钢材均含入预应力沉桩工程子目中，不另行计量与支付。

6. 挖孔灌注桩（407节，表7.19）

表7.19　407挖孔灌注桩工程量清单计量规则

子目号	子目内容	单位	计量规则	工作内容
407-1	挖孔灌注桩（φ…m）	m	按设计图示，以不同桩径的桩长以米计量。计量应自图纸所示或监理人批准的从桩底高程至承台底或系梁底；如无承台或系梁时，则从桩底至图纸所示的桩顶；当图纸未示出桩顶位置，或示有桩顶位置但桩位处预先有夯填土时，由监理人根据情况确定	1. 搭设平台、围堰筑岛、栈桥 2. 孔壁支撑及护壁 3. 挖孔、清孔、通风、钎探、排水 4. 浇筑混凝土 5. 埋检测管、无破损检测 6. 破桩头
407-2	钻取混凝土芯样（φ70 mm）（暂定工程量）	m	混凝土取芯按取回的混凝土芯样的长度以米计量	1. 钻芯 2. 取样 3. 分析
407-3	破坏荷载试验用桩（φ…m）（暂定工程量）	m		1~6项同405-1内容 7. 试桩机具 8. 试验数据的分析和报告

注：钢筋在第403节内计量，列入403-1子目内。

例7-4：某桥桩柱一体，灌注桩桩径1.5 m，柱径1.4 m，每根桩基布置φ57 mm×3三根声测管供超声波检测用，钢筋下端用钢板封头，上端露出桩顶10 cm，全桥数量见表7.20，有10根桩基采用挖孔，每根桩长15 m，其余桩基采用回旋钻机钻孔，土质为砂砾土，支架面积为50 m²，泥浆运输为5 km，凿桩头深度为0.6 m。试编制桩基工程量清单。

表7.20　全桥墩柱、桩基及系梁工程量清单

项目	编号	直径（mm）	共长（m）	单位重（kg/m）	共重（kg）	总重（kg）	混凝土（m³）
墩柱	1	φ25	24011.424	3.85	92444.0	100198.1	C30
	2	φ25	2.14.0	3.85	7754.1		
	3	φ8	26466.936	0.395	10454.4	10859.5	1595.31
	4	φ8	1025.47	0.395	405.1		
桩	5	φ25	15983.592	3.85	61536.8	109683.0	C30
	6	ψ25	9624	3.85	37052.4		
	7	φ16	984.14	1.58	1554.9	4207.8	
	8	φ25	2881.496	3.85	11093.8		
	9	φ8	840.84	0.395	332.1	13729.7	
	10	φ8	33917.9	0.395	13397.6		2664.06
	11	φ16	1679.04	1.58	2652.9		
	声测管（m）		5188				
系梁	12	φ16	3822	1.58	6038.8	6038.8	C30
	13	φ8	2368.7	0.395	935.6	935.6	411.41

解：（1）列项、计算和摘取工程量。

挖孔灌注桩清单工程量：10×15=150（m）

钻孔灌注桩清单工程量：$\dfrac{2664.06}{\pi \times 0.75 \times 0.75} - 150 = 1507.55 - 150 = 1357.55$（m）

光圆钢筋清单工程量：332.1+13397.6=13730（kg）

带肋钢筋清单工程量：109683+4207.8+11093.8+2652.9=127638（kg）

（2）编制工程量清单表：见表7.21。

表7.21　桩基工程量清单

子目号	子目名称	单位	数量	单价	合价
403-1	基础钢筋（包括灌注桩、承台、沉桩、沉井等）				
-a	光圆钢筋（HPB235、HPB300）	kg	13730		
-b	带肋钢筋（HRB335、HRB400）	kg	127638		
405-1	钻孔灌注桩（φ…m）				
405-1-1	陆地钻孔灌注桩（φ…m）				
-a	C30（φ1.5 m）	m	1357.55		
407-1	挖孔灌注桩（φ…m）				
-a	C30（φ1.5 m）	m	150		

7. 桩的垂直静荷载试验（408节，表7.22）

表7.22　408挖孔灌注桩工程量清单计量规则

子目号	子目内容	单位	计量规则	工作内容
408-1	桩的检验荷载试验（暂定工程量）（φ…m）（kN）	每一试桩	按设计图示，以单根试桩计量	1. 压载、卸载 2. 沉降观测、回弹观测 3. 试验机具 4. 数据分析和报告
408-2	φ…m桩破坏荷载试验（…m）（暂定工程量）	每一试桩		

注：(1) 检验荷载试验应在括号内注明试桩检验荷载重量，按第408.03小节规定该试桩检验荷载为两倍设计荷载。
(2) 破坏荷载试验桩应在括号内注明试桩长度。
(3) 检验荷载试验桩如试验后作为工程结构的一部分，其工程量在第405节及第407节有关子目内计量与支付。破坏荷载试验用的试桩，将来不作为工程结构的一部分，其工程量在第405节405-3及第407节407-3内计量与支付。

8. 沉井（409节，表7.23）

表7.23　409沉井工程量清单计量规则

子目号	子目内容	单位	计量规则	工作内容
409-1	钢筋混凝土沉井			1. 围堰筑岛 2. 现浇或预制沉井 3. 浮运 4. 抽水、下沉 5. 浇筑混凝土 6. 挖井内土及基底处理 7. 清理恢复河道
-a	井壁混凝土（C…）	m³	沉井的混凝土，按就位后沉井顶面以下各不同部位（井壁、顶板、封底、填芯）和不同混凝土级别的体积以立方米为单位计量	
-b	顶板混凝土（C…）	m³		
-c	填芯混凝土（C…）	m³		
-d	封底混凝土（C…）	m³		

注：(1) 沉井所用钢筋，列入第403节基础钢筋支付子目内计量。
(2) 沉井刃脚所用钢材视作沉井的附属工程材料，不另计量。

9. 结构混凝土工程（410 节，表 7.24）

表 7.24　410 结构混凝土工程量清单计量规则

子目号	子目内容	单位	计量规则	工作内容
410-1	混凝土基础（包括支撑梁、桩基承台，但不包括桩基）	m³	按设计图示，分别以不同结构类型及混凝土等级，以立方米计量	1. 套箱、模板制作、安装、拆除 2. 混凝土浇筑、养护
410-2	混凝土下部结构	m³		1. 支架、模板、劲性骨架制作、安装、拆除 2. 混凝土浇筑、养护
410-3	现浇混凝土上部结构	m³		1. 支架、模板、安装、拆除 2. 预埋钢筋、钢材制作、安装 3. 混凝土浇筑、养护
410-4	预制混凝土上部结构	m³		1. 支架、模板、安装、拆除 2. 预埋钢筋、钢材制作、安装 3. 预制混凝土构件 4. 构件贮存、运输、安装、养生
410-5	上部结构现浇整体化混凝土	m³		1. 支架、模板、安装、拆除 2. 预埋钢筋、钢材制作、安装 3. 混凝土浇筑、养护
410-6	现浇混凝土附属结构	m³		1. 支架、模板、安装、拆除 2. 预埋钢筋、钢材制作、安装 3. 混凝土浇筑、养护
410-7	预制混凝土附属结构	m³		1. 支架、模板、安装、拆除 2. 预埋钢筋、钢材制作、安装 3. 预制混凝土构件 4. 构件贮存、运输、安装、养生

注：（1）直径小于 200 mm 的管子、钢筋、锚固件、管道、泄水孔或桩所占混凝土体积不予扣除。作为砌体砂浆的小石子混凝土，不另行计量。

（2）桩基混凝土在第 405 节内计量和支付；桥面铺装混凝土在第 415 节内计量与支付；结构钢筋在第 403 节内计量。

（3）为完成结构物所用的施工缝连接钢筋、预制构件的预埋钢板、防护角钢或钢板、脚手架或支架及模板、排水设施、防水处理、基础底碎石垫层、混凝土养生、混凝土表面修整及为完成结构物的其他杂项子目，以及混凝土预制件的安装架设设备拼装、移运、拆除和为安装所需的临时性或永久性的固定扣件、钢板、焊接、螺栓等，均作为各项相应混凝土工程的附属工作，不另行计量。

本节清单列项时：

（1）桥梁工程除预应力混凝土、桩基混凝土、桥面铺装混凝土以外的所有现浇混凝土，均在 410 节计量。

基础包括墩台基础、桩的承台、支撑梁（小桥）、河床铺砌等。

下部结构包括墩台身、墩台帽、系梁、墩柱、盖梁、翼墙、耳背墙、锚板等；上部结构包括梁板桥的行车道梁（板）、拱桥的拱圈（肋箱）、拱上立柱、横梁、横墙、侧墙、腹拱等。

（2）子目号 410-1～410-4 按不同结构类型及混凝土等级分列子项。

如 410-2 混凝土下部结构，可按重力式桥台、柱式桥台、肋式桥台、轻型桥台、柱式墩、空心墩、Y 形墩、实体薄壁墩、盖梁、台帽混凝土等分列。

410-3 现浇混凝土上部结构，可按现浇实体板混凝土、现浇空心板混凝土、现浇连续箱梁混凝土、现浇 T 形梁混凝土、现浇槽形梁混凝土、现浇板拱桥拱圈混凝土、现浇拱桥拱上建筑混凝土等分列。

（3）预制板、梁和拱上建筑的整体化现浇混凝土，以子项列入410-5子目内。

（4）子目号410-6及410-7混凝土附属结构包括缘石、人行道、防撞墙、栏杆、护栏、桥头搭板、枕梁、抗震挡块、支座垫块等，按其种类及混凝土等级分列子项。

（5）系梁分为地系梁和地上系梁，应分别列入基础、下部。

例7-5：以例7-4资料，编制墩柱和系梁（全部为地面以上，柱间系梁）工程量清单。

解：（1）列项、计算和摘取工程量。

光圆钢筋清单工程量：10859.5+935.6=11795（kg）

带肋钢筋清单工程量：100198.1+6038.8=106237（kg）

（2）编制工程量清单表：见表7.25。

表7.25 柱、系梁工程量清单表

子目号	子目名称	单位	数量	单价	合价
403-2	下部结构钢筋				
-a	光圆钢筋（HPB235、HPB300）	kg	11795		
-b	带肋钢筋（HRB335、HRB400）	kg	106237		
410-2	混凝土下部结构				
410-2-1	柱式桥墩				
-a	C30	m³	1595.31		
410-2-2	柱间系梁				
-a	C30	m³	411.41		

例7-6：某桥梁地系梁的数量见表7.26，编制工程量清单。

表7.26 地系梁工程数量表

C25混凝土（m³）	Φ28（kg）	Φ10（kg）	干处挖土方
12.79	1252.9	673.9	38.23

解：编制工程量清单表，见表7.27。

带肋钢筋 1252.9+673.9=1927（kg）

表7.27 地系梁工程量清单表

子目号	子目名称	单位	数量	单价	合价
403-1	基础钢筋（包括灌注桩、承台、沉桩、沉井等）				
-a	光圆钢筋（HPB235、HPB300）	kg			
-b	带肋钢筋（HRB335、HRB400）	kg	106237		
404-1	干处挖土方	m³	38.23		
410-1	混凝土基础（包括支撑梁、桩基承台，但不包括桩基）				
-a	C25 地系梁	m³	12.79		

例7-7：某梁桥重力式桥墩如图7.11。编制C25墩帽、墩身及基础的工程量清单。

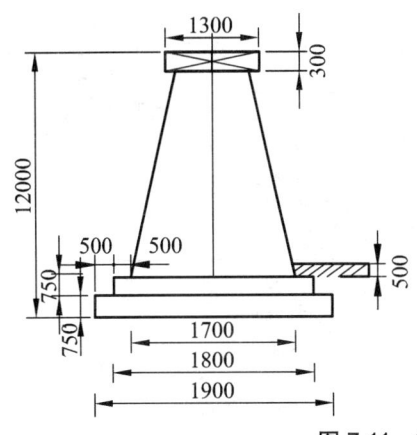
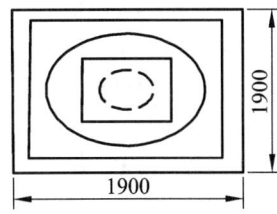

图 7.11 重力式桥墩

解：(1) 依据工程量清单计量规则列项、计算，工程量计算如下：

① 墩帽：$V_1 = 1.3 \times 1.3 \times 0.3 = 0.507$（m³）

② 墩身：$V_2 = 1/3 \times 3.142 \times (12 - 0.3 - 0.75 \times 2) \times (0.6^2 + 0.85^2 + 0.6 \times 0.85)$
$= 1/3 \times 3.142 \times 10.2 \times 1.59 = 16.99$（m³）

③ 基础：$V_3 = (1.8 \times 1.8 + 1.9 \times 1.9) \times 0.75 = (3.24 + 3.61) \times 0.75 = 5.14$（m³）

(2) 编制清单表见表 7.28。

表 7.28 工程量清单表

子目号	子目名称	单位	数量	单价	合价
410-1	混凝土基础（包括支撑梁、桩基承台，但不包括桩基）				
410-1-1	扩大基础				
-a	C25	m³	5.14		
410-2	混凝土下部结构				
410-2-1	重力式桥墩				
-a	C25	m³	16.99		
410-2-2	台帽混凝土				
-a	C25	m³	0.507		

10. 预应力混凝土工程（411 节，表 7.29）

表 7.29 411 结构混凝土工程量清单计量规则

子目号	子目内容	单位	计量规则	工作内容
411-1	先张法预应力钢丝	kg	按设计图示，分别不同种类，以千克（kg）计量，长度按构件的长度计算	1. 制作安装预应力钢材 2. 制作安装管道 3. 安装锚具、锚板 4. 张拉 5. 压浆、封锚
411-2	先张法预应力钢绞线	kg		
411-3	先张法预应力钢筋	kg		
411-4	后张法预应力钢丝	kg	按设计图示，分别不同种类以千克（kg）计量，长度按两端锚具间的理论长度计算（不计入工作长度）	1. 制作安装预应力钢材 2. 制作安装管道 3. 安装锚具、锚板 4. 张拉 5. 压浆、封锚
411-5	后张法预应力钢绞线	kg		
411-6	后张法预应力钢筋	kg		

续表

子目号	子目内容	单位	计量规则	工作内容
411-7	现浇预应力混凝土上部结构	m³	按设计图示，按结构体积以立方米计量	1. 浇筑（悬臂、支架）浇筑预应力混凝土 2. 混凝土配运料、拌和、运输、浇筑、养生 3. 预应力管道的供应、加工、运输、预设、孔道压浆 4. 封锚
411-8	预制预应力混凝土上部结构	m³		1. 预制场地建设、拆除 2. 搭拆工作平台 3. 安拆模板 4. 混凝土配运料、拌和、运输、浇筑、养生 5. 预应力管道的供应、加工、运输、预设、孔道压浆 6. 构件预制、贮存、运输、安装 7. 封锚

注*：（1）预应力钢丝、钢绞线，应注明其松弛级别（为Ⅰ级普通松弛级，Ⅱ级为低松弛级），如在工程中两种级别均采用，则在子目内分别以子目列出。

（2）子目号411-7、411-8中的预应力混凝土结构，按不同结构类型、不同混凝土强度等级及不同施工工艺，分列子项。

（3）预应力钢材除上述计算长度以外的锚固长度及工作长度的预应力钢材含入相应预应力钢材报价之中，不另行计量。

（4）预应力混凝土结构的非预应力钢筋，在第403节计量与支付。

（5）预应力钢材的加工、锚具、管道、锚板及联结板、焊接、张拉、压浆等，作为预应力钢材的附属工作，不另行计量。预应力锚具包括锚圈、夹片、连接器、螺栓、垫板、喇叭管、螺旋钢筋等整套部件。

（6）后张法预应力混凝土梁封锚及端部加厚混凝土，计入相应梁段混凝土之中，不单独计量。

（7）预制板、梁的整体化现浇混凝土及其钢筋，分别在第410节及第403节计量。

（8）桥面铺装混凝土在第415节计量。

例7-8：某预制预应力T梁数量见表7.30，编制工程量清单。

表7.30 工程数量表

项目	C50混凝土（m³）	HRB335（kg）				HPB235（kg）		Ⅱ级低松弛级 ϕ^s15.2 mm钢绞线（kg）
		$\Phi25$	$\Phi16$	$\Phi12$	$\Phi10$	$\phi10$	$\phi8$	
预制	1210.77	41504.3	16260.6	5919.8	20909.6	9018	16784.7	29481.1
现浇	132.4							

解：编制工程量清单表，见表7.31。

光圆钢筋 9018+16784.7=25803（kg）

带肋钢筋 41504.3+16260.6+5919.8+20909.6=84594（kg）

表7.31 工程量清单表

子目号	子目名称	单位	数量	单价	合价
403-3	上部结构钢筋				
-a	光圆钢筋（HPB235、HPB300）	kg	25803		
-b	带肋钢筋（HRB335、HRB400）	kg	84594		
410-5	上部结构现浇整体化混凝土				
-a	C50	m³	132.4		
411-5	后张法预应力钢绞线				
-a	Ⅱ级 ϕ^s15.2 mm	kg	29481		

续表

子目号	子目名称	单位	数量	单价	合价
411-8	预制预应力混凝土上部结构				
411-8-1	T形梁				
-a	C50	m³	1210.77		

11. 砌石工程（413节，表7.32）

表7.32 413砌石工程工程量清单计量规则

子目号	子目内容	单位	计量规则	工作内容
413-1	浆砌片石			1. 备砌块料、拌运砂浆 2. 拱架、支架和模板的制作、安装、拆除 3. 防水和排水 4. 砌筑、勾缝、养生 5. 沉降缝填塞、勾缝
-a	M…	m³	按设计图示，以体积计量	
413-2	浆砌片石			
-a	M…	m³		
413-3	浆砌片石			
-a	M…	m³		
413-4	浆砌预制混凝土块			1~5项同上 6. 混凝土预制块浇筑、养生
-a	M…	m³		

注：计算体积时，相邻不同石砌体计量中，应各包括不同石砌体间灰缝体积的一半。镶面石突出部分超过外廓线者不予计量。泄水孔、排水管或其他面积小于0.02 m²的孔眼不予扣除，削角或其他装饰的切削，其数量为所在石料5%或少于5%者，不予扣除。

本节清单列项时：按不同结构及砂浆等级分别在子项列出。

12. 桥面铺装（415节，表7.33）

表7.33 415桥面铺装工程量清单计量规则

子目号	子目内容	单位	计量规则	工作内容
415-1	沥青混凝土桥面铺装（厚…mm）	m²	按设计图示，分别按不同材料、级别、厚度，以平方米计量	1. 桥面清洗、安装泄水管 2. 模板制作、安装、拆除 3. 沥青混凝土的拌和、运输、浇筑（或摊铺）、振捣（或碾压）、养生
415-2	水泥混凝土桥面铺装（C…级、厚…mm）	m²		1. 桥面清洗、安装泄水管 2. 模板制作、安装、拆除 3. 水泥混凝土的拌和、运输、浇筑（或摊铺）、振捣（或碾压） 4. 压（刻）纹、养生
415-3	防水层（厚…mm）	m²	按设计图示，以平方米计量	1. 桥面清洗 2. 加防剂拌和运输 3. 摊铺

注：(1)桥面泄水管及混凝土桥面铺装接缝等作为桥面铺的附属工作，不另行计量。
(2)桥面铺装钢筋在第403节有关工程子目中计量，本节不另行计量。

注：桥面铺装应按其材料、等级及厚度分别列子项。

例7-9：如图7.11（单位：毫米），最上层为中粒式沥青混凝土（AC-20），防水层为FYT-1,

贫混凝土每立方米质量比砂:石:水:水泥=618:1441:125:216,编制清单工程量。

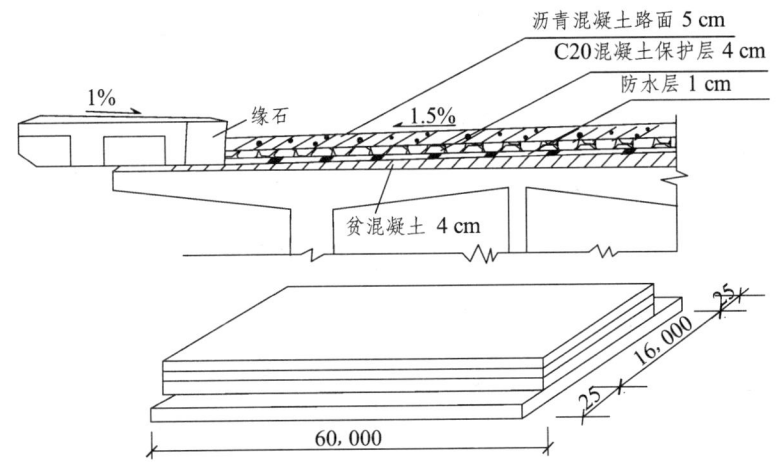

图 7.11 桥面铺装构造

解:(1)清单工程量计算。

沥青混凝土桥面铺装(厚 50 mm):$S_1=60×16=960$(m^2)

水泥混凝土桥面铺装(C20 级、厚 40 mm):$S_2=60×16=960$(m^2)

防水层:$S_3=60×16=960$(m^2)

贫混凝土层:$S_4=60×(16+0.025×2)=963$(m^2)

(2)编制工程量清单。

表 7.34 工程量清单

子目号	子目名称	单位	数量	单价	合价
415-1	沥青混凝土桥面铺装(厚…mm)				
-a	中粒式沥青混凝土 AC-20 厚 50 mm	m^2	960		
415-2	水泥混凝土桥面铺装(C…级、厚…mm)				
-a	C20 级厚 40 mm	m^2	960		
-b	贫混凝土厚 40 mm	m^2	963		
415-3	防水层(厚…mm)				
-a	FYT-1 防水材料	m^2	960		

13. 桥梁支座(416 节,表 7.35)

表 7.35 416 支座工程量清单计量规则

子目号	子目内容	单位	计量规则	工作内容
416-1	矩形板式橡胶支座	个		
416-2	圆形板式橡胶支座	个		
416-3	球冠圆板式橡胶支座	个	按设计图示数量计算	支座的提供和安装
416-4	盆式支座	个		
416-5	隔震橡胶支座	个		
416-6	球形支座	个		

续表

子目号	子目内容	单位	计量规则	工作内容

注：（1）应按支座的型号、规格、材料分列子项。
（2）支座的质量检查、清洗、运输、起吊及安装支座所需的扣件、钢板、焊接、螺栓、黏结以及质量检测等作为支座安装的附属工作，不另行计量。

14. 桥梁接缝和伸缩装置（417节，表7.36）

表7.36　417桥梁接缝和伸缩装置工程量清单计量规则

子目号	子目内容	单位	计量规则	工作内容
417-1	橡胶伸缩装置	m	按设计图示，以米计量	伸缩装置的提供和安装
417-2	模数式伸缩装置	m		
417-3	梳齿板式伸缩装置	m		
417-4	填充式材料伸缩装置	m		

注：（1）伸缩装置应按型号或要求的伸与缩的合计量，分列子项。
（2）分列子项时，先小型后大型。
（3）人行道伸缩装置、缘石伸缩装置、护栏底座伸缩装置与车行道伸缩装置合并计量，取平均单价。
（4）除伸缩装置外的其他接缝，如橡胶止水片、沥青类等接缝填料，作为有关工程的附属工作，不另行计量。
（5）安装时切割和清除伸缩装置范围内沥青混凝土铺装或安装伸缩装置的部分水泥混凝土及临时或永久性的扣件、钢板、钢筋、焊接、螺栓、黏结等，作为伸缩装置安装的附属工作，不另行计量。

例7-10：某桥梁锥坡、台背挖土方 405.4 m³、挖石方 1621.8 m³，桥墩系梁挖土方 10.2 m³，锥坡填土 15.1 m³，台背透水性材料 223.6 m³，铸铁泄水管 140/8（kg/套），桥面铺装防水剂FYT-1型 451.2 m³，滑板式橡胶支座 GYZF4Φ350×76 mm、圆板式橡胶支座 GYZΦ350×85 mm 各8块。其他设计数量见表7.37，编制工程量清单。

表7.37　部分上部结构工程数量表

项目		混凝土（m³）		HRB335（kg）			HPB235（kg）		CRB550（kg）
		C50 厚 100 mm	沥青混凝土	⌀25	⌀16	⌀12	Φ10	Φ8	
行车道板	预制				20694.1	43947			
	现浇				5518.4	17566.8			
横隔板	预制			32996.6			7156.8		
	现浇			7544	15904.5	3131.8		5192.3	
桥面铺装		285.53	263.15	3318	2819.7		866.8		29258.7

解：编制工程量清单表，见表7.38。

上部结构光圆钢筋：7156.8+3131.8+5192.3+866.8=16348（kg）

上部结构带肋钢筋：
（32996.6+7544）+（20694.1+5518.4+3318）+（43947+17566.8+15904.5+2819.7）
=150309（kg）

干处挖土方：405.4+10.2=415.6（m³）

干处挖石方：1621.8（m³）

表 7.38 工程量清单表

子目号	子目名称	单位	数量	单价	合价
204-1	路基填筑（包括填前压实）				
-g	结构物台背回填	m³	223.6		
-h	锥坡及台前溜坡	m³	15.1		
403-3	上部结构钢筋				
-a	光圆钢筋（HPB235、HPB300）	kg	16348		
-b	带肋钢筋（HRB335、HRB400）	kg	150309		
-c	CRB550 钢筋焊网	kg	29259		
404-1	干处挖土方	m³	415.6		
404-3	干处挖石方	m³	1621.8		
415-1	沥青混凝土桥面铺装（厚…mm）				
-a	C50 厚 100 mm	m²	263.15		
415-2	水泥混凝土桥面铺装（C…级、厚…mm）				
-a	C50 厚 100 mm	m²	285.53		
415-3	桥面防水层				
-a	FYT-1 型	m²	451.2		
416-2	圆形板式橡胶支座				
-a	GYZF4φ350×76 mm	个	8		
-b	GYZφ350×85 mm	个	8		

15. 圆管涵及倒虹吸管涵（419 节，表 7.39）

表 7.39 419 圆管涵及倒虹吸管涵工程量清单计量规则

子目号	子目内容	单位	计量规则	工作内容
419-1	单孔钢筋混凝土圆管涵（φ…m）	m	按设计图所示，按不同断面尺寸以长度计算，单位以米计量	1. 排水 2. 挖基、基底表面处理 3. 基座砌筑或浇筑 4. 预制或现浇钢筋混凝土管 5. 安装、接缝 6. 铺涂防水层 7. 砌筑进出口（端墙、翼墙、八字墙井口） 8. 回填
419-2	双孔钢筋混凝土圆管涵（φ…m）	m		
419-3	钢筋混凝土圆管倒虹吸管涵（φ…m）	m		

注：圆管涵按不同的直径分列。

在支付方式上，当完成管涵（含倒虹吸管）基础的浇筑或砌筑，经监理人检查认可后，支付管涵（含倒虹吸管）工程费用的 30%；管涵（含倒虹吸管）工程全部完成后，再支付工程费用的余下部分。

（1）钢筋混凝土圆管涵或倒虹吸管涵，以图纸规定的洞身长度或监理人同意的现场沿涵洞中心线量测的进出洞口之间的洞身长度，分不同孔径及孔数，经监理人检查验收后以米计量。管节所用钢筋，不另计量。

（2）图纸中标明的基底垫层和基座，圆管的接缝材料、沉降缝的填缝与防水材料等，洞口建筑，包括八字墙、一字墙、帽石、锥坡、铺砌、跌水井以及基础挖方及运输、地基处理与回填等，均作为承包人应做的附属工作，不另计量与支付。

（3）洞口（包括倒虹吸管涵）建筑以外涵洞上下游沟渠的改沟铺砌、加固以及急流槽消力坎的建造等均列入计量规范第 207 节相应子目内计量。

（4）建在软土、沼泽地区的圆管涵（含倒虹吸管涵），按图纸要求特殊处理的基础工程量（如：塑料排水板、袋装砂井、各种桩基、喷粉桩等）在计量规范第 205 节相关子目中计量与支付，本节不另行计量。

16. 盖板涵及箱涵（420 节，表 7.40）

表 7.40　420 盖板涵及箱涵工程量清单计量规则

子目号	子目内容	单位	计量规则	工作内容
420-1	钢筋混凝土盖板涵（…m×…m）	m	按设计图所示，按不同断面尺寸以长度计算（洞身长度或进出口端墙间距离）	1. 排水 2. 挖基、地基处理与回填 3. 支架、模板的制作安装、拆除 4. 钢筋制作安装 5. 混凝土浇筑、养生、运输 6. 沉降缝填塞、铺涂防水层 7. 铺底及砌筑进出口
420-2	钢筋混凝土箱涵（…m×…m）	m		
420-3	钢筋混凝土盖板通道涵（…m×…m）	m		
420-4	钢筋混凝土箱形通道涵（…m×…m）	m		

1）计量规定

（1）钢筋混凝土盖板涵（含梯坎涵、通道）、钢筋混凝土箱涵（含通道）应以图纸规定的洞身长度或经监理人同意的现场沿涵洞中心线测量的进出口之间的洞身长度，经验收合格后按不同孔径及孔数以米计量，盖板涵、箱涵所用钢筋不另计量。

（2）所有垫层和基座、沉降缝的填缝与防水材料，洞口建筑，包括八字墙、一字墙、帽石、锥坡（含土方）、跌水井、洞口及洞身铺砌以及基础挖方、地基处理与回填土、沉降缝的填缝与防水材料等作为承包人应做的附属工作，均不单独计量。

（3）洞口建筑以外涵洞上下游沟渠的改沟铺砌、加固以及急流槽等均列入计量规范第 207 节有关子目计量。

（4）通道涵按下列原则进行计量与支付：

a. 通道涵洞身及洞口计量应符合上述第（1）款及第（2）款的规定。

b. 通道范围（进出口之间距离）以内的土石方及边沟、排水沟等均含入洞身报价之中不另行计量。

c. 通道范围以外的改路土石方及边沟、排水沟等在计量规范第 200 章相关章节中计量与支付。

d. 通道路面（含通道范围内）分不同结构类型在计量规范第 300 章相关章节中计量与支付。

（5）建在软土、沼泽地区的盖板涵、箱涵（含通道），按图纸要求特殊处理的基础工程量（如塑料排水板、袋装砂井、各种桩基、喷粉桩等）在计量规范第 205 节相关子目中计量与支付，本节不另行计量。

2）支付

当完成涵洞工程基础部分的浇筑或砌筑时，支付涵洞工程费用的 20%；完成涵洞墙身的浇筑或砌筑，再支付涵洞工程费用的 30%；涵洞工程全部完成后，再支付涵洞工程费用的余下部分。

每一阶段完成的工程,均须得到监理人检查认可。

17. 拱涵（421节,表7.41）

表7.41　421拱涵工程量清单计量规则

子目号	子目内容	单位	计量规则	工作内容
421-1	拱涵（…m×…m）	m	按设计图所示,按不同断面尺寸以长度计算（进出口端墙间距离）	1. 排水 2. 挖基、地基处理与回填 3. 支架、模板的制作安装、拆除 4. 钢筋制作安装 5. 混凝土浇筑、养生、运输 6. 沉降缝填塞、铺涂防水层 7. 铺底及砌筑进出口
421-2	拱形通道涵（…m×…m）	m		

（1）石砌和混凝土拱涵（含梯坎涵、通道）应以图纸规定的洞身长度或经监理人同意的现场沿涵洞中心线测量的进出口之间的洞身长度,经验收合格后按不同孔径以米计量,钢筋不另计量。

（2）所有垫层和基础,沉降缝的填缝与防水材料,洞口建筑,包括八字墙、一字墙、帽石、锥坡（含土方）、跌水井、洞口及洞身铺砌以及基础挖方、地基处理与回填土等作为承包人应做的附属工作,均不单独计量。

（3）洞口建筑以外涵洞上下游沟渠的改沟铺砌、加固以及急流槽等均列入计量规范第207节有关子目计量。

（4）通道涵按下列原则进行计量与支付：

a. 通道涵洞身及洞口计量应符合上述第（1）款及第（2）款的规定；

b. 通道范围（进出口之间距离）以内的土石方及边沟、排水沟等均含入洞身报价之中不另行计量；

c. 通道范围以外的改路土石方及边沟、排水沟等在计量规范第200章相关章节中计量与支付；

d. 通道路面（含通道范围内）分不同结构类型在计量规范第300章相关章节中计量与支付。

（5）建在软土、沼泽地区的盖板涵、箱涵（含通道）,按图纸要求特殊处理的基础工程量（如塑料排水板、袋装砂井、各种桩基、喷粉桩等）在计量规范第205节相关子目中计量与支付,本节不另行计量。

7.3　定额计算规则

桥涵工程定额是公路中内容较多、涉及面较广的章节,也是公路计量计价的重点、难点。

7.3.1　章说明

桥梁工程包括开挖基坑,围堰、筑岛及沉井,打桩,灌注桩、砌筑,现浇混凝土及钢筋混凝土,预制、安装混凝土及钢筋混凝土构件,构件运输,拱盔、支架,钢结构和杂项工程等项目。

1. 混凝土工程

（1）定额中混凝土强度等级均按一般图纸选用,其施工方法除小型构件采用人拌人捣外,其他均按机拌机捣计算。

注：混凝土强度等级是按混凝土立方体抗压标准强度（MPa）来确定的，划分为C7.5、C10、C15、C20、C25、C30、C35、C40、C45、C50、C55、C60等12个等级。

（2）定额中混凝土工程除小型构件、大型预制构件底座、混凝土搅拌站安拆和钢桁架桥式码头项目中已考虑混凝土的拌和费用外，其他混凝土项目中均未考虑混凝土的拌和费用，应按有关定额另行计算。

（3）定额中混凝土均按露天养生考虑，如采用蒸汽养生时，应从各有关定额中扣减人工1.5个工日及其他材料费4元，并按蒸汽养生有关定额计算。

见定额P693"4-11-8"及P679节说明。

（4）定额中混凝土工程均已包括操作范围内的混凝土运输。现浇混凝土工程的混凝土平均运距超过50 m时，可根据施工组织设计的混凝土平均运距，按杂项工程中混凝土运输定额增列混凝土运输。

（5）定额中采用泵送混凝土的项目均已包括水平和向上垂直泵送所消耗人工、机械，当水平泵送距离超过定额综合范围时，可按表7.42增列人工及机械消耗量。向上垂直泵不得调整。

表7.42 混凝土水平泵送增加距离的增列消耗量表

项目		定额综合的水平泵送距离	每100 m³混凝土每增加水平距离50 m增列数量	
			（人工/工日）	混凝土输送泵（台班）
基础	灌注桩	100	1.55	0.27
	其他	100	1.27	0.18
上下部构造		50	2.82	0.26
桥面铺装		250	2.82	0.36

例7-11：某250 cm灌注桩工程回旋钻成孔，混凝土水平泵送距离为200 m，求灌注桩混凝土定额人工和混凝土输送泵消耗量的调整。

解：套用[431-4-4-7-18]，其人工和混凝土输送泵消耗量应调整为：

人工：$1.8+（1.55÷10）×1.197×（200-100）÷50=2.17$（工日/10 m³）

混凝土输送泵：$0.09+（0.27÷10）×1.197×（200-100）÷50=0.155$（台班/10 m³）

（6）凡预埋在混凝土中的钢板、型钢、钢管等预埋件，均作为附属材料列入混凝土定额内。至于连接用的钢板、型钢等则包括在安装定额内。

（7）大体积混凝土项目必须采用埋设冷却管来降低混凝土水化热时，可根据实际需要另行计算。

（8）除另有说明外，混凝土定额中均已综合脚手架、上下架、爬梯及安全围护等搭拆及摊销费用，使用定额时不得另行计算。

2．钢筋工程

（1）定额中凡钢筋直径在10 mm以上的接头，除注明为钢套筒连接外，均采用电弧搭接焊或电阻对接焊。

如[464-4-6-2]墩台身中分为焊接连接和套筒连接。

（2）定额中的钢筋按选用图纸分为光圆钢筋、带肋钢筋，如设计图纸的钢筋比例与定额有出入时，可调整钢筋品种的比例关系。

（3）定额中钢筋是按一般定尺长度计算的，如设计提供的钢筋连接用钢套筒数量与定额有出入时，可按设计数量调整定额中的钢套筒消耗，其他消耗不调整。

3. 模板工程

（1）模板不单列项目。混凝土工程中所需的模板包括钢模板、组合钢模板、木模板，均按其周转摊销量计入混凝土定额中。

（2）定额中的模板均为常规模板，当设计或施工对混凝土结构的外观有特殊要求，需要对模板进行特殊处理时，可根据定额中所列的混凝土模板接触面积增列相应的特殊模板材料的费用。

P448页混凝土模板接触面积，可用于增列相应的特殊模板材料的费用，也是补充定额的依据。

（3）定额中所列的钢模板材料指工厂加工的适用于某种构件的定型钢模板，其质量包括立模需的钢支撑及有关配件；组合钢模板材料指市场供应的各种型号的组合钢模板，其质量仅为组合钢模板的质量，不包括立模所需的支撑、拉杆等配件，定额中已计入所需配件材料的摊销量；木模板按工地制作编制，定额中将制作所需工、料、机械台班消耗按周转摊销量计算。

（4）定额中均包括各种模板的维修、保养所需的工、料及费用。

例 7-12：某桥梁墩身外表面积为 700 m²，混凝土数量为 300 m³，根据要求施工时需在常规模板的基础上内衬一种特殊材料，据调查该材料的价格为 100 元/m²，可使用 5 次，故在本定额的基础上需增加模板费用为：

$700 \times 100 \div 5 \div 300 \times 10 = 513.33$（元/10 m³）

4. 设备摊销费用

定额中设备摊销费的设备指属于固定资产的金属设备，包括万能杆件、装配式钢桥桁架及有关配件拼装的金属架桥设备。设备摊销费按设备质量每吨每月 76.95 元计算（除设备本身折旧费用，还包括设备的维修、保养等费用）。

"营改增"后，按交办公路〔2016〕66号等规定调整，金属设备摊销费由原来的 90 元/（t·月）调整为 76.95 元/（t·月）。各项目中凡注明允许调整的，可按计划使用时间调整。

如：（1）桥梁钢拱架：4-9-2-8，定额 P631-632，可调整。

（2）金属结构吊装设备，定额 P599-603，可调整。

例 7-13：某工程架设 25m T 型主梁采用双导梁，施工期 8 个月，试计算一套双导梁设备摊销费。如果该设备租赁单价为 150 元/（t·月），则该设备实际设备摊销费是多少？

解：（1）根据预算定额 603 页注 1 "导梁全套设备重量表"可查出标准跨径 25 m 时双导梁设备重 115.7 t。

（2）根据预算定额 604 页注 2，"本定额的设备摊销费按每吨每月 90 元，并按 4 个月编制，如施工期不同时，可予调整"。"营改增"后，按交办公路〔2016〕66号等规定调整。金属设备摊销费由原来的 90 元（t·月）调整为 76.95 元/（t·月），则：

一套双导梁设备基期总设备摊销费为：（115.7/10）×76.95×10×8 = 71225（元）

（3）租赁单价 150 元/（t·月），设备实际设备摊销费为：

（115.7/10）×（150×8×10）= 138840（元）

5. 工程量计算一般规则

（1）现浇混凝土、预制混凝土、构件安装的工程量为构筑物或预制构件的实际体积，不包括空心部分的体积，钢筋混凝土项目的工程量不扣除钢筋（钢丝、钢绞线）、预埋件和预留孔道所占的体积。

（2）构件安装定额中在括号内所列的构件体积数量，表示安装时需要备制的构件数量。

（3）钢筋工程量为钢筋的设计质量，定额中已计入施工操作损耗，一般钢筋因接长所需增加的钢筋质量已包括在定额中，不得将这部分质量计入钢筋设计质量内。但对于某些特殊的工程，必须在施工现场分段施工采用搭接接长时，其搭接长度的钢筋质量未包括在定额中，应在钢筋的设计质量内计算。

此条内容注意：定额中已将各种规格的钢筋，按出厂定尺长度（一般为 6~12 m）的每根钢筋均按一个接头计算，主筋按闪光对焊，其他钢筋按搭接计算，其对焊损耗、搭接长度的钢筋质量及其他操作损耗，按钢筋设计质量的 2.5% 的损耗量计入定额中，因此，一般钢筋因接长所需增加的钢筋质量已包括在定额中，钢筋设计质量不应包括这部分搭接钢筋的质量。

但对于某些特殊的工程，如高桥墩、索塔等，其主筋不可能按钢筋出厂定尺长度全部采用闪光对焊接长到结构所需的长度（高度），必须在施工过程中根据施工分段逐段采用搭接接长时，其搭接长度的钢筋质量未包括在定额中，应在钢筋的设计质量内计算。这是由于这部分钢筋受设计要求、工程部位、施工条件的影响较大，在定额中难以用占钢筋设计质量的百分比或其他方法予以定量，因此，应将设计图纸中不可能采用对焊接长而必须在施工中采用搭接接长的钢筋的质量，逐项统计出来计入钢筋设计质量内，而不应笼统地按钢筋质量的百分比来加大设计质量。

例 7-14：某梁桥现浇混凝土用混凝土搅拌站集中拌和，搅拌站生产能力 25 m^3/h 以内，平均运距 1000 m，用容量 6 m^3 以内混凝土搅拌运输车运输。该桥实体式墩台基础工程预算定额中人工工日、机械台班如何确定？混凝土定额值应做何处理？

解：查定额 P452 页 4-6-1-3 确定定额中材料、机械的消耗量。

查 P699 4-11-11-6、4-11-11-10 确定混凝土搅拌站安装、拆除及混凝土拌和的定额值。

查 P1704 1-11-20 确定混凝土运输的定额值。

7.3.2 第一节开挖基坑

1. 节说明

（1）干处挖基指开挖无地面水及地下水位以上部分的土壤，湿处挖基指开挖在施工水位以下部分的土壤。挖基坑石方、淤泥、流沙不分干处、湿处均采用同一定额。

（2）开挖基坑土、石方运输按弃土于坑外 10 m 范围内考虑，如坑上水平运距超 10 m 时，另按路基土、石方增运定额计算。

（3）基坑深度为坑的顶面中心标高至底面的数值。在同一基坑内，不论开挖哪一深度均执行该基坑的全部深度定额。

（4）电动卷扬机配抓斗及人工开挖配卷扬机吊运基坑土、石方定额中，已包括移动摇头扒杆用工，但摇头扒杆的配置数量应根据工程需要按吊装设备定额另行计算。

（5）开挖基坑定额中，已综合了基底夯实、基坑回填及检平石质基底用工，湿处挖基还包括挖边沟、挖集水井及排水作业用工，使用定额时，不得另行计算。

（6）开挖基坑定额中不包括挡土板，需要时应据实按有关定额另行计算。

（7）机械挖基定额中，已综合了基底标高以上 20 cm 范围内采用人工开挖和基底修整用工。

（8）基坑开挖定额均按原土回填考虑，若采用取土回填时，应按路基工程有关定额另行计算取土费用。

（9）挖基定额中未包括水泵台班，挖基及基础、墩台修筑所需的水泵台班按"基坑水泵台班消耗"表的规定计算，并计入挖基项目中。

（10）工程量计算规则：

基坑开挖工程量按基坑容积计算公式计算。其计算公式如下：

① $V = \dfrac{h}{6}[ab+(a+a_1)(b+b_1)+a_1b_1]$ —（基坑为平截方锥时） （7.14）

式中 V——体积（m³）；

h——基坑的高度（m）；

a、b——下底的长度、宽度（m）；

a_1、b_1——上底的长度、宽度（m）；

② $V = \dfrac{\pi h}{3}(R^2+Rr+r^2)$ —（基坑为截头圆锥时） （7.15）

式中 R——下底半径（m）；

r——上口半径（m）；

π——取 3.1416 计算；

其他符号同前。

平截方锥、截头圆锥如图 7.12 所示。

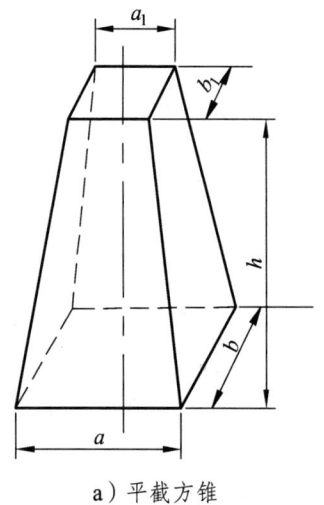
a）平截方锥

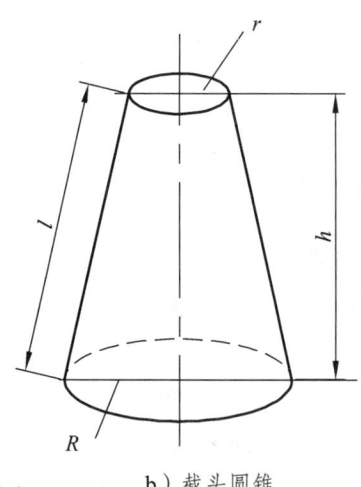
b）截头圆锥

图 7.12 圆形基坑示意图

（11）基坑水泵台班消耗，可根据覆盖层土壤类别和施工水位高度采用下列数值计算：

①墩（台）基坑水泵台班消耗=湿处挖基工程量×挖基水泵台班＋墩（台）座数×修筑水泵台班。

②基坑水泵台班消耗表中水位高低栏中"地面水"适用于围堰内挖基，水位高度指施工水位至坑顶的高度，其水泵消耗台班已包括排除地下水所需台班数量，不得再按"地下水"加计水泵台班；"地下水"适用于岸滩湿处的挖基，水位高度指施工水位至坑底的高度，其工程量应为施工

水位以下的湿处挖基工程数量，施工水位至坑顶部分的挖基，应按干处挖基对待，不计水泵台班。

例 7-15：某桥共有 6 个墩、台基坑开挖工程，采取 2 个坑平行施工。用电动卷扬机配抓斗开挖，其中某岸墩基坑。已知施工期无常水，运距 20 m，水中挖砂砾 37.5 m³、水中挖岩石 185.0 m³、基坑总挖方 269.5 m³、基底以上 20 cm 处用人工挖方 12.5 m³。试确定该基坑所需各种定额（实际编预算时，不必逐个基坑计算或确定其定额）。

解：（1）根据开挖基坑节说明的规定，该基坑的干处挖基工程量为地下水位以上的土方：

269.5-37.5-185.0=47.0（m³）

开挖深度按节说明 3 的规定均应按坑全深计。但由于该基坑采用机械挖基坑土石方，不区分干处、湿处挖基以及基坑深度。

（2）用卷扬机配抓斗挖基坑土石方定额，按 P278 页定额表"4-1-3-1"确定。

砂砾部分（每 1000 m³ 实体）：

人工 304.1 工日；

30 kN 以内单筒慢速卷扬机 30.21 台班；

小型机具使用费 391.9 元；

石方部分按 P278 页定额表"4-1-3-1"每 1000 m³ 实体计。

2. 开挖基坑计价注意事项

基坑的开挖按土方、石方、深度、干处或湿处等不同情况，分别统计其数量，并结合施工期内河床水位的高低，合理确定围堰的类别和数量，基坑排水台班消耗标准，以及必须采取的技术安全措施等；了解挖基废方的远运处理、原有地形地貌的修复，以及河道的疏通等情况，按照从实际出发、不留隐患的原则，确定其计价数量，将所需费用计入工程造价内。

1）基坑开挖要求

当基础覆盖层的土壤系坚硬或硬塑状态的黏性土，而基坑顶部边缘无活荷载，稍松土质的基坑深度不超过 0.50 m，中等密实土质的基坑深度不超过 1.25 m，密实土质的基坑深度不超过 2.00 m 时，都可采取垂直坑壁进行开挖。基坑深度在 5.00 m 以内，施工期较短，土的湿度正常，土层结构均匀时，则可采取斜坑壁（即放坡）开挖。当坑壁不稳定或放坡开挖受场地限制，或开挖方数过大时，可采用基坑挡土板对坑壁进行加固。挡土板的计价工程量一般按需要支撑的基坑侧面积计算。

2）挖基坑土方量计算方法

（1）方形基坑垂直开挖的计算公式（图 7.13）：

$$V = a \times b \times H \tag{7.16}$$

式中 V——基坑挖方体积（m³）；

a——基础或垫层底宽（m）；

b——基础或垫层长度（m）；

H——基坑平均挖深（m）。

（2）圆形不放坡和不支挡板时：

$$V = \pi R^2 H \tag{7.17}$$

式中 R——半径（m）；

π——取 3.1416 计算；

其他符号意义同前。

方形基坑放坡的计算公式，见公式（7.14）；圆形基坑放坡的计算公式，见公式（7.15）。

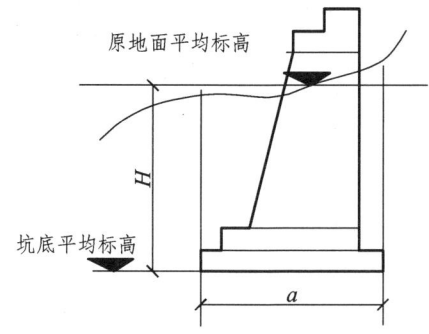

图 7.13 基坑挖方示意图

3）基坑回填

基坑回填工程数量按挖基坑数量减去包括垫层在内的构筑物埋入体积计算。

4）基坑排水

（1）集水坑排水法：除严重流沙外，一般情况均可采用。

（2）井点排水法：基坑土质不好，地下水位较高，用集水坑排水有流沙涌泥现象产生时，可用井点排水以降低水位。

（3）板桩法、沉井法：适用于基坑较深、土质渗透性较大的基坑。

（4）帷幕法：将基坑周围土用冻结法、硅化法、水泥灌浆法、沥青灌浆法等处理成封闭不透水的帷幕。

5）基坑挡土板的支挡面积

基坑挡土板的支挡面积按坑内需支挡的实际侧面积计算。

7.3.3 第二节 筑岛、围堰及沉井工程

1. 节说明

（1）围堰定额适用于挖基围堰和筑岛围堰。

（2）草木、草（麻）袋、竹笼、木笼铁丝围堰定额中已包括 50 m 以内人工挖运土方的工日数量，定额括号内所列"土"的数量不计价，仅限于取土运距超过 50 m，按人工挖运土方的增运定额，增加运输用工。

（3）沉井制作分钢筋混凝土重力式沉井、钢丝网水泥薄壁浮运沉井、钢壳浮运沉井三种。

沉井浮运、落床、下沉、填塞定额，均适用于以上三种沉井。

（4）沉井下沉的工作台、三脚架、运土坡道、卷扬机工作台均已包括在定额中。井下爆破材料除硝铵炸药外，其他列入"其他材料费"中。

（5）沉井下水轨道的钢轨、枕木、铁件按周转摊销量计入定额中，定额还综合了轨道的基础及围堰等的工、料，使用定额时，不得另行计算。但轨道基础的开挖工作本定额中未计入，需要时按有关定额另行计算。

（6）沉井浮运定额仅适用于只有一节的沉井或多节沉井的底节，分节施工的沉井除底节外的

其他各节的浮运、接高均应执行沉井接高定额。

（7）导向船、定位船船体本身加固所需的工、料、机消耗及沉井定位落床所需的锚绳均已综合在定额中，使用定额时，不得另行计算。

（8）无导向船定位落床定额已将所需的地笼、锚碇等的工、料、机消耗综合在定额中，使用定额时，不得另行计算。有导向船定位落床定额未综合锚碇系统，应根据施工组织设计的需要按有关定额另行计算。

（9）锚碇系统定额均已将锚链的消耗计入定额中，并已将抛锚、起锚所需的工、料、机消耗综合在定额中，使用定额时，不得随意进行抽换。

（10）钢壳沉井接高所需的吊装设备定额中未计入，需要时应按金属设备吊装定额另行计算。

（11）钢壳沉井作双壁钢围堰使用时，应按施工组织设计计算回收，但回收部分的拆除所需的工、料、机消耗本定额未计入，需要时应根据实际情况按有关定额另行计算。

（12）沉井下沉定额中的软质岩石是指饱和单轴极限抗压强度在 40 MPa 以下的各类松软的岩石，硬质岩石是指饱和单轴极限抗压强度在 40 MPa 以上的各类较坚硬和坚硬的岩石。

（13）地下连续墙定额中未包括施工便道、挡土帷幕、注浆加固等，需要时应根据施工组织设计另行计算。挖出的土石方或凿铣的泥渣如需要外运时，应按路基工程中相关定额进行计算。

（14）工程量计算规则：

①草木、草（麻）袋、竹笼围堰长度按围堰中心长度计算，高度按施工水深加 0.5 m 计算。木笼铁丝围堰实体为木笼所包围的体积。

②套箱围堰的工程量为套箱金属结构的质量。套箱整体下沉时悬吊平台的钢结构及套箱内支撑的钢结构均已综合在定额中，不得作为套箱工程量进行计算。

③沉井制作的工程量：重力式沉井为设计图纸井壁及隔墙混凝土数量；钢丝网水泥薄壁浮运沉井为刃脚及骨架钢材的质量，但不包括铁丝网的质量；钢壳沉井的工程量为钢材的总质量。

④沉井下沉定额的工程量按沉井刃脚外缘所包围的面积乘沉井刃脚下沉入土深度计算。沉井下沉按土、石所在的不同深度分别采用不同下沉深度的定额。定额中的下沉深度指沉井顶面到作业面的高度。定额中已综合了溢流（翻砂）的数量，不得另加工程量。

⑤沉井浮运、接高、定位落床定额的工程量为沉井刃脚外缘所包围的面积，分节施工的沉井接高的工程量应按各节沉井接高工程量之和计算。

⑥锚碇系统定额的工程量指锚碇的数量，按施工组织设计的需要量计算。

⑦地下连续墙导墙的工程量按设计需要设置的导墙的混凝土体积计算；成槽和墙体混凝土的工程量按地下连续墙设计长度、厚度和深度的乘积计算；锁口管吊拔和清底置换的工程量按地下连续墙的设计槽段数（指槽壁单元槽段）计算；内衬的工程量按设计需要的内衬混凝土体积计算。

例 7-16：某桥施工组织设计要求施工采用草袋围堰，围堰高为 1.7 m，围堰长 60 m，土运距 100 m，试求预算定额下的工、料消耗量。

解：查定额 P286 页 4-2-2，定额单位 10 m 围堰。因为 P286 注中规定围堰高度可以内插，围堰高 1.7 m 是介于 1.5~1.8 m 的，所以定额应在 4-2-2-3 及 4-2-2-4 之间内插具体计算如下：

人工：$6\times[17.7+0.2\times(24.7-17.7)/0.3]=134.2$（工日）

草袋：$6\times[543+0.2\times(741-543)/0.3]=4050$（个）

土：$6\times[33.54+0.2\times(45.3-33.54)/0.3]=248.28$（m³）

运距 100 m 大于定额运距 50 m，增列超运距运输用工。查定额 P9 页 1-1-6-4，定额单位 1000 m³：

（100-50）/10×18.2×248.28/1000=22.59（人工）

总用工数=134.2+22.59=156.79（工日）

2. 筑岛、围堰计价注意事项

1）围堰适用范围（表7.43）

围堰：水中基础工程开挖、砌筑、浇筑时，在基坑四周预先修筑一道临时、封闭、挡水的构筑物，包括土围堰，土袋围堰，竹、铅丝笼围堰，间隔有桩围堰，钢板桩围堰，钢筋混凝土板桩围堰，套箱围堰，双壁钢围堰等。

开挖基坑时，先将围堰中的水排干，如不能排水时，可在静水中进行水下施工。此种方法宜在基础较浅、地质不复杂、水深不超过6 m时采用。

表7.43 围堰适用范围

序号	围堰名称	适用范围
1	土围堰	水深在1.5 m以内，水流流速在0.5 m/s以内，河床土质渗水较小时
2	土袋围堰	水深在3 m以内，水流流速在1.5 m/s以内，河床土质渗水较小时
3	套箱围堰	适用于埋置不深的水中基础，或修建桩基的水中承台
4	钢筋混凝土板桩围堰	适用于黏性土、砂类土及碎石类土河床
5	竹、铅丝笼围堰	适用于流速较大而水深在1.5~4 m的情况
6	钢板桩围堰	适用于各类土（包括强风化岩）的深水基础
7	双壁围堰	适用于深水基础

2）对各类围堰的基本要求

（1）围堰高度应高出施工工期内可能出现的最高水位0.5~0.7 m。

（2）土围堰的施工要求。

① 堰顶宽度可为1~2 m。当采用机械挖掘时，应视机械的种类确定，但不宜小于3 m。

② 土围堰筑堰材料宜用黏性土或夹砂黏土；填出水面之后应进行夯实。填土应自上游开始至下游合龙。

③ 在筑堰之前，必须将堰底下河床底的树根、淤泥、石块及杂物清除干净。

④ 因筑堰引起流速增大使堰外坡面有受冲刷的危险时，可在外坡面用草皮、柴排、片石、草袋或土工织物等加以防护。

（3）土袋围堰的施工要求。

① 堰顶宽度可为1~2 m。当采用机械挖掘时，应视机械的种类确定，但不宜小于3 m。

② 在筑堰之前，必须将堰底下河床底的树根、淤泥、石块及杂物清除干净。

③ 土袋堆码应自上游开始至下游合龙。

④ 堆码的土袋上下层和内外层应相互错缝，尽量堆码密实平整。

（4）钢板桩围堰的施工要求。

① 适用于各类土的深水基坑。

② 钢板桩的机械性能和尺寸应符合规定要求。

③ 钢板桩堆存、搬运、起吊时，应防止因自重而引起的变形及锁口损坏。

④ 当起吊能力许可时，宜在打桩前，将2~3块钢板桩，拼为一组并夹牢。

⑤ 施打钢板桩时的注意点。

⑥ 拔桩前，宜向堰内灌水使内外水位持平并从下游开始拔桩。拔桩时宜用射水、锤击等松动措施，并应尽可能采用振动拔桩。

⑦ 拔出来的钢板桩应进行检修涂油，堆码保存。

3）筑岛

根据土质、水流、风浪情况，可采用无围堰的土岛或有围堰的筑岛，填充材料可填筑土、砂及砂砾石等材料成岛。岛面一般应高出最高水位加浪高不少于 0.5 m，有流冰的河流应再适当加高。

无围堰的土岛一般适用于水深 1.5 m 以内流速不大的情况，土岛边坡坡度视所用土质而定，但不应陡于 1：2。

有围堰的筑岛即在围堰围成的区域内填充材料而形成水中小岛。

7.3.4 第三节 打桩工程

（1）本定额适用于陆地上、打桩工作平台上、船上打桥涵墩台基础桩，以及其他基础工程和临时工程中的打桩工作。

（2）土质划分：打桩工程土壤分为 I、II 两组。

I 组土——较易穿过的土壤，如轻亚黏土、亚黏土、砂类土、腐殖土、湿的及松散的黄土等。

II 组土——较难穿过的土壤，如黏土、干的固结黄土、砂砾、砾石、卵石等。

当穿过两组土层时，如打入 II 组土各层厚度之和等于或大于土层总厚度的 50%或打入 II 组土连续厚度大于 1.5 m 时，按 II 组土计；不足上述厚度时，则按 I 组土计。

（3）打桩定额时，均按在已搭好的工作平台上操作计算，但未包括打桩用的工作平台的搭设和拆除等的工、料消耗，需要时应按打桩工作平台定额另行计算。

（4）打桩定额中已包括打导桩、打送桩及打桩架的安、拆工作，并将打桩架、送桩、导桩及导桩夹木等的工、料按摊销方式计入定额中，编制预算时，不得另行计算。但定额中均未包括拔桩。破桩头工作，已计入承台定额中。

（5）打桩定额均为打直桩，如打斜桩时，机械乘 1.20 的系数，人工乘 1.08 的系数。

（6）利用打桩时搭设的工作平台拔桩时，不得另行搭设工作平台的工、料消耗。如需搭设工作平台时，可根据施工组织设计规定的面积，按打桩的工作平台人工消耗的 50%计算人工消耗，但各种材料一律不计。

（7）打每组钢板桩时，用的夹板材料及钢板桩的截头、连接（接头）、整形等的材料已按摊销方式，将其工、料计入定额中，使用定额时，不得另行计算。

（8）钢板桩木支撑的制作、试拼、安装的工、料消耗，均已计入打桩定额中，拆除的工、料消耗已计入拔桩定额中。

（9）打钢板桩、钢管桩定额中未包括钢板桩、钢管桩的防锈工作，如需进行防锈处理，另按相应定额计算。

（10）打钢管桩工程如设计钢管桩数量与本定额不相同时，可按设计数量抽换定额中的钢管桩消耗，但定额中的其他消耗量不变。

（11）工程量计算规则：

① 打预制钢筋混凝土方桩和管桩的工程量，应根据设计尺寸及长度以体积计算（管桩的空心

部分应予以扣除)。设计中规定凿去的桩头部分的数量，应计入设计工程量内。

② 钢筋混凝土方桩的预制工程量，应为打桩定额中括号内的备制数量。

③ 拔桩工程量按实际需要数量计算。

④ 打钢板桩的工程量按设计需要的钢板桩质量计算。

⑤ 打桩用的工作平台的工程量，按施工组织设计所需的面积计算。

⑥ 船上打桩工作平台的工程量，根据施工组织设计，按一座桥梁实际需要打桩机的台数和每台打桩机需要的船上工作平台面积的总和计算。

例 7-17：某桥采用在水中工作平台上打桩基础。已知地基上层次为亚黏土 8.0 m、裂土 1.0 m、干的固结黄土；设计斜桩入土深为 12 m，设计规定凿去桩头 1.0 m，打桩工作平台 160 m²。试确定打钢筋混凝土方桩及工作平台的预算定额。

解：(1) 打钢筋混凝土方桩的定额可从预算定额 P323 页"4-3-1-6"表中查得。定额单位 10 m³ 及 10 个接头。

(2) 由于本例打入黏土和干的黄土中连续长度为 4m>1.5 m，故应按Ⅱ类土计算。

(3) 打斜桩时机械乘 1.20 系数，人工乘 1.08 系数。

(4) 破桩头工作已计入承台定额，这里不再计列。但根据工程量计算规则的规定，凿去桩头的数量应计入打桩的工程量中。

(5) 根据上列各项，确定打钢筋混凝土方桩的定额为：

① 斜桩：人工：23.2×1.08=25.056（工日）

材料部分定额消耗量不做调整，4-3-1-6 数值。

10 t 以内轮胎式起重机：0.17×1.20=0.204（台班）

1.8 t 以内柴油打桩机：2.18×1.20=2.616（台班）

221 kW 以内燃油拖轮：0.6×1.20=0.72（艘班）

200 t 以内驳船：1.34×1.20=1.608（艘班）

基价：4483（元）

② 工作平台定额。

查定额 4-3-7-4，定额单位 100 m²

人工：51.2×160/100= 81.92（工日）　　锯材：1.466×160/100=2.346（m³）

型钢：0.971×160/100=1.554（t）

其他材料的计算方法同上。

50 kW 以内单筒慢速卷扬机：2.42×160/100=3.872（台班）

其他机械台班计算方法同上。

7.3.5 第四节 灌注桩工程

1. 节说明

(1) 灌注桩造孔根据造孔的难易程度，将土质分为八种：

① 砂土：粒径不大于 2 mm 的砂类土，包括淤泥、轻亚黏土。

② 黏土：亚黏土、黏土、黄土，包括土状风化。

③ 砂砾：粒径 2~20 mm 的角砾、圆砾含量（指质量比，下同）小于或等于 50%，包括礓石及粒状风化。

④ 砾石：粒径 2~20 mm 的角砾、圆砾含量大于 50%，有时还包括粒径 20~200 mm 的碎石、卵石，其含量在 10% 以内，包括块状风化。

⑤ 卵石：粒径 20~200 mm 的碎石、卵石含量大于 10%，有时还包括块石、漂石，其含量在 10% 以内，包括块状风化。

⑥ 软石：饱和单轴极限抗压强度在 40 MPa 以下的各类松软的岩石，如盐岩，胶结不紧的砾岩、泥质页岩、砂岩，较坚实的泥灰岩、块石土及漂石土，软而节理较多的石灰岩等。

⑦ 次坚石：饱和单轴极限抗压强度在 40~100 MPa 的各类较坚硬的岩石，如硅质页岩、硅质砂岩、白云岩、石灰岩、坚实的泥灰岩、软玄武岩、片麻岩、正长岩、花岗岩等。

⑧ 坚石：饱和单轴极限抗压强度在 100 MPa 以上的各类坚硬的岩石，如硬玄武岩、坚实的石灰岩、白云岩、大理岩、石英岩、闪长岩、粗粒花岗岩、正长岩等。

（2）灌注桩成孔定额分为人工挖孔、卷扬机带冲抓锥冲孔、卷扬机带冲击锥冲孔、冲击钻机钻孔、回旋钻机钻孔、潜水钻机钻孔六种。定额中已按摊销方式计入钻架的制作、拼装、移位、拆除及钻头维修所耗用的工、料、机械台班数量，钻头的费用已计入设备摊销费中，使用定额时，不得另行计算。

（3）灌注桩混凝土定额按机械拌和、工作平台上导管倾注水下混凝土编制，定额中已包括混凝土灌注设备（如导管等）摊销的工、料费用及扩孔增加的混凝土数量，使用定额时，不得另行计算。

（4）钢护筒定额中，干处埋设按护筒设计质量的周转摊销量计入定额中，使用定额时，不得另行计算。水中埋设按护筒全部设计质量计入定额中，可根据设计确定的回收量按规定计算回收金额。

（5）护筒定额中，已包括陆地上埋设护筒用的黏土或水中埋设护筒定位用的导向架及钢质或钢筋混凝土护筒接头用的铁件，硫磺胶泥等埋设时用的材料、设备消耗，使用定额时，不得另行计算。

（6）浮箱工作平台定额中，每只浮箱的工作面积为 $3\times6=18\ m^2$。

（7）使用成孔定额时应根据施工组织设计的需要合理选用定额子目，当不采用泥浆船的方式进行水中灌注桩施工时，除按 90 kW 以内内燃拖轮数量的一半保留拖轮和驳船的数量外，其余拖轮和驳船的消耗应扣除。

（8）在河滩、水中采用筑岛方法施工时，应采用陆地上成孔定额计算。

（9）本定额系按一般黏土造浆进行编制的，如实际采用膨润土造浆时，其膨润土的用量可按定额中黏土用量乘系数进行计算，即

$$Q = 0.095 \times V \times 1000 \tag{7.18}$$

式中　Q——膨润土的用量（kg）；

　　　V——黏土的用量（m^3）。

（10）当设计桩径与定额采用桩径不同时，可按表 7.44 系数调整。

（11）工程量计算规则：

① 灌注桩成孔工程量按设计入土深度计算。定额中的孔深指护筒顶至桩底（设计标高）的深度。造孔定额中同一孔内的不同土质，不论其所在的深度如何，均采用总孔深定额。

表 7.44 调整系数

桩径（cm）	130	140	160	170	180	190	210	220	230	240
调整系数	0.94	0.97	0.7	0.79	0.89	0.95	0.93	0.94	0.96	0.98
计算基数	桩径 150 cm 以内			桩径 200 cm 以内				桩径 250 cm 以内		

② 人工挖孔的工程量按护筒（护壁）外缘所包围的面积乘设计孔深计算。

③ 浇筑水下混凝土的工程量按设计桩径横断面面积乘设计桩长计算，不得将扩孔因素计入工程量。

④ 灌注桩工作平台的工程量按施工组织设计需要的面积计算。

⑤ 钢护筒的工程量按护筒的设计质量计算。设计质量为加工后的成品质量，包括加劲肋及连接用法兰盘等全部钢材的质量。当设计提供不出钢护筒的质量时，可参考表 7.45 进行计算，桩径不同时可内插计算。

表 7.45 护筒单位质量换算

桩径（cm）	100	120	150	200	250	300	350
护筒单位质量（kg/m）	170.2	238.2	289.3	499.1	612.6	907.2	1259.2

2. 灌注桩计价注意事项

灌注桩定额按照工艺和工序来细分。其主要施工工艺为：成孔、钢筋、灌注混凝土、检测。灌注桩计价要结合实际情况和实施性施工组织设计进行，应注意以下几点：

（1）成孔方式：机械成孔、人工挖孔。需要知道各种成孔适用范围，按照地质钻探资料和机具情况，合理选择机具型号或人工挖孔。钻孔灌注桩基础钻孔设备适用范围参考见表 7.46。

（2）定额中钻孔土质分为 8 种，又按不同桩径和钻孔深度划分为多项定额标准。对应土质选用定额，根据不同土层厚度分别确定其钻孔的工程量和辅助工程量。

钻孔深度陆地时按地表面与设计桩底的深度计算；在水中围堰筑岛填心时，以围堰顶面与设计桩底的深度计算；在水中搭设工作平台时，以水中河床面与设计桩底的深度计算。

表 7.46 钻孔设备适用范围参考表

序号	钻孔设备	适用范围			泥浆作用及设施
		土层	孔径（cm）	孔深（m）	
1	冲抓锥	砂土、黏土、砂砾、砾石、卵石	100～150	20～50	护壁
2	冲击锥	砂土、黏土、砂砾、砾石、卵石、软石、次坚石、坚石八类土均可	150～200	20～40	浮悬钻渣并护壁
3	冲击钻机	砂土、黏土、砂砾、砾石、卵石、软石、次坚石、坚石八类土均可	100～150	20～50	浮悬钻渣并护壁
4	回旋钻机	砂土、黏土、砂砾、砾石、卵石、软石、次坚石、坚石八类土均可	100～350	30～130	浮悬钻渣并护壁，要设泥浆池
5	潜水钻机	砂土、黏土、砂砾、砾石、卵石、软石、次坚石、坚石八类土均可	200～250	30～80	浮悬钻渣并护壁，要设泥浆池
6	全套管钻机	砂土、黏土、砂砾、砾石、卵石、软石、次坚石、坚石八类土均可	100～200	30～40	不需要泥浆

灌注桩成孔（灌注混凝土）长度工程量，在陆地和围堰筑岛施工时与钻孔深度一样，但在水

中搭设工作平台时,则成孔长度以工作平台顶面与设计桩底的深度为准,见图7.14。

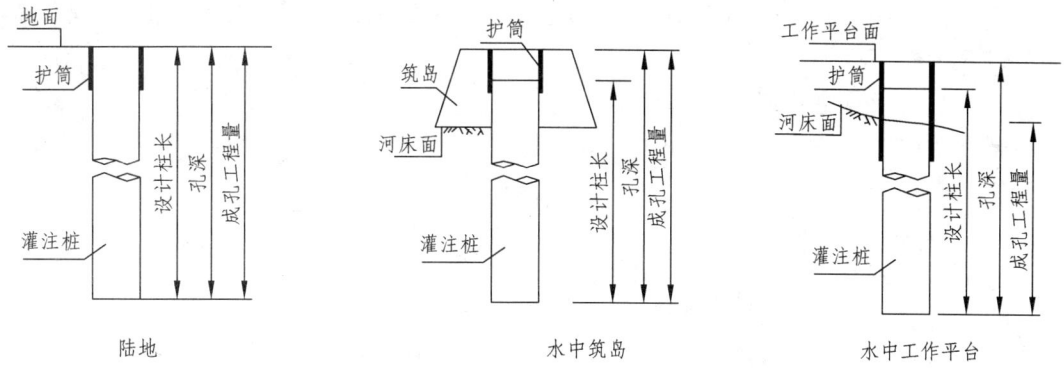

图7.14 灌注桩钻孔孔深和成孔工程量示意图

钻孔废渣若需远运处理时,应根据弃置的平均运距另行计价。

(3)护筒埋设。

成孔过程中的护筒质量:按设计成品质量(包括加劲肋、连接法兰盘等全部钢材)检验。设计无数据时,可按以下原则确定:每个护筒长一般为 1 m 的整数倍,按定额中给出的质量,桩径不同可内插。

干处一般采用挖埋法,在水深小于 3 m 的浅水处埋设护筒,一般采用先围堰筑岛再挖埋;在水深大于 3 m 的深水处埋设护筒,一般先搭设工作平台(一般与钻孔工作平台统筹考虑,不单独计算),再下沉护筒定位的导向架,然后使护筒沉入河床要求深度。灌注桩钢护筒,埋设要求:

露出地面的顶端高度 H:H 大于 0.3 m(陆地时);H=1.0~1.5 m(水中,地质良好);H=1.5~2.5 m(水中,地质不好);H 大于稳定后承压水水位 1.5~2.5 m;H 大于最高水位 1.5~2.0 m(受潮水影响时)。

护筒内径的确定:护筒直径可参照桥梁施工规范的有关规定确定。护筒直径与钻机类型、地质情况有关,应该比设计桩径大,旋转钻约大 20 cm,潜水钻、冲击或冲抓锥约大 40 cm。

护筒入土深度:陆地及浅水黏土土质,埋深大于 1~1.5 m;深水及河床软土、淤泥较厚处,到不透水层 1.0~1.5 m;深水及河床无黏性土,沉入到砾石等 0.5~1 m;有冲刷影响的河床,埋入局部冲刷线以下不小于 1~1.5 m。

在干处埋设护筒,一般可按每个护筒长 2.0 m 计算;水中埋设钢护筒可按设计数量计算,并按规定计算回收金额。例如,水中埋护筒时,当水深为 5 m 以内时,一般设计要求入土深度为 3 m,护筒实际长度为 5 m+3 m=8 m。

(4)灌注桩工作平台。

灌注桩工作平台按施工组织设计需要面积计算(图7.15)。一般在陡坡或是水中使用,陆地较平坦时不考虑或只考虑平整面积。灌注桩工作平台是灌注桩施工过程中(包括护筒埋设、成孔、灌注混凝土)的一个操作平台,主要是为了安放钻架和灌注水下混凝土的漏斗和导管,以及固定或埋设护筒之用。如果没有资料,可按以下情况确定:

① 当现场为旱地或岸滩时,清除杂物,更换软土,平整夯实。

② 现场系山坡时,可以开挖成平台(可按土石方定额套用),也可以采用枕木或型钢等搭设工作平台,以减少开挖土石方量,避免破坏生态环境。

③ 当桩基处于水中时，可采用围堰筑岛修建工作平台。

④ 可以按桩的四周的外边缘不小于 3 m 所包围范围的原则计算。也可参考市政工程量计算规则，按以下方法计算：

$$钻孔灌注桩 \quad F=N_1F_1+N_2F_2 \tag{7.19}$$

每座桥台（桥墩） $F_1=(A+6.5)\times(6.5+D)$

每条通道 $F_2=6.5\times[L-(6.5+D)]$

式中 F——工作平台总面积（m^2）；

F_1——每座桥台（桥墩）工作平台面积（m^2）；

F_2——桥台至桥墩间或桥墩至桥墩间通道工作平台面积（m^2）；

N_1——桥台和桥墩总数量；

N_2——通道总数量；

D——二排桩之间距离（m）；

L——桥梁跨径或护岸的第一根桩中心至最后一根桩中心之间的距离（m）；

A——桥台（桥墩）每排桩的每一根桩中心至最后一根桩中心之间的距离（m）。

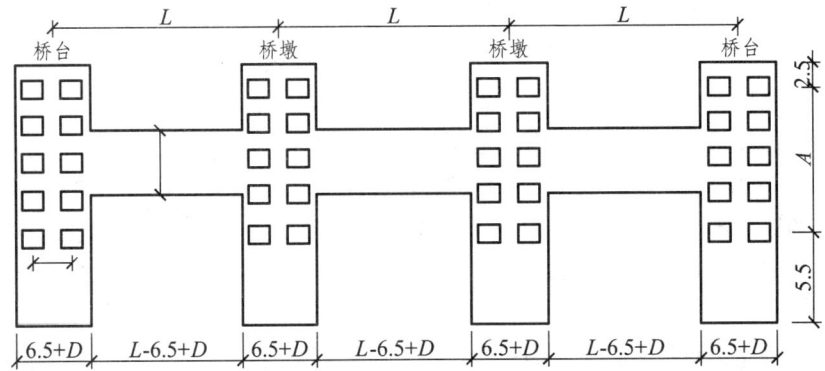

图 7.15 钻孔灌注桩工作平台面积计算示意图（注：图中尺寸单位均为米）

（5）钢筋工程为钢筋的设计重量，灌注桩的钢筋笼，需在现场搭接时接长重量不考虑。

（6）灌注混凝土：根据成孔不同，套用相应定额（因为各种钻机的扩孔系数不同，故定额应注意与成孔钻机对应。当混凝土成孔桩径与套用定额不同时需要进行调整。

（7）声测管。

一般长度按设计规定，如果没有规定按照桩设计长考虑。单位质量可参考表 7.47。

表 7.47 检测管的理论质量（kg）

壁厚（mm）	外径（mm）			
	50	54	57	60
2.5	2.93	3.18	4	4.22
3	3.48	3.77	4.62	4.88
3.5	4.01	4.36	5.23	5.52
4	4.54	4.93	5.83	6.16
4.5	5.05	5.49	6.41	6.78
5	5.55	6.04	6.99	7.39

7.3.6 第五节 砌筑工程

（1）定额中 M5、M7.5、M12.5 水泥砂浆为砌筑用砂浆，Ml0、M15 水泥砂浆为勾缝用的砂浆。

（2）定额中已按砌体的总高度配置了脚手架，高度在 10 m 以内的配踏步，高度大于 10 m 的配井字架，并计入搭拆用工，其材料用量均以摊销方式计入定额中。

（3）浆砌混凝土预制块定额中，未包括预制块的预制，应按定额中括号内所列预制块数量，另按预制混凝土构件的有关定额计算。

（4）浆砌料石或混凝土预制块作镶面时，其内部应按填腹石定额计算。

（5）桥涵拱圈定额中，未包括拱盔和支架，需要时应按第九节拱盔、支架工程中有关定额另行计算。

（6）定额中均未包括垫层及拱背、台背填料和砂浆抹面，需要时应按杂项工程中有关定额另行计算。

（7）砌筑工程的工程量为砌体的实际体积，包括构成砌体的砂浆体积。

7.3.7 第六节 现浇混凝土及钢筋混凝土

1. 节说明

（1）定额中未包括现浇混凝土及钢筋混凝土上部构造所需的拱盔、支架，需要时按有关定额另行计算。

（2）定额中片石混凝土中片石含量均按 15% 计算。

（3）有底模承台适用于高桩承台施工。

（4）使用套箱围堰浇筑承台混凝土时，应采用无底模承台的定额。

（5）定额中均未包括扒杆、提升模架、拐角门架、悬浇挂篮、移动模架等金属设备，需要时，应按有关定额另行计算。

（6）桥面铺装定额中，橡胶沥青混凝土仅适用于钢桥桥面铺装。

（7）墩台高度为基础顶、承台顶或为系梁底到盖梁顶、墩台帽顶或 0 号块件底的高度。

（8）索塔高度为基础顶、承台顶或为系梁底到索塔顶的高度。当塔墩固结时，工程量为基础顶面或承台顶部以上至塔顶的全部工程数量之和；当塔墩分离时，工程量应为桥面顶部以上至塔顶的数量，桥面顶部以下部分的数量应按墩台定额数量计算。

（9）斜拉索锚固套筒定额中已综合加劲钢板和钢筋的数量，其工程量以混凝土箱梁中锚固套筒钢管的质量计算。

（10）斜拉索钢锚箱的工程量为钢锚箱钢板、剪力钉、定位件的质量之和，不包括钢管和型钢的质量。

2. 定额内容及运用

（1）本节定额主要根据部位划分子目，从基础（承台、支撑梁）、下部结构（墩台身、墩台帽及拱座、盖梁、系梁、耳背墙及墩顶固结）、上部结构（现浇板、现浇 T 梁、现浇预应力箱梁上部、悬浇预应力箱梁上部、现浇拱桥上部）和附属结构（缘石、人行道、防撞墙、栏杆、护栏、桥头搭板、枕梁、抗震挡块、支座垫块等）划分子目。

（2）高墩 20 m 以上，提升模架另算，塔吊和电梯另算，按日历天计算。移动模架费用需要另行计算，并根据施工周期调整金属设备摊销费。移动模架适用于 30~50 m 桥梁现浇施工，一般 12~15 d 一节段，质量包括托架（牛腿）、主梁、鼻梁、横梁、吊架、工作平台、模板支撑系统及爬梯的质量，不包括液压构件及模板的质量。移动模架地基处理另计。

（3）支架现浇，需要计算地基处理、支架预压。0 号块、边跨现浇时支架另计（钢管支架等）。

（4）悬浇时：挂篮另计；拱桥的支架拱盔支架预压另计。

（5）索塔横梁支架另算，电梯和塔吊另算（按日历天计）。

7.3.8 第七节 预制、安装混凝土及钢筋混凝土构件

1. 节说明

（1）预制钢筋混凝土上部构造中，矩形板、空心板、连续板、少筋微弯板、预应力桁架梁、顶推预应力连续梁、桁架拱、钢架拱均已包括底模板，其余系按配合底座（或台座）施工考虑。

（2）顶进立交箱涵、圆管涵的顶进靠背由于形式很多，宜根据不同的地形、地质情况设计，定额中未单独编列子目，需要时可根据施工图纸采用有关定额另行计算。

（3）顶进立交箱涵、圆管涵定额根据全部顶进的施工方法编制。顶进设备未包括在顶进定额中，应按顶进设备定额另行计算。"铁路线加固"定额除铁路线路的加固外，还包括临时信号灯、行车期间的线路维修和行车指挥等全部工作。

（4）预制立交箱涵、箱梁的内模、翼板的门式支架等工、料已包括在定额中。

（5）顶推预应力连续梁按多点顶推的施工工艺编制，顶推使用的滑道单独编列子目，其他滑块、拉杆、拉锚器及顶推用的机具、预制箱梁的工作平台均摊入顶推定额中。顶推用的导梁及工作平台底模顶升千斤顶以下的工程，定额中未计入，应按有关定额另行计算。

（6）构件安装系指从架设孔起至安装就位，整体化完成的全部施工工序。本节定额中除安装矩形板、空心板及连续板等项目的现浇混凝土可套用桥面铺装定额计算外，其他安装上部构造定额中均单独编列有现浇混凝土子目。

（7）定额中凡采用金属结构吊装设备和缆索吊装设备安装的项目，均未包括吊装设备的费用，应按有关定额另行计算。

（8）制作、张拉预应力钢筋、钢丝束定额，是按不同的锚头形式分别编制的，当每吨钢丝的束数或每吨钢筋的根数有变化时，可根据定额进行抽换。定额中的"××锚"是指金属加工部件的质量，锚头所用其他材料已分别列入定额中有关材料或其他材料费内。定额中的束长为一次张拉的长度。

（9）预应力钢筋、钢丝束及钢绞线定额中均已计入预应力管道及压浆的消耗量，使用定额时不得另行计算。墩头锚的锚具质量可按设计数量进行调整。

（10）对于钢绞线不同型号的锚具，使用定额时可按表 7.48 规定计算。

表 7.48 锚具型号对照表

设计采用锚具型号（孔）	1	4	5	6	8	9	10	14	15	16	17	24
套用定额的锚具型号（孔）		3		7			12			19		22

（11）金属结构吊装设备定额是根据不同的安装方法划分子目的，如"单导梁"是指安装用的拐角门架、蝴蝶架、导梁等全套设备。定额是以 10 t 设备质量为单位，并列有参考质量。实际质量与定额数量不同时，可根据实际质量计算，但设备质量不包括列入材料部分的铁件、钢丝绳、鱼尾板、道钉及列入"小型机具使用费"内的滑车等。

（12）预制场用龙门架、悬浇箱梁用的墩顶拐角门架，可套用高度 9 m 以内的跨墩门架定额，但质量应根据实际计算。

（13）安装金属支座的工程量是指半成品钢板的质量（包括座板、齿板、垫板、辊轴等）。至于锚栓、梁上的钢筋网、铁件等均以材料数量综合在定额内。

（14）工程量计算规则：

① 预制构件的工程量为构件的实际体积（不包括空心部分的体积），但预应力构件的工程量为构件预制体积与构件端头封锚混凝土的数量之和。预制空心板的空心堵头混凝土已综合在预制定额内，计算工程量时不应再计列这部分混凝土的数量。

② 使用定额时，构件的预制数量应为安装定额中括号内所列的构件备制数量。

③ 安装的工程量为安装构件的体积。

④ 构件安装时的现浇混凝土的工程量为现浇混凝土和砂浆的数量之和。但如在安装定额中已列砂浆消耗的项目，则在工程量中不应再计列砂浆的数量。

⑤ 预制、悬拼预应力箱梁临时支座的工程量为临时支座中混凝土及硫磺砂浆的体积之和。

⑥ 移动模架的质量包括托架（牛腿）、主梁、鼻梁、横梁、吊架、工作平台及爬梯的质量，不包括液压构件和内外模板（含模板支撑系统）的质量。

⑦ 预应力钢绞线、预应力精轧螺纹粗钢筋及配锥形（弗氏）锚的预应力钢丝的工程量为锚固长度与工作长度的质量之和。

⑧ 配镦头锚的预应力钢丝的工程量为锚固长度的质量。

⑨ 先张钢绞线质量为设计图纸质量，定额中已包括钢绞线损耗及预制场构件间的工作长度及张拉工作长度。

⑩ 缆绳吊装的索跨指两塔架间的距离。

2．钢绞线定额的选择与调整

（1）束长、孔数要符合设计或施工方案的实际张拉长度和锚具孔数，选择定额时，其孔数≥设计图标定的孔数并按第七节说明第九条选择。

钢绞线和高强钢丝的工程量为锚固长度和工作长度的质量之和，如预应力空心板（标准跨径为 10～16 m），一般可按板长增加 1.5 m 计算。

（2）计算设计钢绞线的束数。

① 如将每钢束逐个计算，则用公式：

$$1000 \text{ kg}/(\text{每束中钢绞线股数} \times \text{钢绞线单位质量} \times \text{束长}) = \text{每吨束数} \qquad (7.20)$$

② 如将同一束长范围内的多个钢束综合计算，则用下列公式：

$$\text{同一束长范围内钢束数量}/\text{同一束长范围内钢束质量}(\text{t}) = \text{每吨束数} \qquad (7.21)$$

如果计算的设计图每吨束数与定额每吨束数不同时，则应将定额中的"每吨×××束"和"每增减 1 束"定额子目组合使用，组合后的定额每吨束数应和计算的设计图每吨束数相同。

（3）每吨束数要调整成设计图纸给定的束数。

例 7-18：设计某根钢绞线长 16 m，采用公称直径 15.24 mm 的钢绞线及 7 孔群锚，钢绞线的单位重量为 1.102 kg/m，请套取定额并计算工程量。

解：用公式 1000 kg/（每束中钢绞线股数×钢绞线单位质量×束长）=每吨束数

1000 kg/7×1.102×16=8.102（束）

定额组合表达式为：4-7-20-17+18×（8.102-8.12）。

例 7-19：某高架桥工程有 924 片预应力混凝土 T 梁，钢绞线型号 Φ^j15.24 mm，锚具型号为 OVM15-5，每片梁钢束明细表见表 7.49。

表 7.49 钢束明细表

钢束号	钢束长（m）	钢绞线根数	钢绞线总长（m）	钢束重（kg）	张拉控制应力（MPa）
①②	26.03	10	260.30	286.85	1395
③	26.18	5	130.90	144.25	1395
④	26.05	5	130.25	143.54	1395
总重（kg）				574.64	

解：束长 40 m 内；每吨束数 4/0.57464=6.961 束/t，则定额组合表达式为：

4-7-20-29+30×（6.961-3.82）

工程量：924×0.57464=530.97（t）

定额总基价=530.97×{10201+（6.961-3.82）×636+[7.72+（6.961-3.82）×2.02]×（175-245）}
=1218.1589（万元）

注：175、245 分别为 6 孔锚具和 7 孔锚具的定额基价。

T 梁钢绞线束分布示意图见图 7.16。

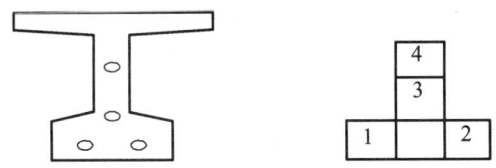

图 7.16 T 梁钢绞线束分布示意图

3. 预制、安装计价注意事项

桥梁预制安装混凝土结构编制预算时，主要工序有预制、安装和运输，还要注意辅助工程内容。

（1）预制场的平整面积应根据建设工程规模的大小来确定，并应考虑按设计需要铺设的碎石垫层。

（2）大型预制构件平面底座的个数，应根据施工进度计划可能周转使用的次数取定。

预制厂的门架一般可按施工组织设计作为计价依据，设备的使用期可根据计划使用期调整设备的摊销费。

（3）双导梁吊装设备可参考定额附注中的质量。预算定额中制定了多种吊装构件的施工方法和配套的吊装设备，但各有其适用范围，在编制预算时，注意不要漏计。如采用人字扒杆安装矩形板，每座桥计列一个人字扒杆；也不要重复计算，如某一项预算中已计列了缆索吊装设备，就不应计列运输索道设施，应考虑利用缆索作为运输材料之用。

（4）预制场的轨道铺设，因为概预算项目表将其列为临时工程的一个项目，所以不能计算在桥梁的上部工程造价内。

（5）如果预制场为共用，要充分考虑梁片的运距。

4. 钢筋工程

钢筋工程是与混凝土分开计量的，其单位为吨，应按分部分项工程的要求和Ⅰ、Ⅱ级钢筋，分别提取工程量。

① 钢筋应以其设计长度所计算的理论质量为准，施工焊接和下料等操作损耗，已计入定额内，不得计入钢筋的工程量内。

② 现浇墩、台、塔的高度大于钢筋的一般定尺长度，需分节接长钢筋时，所需的搭接长度的数量，可按 $20D \sim 30D$（D 为钢筋的直径）另行计入钢筋数量内。

③ 工程量清单中按国际惯例将钢筋分为Ⅰ级钢筋和Ⅱ级钢筋，而定额中是合在一起的，没有按Ⅰ、Ⅱ级钢筋分开，在套用这样的定额时就要做一些技术处理。现举"现浇简支 T 梁上部构造（44-3）"钢筋为例，确定Ⅰ、Ⅱ级钢筋的额定消耗。

交通部颁布的《公路工程预算定额》中，大部分定额工、料、机的消耗量是比较稳定的，无论是计算Ⅰ级钢筋，还是计算Ⅱ级钢筋，每吨钢筋考虑加工损耗以后，其单位定额消耗量都应该是 1.025 t。

在定额 4-44-3 中，根据专业知识可以得出判断，电焊条消耗量、电焊机的台班消耗量均是针对Ⅱ级钢筋发生的，Ⅰ级钢筋一般是不用电焊或对焊的。因此，在计算Ⅰ级钢筋时就要将其消耗去掉，而在计算Ⅱ级钢筋时则要加上。如对于Ⅱ级钢筋消耗的 30 kVA 以内交流电焊机台班的计算式为：$(0.41 \div 0.82) \times 0.205 + 0.41 = 0.513$。

显然，在定额 4-44-3 中的 20# 至 22# 铁丝和小型机具使用费，既是针对Ⅰ级钢筋的，也是针对Ⅱ级钢筋的，即使有些变化，但对于整个定额来说，也是微不足道的，所以不予以调整。实践证明，经过这样的处理后，Ⅰ、Ⅱ级钢筋的单价就拉开了差距，否则，Ⅰ、Ⅱ级钢筋的单价就很接近。

7.3.9 第八节 构件运输

（1）构件运输中各种运输距离以 10 m、50 m、1 km 为计算单位，不足第一个 10 m、50 m、1 km 者，均按 10 m、50 m、1 km 计；超过第一个定额运距单位时，其运距尾数不足一个增运定额单位的半数时不计，等于或超过半数时按一个定额运距单位计算。

（2）运输便道、轨道的敷设，栈桥码头、扒杆、龙门架、缆索的架设等，均未包括在定额内，应按有关章节定额另行计算。

（3）定额未单列构件出坑堆放的定额，如需出坑堆放，可按相应构件运输第一个运距单位定额计列。

（4）凡以手摇卷扬机和电动卷扬机配合运输的构件重载升坡时，第一个定额运距单位不增加人工及机械，每增加定额单位运距按以下规定乘换算系数。

① 手推车运输每增运 10 m 定额的人工，按表 7.50 乘换算系数。

表 7.50　换算系数

坡度（%）	1 以内	5 以内	10 以内
系数	1.0	1.5	2.5

② 垫滚子绞运每增运 10 m 定额的人工河小型机具使用费,按表 7.51 乘换算系数。

表 7.51 换算系数

坡度（%）	0.4 以内	0.7 以内	1.0 以内	1.5 以内	2.0 以内	2.5 以内
系数	1.0	1.1	1.3	1.9	2.5	3.0

③ 轻轨平车运输配电动卷扬机每增运 50 m 定额的人工及电动卷扬机台班,按表 7.52 乘换算系数。

表 7.52 换算系数

坡度（%）	0.7 以内	1.0 以内	1.5 以内	2.0 以内	3.0 以内
系数	1.00	1.05	1.10	1.15	1.25

7.3.10 第九节 拱盔、支架工程

（1）桥梁拱盔、木支架及简单支架均按有效宽度 8.5 m 计,钢支架按有效宽度 12.0 m 计,如实际宽度与定额不同时可按比例换算。

（2）木结构制作按机械配合人工编制,配备的木工机械均已计入定额中。结构中的半圆木构件,用圆木对剖加工所需的工日及机械台班均已计入定额内。

（3）所有拱盔均包括底模板及工作台的材料,但不包括现浇混凝土的侧模板。

（4）桁构式拱盔安装、拆除用的人字扒杆、地锚移动用工及拱盔缆风设备工料已计入定额,但不包括扒杆制作的工、料,扒杆数量根据施工组织设计另行计算。

（5）桁构式支架定额中已包括了墩台两旁支撑排架及中间拼装、拆除用支撑架,支撑架已加计了拱矢高度并考虑了缆风设备。定额以孔为计量单位。

（6）木支架及轻型门式钢支架的锚梁和地梁已计入定额中,地梁以下的基础工程未计入定额中,如需要时,应按有关相应定额另行计算。

（7）简单支架定额适用于安装钢筋混凝土双曲拱桥拱肋及其他桥梁需增设的临时支架。稳定支架的缆风设施已计入定额内。

（8）涵洞拱盔支架、板涵支架定额单位的水平投影面积为涵洞乘以净跨径。

（9）桥梁拱盔定额单位的立面积是指起拱线以上的弓形侧面积,工程量按下式（表）计算:

$$F = K \times (净跨径)^2 \quad (7.22)$$

（10）桥梁支架定额单位的立面积为桥梁净跨径乘以高度,拱桥高度为起拱线以下至地面的高度,梁式桥高度为墩、台帽顶至地面的高度,这里的地面指支架地梁的底面。

（11）刚拱架的工程量为刚拱架及支座金属构件的质量之和,其设备摊销费按 4 个月计算,若实际使用期与定额不同时可予以调整。

（12）钢管支架定额指采用直径大于 30 cm 的钢管作为立柱,在立柱上采用金属构件搭设水平支撑平台的支架,其中下部指立柱顶面以下部分,上部指立柱顶面以上部分。下部工程量按立柱质量计算,上部工程按支架水平投影面积计算。

（13）支架预压的工程量按支架上现浇混凝土的体积计算。

例 7-20：拱盔宽 18 m,净跨径 30 m,拱矢比 1/4,起拱线至地面高度 12 m,全桥工 5 孔。试计算 2 孔的拱盔立面积、支架立面积和该桥的满堂式木拱盔人工、基价预算定额。

解：(1) 拱盔立面积工作量（2孔）。

拱盔立面积工程量：$F=2\times K\times$（净跨）$2=2\times 0.172\times 302=2\times 154.8=309.6$（$m^2$）

(2) 支架立面积工程量（2孔）按"拱盔、支架工程"节说明1之规定，因拱盔宽度18 m＞8.5 m，应按比例换算定额值由目录查得本例定额在"4-9-2-3"表中，并算得定额值（每10 m^2）：

人工：$37.9\times(18/8.5)=80.26$（工日）

基价：$3933\times(18/8.5)=8328.71$（元）

7.3.11 第十节 钢结构工程

（1）钢桁架桥定额是按高强螺栓栓接、连孔拖拉架设法编制的，钢索吊桥的加劲桁拼装定额也是按高强螺栓栓接编制的，如采用其他方法施工，应另行计算。

（2）钢桁架桥中的钢桁梁，施工用的导梁钢桁和连接及加固杆件，钢索吊桥中的钢桁、钢纵横梁、悬吊系统构件、套筒及拉杆构件均为半成品，使用定额时应按半成品价格计算。

（3）主索锚碇除套筒及拉杆、承托板以外，其他项目如锚洞开挖、衬砌，护索罩的预制、安装，检查井的砌筑等，应按其他章节有关定额另计。

（4）钢索吊桥定额中已综合了缆索吊装设备及钢桁油漆项目，使用定额时不得另行计算。

（5）抗风缆结构安装中未包括锚碇部分，使用定额时应按有关相应定额另行计算。

（6）安装金属栏杆的工程量是指钢管的质量。至于栏杆座钢板、插销等均以材料数量综合在定额内。

（7）定额中成品构件单价构成：工厂化生产，无须施工企业自行加工的产品为成品构件，以材料单价的形式进入定额。其材料单价为出厂价格+运输至施工场地的费用。

①平行钢丝拉索，吊杆、系杆、索股等以吨为单位，以平行钢丝、钢丝绳或钢绞线质量计量，不包括锚头和PE或套管等防护料的质量，但锚头和PE或套管防护料的费用应含在成品单价中。

②钢绞线斜拉索的工程量以钢绞线的质量计算，其单价包括厂家现场编索和锚具费用。悬索桥锚固系统预应力环氧钢绞线单价中包括两端锚具费用。

③钢箱梁、索鞍、拱肋、钢纵横梁等以吨为单位。钢箱梁和拱肋单价中包括工地现场焊接费用。

（8）施工电梯、施工塔式起重机未计入定额中。需要时根据施工组织设计套用第七节相关定额另行计算。

（9）钢管拱桥定额中未计入钢塔架、扣塔、地锚、索道的费用，应根据施工组织设计套用预制、安装混凝土及钢筋混凝土构件相关定额另行计算。

（10）悬索桥的主缆、吊索、索夹、检修道定额未包括涂装防护，应另行计算。

（11）定额未含施工监控费用，需要时另行计算。

（12）定额未含施工期间航道占费用，需要时另行计算。

（13）工程量计算规则：

①定位钢支架质量为定位支架型钢、钢板、钢管质量之和，以吨为单位计算。

②锚固拉杆质量为拉杆、连接器、螺母（包括锁紧或球面）、垫圈（包括锁紧和球面）质量之和，以吨为单位计算。

③锚固体系环氧钢绞线质量，以吨为单位计算。本定额包括了钢绞线张拉的工作长度。

④塔顶门架质量为门架型钢质量，以吨为单位计算。钢格栅以钢格栅和反力架质量之和计算，

以吨为单位。主索鞍质量包括承板、鞍体、安装板、挡块、槽盖、拉杆、隔板、锚梁、锌质填块的质量,以吨为单位计算。散索鞍质量包括底板、底座、承板、鞍体、压紧梁、隔板、拉杆、锌质填块的质量,以吨为单位计算。主索鞍定额按索鞍顶推6次计算,如顶推次数不同,则按人工每10 t·次1.8工日进行增减。鞍罩为钢结构,以套为单位计算,1个主索鞍处为1套。鞍罩的防腐和抽湿系统费用需另行计算。

⑤牵引系统长度为牵引系统所需的单侧长度,以米为单位计算。

⑥猫道系统长度为猫道系统的单侧长度,以米为单位计算。

7.3.12 第十一节 杂项工程

1. 节说明

(1)杂项工程包括:平地场地、锥坡填土、拱上填料及台背排水、土牛(拱)胎、防水层、基础垫层、水泥砂浆勾缝及抹面、伸缩缝及泄水管、混凝土构件蒸汽养生室建筑及蒸汽养生、预制构件底座、先张法预应力张拉台座、混凝土搅拌站、混凝土搅拌船及混凝土运输、钢桁架栈桥式码头、冷却管、施工电梯、塔吊安拆、拆除旧建筑物等项目。本节定额适用于桥涵及其他构造物工程。

(2)大型预制构件底座定额分为平面底座和曲面底座两项。

平面底座定额适用于T形梁、I形梁、等截面箱梁,每根梁底座面积的工程量按下式计算:

底座面积=(梁长+2.00 m)×(梁宽+1.00 m)　　　　　　　　　　　　　　(7.23)

曲面底座定额适用于梁底为曲面的箱型梁(如T形刚构等),每块梁底座的工程量按下式计算:

底座面积=构件下弧长×底座实际修建宽度　　　　　　　　　　　　　　(7.24)

平面底座的梁宽指预制梁的顶面宽度。

(3)模数式伸缩缝预留槽钢纤维混凝土中钢纤维的含量按水泥用量的1%计算,如设计钢纤维含量与定额不同时,可按设计用量抽换定额中钢纤维的消耗。

(4)蒸汽养生室面积按有效面积计算,其工程量按每一养生室安置两片梁,其梁间距离为0.8 m,并按长度每端增加1.5 m,宽度每边增加1.0 m考虑。定额中已将其附属工程及设备,按摊销量计入定额中,编制预算时不得另行计算。

(5)混凝土搅拌站的材料,均已按桥次摊销列入定额中。

(6)钢桁架桥式码头定额适用于大型预制构件装船。码头上部为万能杆件及各类型钢加工的半成品和钢轨等,均已按摊销费计入定额中。

(7)施工塔式起重机和施工电梯所需安拆数量和使用时间,按施工组织设计的进度安排进行计算。

例7-21: 预制构件场预制T梁的梁长19.96 m、梁肋底宽0.18 m、翼板宽1.60 m、共12个底座。试计算预制T梁的底座所需水泥用量和养生12片梁所需的蒸汽养生室工程量及其所需原木和锯材数。

解:(1)预制T梁的底座所需水泥量。

每个底座面积=(梁长+2.00 m)×(梁底宽+1.00 m)

$\qquad$=(19.26+2.00)×(0.18+1.00)=25.91(m²)

底座总面积=25.91×12=310.92(m²)

由预算定额P695页"4-11-9-1"表查得定额、按底座工程量计算水泥用量。32.5级水泥:

0.836×310.92/10=25.99（t）

（2）蒸汽养生室面积（工程量）。

因蒸汽养生室面积按有效面积计算，其工程量按每一养生室安置两片梁，其梁间距为0.8m，并按长度每端增加1.5 m，宽度每边各增加1.0 m考虑。

每个养生室面积=19.96+2×1.5+2×1.6+0.8+2×1.0=28.96（m²）

养生室总工程量=12/2×28.96=173.76（m²）

根据P693页"4-11-8-1"表查得蒸汽养生室建筑的定额并按工程量计算所需原木。

原木：0.007×173.76/10=0.122（m²）

锯材：0.141×173.76/10=2.450（m³）

2．计价注意事项

（1）混凝土定额除注明外均未包括混凝土的拌和和运输，编制项目的概预算时，应根据施工组织设计按不同的混凝土拌和方式，如搅拌机拌和、拌和楼拌和、搅拌船拌和，单独进行计算。

（2）拌和和运输工程量计算。

$$\text{计价工程量}=\text{图纸设计数量}\times(1+\text{混凝土施工操作损耗}) \qquad (7.25)$$

混凝土施工操作损耗：可以查阅相关混凝土浇筑定额查出系数，如果不知道时，常规部位混凝土的损耗见表7.53。

表7.53　混凝土浇筑方式及施工损耗

浇筑方式	预制	现浇
非泵送混凝土	10.1	10.2
泵送混凝土	10.3	10.4

7.4　计价实例

例7-22：以例7-7资料、工程量清单为基础，混凝土采用钢模非泵送，不计拌和、运输和场地硬化，无夜间施工时，试编制报价原始数据表。

解：依据清单工程内容和采用的施工方法，套用定额，计算定额工程量，编制报价原始数据表，见表7.54。

定额工程量计算同清单工程量计算。

表7.54　报价原始数据表

编号	子目名称	单位	数量	取费	备注
410-1	混凝土基础（包括支撑梁、桩基承台，但不包括桩基）				
410-1-1	扩大基础				
-a	C25	m³	5.14		
4-6-1-3	实体墩台基础混凝土（配梁板式上构）	10 m³	0.514	构造物Ⅰ	C15片石混凝土32.5级水泥8 cm碎石→C25普通混凝土32.5级水泥4 cm碎石

续表

编号	子目名称	单位	数量	取费	备注
410-2	混凝土下部结构				
410-2-1	重力式桥墩				
-a	C25	m³	16.99		
4-6-2-4	梁板桥实体式墩台混凝土（高10 m以内）	10 m³	1.699	构造物Ⅰ	C15 片石混凝土 32.5 级水泥 8 cm 碎石 ➔ C25 普通混凝土 32.5 级水泥 4 cm 碎石
410-2-2	台帽混凝土				
-a	C25	m³	0.507		
4-6-3-2	墩、台帽混凝土（钢模非泵送）	10m³	0.0507	构造物Ⅰ	C30 普通混凝土 32.5 级水泥 4 cm 碎石 ➔ C25 普通混凝土 32.5 级水泥 4 cm 碎石

例 7-23：某桥板式橡胶支座如图 7.17（单位：毫米），其中 8 个四氟板式橡胶支座，试编制工程量清单和报价原始数据表。

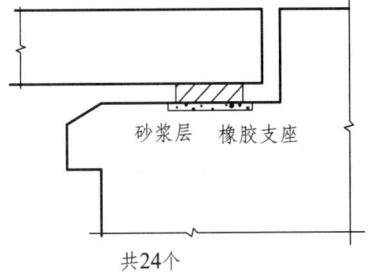 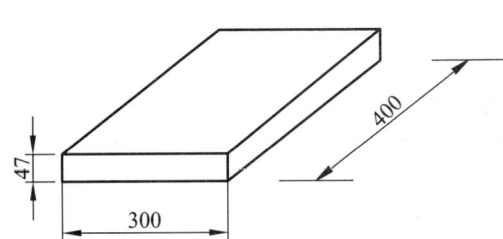

图 7.17 板式橡胶支座

解：（1）编制工程量清单。

设计数量为 24 个，其中 8 个为四氟板式橡胶支座，其余 24-8=16 个为普通板式橡胶支座。按支座的型号、规格、材料分列子项，编制工程量清单见表 7.55。

表 7.55 支座工程量清单

子目号	子目名称	单位	数量	单价	合价
416-1	矩形板式橡胶支座				
-a	普通板式橡胶支座 400×300×47 mm	个	16		
-b	四氟滑板式橡胶组合支座	个	8		

（2）编制报价原始数据表。

定额工程量计算，普通板式橡胶支座：0.47×3.0×4.0×16=90.24（dm³）

四氟板式橡胶支座：0.47×3.0×4.0×8=45.12（dm³）

根据清单子目包括工程内容，套用定额，填写数据，编制报价原始数据表，见表 7.56。

表 7.56 支座报价原始数据表

编号	子目名称	单位	数量	取费	备注
416-1	矩形板式橡胶支座				
-a	普通板式橡胶支座 400×300×47 mm	个	16		
4-7-30-3	板式橡胶支座	dm³	90.24	钢材及钢结构Ⅰ	
-b	四氟滑板式橡胶组合支座	个	8		
4-7-30-4	四氟滑板式橡胶组合支座	dm³	45.12	钢材及钢结构Ⅰ	

注：本书后面的报价原始数据表取消"取费"一栏，以简化表格。

例 7-24：某桥回旋钻机 C30 钻孔灌注桩基础，每个桥墩为每排三根共 6 根 $\phi 2.4$ m 桩，承台尺寸 8 m×20 m×3 m，采用无底模钢套箱（0.15 t/m²）施工。桩基为水中施工（水深 5 m），钢护筒长 10 m。40 m³/h 混凝土搅拌站拌和，泵送施工，运输到泵距离 1.9 km，施工便桥和拌和站场地处理不计。声测管每桩 4 个（$\phi 54 \times 3.5$ mm），设计数量见表 7.57，桩基设计长度同钻孔深度。编制基础的工程量清单、报价原始数据表，需要时列式计算。

表 7.57 设计数量表

工程项目		钻孔深度（m）				钢筋（t）	
		砂土	砂砾	软石	次坚石	光圆	带肋
灌注桩	$\phi 2.4$ m	87	862	176	27	10972	98713
承台	C30 封底混凝土（m³）			C30 承台混凝土（m³）		6872	61237
	720			1440			

解：（1）编制工程量清单。

依据工程量清单计量规则列项、计算，编制清单表见表 7.58。

光圆钢筋：10972+6872=17844（kg）

带肋钢筋：98713+61237=159950（kg）

C30 钻孔桩 $\phi 2.4$ m：每根设计桩长：（87+862+176+27）÷（6×4）=48（m）

共长：6×4×48=1152（m）

表 7.58 工程量清单表

子目号	子目名称	单位	数量	单价	合价
403-1	基础钢筋（包括灌注桩、承台、沉桩、沉井等）				
-a	光圆钢筋（HPB235、HPB300）	kg	17844		
-b	带肋钢筋（HRB335、HRB400）	kg	159950		
405-1	钻孔灌注桩（$\phi\cdots$m）				
405-1-1	陆地钻孔灌注桩（$\phi\cdots$m）				
-a	C30 水下混凝土（$\phi 2.4$ m）	m	1152		
410-1	混凝土基础（包括支撑梁、桩基承台，但不包括桩基）				
410-1-1	桩基承台				
-a	C30 混凝土	m³	2160		

（2）编制报价原始数据表。

依据清单工程内容和采用的施工方法，套用定额，计算定额工程量，见表7.59。

表7.59 报价原始数据表

编号	子目名称	单位	数量	备注
403-1	基础钢筋（包括灌注桩、承台、沉桩、沉井等）			
-a	光圆钢筋（HPB235、HPB300）	kg	17844	
4-4-7-22 换	灌注桩钢筋	t	10.972	光圆钢筋 1.025，带肋钢筋：0
4-6-1-13 换	承台钢筋	t	6.872	光圆钢筋 1.025，带肋钢筋：0
-b	带肋钢筋（HRB335、HRB400）	kg	159950	
4-4-7-22 换	灌注桩钢筋	t	98.713	带肋钢筋：1.025，光圆钢筋 0
4-6-1-13 换	承台钢筋	t	61.237	带肋钢筋：1.025，光圆钢筋 0
405-1	钻孔灌注桩（$\phi\cdots$m）			
405-1-1	陆地钻孔灌注桩（$\phi\cdots$m）			
-b	C30水下混凝土（ϕ2.4 m）	m	1152	
4-4-8-8	桩径2.4 m内护筒	t	141.576	
4-4-5-313	回旋钻水中平台钻孔桩径2.4 m以内孔深60内砂土	10 m	8.7	×0.98，套用桩径250 cm以内钻孔定额，调整系数0.98
4-4-5-315	回旋钻水中平台钻孔桩径2.4 m以内孔深60内砂砾	10 m	86.2	×0.98，套用桩径250 cm以内钻孔定额，调整系数0.98
4-4-5-318	回旋钻水中平台桩径2.4 m以内孔深60内软石	10 m	17.6	×0.98，套用桩径250 cm以内钻孔定额，调整系数0.98
4-4-5-319	回旋钻水中平台桩径2.4 m以内孔深60内次坚石	10 m	2.7	×0.98，套用桩径250 cm以内钻孔定额，调整系数0.98
4-4-7-18	灌注桩混凝土回旋钻机250 cm以内输送泵	10 m^3	521.153	
4-11-11-11	40 m^3/h内混凝土搅拌站拌和混凝土	10 m^3	521.153	×1.197
4-11-11-7	混凝土搅拌站40 m^3/h	1	0.707	5211.53/（5211.53+1440+720）=0.707
4-4-9-1	灌注桩工作平台水深5 m内	100 m^2	10	
4-4-7-24	声测管	t	20.091	
4-11-11-20+21×4	6 m^{3}内混凝土搅运车运2 km	10 m^3	521.153	×1.197
410-1	混凝土基础			
410-1-1	桩基承台			
-a	C30混凝土	m^3	2160	
4-6-1-10	承台混凝土输送泵无底模	10 m^3	144	C25换成C30泵送混凝土42.5级水泥4 cm碎石

续表

编号	子目名称	单位	数量	备注
4-6-1-11	承台封底混凝土	10 m³	72	C25换成C30泵送混凝土 42.5级水泥 4 cm碎石
4-2-6-2	无底模钢套箱	10 t	18.48	
4-11-11-7	混凝土搅拌站 40 m³/h	1座	0.293	
4-11-11-11	40 m³/h 内混凝土搅拌站拌和混凝土	10 m³	216	×1.04
4-11-11-20+21×4	6 m³ 内混凝土搅运车运 2 km	10 m³	216	×1.04

① 钻孔灌注桩护筒质量。

桩径 2.4 m 内插:499.1+(612.6-499.1)×(2.4-2)/(2.5-2)=589.9 kg/m

小计:6×4×10×0.5899=141.576(t)

② 水中施工钻孔平台。

根据承台尺寸拟订工作平台尺寸 10 m×25 m,面积为 10×25×4=1000(m²)

③ 钻孔桩混凝土定额数量。

桩径 2.4 m:1152×2.4²×π/4=5211.53(m³)

④ 声测管 Φ54×3.5 mm,查表 7.47 其理论质量为 4.36(kg/m)。

桩径 2.4 m 声测管质量=4×1152×4.36=20.091(t)

⑤ 承台钢套箱质量(8+20)×2×5.5×4×0.15=184.8(t)

⑥ 混凝土拌和和运输工程量。

由公式(7.25),计价工程量=图纸设计数量×(1+混凝土施工操作损耗)

查定额知灌注桩混凝土回旋钻机 250 cm 以内输送泵 11.97 m³/10 m³,

则定额工程量=1.197×5211.53=6238.20(m³)

或定额工程量仍按桩混凝土 5211.53 m³,但在定额上乘以系数 1.197。

例 7-25:预制预应力 T 形梁及运输安装等定额使用。

如某桥梁为装配式 T 形梁桥,T 形梁施工方案为"在桥头 500 m 处设预制场,预制场设龙门架 1 套(2 个),轨道平车运输,双导梁安装"。T 形梁计价主要内容如下:

(1)清单 411-8 预制预应力混凝土上部结构。

工程内容:预制场地建设、拆除;搭拆工作平台;安拆模板;混凝土配运料、拌和、运输、浇筑、养生;构件预制、运输、安装预应力混凝土结构,除包括一般(非预应力)混凝土的全部作业外,还包括预应力管道的供应、加工、运输、预设、孔道压浆以及混凝土封锚等一切与此有关的作业。

不包括以下工作内容:现浇桥面板、横隔板;钢筋;钢绞线;伸缩缝;橡胶支座、构件整体化预制预应力 T 形梁及运输安装等定额使用。

编制预制预应力 T 梁的预算,涉及的定额:

① 台座:4-11-9-1,根据工期及工程量配置台座个数(面积);

② T 梁预制:4-7-14-1,非泵送,当混凝土强度等级不同时,配合比调整;

③ 混凝土拌和:40 m³/h,注意定额工程量计算;

④ 拌和设备安拆:4-11-11-7,要根据整座桥的情况配置;

⑤混凝土运输：4-11-11-20，当运距超过定额运距时，增加增运定额；

⑥龙门架：4-7-31-911-11-11，40；

⑦梁出坑：4-7-31-2，m；

⑧梁运输：4-8-2-20，龙门架装车，运梁平车，如运距大于50 m，增加增运定额；

⑨T梁安装：4-7-14-7，双导梁安装（根据安装方式不同选择）；

⑩双导梁：4-7-31-2，配置双导梁定额。

（2）清单403-3上部结构钢筋。

工程内容：制作、搭接、安装、检测钢筋。

钢筋定额：4-7-14-3，光圆钢筋与带肋钢筋比例不同要调整。

（3）清单411-5后张法预应力钢绞线。

工程内容：制作安装预应力钢材；制作安装管道；安装锚具锚板；张拉；压浆；封锚头。

钢绞线定额：4-7-20-3，波纹管成孔。每吨束数与定额不同，需要调整。

（4）清单410-5上部结构现浇整体化混凝土。

工程内容：支架、模板、安装、拆除、预埋钢筋、钢材制作、安装，混凝土浇筑、养护。

现浇接缝混凝土定额：4-7-14-8，当混凝土强度等级不同时，配合比调整。

例7-26：某桥13×30 m先简支后连续后张法T形梁，每孔桥12片梁，梁顶宽1.6 m。两岸路基宽度26 m，已完工可作预制场使用。预制场、拌和场设置在路基一岸，存梁场紧挨桥头，长度方向梁长+10 m，底座顺桥向布置，每排最多可布置4个，每排净间距3 m，见图7.18。预制、存梁各配备1套龙门架（质量参考20 m跨度、9 m高的跨墩门架），设备使用9个月，安装和拆除共1个月，预制T梁C50混凝土3121 m³，用40 m³/h搅拌站1座集中拌和，泵送浇筑，6 m³混凝土搅拌运输车运输500 m。预制每个月工作25 d，每片梁预制周期15 d，轨道平车运梁。双导梁架桥机1台从桥梁一侧顺序架梁，使用8个月，安拆2个月。当临时工程在此计价时，编制报价原始数据表，需要时列式计算或文字说明。

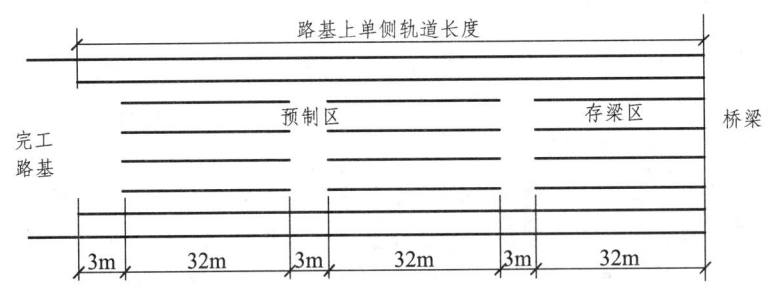

图7.18 预制区布置示意图

解：1）初编报价原始数据表

根据资料初编报价原始数据表，无法确定的定额数量暂时不填写，稍后计算，表格略。

2）预制底座工程量

30 m预制T梁数量：13×12=156（片）

需要30 m预制T梁底座：156×15÷（9×25）=10.4（个），即底座数量应不少于11个。

底座面积为：11×（30+2）×（1.6+1）=915.2（m²）

由于接线路基工程已完工，不需要考虑预制场地平整、硬化。

3）吊装设备计算

场地龙门吊机采用 20 m 跨度，9 m 高计算，布置两套（预制、存梁各一套）。参考预算定额每台 29.7 t，29.7×2=59.4 t。设备安装、拆除 1 个月，使用期 9 个月，共 10 个月。设备摊销费 76.95×10×10=7695 元/10 t，定额设备摊销费由 3600 元/10 t 修改为 7695 元/10 t。

架桥机一套：30 m 梁双导梁，参考预算定额全套质量 130 t。设备使用期安装、拆除 2 个月，使用期 8 个月，共 10 个月。套用定额时设备摊销费由 3600 元/10 t 修改为 7695 元/10 t。

4）临时轨道

（1）路基上临时轨道。

预制、存梁场的长度为：32×3+4×3+40=148（m）

路基上临时轨道长度约：148×2=296（m），按 300 m 计算。

（2）桥面上临时轨道。

一端架梁，桥面上的运梁临时轨道长度为梁板全长减一跨考虑，（13×30-30）=360（m）

架桥机的行走临时轨道一般为两孔桥梁的长度，即 30×2×2=120（m）

因此在桥梁上的轨道长度应为 360+120=480（m）

5）预制构件的平均运距

30 m T 形梁　单片质量：3121÷156×2.6=52.02（t）

平均运距：13×30÷2=195（m）

6）编制报价原始数据表

根据初编的报价原始数据表和以上计算资料，填写完整表格，完成编制，见表 7.60。

表 7.60　报价原始数据表

编号	子目名称	单位	数量	备注
411-8	预制预应力混凝土上部结构			
411-8-1	预制安装 T 形梁预应力混凝土			
-a	C50 混凝土	m^3	3121	
4-7-14-2	T 形梁预制泵送混凝土	$10\ m^3$	312.1	
4-11-9-1	T 形梁预制底座	$10\ m^2$	91.52	
4-11-11-7	40 m^3/h 内混凝土搅拌站安拆	1 座	1	
4-11-11-11	40 m^3/h 内混凝土搅拌站拌和混凝土	$10\ m^3$	312.1	定额×1.03
4-11-11-20	6 m^3 内混凝土搅拌车运输混凝土	$10\ m^3$	312.1	定额×1.03
4-8-2-6	30 m T 梁运输出坑堆放	$10\ m^3$	312.1	
4-7-31-3	预制场龙门架金属结构吊装设备	10 t	5.94	设备摊销费 3600 元/10 t 改为 7695 元/10 t
（4-8-2-6）+（4-8-2-15）×3	30 m T 梁运输 200 m	$10\ m^3$	312.1	
4-7-14-7	T 梁安装	$10\ m^3$	312.1	
4-7-31-2	双导梁架桥机金属结构吊装设备	10 t	13	设备摊销费 3600 元/10 t 改为 7695 元/10 t
7-1-4-3	临时轨道路基上	100 m	3	
7-1-4-4	临时轨道桥面上	100 m	4.8	

习 题

1. 试述桥梁工程编制中的主要辅助工程量有哪些？如何确定？
2. 简述现浇箱梁清单编制内容、定额套用内容。
3. 试述自拌混凝土和购买商品混凝土浇注的区别。
4. 以墩柱混凝土为例讲述清单单价形成过程。
5. 后张法钢绞线清单工程量计量规则是什么？
6. 后张法钢绞线定额工程量计量规则是什么？
7. 桥梁基础挖方及回填清单列项如何考虑？包括什么内容？
8. 预制T形梁，每根梁底座面积的工程量计算公式是什么？
9. 解释下定额中每吨××束和束长。
10. 钻孔灌注桩套用定额时应注意什么？
11. 以例7-4编制报价原始数据表。
12. 以例7-5编制报价原始数据表。
13. 以例7-6编制报价原始数据表。
14. 计算例7-8定额工程量，编制报价原始数据表。
15. 计算例7-9定额工程量，编制报价原始数据表。
16. 计算例7-10定额工程量，编制报价原始数据表。

8 隧道工程

8.1 基本问题

8.1.1 公路隧道的分类和围岩分级

1. 公路隧道按长度分类

公路隧道按长度一般可分为特长隧道、长隧道、中隧道和短隧道四级，如表 8.1 所示。这种分类主要是为了以各种隧道的长度确定有关的设计、施工的技术要求和规定。

表 8.1 公路隧道按长度分类表

隧道等级	隧道长度 L（m）	特点
特长隧道	$L>3000$	平纵指标对通风方案影响显著
长隧道	$1000<L\leqslant 3000$	一般需设置水消防及进行机械通风
中隧道	$500<L\leqslant 1000$	一般不需要设置水消防
短隧道	$L\leqslant 500$	隧道平纵指标可适当放宽

隧道长度是指隧道两端洞门桩号之差，当为并行双洞时以较长隧道为准。

2. 公路隧道按跨度分类

公路隧道按其开挖跨度也可分为四类，依次分别为小跨度隧道、中跨度隧道、大跨度隧道和超大跨度隧道，如表 8.2 所示。

表 8.2 公路隧道按开挖跨度分类表

分类	小跨度隧道	中跨度隧道	大跨度隧道	超大跨度隧道
开挖跨度 B（m）	$B<9$	$9\leqslant B<14$	$14\leqslant B<18$	$B\geqslant 18$

3. 公路隧道按其断面布置方式分类

公路隧道根据其断面布置方式可划分为：双向行车单洞隧道、单向行车双洞分离式隧道、小净距隧道、连拱隧道和分岔隧道。

4. 隧道围岩的分级

影响围岩稳定的因素主要有岩石（体）的物理力学性质、构造发育状况、荷载种类与分布、应力变形状态、几何边界条件及水的赋存状态等。隧道围岩分级中通常将岩石的坚硬程度和岩体的完整程度作为岩体基本质量分级的两个基本因素。现有的围岩分级方法有定性、定量、定性与定量相结合等方法。定性分级是通过对影响岩体质量的因素进行定性描述、鉴别和判断来对围岩进行综合分级；定量分级是根据对岩体性质进行测试所得到的数据或对各参数的打分，经计算获得岩体质量指标,并以该指标为依据进行分级。这两种方法都有其局限性,所以围岩分级趋向采用定性和定量相结合的方法评判,以提高分级的可靠性。

我国公路隧道围岩分级是根据围岩分级指标的定性和定量值的综合评判,将隧道围岩稳定性的等级分为Ⅰ级、Ⅱ级、Ⅲ级、Ⅳ级、Ⅴ级和Ⅵ级六个等级。其主要定性特征如表8.3。

从表8.3可见,Ⅰ级、Ⅱ级、Ⅲ级围岩均为广义石方,Ⅵ级为广义土方,而Ⅳ级和Ⅴ级有岩质也有土质,故定额3-1-3"正洞机械开挖自卸汽车运输"中的开挖,仅Ⅵ级围岩未用到硝铵炸药等开炸石方的材料和机械。因此,在做工程量清单时,Ⅳ级和Ⅴ级这两类围岩的归项需要根据项目招标文件技术规范的规定来明确。

表8.3 隧道围岩的分级表

围岩级别	主要定性特征
Ⅰ	坚硬岩,岩体完整,巨整体状或巨厚层状结构
Ⅱ	坚硬岩,岩体较完整,块状或厚层状结构;较坚硬岩,岩体完整,块状整体结构
Ⅲ	坚硬岩,岩体较破碎,巨块(石)碎(石)状镶嵌结构;较坚硬岩或较软硬岩层,岩体较完整,块状体或中厚层结构
Ⅳ	坚硬岩,岩体破碎,碎裂结构;较坚硬岩,岩体较破碎~破碎,镶嵌碎裂结构;较软岩或较硬岩互层,且以软岩为主,岩体较完整~较破碎,中薄层状结构
	土体:1.压密或成岩作用的黏性土及砂性土;2.黄土(Q_1、Q_2);3.一般钙质、铁质胶结的碎石土、卵石土、大块石土
Ⅴ	较软岩,岩体破碎;软岩,岩体较破碎~破碎;极破碎各类岩体,碎、裂状,松散结构
	一般第四系的半干硬至硬塑的黏性土及稍湿至潮湿的碎石土、卵石土、圆砾、角砾土及黄土(Q_3、Q_4),非黏性土呈松散结构,黏性土及黄土呈松软结构
Ⅵ	软塑状黏性土及潮湿、饱和粉细砂层、软土等

8.1.2 主体结构

8.1.2.1 洞口及洞门工程

洞口工程是隧道出入口部分的建筑物,包括洞口通风及排水设施,边、仰坡支挡构造物和引道等。

1. 洞口

洞口工程的施工方案,主要包括:明挖进洞、管棚超前支护进洞、地表预加固进洞、前置式洞口工法、护拱进洞方法、半明半暗进洞方法等。一般而言,进洞方案的合理选择与隧道洞口的地形、地质条件等有关,工程施工中可主要根据经验对其进行合理选择。

1)明挖进洞

明挖进洞是在对洞口边仰坡坡面刷坡防护后,在采用钢拱架辅以超前小导管或锚杆支护顶部围岩的条件下,向洞内开挖隧道的进洞方法。

2)管棚超前支护进洞

管棚超前支护进洞,以半年先修筑套拱,利用套拱内预埋的导向管沿隧道开挖轮廓线周边钻管棚孔,再打设管棚和管内注浆,从而对洞口岩体进行加固,然后在管棚的保护下开挖进洞。

3）地表预加固进洞

当洞顶地表岩土体极其破碎时，可先利用锚杆或小导管对地表进行预加固，待洞顶围岩具备成拱的基本条件后，再采用合适的方法进洞，如明挖进洞等。

4）前置式洞口工法

在自然生态环境敏感的地区，宜贯彻"零开挖"的理念，采取前置式洞口工法进行洞口施工。其基本工序为，在洞外基本不开挖山脚岩土体时，先采用拉小槽施工的方法修建钢拱架基座，然后逐步架设钢拱架，形成钢架棚，在其保护下然后暗挖隧道核心土，并采用冲击破碎的方式开挖进洞。这样既可减小边仰坡的开挖面积和高度，减小洞口仰坡防护工程，也可缩短边仰坡的暴露时间，又可最大限度地保全洞口山坡及原生植被使其免遭破坏，有效保护洞口生态环境。

5）护拱进洞方法

护拱进洞方法是反压回填进洞方法的进一步发展。当隧道洞顶覆盖层极薄，且岩土体工程性质极差而难以成拱时，可在洞口顶部修筑护拱，其一侧与挡墙整体浇筑，另一侧通过锚杆与岩体紧密连接。

6）半明半暗进洞方法

半明半暗进洞方法是护拱进洞方法的再发展。为进一步减小边仰坡开挖高度，对靠山侧的开挖范围进行了"微调"，使得隧道一部分为明挖，一部分为正常暗挖，从而减小了边坡的开挖高度。

2. 洞门

洞门是隧道两端的外露部分，是联系洞内衬砌与洞外路堑的支护结构，而隧道洞口所处的地质条件却一般较差，岩层破碎、松散、风化严重，且洞口施工或路堑开挖将破坏山体原有的平衡状态，极易产生坍塌、滑动等现象，故洞门结构应有利于保证洞口附近的边坡和仰坡保持稳定。另外，洞门是标志隧道的建筑物，故应注意使其选型与隧道规模、使用特性以及周围建筑物、地形地貌等相互协调。

洞口应在地质条件较好，线路能够垂直或接近垂直地形等高线的位置设置。做到"早进洞、晚出洞"的原则，尽量不破坏原有的地表形态。洞门常见形式有端墙式、翼墙式、台阶式、柱式、削竹式、喇叭口式和棚洞式。

3. 明洞

当隧道埋深较浅，上覆岩土体较薄，难以采用暗挖法施工时，则应采用明挖法来开挖隧道。采用明挖法修建的隧道结构，称为明洞。明洞大多设置在塌方、落石、泥石流等地质不良或受地形条件限制的地段。这类结构具有地面、地下建筑物的双重特点，既可以作为地面建筑物用以抵御由边坡、仰坡的塌方、落石、泥石流等引起的病害，又能作为地下建筑物用于在深路堑、浅埋地段不适宜于暗挖隧道时，取代隧道的作用。

8.1.2.2 洞身支护与衬砌

洞身是隧道工程的主要组成部分，主要由支护和衬砌组成。

1. 支护

隧道开挖时，一般不能马上做永久性结构，围岩需要依靠自身的支承能力保持稳定，当自承能力不足时，就需要做支护来保持围岩稳定。所以支护方式主要是与工程地质条件有关。目前，围岩支护主要是复合式支护，即初期支护采用锚杆和喷射混凝土，二次支护采用模筑整体式混凝土衬砌。

一般工程中，常见的支护形式有喷射混凝土、锚杆、钢筋网、格栅钢架、超前小导管注浆、长管棚等，根据围岩级别、开挖方式，合理地从常规支护中选用一种或多种进行组合。

1) 锚杆

锚杆是一种锚入地层对围岩起加固、稳定作用的金属或其他高抗拉性能的杆状构件，按提供锚固力的方式分为机械型锚杆和胶结型锚杆，按分布方式分为局部锚杆和系统锚杆，按特征分为全长黏结型锚杆、端头锚固锚杆、摩擦型锚杆、预应力锚杆和自进式锚杆等。锚杆支护技术成熟、经济适用，故在地下工程中得到广泛的应用。下面介绍几种隧道工程中常见的锚杆类型：

（1）全长黏结型锚杆。

全长黏结型锚杆是沿着锚杆全长采用黏结剂黏结固定的一类锚杆，所使用的黏结剂可以是水泥砂浆、水泥浆、树脂等，这类锚杆适合作永久支护。

（2）预应力锚杆。

预应力锚杆即预应力锚索，是锚入地层后对围岩起加固、稳定作用的预应力钢绞线索。预应力砂浆锚杆可用作永久支护，适用于围岩变形大，杆件深度大于 5 m 时的情况。

（3）自进式锚杆

自进式锚杆是一种将钻进、注浆和锚固功能合一的锚杆，用手持式凿岩机将安装了钻头的锚杆钻入岩层，安装止浆塞后注浆即可，一般用于复杂地形和杆件深度大于 5 m 时的情况。

2) 喷射混凝土

使用混凝土喷射机和压缩空气，按一定比例和混合程序，将掺有速凝剂的细石混凝土喷射到岩壁表面上，迅速凝结硬化为一层结构层的工法，喷射混凝土与围岩密贴，可对围岩起支护作用，称为喷射混凝土，成为新型支护结构。喷射混凝土按喷射方式分为干喷、潮喷、湿喷及混合式喷射等，区别主要是投料顺序的不同。

干喷是将集料、水泥、速凝剂按一定比例干拌均匀后装入喷射机，用压缩空气使干集料在软管里以悬浮状态压送到喷枪，在喷嘴处与高压水混合后，以较高速度喷射在岩面上的喷射工艺。干喷机械较简单，但施工中产生大量粉尘对施工人员的健康有危害，回弹量大，水灰比的控制需要工人操作熟练，目前已很少使用干喷工艺。

湿喷是将集料、水泥和水按设计比例拌和均匀后，用湿式喷射机借助压缩空气将其压送到喷嘴处，再在喷头上添加速凝剂后喷在围岩上的喷射工艺。湿喷混凝土质量容易控制，喷射过程中粉尘和回弹量很少，故目前多使用湿喷工艺喷射混凝土。对于喷层较厚的软岩和渗水隧道，则不宜使用湿喷。

混合式喷射是将一部分砂加水拌湿，再投入全部水泥强制搅拌造壳，然后加第二次水和减水剂合成 SEC 砂浆，再将一部分砂和石强制搅拌均匀，然后分别用砂浆泵和干式喷射机（加入速凝剂后）压送到混合管混合后喷出。

3) 注浆

根据使用功能，隧道注浆可分为周边注浆、超前预注浆、超前帷幕注浆及地表注浆；根据使用效果又可分为止水注浆与加固注浆；根据注浆机理又可分为填充注浆、渗透注浆、劈裂注浆、压密注浆、化学注浆和高压喷射注浆。注浆浆液可分为水泥基浆液和化学浆液两大类。在隧道工程中水泥基浆液因取材容易、配方简单、价格便宜、不污染环境而使用广泛。

周边注浆：周边加固注浆主要用于Ⅴ～Ⅵ级围岩地段，一般采用钢花管或中空锚杆注浆，用于提高围岩自身的承载能力，提高岩体对结构的弹性抗力，以改善结构的受力条件。

超前预注浆：通过超前小导管对开挖面前方的岩体进行预注浆，可以与超前自进式锚杆及超前长管棚等联合起作用，对开挖面前方的岩体进行加固，从而形成一种支护围岩的辅助施工方法。在Ⅴ、Ⅵ级围岩地段，特别是地下水较丰富的地段，一般应考虑通过采用超前预注浆加固周边岩体。

超前帷幕注浆：通过对影响范围内的区域全断面深孔预注浆，对孔隙进行填充、堵塞，对隧道形成止水帷幕的注浆工艺。适用于地质断层破碎带、裂隙密集带或其他软弱透水地层，且洞身周围地下水补给充足的地段，起到可减少或隔断地下水渗流途径，减少施工中涌水的危险，保证施工掘进安全的作用。但超前帷幕注浆施工速度慢、造价高，较少使用。

地表注浆：在地表钻孔后向隧道围岩中进行注浆，通过注浆使洞室周边或洞顶松散土体固结，以提高地质强度，一般适用于隧道浅埋段或浅层塌方段。

渗透注浆：在压力作用下，使浆液渗透到地层中的孔隙和裂缝中，从而排挤出孔隙中存在的自由水和气体，达到加固土体和控制渗水的目的，一般适用于砂性土和有裂隙的岩石。

劈裂注浆：在压力作用下，通过向钻孔中压送不同类型的流体，克服地层的初始应力和抗拉强度，引起岩石和土体结构的破坏与扰动，使其在沿垂直于最小主应力的平面上发生劈裂，并使原有孔隙及裂隙张大，从而形成新的孔隙及裂隙，增大浆液的可灌性。

注浆用量的体积应为土的孔隙体积。注浆总用量 Q 的计算公式如下：

$$Q = K \cdot V \cdot n \cdot 1000 \tag{8.1}$$

式中　Q——浆液总用量（L）；

V——注浆范围（m^3）；

n——土的孔隙率；

K——经验系数，取值可以参照软土、黏性土、细砂为 0.3～0.5，中砂、粗砂为 0.5～0.7，砂砾为 0.7～1.0，湿陷性黄土为 0.5～0.8。

2. 衬砌

衬砌即隧道内壁承受围岩压力的镶护结构，一般由拱圈、侧墙和仰拱等构件组成，其作用是支护隧道、防止岩石风化、保证净空和防排水。衬砌按材料种类可分为砌体衬砌、钢筋混凝土衬砌和复合式衬砌。复合式衬砌也称二次衬砌，由内外两层复合而成。隧道开挖后，先做初期柔性支护，有喷射混凝土、锚杆、钢筋网、钢拱支撑等支护形式，承受围岩的初期变形，待初期变形基本稳定后，再做二次衬砌，一般采用现浇混凝土，又称模筑混凝土。喷锚支护和现浇混凝土衬砌相互依赖共同来承受围岩的变形和压力。两次衬砌之间采取防水夹层措施。

衬砌施工设备主要是混凝土运输设备和衬砌模板台车。其中混凝土运输设备分为有轨运输设备、无轨运输设备和混凝土输送泵。

8.1.2.3 防水与排水

防水与排水设施是隧道工程的重要组成部分，应结合隧道衬砌采用可靠的防水和排水措施，使洞内外形成一个完整、畅通的防排水系统。隧道防水排水设施的基本要求为隧道内不滴水或不渗水，以保证在营运期内行车安全及设备的正常使用，使之具有良好的耐久性。在设计和施工防排水系统时，要特别注意保护生态环境和保证农田水利排灌系统的完好无损。

公路隧道防水，首先是做好堵水和截水。堵水，就是在围岩破碎和涌水易塌地段，直接向围岩体内压水泥浆或化学浆液，堵塞裂隙水和渗涌水孔。截水，则主要是防止地表水的下渗，其措施有铺砌、勾补、抹面，以及坑洞、钻孔等的填平、封闭等。隧道防水设计应重视初期支护的防水，防水应以混凝土自防水为主体，以施工缝、变形缝防水为重点，辅以注浆防水和防水层加强防水。

公路隧道衬砌的防水方法很多，在初期支护与二次衬砌之间应设置防水板及无纺布，并设系统盲沟。防水板和无纺布应沿隧道全长边墙，仰拱以上铺设。采取引排措施，如设置盲沟、排水管等，将水引至水沟内排出，然后敷设聚氯乙烯塑料板材或合成树脂防水卷材，以及防水混凝土等内、外衬砌防水层。当采取复合式衬砌时，则宜设置夹层防水层。

隧道衬砌中的施工缝、变形缝等处，应采用专门的止水条（带）嵌塞措施，以防止渗漏。

公路隧道的排水设施，包括洞内和洞外两个部分。洞外排水应根据地形、地质、气象等情况，结合农田水利建设的需要，全面规划，综合治理，因地制宜地设置疏水、截水、引水设施。洞口和明洞顶，应设置截水沟、排水沟等排水设施，洞口边坡、仰坡应采取防护措施，如铺砌、抹面等，以防止地表水的下渗和冲刷。要防止洞外雨水流入洞内，当洞口外路堑是上坡时，应在洞口外设置反排水沟或截流涵洞。洞内一般要设置纵向排水沟、横向排水坡或横向排水暗沟、盲沟等排水设施。

8.1.2.4 辅助坑道

隧道施工一般仅有两个工作面，因此施工的进度很受影响，尤其是随着隧道长度的增加，施工条件将不断恶化，进度必然会受到影响。因此，在具备一定条件时，宜通过设置辅助坑道增加施工工作面，缩短工期，同时改善施工通风、排水和运输的条件。

辅助坑道一般有横洞、斜井、竖井和平行导坑几种形式，用于增加工作面，以加快施工进度，改善施工条件；有的辅助坑道也专用于运营、通风、排水和灾害防御，成为永久性的隧道附属建筑。如图8.1所示。

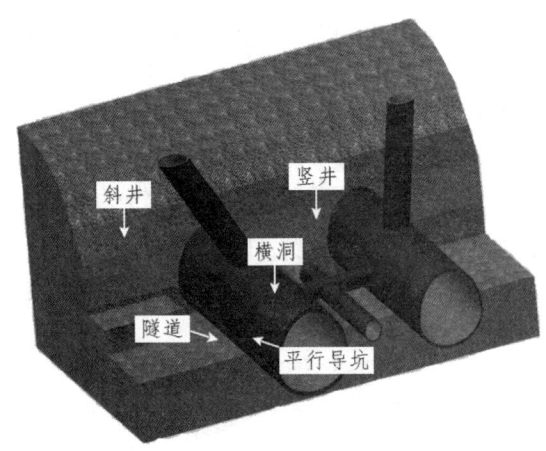

图 8.1 辅助坑道图

设置辅助坑道可能会提高工程造价，故对辅助坑道的选择应从是否利于作永久通风，以及工程特点、地形地质条件等综合考虑。

1. 横洞

横洞是指在隧道一侧修筑的辅助通道，其与隧道在同一水平面上横向相交。当隧道沿河依山、侧面覆盖层不厚、洞口桥隧相连、施工干扰大或者洞口地质不良、路堑土石方工程量大、工期紧迫、难以快速从正洞进入洞内时，可以考虑设置横洞。横洞能增加正洞工作面，设备简单，施工及管理方便，出渣、进料运输距离较短。

2. 斜井

斜井是指在隧道侧面上方开挖的与隧道相连的倾斜通道。对于隧道一侧地形较低，覆盖层不厚或井身地质较好，地下水不大的情况，斜井能增加正洞的工作面，出渣、进料运输距离较短。斜井内一般会设置轨道、人行道、排水沟、避车洞及各种管路电缆线等。

3. 竖井

竖井是指在隧道的上方开挖的与隧道相连的竖向通道，适合设置于隧道洞身局部地段覆盖层较薄、井身地质较好、地下水不大以及没条件设置横洞或斜井的情况。竖井因提升设备较复杂，所以当深度超过 150 m 时，造价增加很大。

4. 平行导坑

平行导坑是与隧道平行的辅助通道，一般与隧道的净距为 15~20 m，采用通道与隧道相连。

8.1.2.5 洞内路面

隧道衬砌设置仰拱时，仰拱的填充材料应采用低强度等级混凝土，隧道路面可设置基层和面层；不设仰拱的隧道，其路基应设在稳定的石质地基上，其路面结构宜设置整平层、基层和面层。

公路隧道洞内路面一般有沥青混凝土路面和水泥混凝土路面。施工工艺和技术要求同路面工程，在此不再详述。

8.1.3 隧道附属设施

这里所说的隧道附属设施指隧道机电部分，即常说的五大系统：通风、照明、消防、监控和供配电设施。

8.1.3.1 通风设施

当公路隧道较长，而交通量又大时，汽车排放废气和烟雾，将危害驾驶人的健康及影响行车速度和安全，故公路隧道通风设计应综合考虑交通条件、地形、地质条件、通风要求、环境保护要求、火灾时的通风控制、维护与管理水平、分期实施的可能性、建设与营运费用等因素。

通风的方式可分为自然通风和机械通风两类。其中自然通风是依靠隧道两端洞口空气温度差的热压作用、自然风流及由车辆行驶形成的风流的风压作用实现的通风，一般不需要额外投资，但只适用于长度不大的隧道。机械通风是由通风机实现通风，必须设置通风机，必要时还需设通风管道和阀门等设备。机械通风的优点是易于控制和调节，效果好，但设备费、运营费较贵，维修要求也较高。

采用机械通风时，公路隧道一般由射流风机升压供风，或由轴流风机升压送、排风，如图8.2所示。通风系统一般由风机、风管、阀门等通风机械，和竖井、斜井、联络风道和风机房等通风构造物组成。

图8.2 射流风机

工程上用于通风的风机一般有离心式风机和轴流式风机两种，公路隧道通风具有大风量、低风压的特性，故原则上应采用轴流式风机，常用的轴流式风机有射流风机和大型轴流风机两种。通风设备的安装工作有安装前的准备工作、风机的搬运与吊装、风机安装、扩散筒安装、安装集流器、安装软性管道接头、安装变截面的弯形管道、安装安全网、风机调试、风机维护和储存。

8.1.3.2 照明设施

公路隧道照明按照明功能可划分为基本照明、应急照明、加强照明、特殊灯光带照明和视线诱导照明。按照明段落的不同分为洞外引道照明、接近段减光设施、入口段照明、过渡段照明、中间段照明、出口段照明、横洞道照明和紧急停车带照明等。

长度大于100 m的公路隧道应设置照明，照明设计应综合考虑环境条件、交通状况、土建结构设计、供电条件、建设和营运费用等因素。

隧道照明系统的施工一般包括供电电缆敷设、电缆桥架、灯具吊杆的安装、灯具现场控制箱的制作及安装、灯具安装。电缆桥架一般沿侧墙布设，用于固定电缆，也可用于固定灯具，而灯具吊杆是用于悬吊灯具。

照明系统工程施工的具体内容涉及隧道土建、供电、通风和监控系统的施工，不可能单独完成，需要分工协作。照明系统工程施工中，这些内容是由隧道土建完成的：灯具安装预埋件的埋设；灯具现场控制箱预留洞室的施工；灯具干线电缆敷设路由（洞内电缆沟施工）；灯具供电干线电缆到控制箱、控制箱到灯具供电支线、控制电缆（光缆）敷设用的预埋管道的埋设；隧道内的安全接地（接地扁钢的埋设）等。

8.1.3.3 消防设施

隧道火灾可分为隧道附属用房火灾、隧道设备火灾和隧道内的汽车火灾3类，按国家标准《火灾分类》（GB/T 4968—2008）分为A类（普通固体物质燃烧而引起的火灾）、B类（油脂及一切可燃液体燃烧引起的火灾)、C类(气体火灾)和E类(带电设备引起的火灾)。灭火方式可根据火灾类型选用。

隧道火灾的特点是：多样性和不确定性；火灾发生后，隧道内烟雾大，能见度低、散热慢、温度高；隧道火灾会跳跃性蔓延；火灾发生后，安全疏散困难，容易造成交通堵塞和出现二次灾害；灭火救援难度较大；火灾损失难预见。隧道火灾损失因火灾荷载和交通状况等的随机性和不确定性而具有不可预见性。

隧道消防设施主要指火灾自动报警系统、水消防系统和灭火器等与隧道火灾救援相关的机电设施，例如排烟设施、应急照明和有线广播等。隧道消防是整个隧道机电设施的核心内容，所有的机电设施都将为消防工程的防灾救灾服务。所以，隧道消防设施的设置水平，决定了该隧道机电工程的规模与防灾救灾的能力，体现了公路的整体服务水平。一般特长隧道和高等级公路的长隧道，必须配置报警设施、消防设施、警报设施和救助设施等，二级公路长隧道可根据需要设置，如图8.3a)所示。

a)火灾报警器

b)消火栓

图8.3

对隧道消防工程的施工有以下规定：

（1）消防专项工程的施工应由具有建设行政主管部门核发的相应等级专业承包资质证书的单位承担。消防设施专项承包企业的项目经理、施工技术人员、工长应经消防培训后，持证上岗。

（2）消防专项工程应按照批准的设计施工图施工，不得随意更改；如确实需要更改，建设单位必须重新申报审批。

（3）隧道工程竣工消防验收后，应将各系统、设施恢复到正常使用状态。未经竣工消防验收和验收不合格的隧道，不得投入使用。

消防水池的施工内容及顺序：确定水池位置、水池征地、开挖、混凝土垫层、底板、侧板、预埋管套、顶板、接通管道、灌水冲洗、试验、蓄水使用。

消防给水系统的管网在安装前应先校直管道，并清除管道内的杂物；安装过程中，应随时清除已安装管道内部的杂物，并应按照设计要求对管道、管件等进行防腐处理。管道连接后，不得减小管道的过水断面面积。消防给水系统的管网有管径大、管道敷设里程长，以及易受施工条件的影响等特点，导致消防水管环网的连接工作常成为一大难点及施工的重点。消防水管的安装除管道本身的质量要求外，还存在安装质量方面的难题，特别是焊接和沟槽式连接工序的质量，常是管道敷设的重点。

消防水泵及稳压泵的安装，规格、型号、技术性能应达到设计规定，并具有产品合格证和安装说明书。消防水泵的出水管应安装止回阀和压力表，同时还应安装放水阀，以备检查和试水时使用。泵组的总出水管上，需要安装压力表和泄压阀。压力表安装时，应增加缓冲装置。水系灭火系统的减压阀、控制阀、排水阀等规格型号、安装位置、保护措施等应符合设计要求。

水系灭火系统管网安装完毕后，应采用消防用水对其进行水压强度试验和水压严密性试验，这种试验是以水为试验介质，分别对管网整体结构、连接件、阀门及其他部件进行的短时间负荷试验和对管网及其部件、管材的严密性程度进行的全面测试。试验是消防给水系统工程质量、系统功能、系统可靠性评定的重要依据，是火灾时水系灭火设施有效灭火的基本保证。水系灭火管网应在水压强度试验合格后分段进行冲洗，冲洗顺序是先隧道外后隧道内，先地下后地上。消防系统的调试是包括水源和消防机械的调试。

消火栓安装工程包括洞内消火栓箱、室外消火栓、水泵结合器、灭火器、水成膜泡沫灭火装置等的安装，如图8.3b）。

8.1.3.4 监控设施

为了隧道运营安全需要配置监控设施，如果发生事故，能及时发现，进行救援。公路隧道的监控系统及交通安全设施一般设计后分期实施，隧道内的设备和管线的预留预埋一次到位。监控设施的设计应与路网其他构造物的设备配合布置，统一用于抢险救援。监控设施施工的工作包括硬件设备的安装及调试、软件安装、系统联合调试以及相关的现场土建及其他基础工作。

隧道监控系统的设备一般根据隧道等级和交通量等配置，主要包括交通信息采集及发布设施、紧急呼叫设施、火灾报警设施、环境监测设施、视频监控设施、隧道本地控制设施、监控配电设施和其他设施。

紧急呼叫设施主要包括紧急电话（图8.4）、隧道广播等。

交通信息采集及发布设施包括车辆检测器隧道口超高检测器、可变情报显示板（图8.5）、可变限速标志、车道控制标志和交通信号灯等。

图8.4 应急电话

图8.5 情报显示板

火灾报警设施包括火灾检测器、报警器等。

环境检测设施主要包括光强检测器、一氧化碳检测器、能见度（VI）检测器以及风速风向检测器等。

视频监控设施主要有摄像机。

隧道本地控制设施有区域控制器等。

监控配电设施包括配电箱和缆线等。

8.1.3.5 供配电设施

公路隧道的照明与通风及监控设施都需要供电，设置完善的供电系统，做到保证人身安全、供电稳定、技术经济合理。一般都需要在隧道外设置变电所，若是设施较少、负荷较小的中短隧道也可以采用箱式变电站供电。隧道的供电设施的施工包括外部供电线路、电力变压器、箱变、高低压成套设备（屏柜和电缆）、柴油发电机、应急电源、电力电缆、防雷与接地装置等的安装和调试，如图 8.6 所示。

隧道供电系统常用的电力设备有高压设备、变压器、低压设备和应急电源设备等。

凡设照明、通风的公路隧道，应设置独立的备用电源，以防意外的断电事故，并确保交通运输的安全，避免造成不应有的损失。公路隧道的应急电源设备有 UPS 应急电源设备和 EPS 应急电源设备两类，通常安装于洞口变电所或箱变里，如图 8.7 所示。

图 8.6　发电机

图 8.7　UPS

8.1.4　隧道施工

8.1.4.1　新奥法

公路山岭隧道施工方法的确定，首先取决于周围地层的工程地质条件，主要是矿山法。矿山法主要采用钻眼爆破暗挖地层后修筑衬砌，分为传统矿山法和新奥法两大类。传统矿山法施工时，先开挖导坑，然后按设计轮廓逐步扩大开挖。地层松软时开挖后应先设置支撑，甚至边开挖边支撑。传统的矿山法因导坑和分部开挖施工中支撑系统复杂及木料用量大、施工速度慢而被新奥法取代。

目前我国公路隧道的施工以新奥法为主。新奥法是采用锚喷支护作为临时支护，如图 8.8，靠充分发挥围岩的自支承能力修建隧道，待围岩基本稳定后再修筑衬砌结构的隧道施工方法。地层开挖后，在发生松弛破坏前先向围岩施作一层柔性薄壁支护，并监测围岩位移。如变位量或变位速率过大，则随时增设锚杆支护加固围岩，以控制围岩的初期变形。根据测得的围岩变位的收敛程度，决定二次支护的形式及最佳施作时机。

图 8.8　支护

新奥法的基本理论依据就是利用围岩本身所具有的承载效能，采用毫秒爆破和光面爆破技术，进行全断面开挖施工，并以复合式内外两层衬砌形式来修建隧道的洞身，即在洞身开挖后立即进行，以喷混凝土、锚杆、钢筋网、钢支撑等为其外层支护，也称初期柔性支护。山体中的地应力由于开挖成洞而产生再次分配，隧道空间靠空洞效应得以保持稳定，也就是说，主要是靠围岩自身承载地应力，而初期支护的作用是使围岩体自身的承载能力得到最大限度的发挥，二次衬砌主要是起安全储备和装饰的作用。

新奥法的施工顺序包括开挖、喷锚、模筑混凝土（二次衬砌）和装饰四个过程。其施工过程主要是开挖、喷锚、模筑混凝土三大工序的循环式流水作业。

1. 开挖

隧道开挖的方式主要分为钻爆法和非钻爆法，钻爆法一般采用新奥法，而非钻爆法主要有盾构法和掘进机法。公路隧道地层开挖多用钻爆法，但地层松软破碎时也采用简便掘进机开挖，长隧道也可采用隧道掘进机掘进。钻爆法的技术要点主要是：开挖施工步骤的确定，超欠挖的控制，开挖爆破的设计及钻爆器材、设备的选择等。

隧道断面应按设计轮廓线开挖，而不应超挖或欠挖。然而由于受到地质条件和施工技术的影响，工程实践中不可能杜绝超欠挖，而只能对其量值采用切实可行的方法测定和控制，从而避免发生超过限度的超欠挖。

预留变形量是指因地层开挖隧道围岩发生收敛变形，由此侵占修筑衬砌结构的净空断面，故在地层开挖时需要对隧道开挖轮廓预留变形量。隧道周边围岩的变形量不仅随围岩类别、工程地质条件和隧道宽度的不同而不同，并与开挖方法、支护方式等有关。所以在施工中应根据隧道的现场监测数据及时调整后续区段同类型围岩的预留变形量，以防止因实际变形量过大而造成二次衬砌厚度过大，或增加回填量。

采用钻爆法时，爆破是开挖的重要工序，爆破设计一般包括炮眼的布置、数目、深度和角度、装药量和装药结构以及起爆方法和爆破顺序等。爆破一般有光面爆破和预裂爆破两种。光面爆破开挖的洞室围岩表面比较平整，超、欠挖量都不大。其特点是周边孔间距较小，分布均匀，用药量较少等。光面爆破能减轻爆破对围岩的震动和破坏作用，有利于保持围岩的稳定性。预裂爆破是预先起爆周边孔的控制爆破，它比光面爆破的孔间距更小，爆破成形的岩面更平整，对围岩的震动和破坏更小。

非钻爆法中盾构施工是在盾构保护下修筑软土隧道，其地层掘进、出渣、衬砌、接缝防水和盾尾间隙注浆充填等作业都在盾构保护下进行，并需要随时排除地下水、控制地面沉降，故是工艺技术要求高、综合性强的一种施工方法。

全断面岩石掘进机适用于中硬岩地层下的长隧道施工，是集掘进、出渣、支护、通风防尘于一体的大型高效隧道施工机械。该方法在长隧道建设中具有高效、优质、安全和经济的特点，其有对岩体扰动小、有利于环境保护和降低劳动强度等优点。

2. 喷锚

喷射混凝土的作用是可支承围岩外填平补强围岩，即喷射混凝土可填充围岩张开的裂隙和表面凹处，从而提高其黏结力和摩阻力，避免或缓和围岩的应力集中；覆盖围岩表面，即可封闭围岩、阻止围岩风化、阻止围岩松动；合理分配外力，即通过喷层把外力传给锚杆、钢拱架等，使支护结构受力可均匀分担。钢筋网、钢纤维和钢拱架的作用都是加强喷射混凝土，增强喷层的柔性和承受力。

锚杆支护的作用是可支承围岩，即约束围岩变形，改善受力状态；加固围岩，即约束节理裂隙，提高材料强度，使层状围岩形成"组合梁"和"悬吊"作用等。

8.1.4.2 超前地质预报

在隧道通过破碎松散、软塑膨胀、承压涌水、流沙流泥等不良地质地段时，隧道施工前，应做好地质预报工作，坚持以预防为主的原则，在确保安全的前提下，制订切实可行的施工方案。

通过探测手段，预测开挖工作面前方几米至几十米，甚至上百米的围岩工程地质和水文地质条件，结合掘进中地质条件的变化，及时提出预报，以便有准备地做好各种预防和施工措施，保证隧道工程的顺利进行，如图 8.9 所示。

图 8.9　地质雷达超前预报

地质超前预报所使用的探测方法一般有以下几种：

1. 导坑探测

地质条件比较复杂的隧道施工时，可采用超前导坑或专用的探测坑道进行探测，根据导坑开挖暴露出的围岩地质情况，了解并比较准确地判断预测隧道开挖工作面前方相应地段围岩的工程地质及水文地质条件。

2. 超前水平岩芯钻探

超前水平岩芯钻探的工作原理和导坑探测是一样的,通过超前水平岩芯钻孔,可以了解开挖工作面前方几十米乃至上百米范围内围岩的地质情况。

3. 工作面上的浅孔钻探

浅孔钻探是利用开挖工作面上的炮眼孔或探水孔、声波探测孔的钻进情况来探测周围围岩地质情况。钻孔的深度一般在几米到几十米的范围,通过钻进的时间、速度、压力、成分以及卡钻、跳钻等和岩性、构造性质及地下水等情况,掌握地质条件,判断开挖工作面前方围岩的地质情况。

4. 声波探测

声波探测是利用不同的岩石(体)有不同的物理力学性质,因而声波的传播速度亦有不同的关系,根据岩石(体)的声波传播速度来判断围岩的工程地质情况。岩石(体)的波速越高时,则岩体越完整坚硬,岩体质量越好。

5. 地震波量测

地震波量测是利用微型爆破引发的地震波在岩体中向四周传播,当波在隧道掘进前方遇到一界面,部分波将从界面反射回到接收传感器,通过专门设备的数据运算和处理,即可预报掘进前方的地质情况。

8.1.4.3 监控量测

公路隧道施工监控量测是保障隧道安全施工的重要环节,其作用是通过监测围岩变形和应力的情况,验证支护衬砌的设计效果,保证围岩稳定和施工安全;并提供判别围岩的支护系统基本稳定的依据,确定二次衬砌和仰拱的施工时间;通过量测数据的分析处理,掌握围岩稳定性的变化规律,确定是否需要修改支护、衬砌设计参数和施工方法,并提供围岩和支护衬砌最终稳定的信息;积累量测数据,为今后隧道的设计、施工与研究提供工程类比的依据。

隧道施工监控的量测项目分为必测项目和选测项目两类。必测项目一般是通过对围岩进行变形观测来判断围岩的稳定性,以指导设计施工,这类项目监测方法简单,量测信息直观可靠,费用低。选测项目是必测项目的拓展和补充,通常在用在有代表性的地段和特殊地段,通过掌握这些地段更多的围岩应力分布情况和支护效果,后期用以优化设计和施工。具体实施是根据工程地质条件及拟订的开挖、支护方法等对具体工程选定合适的隧道施工监测项目。一般应尽量选择简单可靠、成本低、稳定性能好,被测量的物理概念明确,有足够大的量程,便于进行分析和反馈的测试仪器。

隧道监控量测必测项目包括洞内外观察、周边位移、拱顶下沉和地表沉降;选测项目一般包括围岩压力、围岩体内位移、钢筋内力及外力、两层支护间压力、锚杆内力、围岩弹性波等,如图8.10、图8.11所示。工程实际中,根据工程的地质条件及施工开挖、支护方式选择合适的监测项目。

量测部位、测点的布置及量测频率,应根据地质条件、量测项目和施工方法等具体确定。

(1)监控量测断面的布设:一般按隧道纵轴每间隔10~50 m布设一个量测断面,洞口和浅埋地段,尤其是软弱地层和地质条件差的地段,量测断面应适当加密。

图 8.10 钢支撑内力计

图 8.11 围岩内部位移和锚杆轴力计

（2）测线和测点的布设：测线根据开挖方式和测点的性质来布置，如全断面开挖布置一条水平测线，短台阶开挖布置两条水平测线，先做超前支护的全断面开挖布置三条或者六条测线等，如图 8.12 所示。

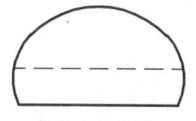 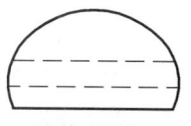 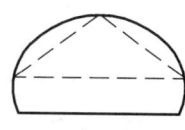 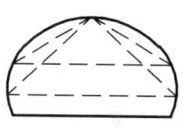

1 条水平测线　　2 条水平测线　　3 条测线　　6 条测线

图 8.12 测线布置

测点一般在隧道横断面左右对称及拱顶处布置，如拱顶下沉的量测布置 3 个测点，围岩体内位移的量测布置 3~5 个测点，接触压力一般布置 3~7 个测点，如图 8.13 所示。

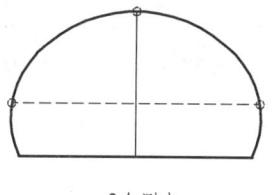 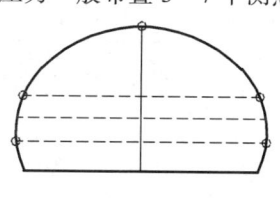 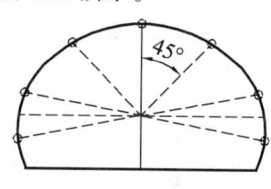

3 个测点　　　　　　5 个测点　　　　　　7 个测点

图 8.13 测点布置

隧道监控量测主要涉及项目的种类和内容，各种量测项目在具体实施中常用的量测方法，仪器和工具，测点布置特征以及数据采集频率汇总于表 8.4、表 8.5。

表 8.4 隧道现场监控量测必测项目及方法

序号	项目名称	方法及工具	布设	量测频率			
				1~15 d	16 d~1 个月	1~3 个月	>3 个月
1	洞内、外观察	现场观测、地质罗盘等	开挖及初期支护后	每次爆破后和每次进洞量测时			
2	周边位移	收敛计	5~50 m 一个断面，每个断面 2~3 对测点	1~2 次/d	1 次/2 d	1~2 次/周	1~3 次/月
3	拱顶下沉	水准仪等	5~50 m 一个断面	1~2 次/d	1 次/2 d	1~2 次/周	1~3 次/月
4	地表沉降（洞内）	水准仪等	洞口段、浅埋段	开挖面距量测断面前后<2b 时，1~2 次/d；开挖面距量测断面前后<5b 时，1 次/2 d；开挖面距量测断面前后>5b 时，1 次/3~7 d			

注：b—隧道开挖宽度。

表 8.5 隧道现场监控量测选测项目及方法

序号	项目名称	方法及工具	布设	量测频率			
				1~15 d	16 d~1个月	1~3个月	>3个月
1	钢架内力	支柱压力计或其他测力计	代表地段1~2个断面,每个断面2~3个测点	1~2次/d	1次/2 d	1~2次/周	1~3次/月
2	围岩体内位移	位移计	代表地段1~2个断面,每个断面3~7个钻孔	1~2次/d	1次/2 d	1~2次/周	1~3次/月
3	两层支护间压力	压力盒	代表地段1~2个断面,每个断面3~7个测点	1~2次/d	1次/2 d	1~2次/周	1~3次/月
4	围岩压力	压力盒	代表地段1~2个断面,每个断面3~7个测点	1~2次/d	1次/2 d	1~2次/周	1~3次/月
5	锚杆轴力	锚杆测力计	代表地段1~2个断面,每个断面3~7根锚杆	1~2次/d	1次/2 d	1~2次/周	1~3次/月
6	钢支撑内力	钢筋计、测力计	每10榀一组	1~2次/d	1次/2 d	1~2次/周	1~3次/月
7	支护、衬砌内应力	应变计	代表地段1~2个断面,每个断面3~7个测点	1~2次/d	1次/2 d	1~2次/周	1~3次/月
8	围岩弹性波速度	声波仪	有代表性地段	—	—	—	—

监控量测的工作应能及时指导隧道施工,监测单位应按规定及时上报监测报告,特殊情况时,需要加急出量测报告。

8.2 清单编制

1. 通则

本章工作内容包括隧道的施工准备、洞口与明洞工程、洞身开挖、洞身衬砌、防水与排水、风水电作业及通风防尘、监控量测、特殊地质地段施工与地质预报等以及其他有关工程的施工作业。

(1)本节所有准备工作和施工中应采取的措施,均为以后各节工程的附属工作,不作单独计量与支付。

(2)图纸中列出的工程及材料数量,在各节工程支付子目表中凡未被列出的,其费用应认为均含在与其相关的工程单价中,不再另予计量与支付。

本章的监控量测、特殊地质地段施工与地质预报是承包人为满足施工需要做的,故不予单独计量,而业主通过招标找的第三方监测单位做的隧道监控量测、特殊地质地段施工与地质预报是需要另行计量的。

2. 洞口与明洞工程

本节工作内容包括洞口土石方开挖、排水系统、洞门、明洞、坡面防护、挡墙以及洞口的辅助工程等的施工及其他有关作业。本章的项目一般是洞外部分，施工要求和计量规则多和路基工程、桥梁工程等相同，故可结合其他章节的清单计价规则来理解。

（1）各项工程，应按图纸所示和监理人指示为依据，按照实际完成并经验收的工程数量，进行计量。

（2）洞口路堑等开挖与明洞洞顶回填的土石方，不分土、石的种类，只区分为土方和石方，以立方米计量。

（3）弃方运距在图纸规定的弃土场内为免费运距，弃土超出规定弃土场的距离时（比如图纸规定的弃土场地不足要另外增加弃土场，或经监理人同意变更的弃土场），其超出部分另计超运距运费，按立方米千米计量。若未经监理人同意，承包人自选弃土场时，则弃土运距不论远近，均为免费运距。

（4）隧道洞门的端墙、翼墙、明洞衬砌及遮光栅（板）的混凝土（钢筋混凝土）或石砌圬工，以立方米计量。钢筋以千克（kg）计量。

（5）截水沟（包括洞顶及端墙后截水沟）圬工以立方米计量。

（6）防水材料（无纺布）铺设完毕经验收以平方米计量，与相邻防水材料搭接部分不另计量。设计图纸上的工程数量一般是包含搭接部分，而搭接数量在定额中已考虑，故清单数量应扣除搭接数量。

（7）洞口坡面防护工程，按不同圬工类型分别汇总以立方米计量，锚杆及钢筋网分别以千克计量；种植草皮以平方米计量。

（8）截水沟的土方开挖和砂砾垫层、隧道牌以及模板、支架的制作安装和拆卸等均包括在相应工程中不单独计量。

（9）泄水孔、砂浆勾缝、抹平等的处理，以及图纸示出而支付子目表中未列的零星工程和材料，均包括在相应工程子目单价内，不另行计量。

例 8-1：某隧道洞口坡面防护工程数量有 C15 喷射混凝土护坡面积 102 m^2，厚 15 cm；M7.5 号浆砌截水沟 171 m，根据截面尺寸计算圬工砌体体积为 72.85 m^3；洞门为现浇 C25 混凝土 31 m^3，HRB400 钢筋 7880 kg，洞顶回填碎石土 600 m^3。请做出该项目的工程量清单。

解：（1）列项、计算和摘取工程量。

（2）编制工程量清单表：见表 8.6。

表 8.6 工程量清单表

子目号	子目名称	单位	数量	备注
502-2	防水与排水			
-a	M7.5 号浆砌截水沟	m^3	72.85	
502-3	洞口坡面防护			
-b	C15 喷射混凝土	m^3	15.3	102×0.15
502-4	洞门建筑			
-a	C25 混凝土	m^3	31	
-c	钢筋	kg	7880	
502-7	洞顶回填			
-b	回填碎石土	m^3	600	

3. 洞身开挖

本节工作内容包括洞身及行车、行人横洞以及辅助坑道的开挖、钻孔爆破、施工支护、装渣运输等有关作业。

断面开挖时，除应满足隧道净空和结构尺寸外，并应考虑围岩及初期支护的变形，如果是采用复合式衬砌，还应考虑适当的预留变形量。洞身开挖断面尺寸应符合图纸的要求，并同时开挖边沟、电缆沟及边墙基础，所有的开挖按图纸标明的开挖线进行施工，并一次挖够，严禁欠挖，减少超挖。

隧道开挖时，应考虑隧道的排水、通风和照明灯，清单中虽没有单独分项计价，但应将这类费用综合考虑在隧道开挖相关单价中。

如果有辅助坑道，则辅助坑道的各项工程数量归入本章节正洞的相关清单项，其相关的一些措施费用也分摊在相关的综合单价中。

（1）洞内土石方开挖应符合图纸所示（包括紧急停车带、车行横洞、人行横洞以及监控、消防和供配电设施等的洞室）或监理人指示，按隧道内轮廓线加允许超挖值（设计给出的允许超挖值或《公路隧道施工技术规范》按不同围岩级别给出的允许超挖值）后计算土石方。另外，当采用复合衬砌时，除给出的允许超挖值外，还应考虑加上预留变形量。按上述要求计得的土石方工程量，不分围岩级别，以立方米计量。开挖土石方的弃渣，其弃渣距离在图纸规定的弃渣场内为免费运距；弃渣超出规定弃渣场的距离时（如图纸规定的弃渣场地不足要另外增加弃土场，或经监理人同意变更的弃渣场），其超出部分另计超运距运费，按立方米千米计量。若未经监理人同意，承包人自选弃渣场时，则弃渣运距不论远近，均为免费运距。

（2）不论承包人出于何种原因而造成的超过允许范围的超挖，和由于超挖所引起增加的工程量，均不予计量。

（3）支护的喷射混凝土按验收的受喷面积乘以厚度，以立方米计量，钢筋以千克（kg）计量。喷射混凝土其回弹率、钢纤维以及喷射前基面的清理工作均包含在工程子目单价之内，不另行计量。

（4）洞身超前支护所需的材料，按图纸所示或监理人指示并经验收的各种规格的超前锚杆或小钢管、管棚、注浆小导管、锚杆以米计量；各种型钢以千克（kg）计量；连接钢板、螺栓、螺帽、拉杆、垫圈等作为钢支护的附属构件，不另行计量；木材以立方米计量。

（5）隧道开挖的钻孔爆破、弃渣的装渣作业均为土石方开挖工程的附属工作，不另行计量。

（6）隧道开挖过程，洞内外采取的施工防排水措施，其工作量应含在开挖土石方工程的报价之中。

例 8-2：某高速公路隧道工程洞身开挖：Ⅱ围岩断面面积 189 m^2，长度 205 m；Ⅲ围岩断面面积 191 m^2，长度 355 m；Ⅳ围岩断面面积 193 m^2，长度 510 m，设计图纸明示土方为 40%；Ⅴ围岩断面面积 190 m^2，长度 150 m，设计图纸明示土方为 60%；Ⅵ围岩断面面积 191 m^2，长度 109 m。洞外出渣计价超运距为 5 km。请做出该项目的工程量清单。

解：（1）列项、计算和摘取工程量。

工程量清单土石方工程量，不按围岩类别划分，只分土方和石方。公路隧道的围岩分为岩质围岩和土质围岩，岩质围岩定量分级采用国家标准《工程岩体分级标准》（GB 50218）规定的级别和方法，分别Ⅰ级、Ⅱ级、Ⅲ级、Ⅳ级和Ⅴ级。土质围岩分为Ⅳ级、Ⅴ级和Ⅵ级。Ⅳ级和Ⅴ级围岩是归入岩质还是土质，应根据一些围岩参数来判断，一般设计会根据地质探勘给出土方和石方的数量。

石方：189×205+191×355+193×510×0.6+190×150×0.4=177008（m^3）

土方：193×510×0.4+190×150×0.6+191×109=77291（m^3）

洞外 500 m 的出渣已包含在洞内出渣运输定额中，故洞外出渣运距为 5-0.5=4.5（km）

洞门外超过 500 m 运距时，按照路基工程自卸汽车运输土石方的增运定额计弃方超运：
（77291+177008）×4.5=1144346 m³·km

另：洞内和洞外 500m 出渣的费用含在挖土石单价中。

（2）编制工程量清单表：见表 8.7。

表 8.7　工程量清单表

子目号	子目名称	单位	数量	备注
503-1	洞身开挖			
-a	土方	m³	77291	
-b	石方	m³	177008	
-c	弃方超运	m³·km	1144346	

例 8-3：某高速公路隧道工程洞身开挖超前支护有管棚 A108×6 mm，832 m；扩口管 A140×8 mm，950 m；注浆小导管 A42×4 mm，4500 m；砂浆锚杆 A22，8900 m；砂浆锚杆 A28，459 m。请做出该项目的工程量清单。

解：（1）列项、计算和摘取工程量。

（2）编制工程量清单表：见表 8.8。

表 8.8　工程量清单表

子目号	子目名称	单位	数量	备注
503-2	超前支护			
-c	管棚 Φ108×6 mm	m	832	
-d	注浆小导管 Φ42×4 mm	m	4500	
-f	扩口管 Φ140×8 mm	m	950	
503-3	初期支护			
-1	砂浆锚杆	m		
-a	Φ22	m	8900	
-b	Φ28	m	459	

4. 洞身衬砌

本节工作内容包括隧道洞身衬砌、模板与支架、防水层和洞内附属工程等以及有关工程的施工作业。

（1）洞身衬砌的拱部（含边墙），按实际完成并经验收的工程量，分别不同级别水泥混凝土和圬工，以立方米计量。洞内衬砌用钢筋，按图纸所示以千克（kg）计量。

（2）在任何情况下，衬砌厚度超出图纸规定轮廓线的部分，均不予计量。

（3）按规范第 503.03-1（6）款规定，允许个别欠挖的侵入衬砌厚度的岩石体积，计算衬砌数量时不予扣除。

（4）仰拱、铺底混凝土，应按图纸施工，以立方米计量。

（5）预制或就地浇筑混凝土边沟及电缆沟，按实际完成并经验收后的工程量，以立方米计量。

（6）洞内混凝土路面工程经验收合格以平方米计量。

（7）各类洞门按图纸要求经验收合格以个计量。其中材料采备、加工制作、安装等均不另行计量。

（8）施工缝及沉降缝按图纸规定施工，其工作量含在相关工程子目之中，不另行计量。

5. 防水与排水

本节工作内容包括隧道施工中的洞内外临时防水与排水和洞内永久防水、排水工程以及防水层施工等的有关作业。

（1）洞内排水用的排水管按不同类型、规格以米计量。
（2）压浆堵水按所用原材料（如水泥浆液、水泥水玻璃浆液）以吨计量；压浆钻孔以米计。
（3）防水层按所用材料（防水板、无纱布等）以平方米计量；止水带、止水条以米计量。
（4）为完成上述项目工程加工安装所有工料、机具等均不另行计量。
（5）隧道洞身开挖时，洞内外的临时防排水工程应作为洞身开挖的附属工作，不另行支付。为此，支付土方及石方工程报价时，应考虑除支付子目外的其他施工时采取的防排水措施的工作量。

例8-4：某高速公路隧道工程，隧道某洞身衬砌类型每延米的工程数量见表8.9，该衬砌类型长度为530 m，请根据该设计数量做出工程量清单。

表8.9 隧道洞身衬砌每延米工程数量表

名称项目	开挖	初期支护			防水层		二次衬砌	仰拱	
		锚杆	钢筋网	喷射混凝土	土工布	防水板		拱圈	填充
规格	V级围岩	φ25 中空锚杆	HPB235 φ8	C25	400 g/m²	PVC板厚1.5 mm	C25防水混凝土	C25钢筋混凝土	C10混凝土
单位	m³	m	kg	m³	m²	m²	m³	m³	m³
数量	167	179.33	342	12.83	30.56	30.56	16.44	9.93	13.57

解：公路工程标准清单中隧道洞身开挖分挖土方和挖石方，具体项目实施时，可以根据招标文件将土石方合并在一起作为一个清单项目（表8.10）。

表8.10 工程量清单表

子目号	子目名称	单位	数量	备注
503-1	洞身开挖			
-a	土石方	m³	88510	167×530
503-3	初期支护			
-b	喷射混凝土	m³	6800	12.83×530
-d	中空锚杆	m	95045	179.33×530
-e	钢筋网	kg	181260	342×530
504-1	洞身衬砌			
-a	C25混凝土	m³	5263	9.93×530
-b	C25防水混凝土	m³	8713	16.44×530
504-2	C10仰拱铺底混凝土	m³	7192	13.57×530
505-1	防水与排水			
-a	防水板	m²	16197	30.56×530
-b	土工布	m²	16197	30.56×530

例8-5：某高速公路隧道设计S5d洞身衬砌类型100 m，设计如图8.14、图8.15所示，其主要工程项目见表8.11，弃渣平均运距为6 km，招标文件技术规范中明确免费运距为1 km，并约定该

项目Ⅴ级围岩归入土方中计量。中央排水沟断面面积为 1.22 m²，电缆沟断面面积为 1.41 m²，设计内轮廓如图 8.15 所示。请根据上述资料，计算表中项目的数量，并列出本例题所涉及项目的工程量清单表。

解：（1）洞身开挖。

根据隧道定额中说明第 3 条规定，开挖定额中已综合考虑超挖及预留变形因素；及洞身工程的说明第 11 条（3），定额中已综合因超挖及预留变形需回填的混凝土数量，不得将上述因素的工程量计入工程量中。故在计算工程数量时不应考虑设计中给出的 18 cm 预留变形量。

根据设计，r_1=875 cm、r_2=545 cm、r_3=150 cm、r_4=2500 cm。

表 8.11 隧道主要工程数量表

洞身开挖	初期支护			防水层		二次衬砌	仰拱	
	锚杆	钢筋网	喷射混凝土	土工布	防水板		拱圈	填充
Ⅴ级围岩	Φ25中空锚杆	HPB235Φ8	C25混凝土	400 g/m²	PVC1.5 mm	C25防水混凝土	C25钢筋混凝土	C10混凝土
m³	m	kg	m³	m²	m²	m³	m³	m³

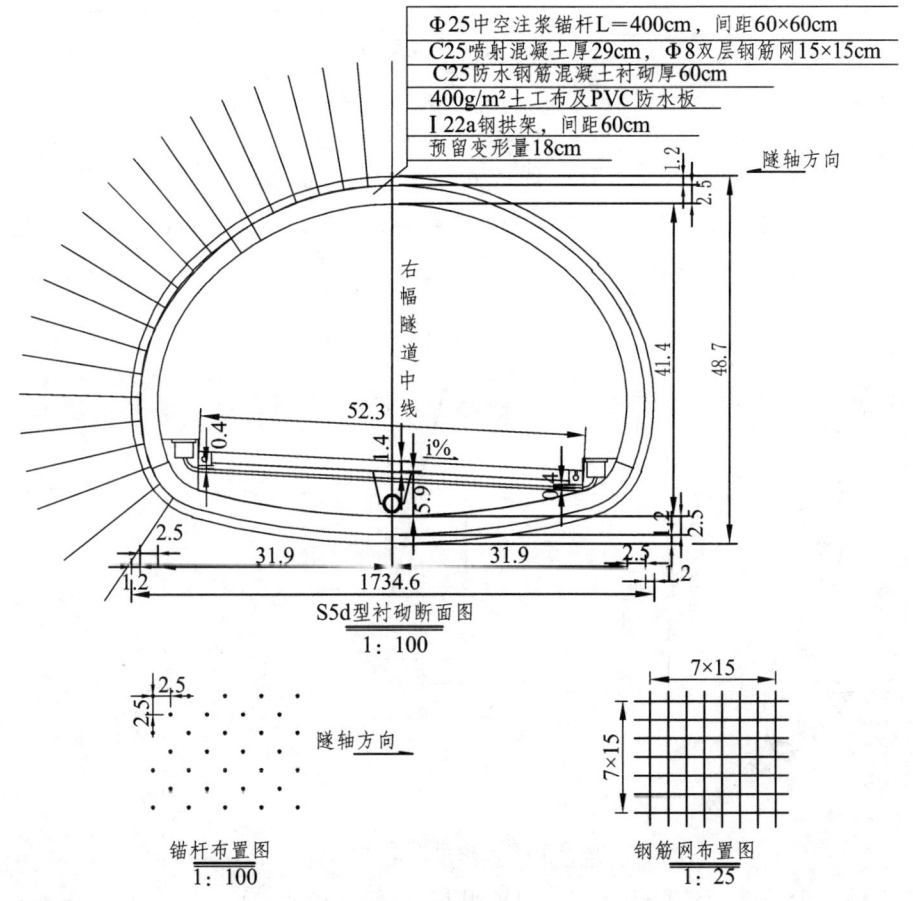

图 8.14 隧道衬砌图

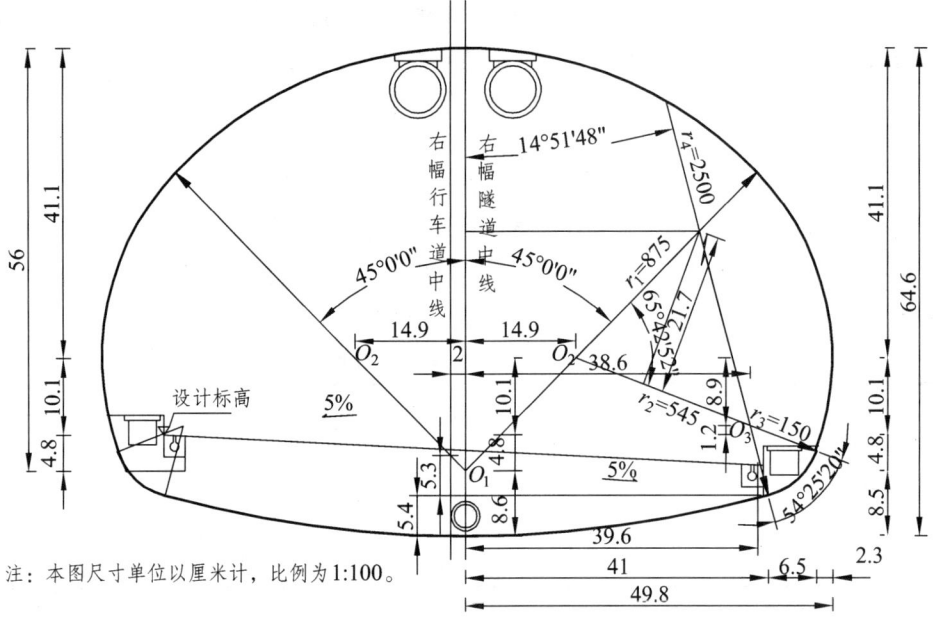

图 8.15 内轮廓图

开挖内轮廓各半径为：

$R_1=875+89=964$（cm） $\qquad R_2=545+89=634$（cm）

$R_3=150+89=239$（cm） $\qquad R_4=2500+89=2589$（cm）

注：60（二衬钢筋混凝土厚度）+29（初支喷射混凝土厚度）=89（cm）

开挖半面积计算，如图 8.16 所示：

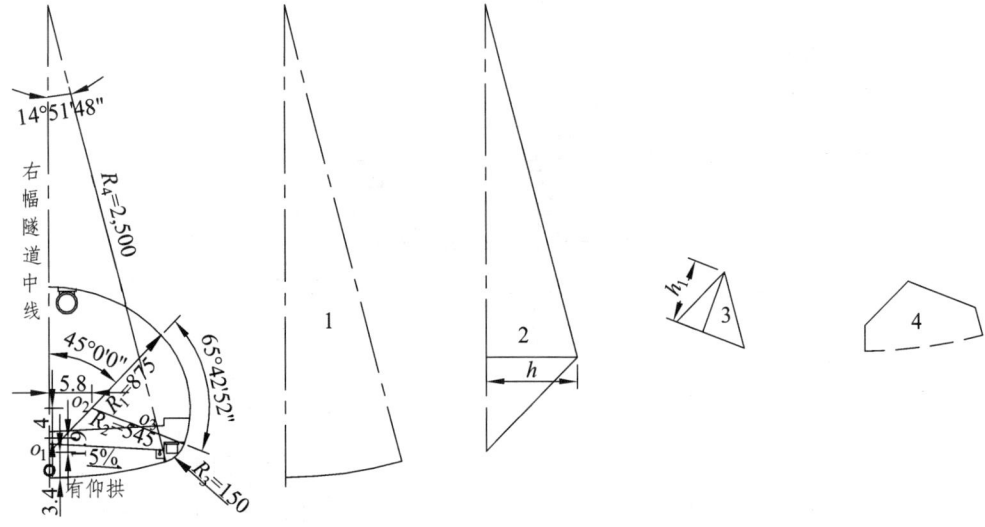

图 8.16 开挖半面积计算图

$S_1=3.14\times R_1^2\times 45°0'00''\div 360°=3.14\times 964\times 964\times 0.125=364749$（cm²）

$S_2=3.14\times R_2^2\times 65°42'52''\div 360°=3.14\times 634\times 634\times 0.1825=230341$（cm²）

$S_3=3.14\times R_3^2\times 54°25'20''\div 360°=3.14\times 239\times 239\times 0.1512=27119$（cm²）

$S_4=3.14\times R_4^2\times 14°51'48''\div 360°=3.14\times 2589\times 2589\times 0.0413=869248$（cm²）

$S_5=(r_4-135)\times h\div2=(2500-135)\times496\div2=586542$（$cm^2$）

$S_6=(R_2-R_3)\times h_1\div2=(634-239)\times338.6\div2=66874$（$cm^2$）

$S_7=S_4-S_5-S_6=869248-586542-66874=215832$（$cm^2$）

$S_半=S_1+S_2+S_3+S7=364749+230341+27119+215832=838041\ cm^2=83.8041$（$m^2$）

开挖面积：$S_半\times2=83.8041\times2=167.61$（$m^2$）

洞身开挖体积：$167.61\times100=16761$（m^3）

（2）初期支护。

根据设计图纸所示，初期支护和防水层的计算范围是拱部及边墙，在起拱线之下不做初期支护。

① 喷射混凝土。

各计算半径为 $R_1=875+74.5=949.5$（cm） $R_2=545+74.5=619.5$（cm）

$R_3=150+74.5=224.5$（cm） $R_4=2500+74.5=2574.5$（cm）

注：60（二衬钢筋混凝土厚度）+29÷2（初支喷射混凝土厚度）=74.5（cm）

喷射混凝土每延米轮廓长：

$L_1=2\times3.14\times R_1\times45°0'00''\div180°=2\times3.14\times949.5\times0.25=1491$（cm）

$L_2=2\times3.14\times R_2\times65°42'52''\div180°=2\times3.14\times619.5\times0.365=1420$（cm）

$L_3=2\times3.14\times R_3\times54°25'20''\div180°=2\times3.14\times224.5\times0.3024=426$（cm）

$L_4=2\times3.14\times R_4\times54°25'20''\div180°=2\times3.14\times2574.5\times0.0826=1335$（cm）

小计 $L=L_1+L_2+L_3+L_4=1491+1420+426+1335=4672$（cm）

喷射混凝土数量：$100\times46.72\times0.29=1354.88$（$m^3$）

② 锚杆。

布设锚杆的范围各半径是：$R_1=875+60=935$（cm）；

$R_2=545+60=605$（cm）；

$R_3=150+60=210$（cm）。

注：内轮廓各半径衬砌增加值为 60 cm（二衬钢筋混凝土厚度）

从隧道中线起，一侧锚杆布置范围：

$L_1=3.14\times R_1\times45°0'00''\div180°=3.14\times935\times0.25=734$（cm）

$L_2=3.14\times R_2\times65°42'52''\div180°=3.14\times605\times0.365=693$（cm）

$L_3=3.14\times R_3\times54°25'20''\div180°=3.14\times210\times0.3024=199$（cm）

小计 $L_半=L_1+L_2+L_3=734+693+199=1626$（cm）

锚杆的设计间距是 120 cm，1626/120=13.55 根，第一排是 13×2+1=27 根，第二排是 13×2=26 根；Int（100/0.6）+1=167（排）

锚杆数量：$167\times4\times(27+26)\div2=17702$（m）

③ 钢筋网。

布设钢筋网的范围半径是：$R_1=875+89=964\ cm$；$R_2=545+89=634\ cm$；$R_3=150+89=239\ cm$。

注：内轮廓各半径衬砌增加值为 60（二衬钢筋混凝土厚度）+29（初支喷射混凝土厚度）=89（cm）

钢筋网每延米轮廓长度：

$L_1=2\times3.14\times R_1\times45°0'00''\div180°=2\times3.14\times964\times0.25=1513$（cm）

$L_2=2\times3.14\times R_2\times65°42'52''\div180°=2\times3.14\times634\times0.365=1453$（cm）

$L_3=2\times3.14\times R_3\times54°25'20''\div180°=2\times3.14\times239\times0.3024=454$（cm）

小计 $L=L_1+L_2+L_3=1513+1453+454=3420$（cm）
钢筋网的铺设面积=100×34.2=3420（m²）
钢筋网的质量：3420×0.15×2×0.395×2（层）÷（0.15×0.15）=36024（kg）

（3）防水层。

防水层的布设范围是内轮廓各半径衬砌增加值为 60 cm（二衬钢筋混凝土厚度）。

R_1=875+60=935 cm；R_2=545+60=605 cm；R_3=150+60=110（cm）。

防水层每延米轮廓长度：

$L_1=2×3.14×R_1×45°0'00''÷180°=2×3.14×935×0.25=1468$（cm）
$L_2=2×3.14×R_2×65°42'52''÷180°=2×3.14×605×0.365=1386$（cm）
$L_3=2×3.14×R_3×54°25'20''÷180°=2×3.14×110×0.3024=208$（cm）

小计 $L=L_1+L_2+L_3=1468+1386+208=3062$（cm）

防水层面积：100×30.62=3062（m²）

（4）二衬混凝土。

起拱线以上的拱圈采用防水混凝土，二衬混凝土计算半径是内轮廓各半径衬砌增加值为 60/2=30（cm）（二衬钢筋混凝土厚度）。

R_1=875+30=905（cm）；R_2=545+30=575（cm）。

二衬防水混凝土每延米轮廓长度：

$L_1=2×3.14×R_1×45°0'00''÷180°=2×3.14×905×0.25=1421$（cm）
$L_2=2×3.14×R_2×65°42'52''÷180°=2×3.14×575×0.365=1318$（cm）

小计 $L=L_1+L_2=1421+1318=2739$（cm）

二衬防水混凝土数量：100×27.39×0.6=1643.4（m³）

（5）仰拱。

① 仰拱拱圈混凝土：起拱线以下的拱圈采用普通混凝土，故仰拱拱圈混凝土计算半径是内轮廓各半径衬砌增加值为 60÷2=30（cm）（仰拱拱圈混凝土厚度）。

R_3=150+30=180（cm）； R_4=2500+30=2530（cm）

$L_3=2×3.14×R_3×54°25'20''÷180°=2×3.14×180×0.3024=342$（cm）
$L_4=2×3.14×R_4×54°25'20''÷180°=2×3.14×2530×0.0826=1312$（cm）

小计 $L=L_3+L_4=342+1312=1654$（cm）

仰拱拱圈混凝土数量：100×16.54×0.6=992.4（m³）

② 仰拱 C10 填充混凝土：

根据设计图纸可以知道 R_4 扇形高度 h_1 为 83.6 cm，梯形高度 h_2 为 83.4 cm，R_4 为 2500 cm，b 为 619.2 cm，B 为 641.3 cm：

扇形面积=2×（3.14×R_4^2×54°25'20''/360°）=2×（3.14×25.00×25.00×0.0413）
=2×81.05=162.1（m²）

三角形面积=2×（6.192×(25-1.437)÷2）=145.9（m²）

扣减中央排水沟所占的面积：1.22（m²）

扣减电缆沟所占的面积：1.41（m²）

C10 填充混凝土数量：100×（162.1-145.9-1.22-1.41）=1357（m³）

隧道工程量清单见表 8.12。

表 8.12　隧道工程量清单表

子目号	子目名称	单位	工程量	备注
503-1	洞身开挖			
-a	土方	m³	16761	
-c	弃方超运	m³·km	78250	5 km 超运距
503-3	初期支护			
-b	C20 喷射混凝土	m³	1354.88	
-d	锚杆（Φ25 中空）	m	17702	
-e	钢筋网	kg	36024	
504-1	洞身衬砌			
-a	C25 混凝土	m³	992.4	仰拱拱圈
-b	C25 防水混凝土	m³	1643.4	
504-2	C10 仰拱、铺底混凝土	m³	1357	
505-1	防水与排水			
-a	防水板	m²	3062	
-b	土工布	m²	3062	

注：Ⅴ类围岩，从围岩划分的类别看，有部分是土方，有部分是石方，具体的划分，可根据具体项目的设计图和招标文件中的规定来划分。

6. 洞内防火涂料和装饰工程

本节工作内容包括隧道的洞内防火涂料及装饰工程（镶贴瓷砖）施工，以及喷涂混凝土专用漆有关工程的施工作业。

本节完成的各项工程，应根据图纸要求，按实际完成并经监理人验收的数量，分别按以下的工程子目进行计量。

1）喷涂防火涂料

喷涂的面积，以平方米为单位计量。其工作内容包括材料的采备、供应、运输、支架、脚手架的制作安装和拆除，基层表面处理，防火涂料喷涂后的养生，施工的照明、通风等一切与此有关的作业。

2）镶贴瓷砖

镶贴瓷砖的面积，以平方米为单位计量。其工作内容包括材料的采备、供应、运输，混凝土边墙表面的处理，砂浆找平，施工的照明、通风等一切与此有关的作业。找平用的砂浆不另行计量。

3）喷涂混凝土专用漆

喷涂混凝土专用漆的面积，以平方米为单位计量。其工作内容包括材料的采备、供应、运输，基层处理，施工的照明、通风等一切与此有关的作业。

7. 风水电作业及通风防尘

本节工作内容包括隧道施工中的供风、供水、供电、照明以及施工中的通风、防尘等作业。

风水电作业及通风防尘为隧道施工的不可缺少的附属工作，其工作量均含在各节有关工程子目的报价中，不再另行计量。

8. 监控量测

监控量测是隧道安全施工必须采取的措施，监控量测除必测项目外，应根据具体情况确定选测项目，分别以总额报价及支付。

监控量测项目及频率表见表 8.13。

表 8.13 监控量测项目及频率表

序号	项目名称	测量间隔时间			
		1~15 d	16 d~1 个月	1 个月~3 个月	大于 3 个月
1	地质和支护状况观察	每次爆破后进行观察			
2	周边位移	1~2 次/d	1 次/2d	1~2 次/周	1~3 次/月
3	拱顶下沉	1~2 次/d	1 次/2d	1~2 次/周	1~3 次/月
4	地表下沉	开挖面距量测断面前后＜2b时，1~2 次/d 开挖面距量测断面前后＜5b时，1 次/2 d 开挖面距量测断面前后＞5b时，1 次/周			
5	围岩体内位移（洞内设点）	1~2 次/d	1 次/2d	1~2 次/周	1~3 次/月
6	围岩体内位移（地表设点）	同地表下沉要求			
7	围岩压力及两层支护压力	1~2 次/d	1 次/2d	1~2 次/周	1~3 次/月
8	支护、衬砌内应力、表面应力及裂缝量测	1~2 次/d	1 次/2d	1~2 次/周	1~3 次/月

注：b—隧道开挖宽度。

9. 特殊地质地段的施工与地质预报

本节内容为隧道施工中常遇到的几种特殊地质地段，在这些地段中施工的有关作业以及地质预报有关事项。特殊地段包括：塌方、断层、溶洞、瓦斯地层、膨胀性岩层、流沙、岩爆、高地温、松散地层、黄土。

隧道通过破碎松散、软塑膨胀、涌水、流沙等不良地质地段，施工前应对图纸所提供的工程地质和水文地质资料进行详细分析了解，制定相应的预防措施。

隧道施工中遇到特殊地质地段时承包人所额外采取的有关施工地质预报措施，不另行计量与支付，包含在 509-1 地质预报（探测手段）项目里，以总额报价及支付。地质预报其采用的方法手段应根据具体情况选用。

10. 洞内机电设施预埋件和消防设施

本节工作内容为洞内机电设施预埋件的埋置及消防设施土建部分的施工作业等。

在土建施工时，应按图纸规定的位置和数量，将隧道通风、通信、照明、监控以及供配电设施需要在洞内埋设的预埋件设置稳妥。

（1）机电设施预埋件按图纸要求施工完毕，经监理人分别按其所属设施验收合格以千克为单位计量。

（2）供水钢管、铸铁管按图纸要求敷设完毕，经监理人验收合格以米为单位计量。其工作内容包括焊接、法兰连接、防腐处理、开挖（回填）沟槽所需的人工和材料等，不另行计量。

（3）防洞室防火门制作安装经验收合格以套为单位计量。

（4）集水池、蓄水池、泵房等按图纸要求施工完毕，经监理人验收合格分别以座为单位计量；消防设施的其他混凝土、砖石圬工工程以立方米为单位计量。

（5）消防系统中未列入清单中的附属设施其工作量含在相关子目中，不另行计量。

8.3 定额计算规则

8.3.1 隧道工程章说明

本章定额包括开挖、支护、防排水、衬砌、装饰、照明、通风及消防设施、洞门及辅助坑道等项目。本定额是按照一般凿岩机钻爆法施工的开挖方式进行编制的，适用于新建隧道工程，改（扩）建及公路大中修工程可参照使用。

（1）本章定额按现行隧道设计、施工技术规范将围岩分为六级，即Ⅰ～Ⅵ级。

（2）本章定额中混凝土工程均未考虑拌和的费用，应按桥涵工程相关定额另行计算。

（3）本章开挖定额中已综合考虑超挖及预留变形因素。

（4）洞内出渣运输定额已综合洞门外 500 m 运距，当洞门外运距超过此运距时，可按照路基工程自卸汽车运输土石方的增运定额加计增运部分的费用。按公路隧道围岩的分级，Ⅵ级、Ⅶ级围岩按土方，Ⅰ级、Ⅱ级、Ⅲ级、Ⅳ级按石方计算增运部分的费用。

（5）本定额中均未包括混凝土及预制块的运输，需要时应按有关定额另行计算。

（6）本定额未考虑地震、坍塌、溶洞及大量地下水处理，以及其他特殊情况所需要的费用，需要时可根据设计另行计算。

（7）本定额未考虑施工时所需进行的监控量测以及超前地质预报的费用，监控量测的费用已在《公路工程基本建设项目概预算编制办法》（JTG B06—2007）的施工辅助费中综合考虑，使用定额时不得另行计算，超前地质预报的费用可根据需要另行计算。超前地质预报一般与土建工程分开招标，根据隧道监测项目内容，采用成本分析法计算报价。

（8）隧道工程项目采用其他章节定额的规定：

① 洞门挖基、仰坡及天沟开挖、明洞明挖土石方等，应使用其他章节有关定额计算。明洞段采用暗挖土石方，则仍用隧道章节定额。

② 洞内工程项目如需采用其他章节的有关项目时，所采用定额的人工工日、机械台班数量及小型机具使用费，应乘 1.26 的系数。

例 8-6：某新建隧道正洞长 1200 m，为节约工期采取两头进洞开挖，根据设计调查，两个弃土场分别距进口端 1900 m 处、距出口端 800 m 处。设计挖Ⅴ类围岩 86400 m³，挖Ⅱ类围岩 129600 m³。请计算该隧道开挖、出渣涉及的定额号及定额工程数量。

解：（1）开挖（表 8.14）。

表 8.14 开挖定额套用表

定额编号	定额名称	定额单位	定额数量	备注
3-1-3-8	正洞机械开挖，隧道长度 2000 以内Ⅱ级围岩	100 m³	1296	
3-1-3-11	正洞机械开挖，隧道长度 2000 以内Ⅴ级围岩	100 m³	864	

（2）出渣。

洞门外运距超过 500 m 时，按照路基工程自卸汽车运输土石方的增运定额加计增运部分的费用（表 8.15）。

进口端：1900-500=1400（m）

出口端：800-500=300（m）

两端运量土方分别为：86400÷2=43200（m³）

石方为：129600÷2=64800（m³）。

表 8.15 出渣定额套用表

定额编号	定额名称	定额单位	定额数量	备注
3-1-3-40	自卸汽车运输出渣，隧道长度 2000 以内 Ⅱ 级围岩	100 m³	1296	洞内及洞外 500 m
3-1-3-41	自卸汽车运输出渣，隧道长度 2000 以内 Ⅴ 级围岩	100 m³	864	
1-1-11-22	15 t 以内自卸汽车运土方，5 km 以内每增运 0.5 km	1000 m³	129.6	进口端 43.2×3
1-1-11-22	15 t 以内自卸汽车运土方，5 km 以内每增运 0.5 km	1000 m³	43.2	出口端
1-1-11-50	15 t 以内自卸汽车运石方，5 km 以内每增运 0.5 km	1000 m³	194.4	进口端 64.8×3
1-1-11-22	15 t 以内自卸汽车运石方，5 km 以内每增运 0.5 km	1000 m³	64.8	出口端

8.3.2 洞身工程说明

（1）本定额人工开挖、机械开挖轻轨斗车运输项目系按上导洞、扩大、马口开挖编制的，也综合了下导洞扇形扩大开挖方法，并综合了木支撑和出渣、通风及临时管线的工料机消耗。

（2）本定额正洞机械开挖自卸汽车运定额系按开挖、出渣运输分别编制，不分工程部位（即拱部、边墙、仰拱、底板、沟槽、洞室）均使用本定额。施工通风及高压风水管和照明电线路单独编制定额项目。

（3）本定额连拱隧道中导洞、侧导洞开挖和中隔墙衬砌是按连拱隧道施工方法编制的，除此以外的其他部位的开挖、衬砌、支护可套用本节其他定额。

（4）格栅钢架和型钢刚架均按永久性支护编制，如作为临时支护使用时，应按规定计取回收。定额中已综合连接钢筋的数量。

（5）喷射混凝土定额中已综合考虑混凝土的回弹量；钢纤维混凝土中钢纤维掺入量按喷射混凝土质量的 3% 掺入。当设计采用的钢纤维掺入量与本定额不同或采用其他材料时，可进行抽换。

（6）洞身衬砌项目按现浇混凝土衬砌，石料、混凝土预制块衬砌分别编制，不分工程部位（即拱部、边墙、仰拱、底板、沟槽、洞室）均使用本定额。定额中已综合考虑超挖回填因素，当设计采用的混凝土强度等级与定额采用的不符时或采用特殊混凝土时，可根据具体情况对混凝土配合比进行抽换。

（7）本定额中凡是按不同隧道长度编制的项目，均只编制到隧道长度在 4000 m 以内。当隧道长度超过 4000 m 时，应按以下规定计算。

① 洞身开挖：以隧道长度 4000 m 以内定额为基础，与隧道长度 4000 m 以上每增加 1000 m 定额叠加使用。

② 正洞出渣运输：通过隧道进出口开挖正洞，以换算隧道长度套用相应的出渣定额计算。换算隧道长度计算公式为：换算隧道长度=全隧道长度-通过辅助坑道开挖正洞的长度。当换算隧道长度超过 4000 m 时，以隧道长度 4000 m 以内定额为基础，与隧道长度 4000 m 以上每增加 1000 m

定额叠加使用。通过斜井开挖正洞，出渣运输按正洞和斜井两段分别计算，二者叠加使用。

③通风、管线路定额，按正洞隧道长度综合编制，当隧道长度超过 4000 m 时，以隧道长度 4000 m 以内定额为基础，与隧道长度 4000 m 以上每增加 1000 m 定额叠加使用。

（8）混凝土运输定额仅适用于洞内混凝土运输，洞外运输应按桥涵工程有关定额计算。

（9）洞内排水定额仅适用于反坡排水的情况，排水量按 10 m³/h 以内编制，超过此排水量时，抽水机台班按表 8.16 中的系数调整：

表 8.16　洞内排水系数调整表

涌水量（m³/h）	10 以内	15 以内	20 以内
调整系数	1.00	1.20	1.35

注：当排水量超过 20 m³/h 时，根据采取治水措施后的排水量采用本表系数调整。

正洞内排水系按全隧道长度综合编制，当隧道长度超过 4000 m 时，以隧道长度 4000 m 以内定额为基础，与隧道长度 4000 m 以上每增加 1000 m 定额叠加使用。

（10）照明设施为隧道营运所需的洞内永久性设施。定额中的洞口段包括引入段、适应段和出口段，其他段均为基本段。本定额中不包括洞外线路，需要时应另行计算。属于设备的变压器、发电设备等，其购置费用应列入预算第二部分"设备及工具、器具购置费"中。

（11）工程量计算规则。

①本定额所指隧道长度均指隧道进出口（不含与隧道相连的明洞）洞门端墙墙面之间的距离，即两端墙面与路面的交线同路线中线交点间的距离。双线隧道按上、下行隧道长度的平均值计算。

②洞身开挖、出渣工程量按设计断面数量（成洞断面加衬砌断面）计算，包含洞身及所有附属洞室的数量，定额中已考虑超挖因素，不得将超挖数量计入工程量。

③现浇混凝土衬砌中浇筑、运输的工程数量，均按设计断面衬砌数量计算，包含洞身及所有附属洞室的衬砌数量。定额中已综合因超挖及预留变形需回填的混凝土数量，不得将上述因素的工程量计入计价工程量中。

④防水板、明洞防水层的工程数量按设计敷设面积计算。

⑤止水带（条）、盲沟、透水管的工程数量，均按设计数量计算。

⑥拱顶压浆的工程数量按设计数量计算，设计时可按每延长米 0.25 m³ 综合考虑。

⑦喷射混凝土的工程量按设计厚度乘以喷射面积计算，喷射面积按设计外轮廓线计算。

⑧砂浆锚杆工程量为锚杆、垫板及螺母等材料质量之和；中空注浆锚杆、自进式锚杆的工程量按锚杆设计长度计算。

⑨格栅钢架、型钢刚架工程数量按钢架的设计质量计算，连接钢筋的数量不得作为工程量计算。

⑩管棚、小导管的工程数量按设计钢管长度计算，当管径与定额不同时，可调整定额中钢管的消耗量。

⑪横向塑料排水管每处为单洞两侧的工程数量；纵向弹簧管按隧道纵向每侧铺设长度之和计算；环向盲沟按隧道横断面敷设长度计算。

⑫洞内通风、风水管及照明、管线路的工程量按隧道设计长度计算。

例 8-7：某公路隧道 S4b 型复合衬砌采用格栅钢架，该衬砌类型有 250 m 长，格栅间距为 80 cm，设计给出每榀格栅的工程数量如表 8.17 所示，请计算该项目涉及的定额号及定额工程量。

表 8.17 定额套用表

名称	钢架带肋钢筋（kg）	钢架光圆钢筋（kg）	纵向连接钢筋（kg）	连接钢管（kg）	角钢（kg）	定位钢筋（kg）	锁脚砂浆锚杆（m）
规格	φ22	φ10、φ8	φ20	φ32×2.5	Q235	φ16	φ25
重量	322.41	108.46	51.93	4.91	65.66	35.39	12

解：数量表中的纵向连接钢筋、连接钢管、角钢、定位钢筋均属于附属材料，在制作安装格栅的定额中已经归属在其他材料中综合考虑，不单独套用定额，也不累加在格栅钢筋的工程数量中，故 3-1-5-2 "制作安装格栅钢架" 的定额工程量仅为钢架钢筋（表 8.18）。

格栅钢架的榀数：250÷0.8=313（榀）
光圆钢筋：313×108.46=100914kg
带肋钢筋：313×322.41=33948（kg）
锁脚砂浆锚杆：313×12×3.85=14461（kg）

表 8.18 定额套用表

定额编号	定额名称	定额单位	定额数量	备注
3-1-5-2	制作安装格栅钢架	1 t	100.914	光圆钢筋 1.025，带肋钢筋 0
3-1-3-11	制作安装格栅钢架	1 t	33.948	光圆钢筋 0，带肋钢筋 1.025
3-1-6-1	锁脚砂浆锚杆	1 t	14.461	

例 8-8：某公路隧道超前支护设计采用 A42×4 mm 小导管，请计算该项目涉及的定额号及需要抽换的定额消耗量。

解：使用 3-1-7-5 超前小导管定额子目，每 100 m 小导管定额消耗量为：
钢管：抽换为 100×3.748×1.025/1000=0.384（t）

8.3.3 洞门工程及辅助坑道

1. 洞门工程

（1）隧道和明洞洞门，均采用本定额。
（2）洞门墙工程量为主墙和翼墙等圬工体积之和。仰坡、截水沟等应按有关定额另行计算。
（3）本节定额的工程量均按设计工程数量计算。

2. 辅助坑道

（1）斜井项目按开挖、出渣、通风及管线路分别编制，竖井项目定额中已综合了出渣、通风及管线路。
（2）斜井相关定额项目系按斜井长度 800 m 以内综合编制的，已含斜井建成后，通过斜井进行正洞作业时，斜井内通风及管线路的摊销部分。
（3）斜井支护按正洞相关定额计算。
（4）工程量计算规则。
① 开挖、出渣工程量按设计断面数量（成洞断面加衬砌断面）计算，定额中已考虑超挖因素，不得将超挖数量计入工程量。

② 现浇混凝土衬砌工程数量均按设计断面衬砌数量计算。
③ 喷射混凝土工程量按设计厚度乘以喷射面积计算，喷射面积按设计外轮廓线计算。
④ 锚杆工程量为锚杆、垫板及螺母等材料质量之和。
⑤ 斜井洞内通风、风水管照明及管线路的工程量按斜井设计长度计算。

8.3.4 通风及消防设施安装

（1）定额中不含通风机、消火栓、消防水泵接合器、水流指示器、电气信号装置、气压水罐、泡沫比例混合器、自动报警系统装置、防火门等的购置费用，应按规定列入预算第二部分"设备及工具、器具购置费"中。

（2）通风机预埋件按设计所示为完成通风机安装而需预埋的一切金属构件的质量计算工程数量，包括钢拱架、通风机拱部钢筋、通风机支座及各部分连接件等。

（3）洞内预埋件工程量按设计预埋件的敷设长度计算，定额中已综合了预留导线的数量。

例 8-9：某公路隧道设计 22 kW 射流风机 6 台，设备单价为 27100 元/台（厂家到工地价），人材机单价如表 8.19 所示，请计算该隧道风机的费用。

表 8.19　人材机单价分析表

项目	人工（工日）	锯材（m³）	钢管（t）	铁件（kg）	其他材料费	6 t 以内载货汽车	5 t 以内汽车式起重机	小型机具使用费
单价	63.46	1600	4600	3.9	1	431	481.48	1

解：安装调试单价套用定额 3-4-1-2，费率略不再详述，见表 8.20。

表 8.20　人材机单价分析表

项目	人工（工日）	锯材（m³）	钢管（t）	铁件（kg）	其他材料费	6 t 以内载货汽车	5 t 以内汽车式起重机	小型机具使用费
单价	63.46	1600	4600	3.9	1	431	481.48	1
消耗量	17.6	0.026	0.01	0.7	5	1.12	1.22	15.3

根据定额组价，安装调试费单价为 2832 元/台，见表 8.21。

表 8.21　人材机单价分析表

项目名称	单位	数量	型号	单价 设备	单价 安装调试	合价	金额
射流风机	台	6	22 kW	27100	2832	29932	179592

该隧道风机的费用总额为 179592 元。

8.4　计价实例

例 8-10：某山岭重丘区高速公路分离式隧道，全长 1465 m，两头进洞开挖，主要工程量如下：

（1）洞门部分：开挖土方 1200 m³，石方 3177 m³，洞外出渣计价超运距为 2.8 km；洞门端墙

C20 混凝土 189 m³，M7.5 浆砌片石排水沟 135 m³，排水沟挖方量为 203 m³。

（2）洞身开挖：设计 SF5a 断面 193180 m³，为Ⅴ围岩；SF5b 断面 29147 m³，为Ⅴ围岩；SF4a 断面 35043 m³，为Ⅳ围岩；SF3a 断面 17416 m³，为Ⅲ围岩；紧急停车带 16795 m³，为Ⅴ围岩；人行横通道 863 m³，为Ⅴ围岩；车行横通道 1398 m³，为Ⅳ围岩。洞外出渣计价超运距为 2.8 km。该项目的招标文件技术规范中明确该项目的Ⅴ围岩归入土方中计量。

（3）支护：钢管（Φ108×6）168183 m，注水泥浆 4386 m³；C25 喷射混凝土 25913 m³，HPB300 钢筋网 244679 kg，Φ42×4 超前小导管 149544 m，Φ25 中空注浆锚杆 132955 m，Φ22 砂浆锚杆（锁脚锚杆）55778 kg，I18 工字钢 3093674 kg，钢架连接 Q235 钢板、槽钢及角钢 515326 kg，钢架连接钢筋 HPB300 共 201011 kg。

（4）二次衬砌：C30 衬砌防水混凝土 31468 m³，HPB300 钢筋 442650 kg，HRB400 钢筋 4030466 kg，C30 仰拱混凝土 16040 m³，C10 混凝土仰拱回填 20828 m³。混凝土拌和站分别设置在两端洞外 600 米处。C25 沟帮混凝土 3011 m³，沟墙 HPB300 钢筋 74891 kg。

（5）洞内路面：C30 水泥混凝土厚 24 cm 5375 m³，钢筋 1571 kg。

问题：请做出该隧道工程所涉及的工程量清单表及定额号、定额工程数量。

解：（1）洞门部分，见表 8.22。

表 8.22 洞门报价原始数据表

编号	子目名称	单位	数量	备注
502-1	洞口、明洞开挖			
-a	土方	m³	1200	
（1-1-9-8）	挖掘机挖装土方	1000 m³	1.2	
（1-1-11-21）	自卸汽车运土方	1000 m³	1.2	第一个 1 km
-b	石方	m³	3177	
（1-1-15-24）	机械打眼开炸石方	1000 m³	3.177	
（1-1-15-27）	扣 20 m 运输	1000 m³	-3.177	考虑推土机推 10 m
（1-1-9-13）	挖掘机挖装石方	1000 m³	3.177	
（1-1-11-49）	自卸汽车运石方	1000 m³	3.177	第一个 1 km
-c	弃方超运	m³·km	7879	（1200+3177）×1.8=7879
（1-1-11-22）	土方增运每 0.5 km	1000 m³	1.2	×4
（1-1-11-50）	石方增运每 0.5 km	1000 m³	3.177	×4
502-4	洞门建筑	m³		
-a	C20 混凝土	m³	189	
（3-2-2-2 换）	现浇混凝土洞门墙	10 m³	18.9	C25 抽换为 C20
（4-11-11-11）	混凝土拌和	100 m³	19.278	×1.02
502-2	防水与排水			
-a	M7.5 浆砌片石排水沟	m³	135	
（1-2-1-3）	人工挖排水沟	1000 m³	0.203	
（1-2-3-1）	石砌排水沟	10 m³	13.5	
（1-1-11-21）	自卸汽车运土方	1000 m³	0.203	弃土外运

（2）洞身开挖，见表 8.23。

土方：Ⅴ围岩=193180+29147+16795+863=239985（m³）

石方：Ⅳ、Ⅲ围岩=35043+17416+1398=53857（m³）

土方比例：239985/（239985+53857）=0.82

石方比例：1-0.82=0.18

表 8.23 洞身报价原始数据表

编号	子目名称	单位	数量	备注
503-1	洞身开挖			
-a	土方	m³	239985	
(3-1-3-11)	正洞开挖围岩Ⅴ级	100 m³	2399.85	
(3-1-15-2)	正洞通风	100 m	12.01	1465×0.82
(3-1-16-2)	正洞高压风水管、照明、点路线	100 m	12.01	1465×0.82
(3-1-3-41)	正洞出渣围岩Ⅳ～Ⅴ级	100 m³	2399.85	
-b	石方	m³	53857	
(3-1-3-10)	正洞开挖围岩Ⅳ级	100 m³	364.41	
(3-1-3-9)	正洞开挖围岩Ⅲ级	100 m³	174.16	
(3-1-15-2)	正洞通风	100 m	2.64	1465×0.18
(3-1-16-2)	正洞高压风水管、照明、点路线	100 m	2.64	1465×0.18
(3-1-3-41)	正洞出渣围岩Ⅳ级	100 m³	364.41	
(3-1-3-40)	正洞出渣围岩Ⅲ级	100 m³	174.16	
-c	弃方超运	m³·km	675837	计价运距
(1-1-11-22)	土方增运每 0.5 km	1000 m³	239.985	×2
(1-1-11-50)	石方增运每 0.5 km	1000 m³	53.857	×2

（3）支护，见表 8.24。

ϕ22 砂浆锚杆：55778÷2.98=18717（m）

表 8.24 支护报价原始数据表

编号	子目名称	单位	数量	备注
503-2	超前支护			
-b	钢管（ϕ108×6）	m	168183	
(3-1-7-4)	管棚（管径：108 mm）	10 m	16818.3	
(3-1-7-5)	ϕ42×4 小导管	100 m	1495.44	
-e	Ⅰ18 工字钢	kg	3093674	
(3-1-5-1)	型钢钢架	t	3093.674	
(3-1-9-6)	HPB300 钢筋	t	201.011	钢架连接钢筋
-f	注水泥浆	m³	4386	
(3-1-7-6)	注水泥浆	10 m³	438.6	

续表

编号	子目名称	单位	数量	备注
503-3	初期支护			
-b	C25 喷射混凝土	m³	25913	
(3-1-8-1)	喷射混凝土	10 m³	2591.3	
-c	φ25 中空注浆锚杆	m	132955	
(3-1-6-2)	中空注浆锚杆	100 m	1329.55	
-d	φ22 砂浆锚杆	m	18717	锁脚锚杆（kg）
(3-1-6-1)	砂浆锚杆	t	55.778	
-e	HPB300 钢筋网	kg	244679	
(3-1-6-4)	钢筋网	t	244.679	

（4）二次衬砌，见表 8.25。

表 8.25 二次衬砌报价原始数据表

编号	子目名称	单位	数量	备注
504-1	洞身衬砌			
-b	C30 防水混凝土	m³	31468	
(3-1-9-1 换)	模筑台车现浇混凝土	10 m³	3146.8	C25 抽换为 C30
(4-11-11-11)	混凝土拌和	100 m³	314.68	×1.17
(3-1-9-10)	洞内混凝土运输增运	100 m³	314.68	×1.17
(4-11-11-20)	洞外混凝土搅拌运输车 0.6 km	100 m³	314.68	×1.17
-d	HPB300 钢筋	kg	442650	
(3-1-9-6 换)	现浇混凝土衬砌钢筋	t	442.650	带肋钢筋抽换为光圆钢筋
-e	HRB400 钢筋	kg	4030466	
(3-1-9-6)	现浇混凝土衬砌钢筋	t	4030.466	
504-2	仰拱、铺底混凝土			
-a	C30 仰拱混凝土	m³	16040	
(3-1-9-3 换)	仰拱	10 m³	1604	C25 抽换为 C30
(4-11-11-11)	混凝土拌和	100 m³	160.4	×1.04
(3-1-9-10)	洞内混凝土运输增运	100 m³	160.4	×1.04
(4-11-11-20)	洞外混凝土搅拌运输车 0.6 km	100 m³	160.4	×1.04
-b	C10 混凝土仰拱回填	m³	20828	
(3-1-9-4 换)	仰拱回填	10 m³	2082.8	C15 抽换为 C10
	混凝土运输同上，略			
504-3	沟帮			
-a	C25 混凝土	m³	3011	
(3-1-13-1)	现浇混凝土沟槽	10 m³	301.1	
-b	带肋钢筋	kg	74891	
(3-1-13-4 换)	混凝土沟槽钢筋	t	74.891	光圆钢筋换为带肋钢筋
分摊项	混凝土拌和站安拆	座	2	

（5）洞内路面，见表8.26。

表8.26　洞内路面报价原始数据表

编号	子目名称	单位	数量	备注
504-5	洞内路面			
-a	C30 混凝土（厚 24 cm）	m^2	22396	5375/0.24=22396
（2-2-17-5+6×4 换）	滑模摊铺水泥混凝土路面	1000 m^2	22.396	人、机、小机费乘以 1.26 的系数
（3-1-9-10）	洞内混凝土运输增运	100 m^3	53.75	×1.04
-b	带肋钢筋	kg	1571	
（2-2-17-15 换）	钢筋	t	1.571	光圆 0，带肋 1.025，人、机、小机费乘以 1.26 的系数

例 8-11：某公路隧道施工，隧道长 1000 m，施组方案洞身开挖工期为 9 个月，经业主决定，隧道监控量测的项目有：地质和支护状况观察 2 m 一个断面。周边位移，50 m 一个断面；拱顶下沉，40 m 一个断面；地表下沉，30 m 一个断面；围岩体内位移，100 m 一个断面；衬砌内应力，有三个代表性地段各取一个断面；请确定隧道监控量测每延米单价。

解：计算项目需要测量的断面数，查阅当地造价部门发布的价格信息。

（1）地质和支护状况观察，1000 m/2 m=500 个断面，200 元/断面，500×200=100000（元）。

（2）周边位移。

1000 m/50 m=20 个断面，一个断面传感器或测点埋设 6 个，20 元/个，20×6×20=2400（元）。

工期内观测 9 个月×2 次=18 次，20×18 次×6 点×100 元/（点·次）÷2=10800（元）。

（3）拱顶下沉。

1000 m/40 m=25 个断面，一个断面传感器或测点埋设 3 个，20 元/个，25×3×20=1500（元）。

施工期内观测 9 个月×2 次=18 次，25×18 次×3 点×60 元/（点·次）÷2=40500（元）。

（4）地表下沉。

1000 m/30 m=34 个断面，一个断面传感器或测点埋设 2 个，20 元/个，34×2×20=1360（元）。

施工期内观测 9 个月×2 次=18 次，34×18 次×2 点×60 元/（点·次）÷2=36720（元）。

（5）围岩体内位移。

1000 m/100 m=11 个断面，一个断面传感器或测点埋设 6 个，3800 元/个，11×6×3800=250800（元）。

施工期内观测 9 个月×2 次=18 次，11×18 次×6 点×80 元/（点·次）÷2=47520（元）。

（6）衬砌内应力。

3 个断面，每个断面 6 个测点，每个测点 400 元，3×6×400=7200（元）。

施工期内观测 9 个月×1 次=9 次，3×9 次×6 点×40 元/（点·次）÷2=3240（元）。

隧道监控量测每延米单价：

（100000+2400+10800+1500+40500+1360+36720+250800+47520+7200+3240）/1000
=502.04（元/m）

习　题

1. 单项选择题

（1）弃方运距在图纸规定的弃土场内为免费运距，弃土超出规定弃土场的距离时（比如图纸规定的弃土场地不足要另外增加弃土场，或经监理人同意变更的弃土场），其超出部分另计超运距运费，按（　　）计量。

　　A. 立方米　　　　　B. 千米　　　　　　C. 元　　　　　　　D. 立方米千米

（2）洞内土石方开挖应符合图纸所示或监理人指示，按隧道内轮廓线加（　　）后计算土石方。

　　A. 允许超挖值　　　B. 预留变形量　　　C. 施工超挖值　　　D. 施工变形量

（3）洞内混凝土路面工程经验收合格以（　　）计量。

　　A. 立方米　　　　　B. 平方米　　　　　C. 元　　　　　　　D. 米

（4）隧道施工中遇到特殊地质地段时承包人应采取的有关（　　），不另行计量与支付。

　　A. 费用　　　　　　B. 施工　　　　　　C. 施工措施　　　　D. 措施

（5）防水层计量中，防水板以平方米计量，止水带、止水条以（　　）计量。

　　A. 立方米　　　　　B. 平方米　　　　　C. 吨　　　　　　　D. 米

（6）《公路工程预算定额》是按照施工的（　　）开挖方式进行编制的，适用于新建隧道工程，改（扩）建及公路大中修工程可参照使用。

　　A. 矿山法　　　　　B. 一般凿岩机钻爆法　C. 盾构法　　　　　D. 明挖法

（7）按《公路隧道设计规范》（JTG D70—2013）中隧道围岩分级标准将围岩分为（　　）级。

　　A. 四　　　　　　　B. 五　　　　　　　C. 六　　　　　　　D. 七

（8）洞内出渣运输定额已综合洞门外（　　）m运距，当洞门外运距超过此运距时，可按照路基工程自卸汽车运输土石方的增运定额加计增运部分的费用。

　　A. 500　　　　　　B. 600　　　　　　C. 800　　　　　　D. 1000

（9）洞内工程项目如需采用其他章节的有关项目时，所采用定额的人工工日、机械台班数量及小型机具使用费，应乘（　　）的系数。

　　A. 1.25　　　　　　B. 1.26　　　　　　C. 1.27　　　　　　D. 1.28

（10）喷射混凝土定额中已综合考虑混凝土的回弹量，钢纤维混凝土中钢纤维掺入量按喷射混凝土质量的（　　）掺入，当设计采用的钢纤维掺入量与本定额不同或采用其他材料时，可进行抽换。

　　A. 4%　　　　　　B. 4.5%　　　　　　C. 3%　　　　　　D. 3.5%

（11）定额中隧道长度是指隧道进出口，不含与隧道相连的明洞，（　　）之间的距离，即两端端墙面与路面的交线同路线中线交点间的距离。

　　A. 起止点桩号　　　B. 洞门端墙墙面　　C. 洞门　　　　　　D. 洞口

（12）在定额使用中，（　　）的工程量是按锚杆、垫板及螺母等材料质量之和计算的。

　　A. 砂浆锚杆　　　　B. 中空注浆锚杆　　C. 自进式锚杆　　　D. 预应力锚杆

2. 多项选择题

（1）防水材料（无纺布）铺设完毕经验收以平方米计量，与相邻防水材料搭接部分（　　）。

　　A. 计量　　　　　　B. 不计量　　　　　C. 计价　　　　　　D. 不计价

（2）在隧道工程中，不单独计量的项目有（　　）。

　　A. 隧道名牌　　　　B. 截水沟的土方开挖　C. 截水沟的砂砾垫层

　　D. 模板、支架的制作安装和拆卸

（3）当采用复合衬砌时，洞内土石方开挖量应符合图纸所示或监理人指示，按隧道内轮廓线外加（　　）和（　　）计算。

　　A. 允许超挖值　　　B. 预留变形量　　　C. 施工超挖值　　　D. 施工变形量

（4）洞身超前支护所需的材料，按图纸所示或监理人指示并经验收的各种规格的超前锚杆或小钢管、管棚、注浆小导管、锚杆以米计量；各种型钢以千克（kg）计量；（　　）等作为钢支护的附属构件，不另行计量。

　　A. 连接钢板　　　　B. 螺栓、螺帽　　　　C. 拉杆　　　　D. 垫圈

（5）支护的喷射混凝土按验收的受喷面积乘以厚度，以立方米计量，喷射混凝土的（　　）均包含在工程子目单价之内，不另行计量。

　　A. 变形量　　　　B. 回弹率　　　　C. 钢纤维　　　　D. 基面的清理

（6）隧道洞身开挖时，洞内外的（　　）工程应作为洞身开挖的附属工作，不另行支付，其费用包含在洞身开挖的相关单价中。

　　A. 临时防排水　　　　B. 施工通风　　　　C. 临时支护　　　　D. 施工照明

（7）现浇混凝土衬砌，定额中已综合因（　　）需回填的混凝土数量，不得将上述因素的工程量计入计价工程量中。

　　A. 超挖　　　　B. 施工变形　　　　C. 预留变形　　　　D. 欠挖

（8）在隧道工程中（　　）项目，应使用其他章节有关定额计算费用。

　　A. 洞门挖基　　　　B. 仰坡开挖　　　　C. 天沟开挖　　　　D. 明洞明挖土石方

（9）隧道定额中照明设施为隧道营运所需的洞内永久性设施，定额中的洞口段包括（　　），其他均为基本段。

　　A. 引入段　　　　B. 适应段　　　　C. 过渡段　　　　D. 出口段

（10）洞内工程项目如需采用其他章节的有关项目时，所采用定额的（　　）数量及小型机具使用费，应乘1.26的系数。

　　A. 人工工日　　　　B. 材料　　　　C. 机械台班　　　　D. 计日工

（11）在定额使用中，（　　）的工程量是按锚杆设计长度计算的。

　　A. 砂浆锚杆　　　　B. 中空注浆锚杆　　　　C. 自进式锚杆　　　　D. 预应力锚杆

3. 某高速公路隧道出口端右幅，有10 m明洞工程，设计如图8.17所示，其主要工程项目见表8.27。隧道经过设计勘探，隧道明洞段开挖土石比为4∶6。弃渣平均运距为5 km，项目招标文件技术规范中已明确免费运距为1 km。C20喷射混凝土厚10 cm，钢筋网间距为25 cm。请根据上述资料，计算表中项目的数量，并列出本例题中所涉及的工程量清单表。

表8.27　明洞主要工程数量表

明洞开挖		边仰坡防护		洞顶回填	
土方	石方	C20喷射混凝土	Φ8钢筋网	碎石土	黏土隔水层
m³	m³	m³	kg	m³	m³

4. 某高速公路隧道S5a型衬砌工字钢材料型号为Ⅰ20a，接头板的厚度为20 mm，工字钢的参数设计见表8.28（单位：mm、度），工字钢设计如图8.18所示：问题：请计算S5a型衬砌中一榀工字钢的工程数量。

表8.28　工字钢参数设计表

Rg1	rg1	Rg2	rg2	Rg3	rg3	Rg4	rg4	Θ1	Θ2	Θ3	Θ4	Θ5	b
9705	9505	6405	6205	2080	1880	25880	25680	30	45	22.04	52.5	15.46	200

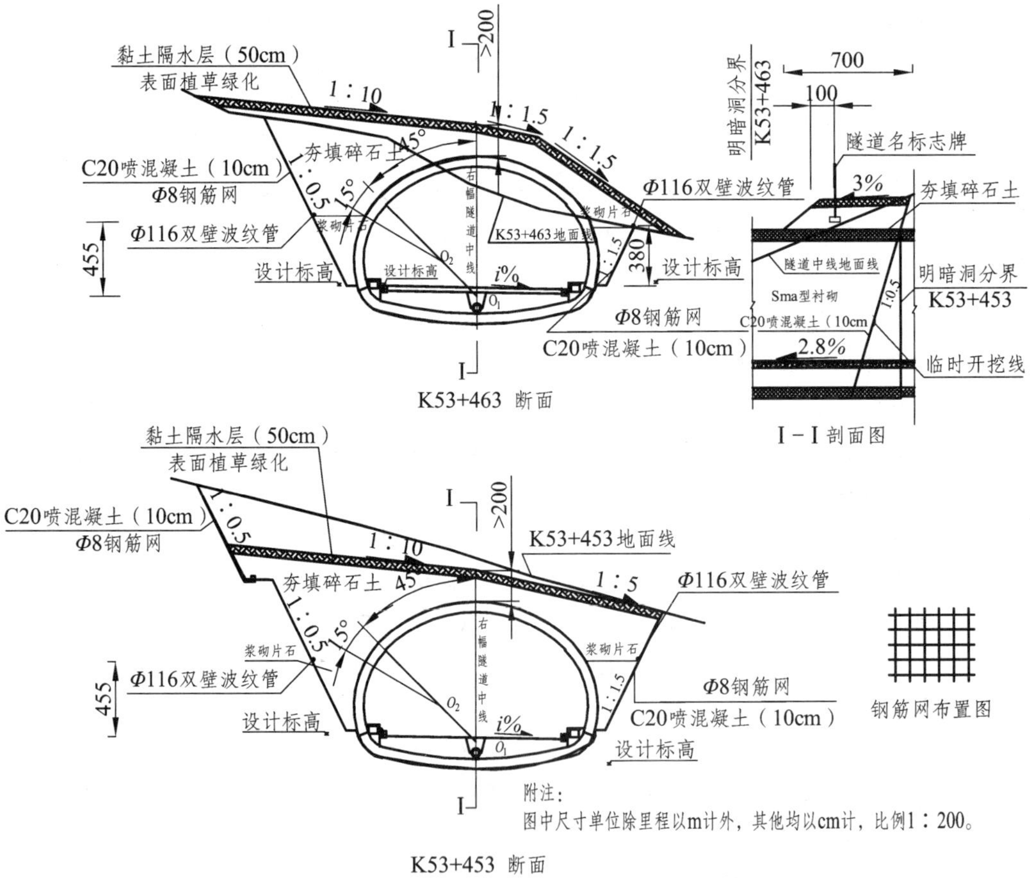

图 8.17　隧道明洞图

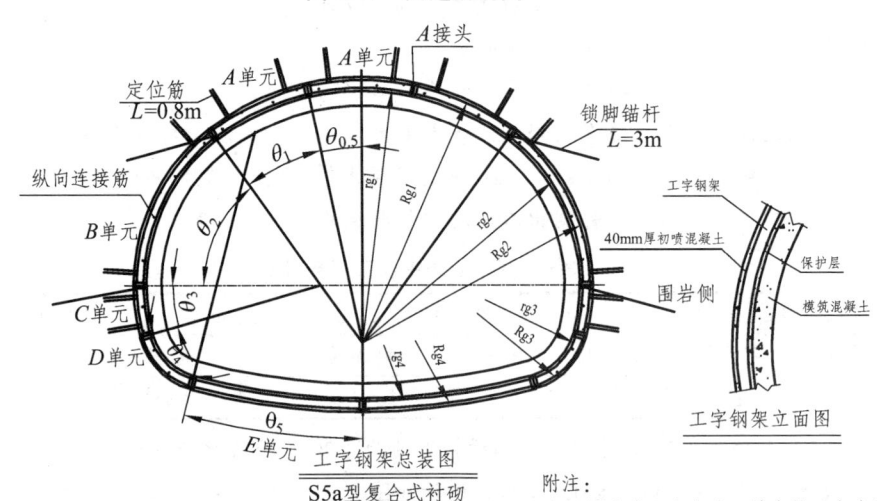

附注：
本图尺寸除注明者外，其余均以毫米计。

工字钢架尺寸表

衬砌类型	Rg1 (mm)	rg1 (mm)	Rg2 (mm)	rg2 (mm)	Rg3 (mm)	rg3 (mm)	Rg4 (mm)	θ_1 (°)	θ_2 (°)	θ_3 (°)	θ_4 (°)	θ_5 (°)	b (mm)
S5a	9 705	9 505	6 405	6 205	1 880	25 880	25 480	30	45	22.04	52.50	15.46	200

图 8.18　工字钢设计图

9 安全设施及预埋管线

9.1 基本问题

交通安全设施指为保障交通行为参与各方的出行安全、顺利到达目的而设置的各种设施。它属于道路的基础设施，对减轻事故的严重度，排除各种纵、横向干扰，提高道路服务水平，提供视线诱导，增强道路景观起着重要作用。交通工程及沿线设施等级分为 A、B、C、D 四级，各级公路交通工程及沿线设施等级与适用范围应符合表 9.1 的规定：

表 9.1　交通工程及沿线设施等级与适用范围

交通工程及沿线设施等级	适用范围
A	高速公路
B	一级公路、二级公路作为干线公路时
C	一级公路、二级公路作为集散公路时
D	三级公路、四级公路

交通安全设施主要包括交通标志、交通标线、防撞设施、隔离设施、防眩设施、视线诱导设施、里程标、百米标、公路界碑等。

9.1.1 交通标志标线

1. 交通标志

交通标志是用图形符号、颜色、形状和文字向交通参与者传递特定信息，用以管理交通的设施，主要起到提示、诱导、指示等作用，使道路使用者安全、快捷地到达目的地，促进交通畅通。

交通标志是显示交通法规及道路信息的图形符号，可使交通法规得到形象、具体、简明的表达，同时还表达了难以用文字描述的内容。

交通标志主要包括主标志及附着在主标志下的辅助标志。主标志按其作用分为：指示标志、指路标志、警告标志、禁令标志、旅游区标志、作业区标志等。辅助标志，是附设在指示标志警告和禁令标志牌下面，起辅助说明作用的标志，不单独设立。辅助标志可分为表示车辆种类，表示时间，表示区域或距离，表示禁令、警告理由等四种。在同一点需要设置两种以上的标志时，可以合并安装在一根立柱上，但最多不应超过四种。

交通标志目前大都采用金属建筑材料制造，主要由基础、立柱、板面等组成。交通标志的支撑形式主要包括柱式（单柱、双柱）、悬臂式（单悬臂、双悬臂、）门架式和悬挂式。在加工标志支撑结构时，应保证钻孔焊接等加工在镀锌之前完成。门架标志结构整个安装过程应以高空起重机为工具，不允许施工人员在门架的横梁上作业。交通标志的立柱，一般采用钢管，钢管外径在

152 mm以下（含152 mm），采用普通碳素结构钢焊接钢管，钢管外径在152 mm以上，采用一般常热轧无缝钢管。立柱通过连接件进行固定，埋设在混凝土基础中，或采用地脚螺栓进行连接，其埋置深度应根据当地土质、板面大小等条件确定。所有标志柱应配有柱帽，柱帽可采用板厚为3 mm的钢板或其他方法坚固在立柱上。

交通标志的板面有钢板和铝合金两种，标志板应在车间剪裁或切割，以产生整齐方正的边缘，不应有毛刺，所有标志板的槽钢应在粘贴定向反光膜之前焊接好。板面尺寸的大小与计算行车速度的高低有关，应符合规范的相关规定。

反光标志的文字和图案常用逆反射材料制成，标志面的逆反射材料有反光标志膜（反光膜）、反光涂料及反射器三类。反光膜按其最小逆反射系数分为五级，高等级公路宜采用一、二、三级。定向反光膜应用不剥落的热活性胶黏剂粘贴。当标志图案、字符是喷漆制作时，应先在标志底板面均匀涂一层磷化底漆。

2. 交通标线

交通标线是以规定的线条、箭头、文字、突起路面或其他导向装置，画设于路面上，用以传递道路交通的规则、警告和指引交通的设施。

交通标线按功能可分为指示标线、禁止标线和警告标线三类；按职能与作用划分为：白色虚线、白色实线、黄色虚线、黄色实线、双白虚线、双黄实线、黄色虚线、双白实线；按形状分为普通标线、振荡标线、突起路标、立面标记等；按施划路面标线的涂料分为溶剂型、热熔型、双组分、水性四种，见表9.2，如果路面标线有反光要求，还应在涂料中掺入或施工时在表面撒玻璃珠等反光材料。

表9.2　路面标线涂料分类

种类	施工时条件	玻璃珠含量和使用方法	状态
溶剂型	普通型	涂料中不含玻璃珠，施工时也不撒玻璃珠	液态
	反光型	涂料中不含玻璃珠，施工时涂布涂层后立即将玻璃珠撒布在其表面	
热熔型	普通型	涂料中不含玻璃珠，施工时也不撒玻璃珠	固态
	反光型	涂料含18%~25%的玻璃珠，施工时涂布涂层后立即将玻璃珠撒布在其表面	
	突起型	涂料含18%~25%的玻璃珠，施工时涂布涂层后立即将玻璃珠撒布在其表面	
双组分	普通型	涂料中不含玻璃珠，施工时也不撒玻璃珠	液态
	反光型	涂料不含（或含18%~25%）的玻璃珠，施工时涂布涂层后立即将玻璃珠撒布在其表面	
	突起型	涂料含18%~25%的玻璃珠，施工时涂布涂层后立即将玻璃珠撒布在其表面	
水性	普通型	涂料中不含玻璃珠，施工时也不撒玻璃珠	液态
	反光型	涂料不含（或含18%~25%）的玻璃珠，施工时涂布涂层后立即将玻璃珠撒布在其表面	

1）指示标线

指示标线是指示车行道行驶方向路面边缘人行道等设施的标线，分为纵向标线（如行车道中线、车道分界线、车行道边缘线等）、横向标线（如人行道横线、车距确认线等）、其他标线（如高速公路出入口标线、左转弯待转区标线、停车位标线、减速让行线、港湾式停靠站标线、收费岛标线、导向箭头、地面文字标记等）。

行车道中线：分隔对向行驶的交通流，黄色，线形有单虚线、单实线、双实线。

车道分界线：分隔同向行驶的车流，白色虚线，高速公路、一级公路为6 m短线、9 m间隔，其他道路为2 m短线、4 m间隔。

车行道边缘线：指示机动车道边缘或划分机动车道、非机动车道的分界，白色实线，高速公路、一级公路在内、外侧施划，需跨越的地方划虚线。

人行道横线：白色平行粗实线或斑马线，最小宽度3 m，以1 m数量级加宽，路段中间设置人行横道线，需在前面路面上设置预告标示（白色菱形块）。

2）禁止标线

禁止标线是指道路交通的遵行、禁止、限制等特殊规定，驾驶员及行人需严格遵守的标线，分为纵向禁止标线（如禁止超车线、禁止变换车道线、禁止路边停车线等）、横向禁止标线（如停车线、停车让行线、减速让行线等）、其他标线（非机动车禁驶区标线、导流线、网状线、专用车道线和禁止掉头线、禁停线）。

3）警告标线

警告标线是促使驾驶员及行人了解道路上的特殊情况，提高警觉，准备防范应变措施的标线，分为纵向警告标线、横向警告标线、立面标记，如车行道宽度渐变段标线、接近障碍物标线、接近铁路平交道口标线、减速标线、立面标记。

4）振荡标线

振荡标线是在平滑的基础标线上，一次成型长方形排骨式突起的高亮度道路标线涂料，即使在雨天也能取得超群的高视认性，主要起减速、弯道防滑、雨夜反光、振动提醒作用，主要有方形、条形、圆点形等图形。凸起振荡标线根据不同的图形有不同的涂料用量。其施工工艺：

① 路面处理，保持清洁干燥，如含有水分，应用喷枪进行干燥处理。

② 底漆撒布：使用专用设备按热熔型标线涂料的规定用量均匀撒布。

③ 振荡标线的涂敷：往热熔釜中投入专门材料，在充分搅拌下使之完全溶解。

④ 玻璃微珠的撒布：使用与划线机一体的撒布器在涂敷之后，随即撒布玻璃微珠。

⑤ 放行：确认涂料充分冷却、固化后，方可放车辆通行。

5）突起路标

突起路标按照是否具备逆反射性能分为A、B两类，具备逆反射性能的为A类，不具备逆反射性能的为B类。

设置时路面面层应干燥清洁，无杂屑；将环氧树脂均匀涂覆于突起路标的底部，涂覆厚度约为8 mm，将突起路标压在路面的正确位置上，轻微转动，直到四面出现挤浆并及时清除其溢出部分，在凝固前突起路标不得扰动；在水泥混凝土路面设置突起路标时，先用硬刷和10%盐酸溶液洗刷混凝土表面，然后用清水冲洗干净，等路面清洁干燥后安装突起路标；突起路标设置高度，顶部不得高出路面25 mm。突起路标的反光玻璃球为白色、黄色或红色，白色设在一般路段，红色或黄色设在危险路段；反光突起路标一般为矩形或圆形或椭圆形，可由工程塑料金属或强化玻璃及陶瓷等材料制成，其底面应粗糙以保证黏结剂将其与路面牢固黏结。

6）立面标记

立面标记的颜色为黄黑相间的倾斜线条，斜线倾角为45°，线宽及其间距均为150 mm，设置时应把向下倾斜的一边朝向行车道。

道路交通标线的施划方法常用的有：人工漆刷法、手推式划线机、划线车、热熔涂布法、反光标志带贴附法、钉、钻、埋法等。在水泥路面或旧的沥青路面施加示线需要预涂底油时，先喷涂热熔底油下涂剂，喷涂标线时应使用自行式机械。

在正式划线前，应清理路面，保证路面清洁干燥，使用划线车划线时，应通过划线机的行驶速度控制好标线厚度。热熔标线，应先喷涂下涂剂，温度符合使用说明要求，否则影响喷涂层的使用寿命。反光标线在标线表面撒布玻璃珠的工作应在涂料喷涂后立即进行，按用量（常用 $0.3 \ kg/m^2$）加压撒布在所有标线上。喷涂标线时，应采用交通安全措施，设置适当警告标志，阻止车辆及行人在作业区内通行，防止将涂料带出或形成车辙，直至标线充分干燥。喷涂施工应在白天进行，雨天、风天、温度低于 10 ℃ 时应暂停施工。

二级及以上等级公路必须设置交通标线，其他公路宜视需要设置交通标线。

9.1.2 防撞设施

防撞设施主要包括护栏和防撞筒等。

1. 护栏

护栏是一种纵向吸能结构，通过自体变形或车辆爬高来吸收碰撞能量，从而改变车辆行驶方向阻止车辆越出路外或进入对向车道，最大限度地减少对乘员的伤害。

护栏按其在公路位置，纵向可分为路基护栏和桥梁护栏，横向可分为路侧护栏和中央分隔带护栏；按其结构形式可分为柱式护栏、墙式护栏、波形钢板护栏、缆索护栏等；按防护目的不同可分为路旁护栏、分隔带护栏、行人护栏；按碰撞后的变形程度可分为刚性护栏（混凝土护栏、石砌护栏）、半刚性护栏（波形梁护栏）和柔性护栏（缆索护栏）。

1）柱式护栏

柱式护栏将预制的钢筋混凝土柱埋置于路肩上事先挖出的洞中并在柱脚填石固定和夯实，或在挡土墙上事先预留的孔洞中填砂浆固定而构成的防止车辆驶出道路的交通安全设施。柱式护栏一般多用于山区低等级公路高填路堤、悬崖、急弯的外侧等路段，其设置间距一般为 2~4 m，并在混凝土柱上涂上红、白相间的油漆。

2）墙式护栏

墙式护栏指以一定外观形状连续设置的墙式圬工结构物，利用失控车辆碰撞其后爬高并转向来吸收碰撞能量，可分为石砌、（钢筋）混凝土。

石砌墙式护栏一般多用于低等级公路高填路堤、悬崖、急弯的外侧等路段，通常采用天然石料砌成，并用水泥砂浆抹面，在迎车行道一侧的墙上和两端涂以红、白相间的油漆，其截面一般为 40 cm×60 cm（宽×高，其高度不包埋入路肩内的深度），有整体式和间断式两种，间断式一般以长 20 m、间隔 20 m 的形式进行布置。

（钢筋）混凝土墙式护栏由墙体、铸铁柱及栏杆两部分组成，护栏高度一般为 80 m。可采用现浇或预制，现浇采用固定模板也可采用滑动模板，两处伸缩缝之间的混凝土护栏必须一次浇筑完成，伸缩缝内不得连浆，假缝可在混凝土护栏拆除模板后，用切割机切开，并保证断面光滑、平整。中央分隔带墙式护栏的墙顶一般设置防眩设施，不设栏杆。

3）波形钢板护栏

波形钢板护栏指具有一定的刚度和柔度，以波纹状钢护栏板相互拼接并由立柱支撑组成，利用土基立柱波形钢板的变形来吸收碰撞能量，迫使失控汽车改变方向的一种连续的梁柱式护栏结构，一般由立柱、波形梁板、端头、紧固件、防阻块、托架等构件组成。波形梁板和立柱不得现场焊割和钻孔，所有构件不应因运输、施工造成防腐层的损伤。

立柱为钢管立柱，分 φ114×4.5 mm、φ140×4.5 mm 两种规格。在路基中设置立柱时，可用打入法、挖埋法或钻孔法施工。打入法必须打入设计深度，打入过深时，必须全部拔出，将基础压实后再重新打入；挖埋法施工时，回填土应采用良好材料并分层夯实，回填土的压实度不应小于设计规定值。填石路中若有柱坑，应用粒料回填并夯实；钻孔法施工时，立柱定位后应用与路基相同的材料回填，并分层夯填密实。在铺有路面的路段设置立柱时，柱坑从路基至面层以下 5 cm 处应采用与路基相同的材料回填并分层夯实，余下部分应采用与路面相同的材料回填，并分层夯实；位于石方区的立柱，应根据设计文件的要求设置混凝土基础；位于小桥、通道、明涵等混凝土基础中的立柱，可设置在预埋的套筒内，通过灌注砂浆或混凝土固定，或通过地脚螺栓与桥梁护轮带基础相连。

波形梁板按形状可分为圆弧形和折线形，按用途可分为标准板和调节板，按梁板波形可分为单波、双波、三波，按断面形式可分为标准段、过渡段、渐变段、端头几部分。

端头常采用地锚式和圆头式两种。护栏端头安装应通过拼接螺栓与护栏板牢固连接，拼接螺栓必须采用高强螺栓。防撞等级为 SA、SAm 和 SS 的波形护栏上横梁必须按设计文件的规定进行端部处理。地锚式端头通过斜角梁逐渐伸向地面，在端部用混凝土基础锚固；圆头式端头。

紧固件包括柱、端头的拼接和连接件，主要包括拼接螺栓、螺母、垫圈，连接螺栓、螺母、垫圈，横梁垫片。

防阻块是一个吸能机构，可使护栏在受到碰撞后逐渐变形，有利于能量吸收，减少伤亡。防阻块固定在立柱与波形梁之间，使波形梁从立柱上悬置出来，失控车辆一旦与护栏发生碰撞，不会因为波形梁紧靠立柱，而使前轮在立柱处绊阻；防阻块参与护栏整体作用后，可以使碰撞力分配到更多跨结构上，从而使护栏受力更加均匀，使护栏的碰撞轨迹比较圆滑，有利于车辆的导向和增加护栏的整体强度。防阻块、托架应通过连接螺栓固定于护栏板和立柱之间，在拧紧连接螺栓前应调整防阻块、托架使其准确就位；防撞等级为 SA、SAm 和 SS 的波形梁护栏在安装防阻块时，应安装上层立柱，线形应与下层立柱相同。

横梁安装：护栏板应通过拼接螺栓相互连接成纵向横梁，并由连接螺栓固定于防阻专人托架或横隔梁上。护栏板拼接方向应与行车方向一致，拼接螺栓必须采用高强螺栓；防撞等级为 SA、SAm 和 SS 的波形梁护栏通过螺栓将上层横梁与上层立柱加以连接；立柱间距不规则时，可利用调节板、梁进行调节，不得采用现场切割护栏板的方法；所有的连接螺栓及拼接螺栓应在护栏的线形达到规定时才能拧紧。设有横隔梁的中央分隔带护栏，应在立柱定位后安装横隔梁。在护栏板安装前，横隔梁与立柱间的连接螺栓不应过早拧紧。

4）缆索护栏

缆索护栏由立柱（边柱、中间立柱）、支架、缆索和索端接头、护栏托架等组成。

5）滑动转子护栏

滑动式交通防撞护栏又叫滑动转子护栏，是利用撞击后滑动导向消能的运动原理，通过改变事故车辆与护栏之间的摩擦力，使事故车辆前进的方向得到矫正，从而避免事故车辆出现横向打转、翻滚等状况乃至与正常行驶的车辆相撞,发生二次事故。类似于算盘结构,滑动转子护栏由上下横梁、转子支承芯轴、转子等组成。转子轴将数个转子组成一组,数组并排布置固定于横梁上,横梁、转子支承芯轴等支撑结构由碳素结构钢制造,转子外层由高强度耐老化工程塑胶制作(可采用废旧橡塑材料通过再生利用),内层由缓冲材料制成,可以有效吸收冲击能量。

6）活动护栏

公路活动护栏按使用条件分为两类,即中央分隔带开口处用活动护栏和施工区临时使用活动护栏。公路活动护栏的防撞等级不应低于相邻路段所用安全设施的防撞等级,其设置原则为:

① 高速公路的中央分隔带开口处必须设置活动护栏。

② 设有中间带的一级公路在禁止车辆掉头的中央分隔带开口处应设置活动护栏。

③ 活动护栏应设置在中央分隔带开口处的公路中心线位置,设置的长度应能有效封闭中央分隔带开口。

④ 活动护栏的设置高度应与中央分隔带护栏的高度协调一致。活动护栏上部应设置轮廓标或反射体。设置反射体时,规格为 4 cm×18 cm,可由反光片或反光膜制作,反光等级应为二级以上,颜色和设置高度应与中央分隔带轮廓标保持一致。

⑤ 位于有防眩要求路段的活动护栏上宜设置防眩设施。

公路活动护栏可分为插拔式活动护栏和充填式活动护栏两种构造形式。

插拔式活动护栏由护栏片、反射体、预埋基础等组成,其中护栏片由直管、弯管、立柱等钢管构件焊接而成。插拔式活动护栏的每片长度应为 2~2.5 m。基础可采用预埋套管或抽换式立柱基础,基础混凝土的强度等级不得低于 C20。插拔式活动护栏的基础套管顶面高程应高出路面 20 mm 左右,在套管周边可设置混凝土斜坡。

充填式活动护栏由多块护栏预制块连接而成。护栏预制块可采用塑料或玻璃钢制作,断面形式可采用 F 型或单坡型混凝土护栏的断面形式,预制块中空,可以充填水或细砂。充填式活动护栏预制块的每块长度不应小于 2 m,在两端应设置便于护栏块连接的企口。

2. 防撞筒

防撞筒的主要是起到警示和缓冲作用,吸收能量,减轻事故车辆及人员的损伤程度,同时也有诱导视线的作用。

防撞筒的筒盖、筒身、横隔板所用材料为塑料或橡胶,外贴反光膜等级为二级及以上,配载物所用砂为普通中砂,强度模数为 3.0~2.3。

9.1.3 隔离设施

隔离设施主要指设置于公路路基两侧用地界线边缘上的隔离栅,以及设置于上跨公路主线的分离式立交桥或人行天桥两侧的防护网、隔离墩等。

1. 隔离栅和防护网

隔离栅一般分为金属网型、刺钢丝和常青绿篱三大类。

1）金属网型

金属网型主要由立柱、斜撑、金属网、连接件和基础等组成。常用的金属网有钢板网、刺铁丝和纺织网,立柱有钢管、型钢和钢筋混凝土。

隔离设施的立柱、斜撑，可采用冷弯等边槽钢和冷弯等边内卷边槽钢。

连接附件：螺栓、螺母可采用常用普通紧固件。

表面处理：隔离设施的所有金属件，一般应用热浸镀锌处理。其他表面处理方法，如油漆、涂塑、浸塑等，在对其耐久性、经济性、美观及施工条件进行全面分析并经认可后，也可采用。

高速公路和一级公路的沿线两侧均应设置隔离栅，当遇桥梁通道等时，应朝桥头锥坡或端墙方向封死，不应留有让人、畜可以钻入的空隙，隔离设施一般沿公路的用地界线 20~50 cm 以内处设置；凡跨越铁路、高速公路和一级公路上的跨线桥的两侧均应设置桥梁护网，公路跨越通航河道、交通量较大的其他公路时，应根据需要设置桥梁护网。为了养护管理的需要，隔离设施应在适当的地点开口。开口处设置门，门的形式有单开门和双开门。

隔离栅有效高度一般为 1.6~1.8 m，隔离栅的高度不宜低于 1.5 m，桥梁护网距桥面的高度不宜低于 1.8 m，桥梁护网应做防无雷接地处理，接地电阻应小于 10 Ω。

2）刺铁丝

刺铁丝隔离栅主体部分分为刺铁丝和刺铁丝立柱两部分。刺铁丝由刺丝和股丝两部分组成，刺丝分为单股刺铁丝、双股刺铁丝、三股刺铁丝，刺丝每个节有 4 个刺，刺点分 4 个方向均匀分布。刺距一般分为三种：6.5 cm、10 cm、125 cm。1000 m 长，6.5 cm 刺距丝重 130 kg，10 cm 刺距重 125 kg，12.5 cm 重 110 kg。

刺铁丝材质一般为低碳钢丝、电镀锌丝、热镀锌丝、PVC 包塑丝，多用 Q235 优质低碳钢丝，常用的型号为 12#×14#、14#×14#两种，如 12#×14#，其股丝采用 12#钢丝，刺丝采用 14#钢丝。刺铁丝立柱主要有 3 种：钢立柱、水泥立柱、GRC 复合立柱。

① 钢立柱一般采用 U 形钢或者 48 圆管挂钩，表面处理为热镀锌浸塑，规格为 5 cm×5 cm×5 mm×2 100 mm。

② 水泥立柱，使用水泥、钢筋、砂石料。

③ GRC 复合立柱，规格为 1850 mm×60 mm×50 mm，表面使用 PVC 管，颜色一般采用果绿、浅灰、白色三种颜色。

3）绿篱

绿篱指的是密植于路边及各种用地边界处的树丛带。绿篱因其隔离作用和装饰美化作用，被广泛应用于公共绿地中。绿篱可分为高篱、中篱、矮篱、绿墙等，多采用常绿树种。绿篱也可采用花灌木、带刺灌木等，做成花篱、果篱、刺篱。

2. 防护网

防护网指设置来跨越高速公路以及分离式的桥梁、通道、人行天桥上的一种防护设施，通常将其安设在桥梁栏杆上或通道的进出口处，以防物件坠落造成安全事故。

3. 隔离墩

隔离墩主要用钢筋混凝土制作或生铁铸造，表面涂刷红白相间油漆或贴反光膜、镶嵌视线诱导器，以提高夜间行车时驾驶员的视认距离。

9.1.4 视线诱导设施

视线诱导设施是为司机提供判断、计算视距以外的道路方向的安全设施，按功能可分为轮廓标、分流、合流诱导标，指示性或警告性线形诱导标三类。

1. 轮廓标

轮廓标是以指示道路线形轮廓为主要目标的一种视线诱导设施。轮廓标的主要作用是在夜间通过对车灯光的反射，使司机能够了解前方道路的线形及走向，使其提前做好准备。用于轮廓标上的逆反射材料主要包括反射器和反光膜，其中反射器有微棱镜型和玻璃珠型两种形式。

轮廓标通常都是全线连续的，设置在高速公路和一级公路的主线，以及互通式立体交叉、服务区、停车场等的进出匝道或连接道前进方向左、右两侧的道路边缘，设置间距直线段一般为50 m，曲线面根据半径大小可适当缩小设置间隔。按行车方向，配置白色反射体的轮廓标应在公路右侧，黄色反射体的在公路左侧。

轮廓标按构造形式有附着式（附着于各类构筑物）、柱式（埋置于土中）等形式。

附着式轮廓标（附着于护栏侧墙等）其后底板、支架采用铝合金或钢板制造，连接件应采用钢材制造；铝合金用作支架及底板时，其最小实测厚度不小于2.0 mm；钢板用作支架及底板时，其最小实测厚度不小于1.5 mm，连接件应经镀锌处理；逆反射材料通过支架固定在护栏与连接螺栓中，或其他构造物上；附着式轮廓标可附着于梁柱式护栏上、混凝土护栏和隧道侧墙上。

柱式轮廓标（路边线轮廓标）：柱体应由聚乙烯树脂玻璃纤维增强塑料、聚碳酸酯树脂氯乙烯树脂等加工成型方便的材料制成；上述合成树脂类板材的实测厚度不小于3.0 mm；180 mm×40 mm的逆反射材料应镶嵌在轮廓标柱体的表面，使其不易脱落；设置柱式轮廓标时，应注意对排水沟、路肩石等构筑物的保护。

2. 分流、合流诱导标

分流、合流诱导标是设置在互通式立体交叉的进、出口匝道附近，有交通分流或倒流的地方的一种设施，由反射器、底板、立柱、连接件和混凝土基础等组成。

3. 线形诱导标

线形诱导标是设置在急弯或视距不良地段，用以指示道路改变方向或警告驾驶员改变行驶方向的一种设施。指示性的标志为白底蓝图，警告性的则为白底红图。一般警告性线形诱导标，用于公路局部施工或维修作业等，需临时改变行车方向的路段。

视线诱导设施上的反射器一般都是用反光膜镶贴而成的，在夜间通过车辆前照灯的照射就能显示其标记。

9.1.5 防眩设施

防眩设施是指防止夜间行车受对向车灯眩目的设施，主要分为人造防眩设施和绿化防眩设施。防眩设施常设置在中央分隔带的中心线上、中央分隔带的一侧，一般与护栏、隔离体系配合使用，以节约宝贵的空间、财力等资源。其按构造主要包括设置在板条上的防眩板、扇面状的防眩大板、防眩网、防眩棚、植树（间距型、密集型）等形式。我国目前使用较多的防眩设施分为三类：一是：连续封闭的防眩设施，树墙；二是：连续网状结构组成的防眩设施，金属防眩网；三是：一定间距的连续设置板状结构，金属防眩板、防眩扇板、百叶窗防眩栅、带间距的植树等。

防眩板或防眩网可设置于混凝土护栏上、波形梁护栏上或独立设置。设置在混凝土护栏上、波形梁护栏上时，可通过混凝土护栏顶部的预埋件及连接件安装，未预埋时也可后固定；可通过连接件安装在波形梁护栏上，注意施工过程中不应损伤波形梁护栏的防腐层，否则应在 24 h 之内予以修补。独立设置时，施工前应清理场地，协调与其他设施的关系，其单独设置的立柱可埋入土中，设置混凝土基础或固定于桥梁、通道、明涵等构造物上。

绿化带防眩，防眩效果好、美观、环保、占地宽、对植物生长要求高。可采用连续密集植树、间隔型植树（平均 5~6 m），为保证一定的左向的通视，防眩带树木高度不宜过高，一般在 1.2~1.4 m。

防眩设施的所有钢构件应进行防腐处理。螺栓螺母等坚固件和连接件在防腐处理后，必须清理螺纹或进行离心分离处理。

9.1.6 其他交通安全设施

1. 特殊情况下的交通安全设施

（1）连续长陡下坡路段，危及运行安全处应设避险车道。必要时宜在长陡下坡路段的起端前设置制动车道等交通安全设施。

（2）风雪沙坠石等危及公路安全的路段，应设置防风栅防雪（沙）栅、防落网、雪标杆等交通安全设施。

（3）公路养护作业时，应设置限制速度等醒目的交通警示、诱导等交通安全设施。

2. 防噪声措施

常用的防噪设施有隔声墙、遮音堤、遮音林带等。

3. 智能化的交通安全设施

智能交通的范围很广，包括：雷达测速技术的应用以控制车辆行驶速度；监控抓拍技术的应用以制止车辆违法行为；信息同步反馈技术的应用以管理车辆通行有序；实时跟踪定位技术的应用以调度监督车辆和道路的运行情况等。

4. 其他

其他标志主要包括里程碑、百米桩、公路界碑、示警桩（灯）、路锥、减速垫、高缘石等。里程碑、百米桩、公路界碑是属于交通标志的范畴，主要作用是标识出道路里程和公路用地界限。

9.2 清单编制

《计量规范》安全设施及预埋管线为 600 章，工作内容包括护栏、隔离栅、道路交通标志、道路交通标线、防眩设施、通信管道及电力管道、预埋（预留）基础、收费设施和地下通道等的施工及有关作业。

9.2.1 第 1 节通则

本节不计量与支付。

9.2.2 第2节 护栏

本节内容为路基护栏、桥梁护栏和活动护栏的设置及其有关的施工作业。

1. 计量

（1）设置在中央分隔带的混凝土护栏，应按图纸和监理人指示，经验收后其长度以米计量；混凝土基础以立方米计量。

（2）地基填筑、垫层材料、砌筑砂浆、嵌缝材料以及油漆涂料等均不另行计量。

（3）波形梁钢护栏（含立柱）为安装就位（包括明涵、通道、小桥部分）并经验收合格，长度沿栏杆面（不包括起终端段）量取，按米计量。钢护栏起、终端头以个计量。

（4）缆索护栏安装就位（包括明涵、通道、小桥、挡墙部分）并经验收合格，其长度按沿栏杆面量取的实际长度，以米为单位计量。

（5）中央分隔带开口处活动式钢护栏应拼装就位准确，经验收合格以个计量。

（6）明涵、通道、小桥、挡墙部分缆索护栏的立柱插座、预埋构件作为上述构造物的附属工作，不另计量。

2. 支付

每一项支付子目包括材料、劳力、设备、检验、运输等及其他为完成护栏、护柱安装工程所必需的费用，是对完成工程的全部偿付。

3. 支付子目（表9.3）

表9.3　第602节护栏支付子目

子目号	子目名称	单位
602-1	C…混凝土护栏	m
602-2	单面波形梁钢护栏	m
602-3	双面波形梁钢护栏	m
602-4	活动式钢护栏	个
602-5	波形梁钢护栏起、终端头	
-a	分设型圆头式端头	个
-b	分设型地锚式端头	个
-c	组合型圆端头	个
602-6	缆索护栏	
-a	路侧缆索护栏	m
-b	中央分隔带缆索护栏	m
602-7	C…混凝土基础	m³

注：各式护栏可根据实际情况增列子项如 602-1-a、602-1-b……

例9-1： 一合同段共设路侧护栏 2084 m（桥梁护栏另计），路肩挡墙顶部现浇混凝土护栏 459 m，路堤顶部现浇混凝土护栏 565 m，其余均为单面双波形护栏，波形护栏立柱用打桩机打入。工程数量详见表9.4，请做出该合同段的工程量清单。

9 安全设施及预埋管线

表9.4 工程数量表

1. 波形护栏标准段 1060 m			2. 波形护栏端头 12 个			
规格（mm）	单位	数量	规格（mm）	单位	数量	总重（kg）
钢管立柱 Φ140×4.5×2150	根/kg	266/8600	钢管立柱 Φ140×4.5×2150	根/kg	4/129.32	
立柱帽 Φ140×3	根/kg	266/324.52	立柱帽 Φ140×3	个/kg	4/4.880	
防阻块 δ=4.5	片/kg	266/281	防阻块 178×200×3	个/kg	4/4.224	
栏板 432×3×3100	片/kg	266/12129.6	栏板 4320×3×310	m/kg	6/68.40	
螺栓 Φ36-M16×32.5 螺栓 Φ24-M16×170	套/kg	266/185.14、266/69	端头钢板	个/kg	1/14.09	
螺母 M16-6H	套/kg	266/32	JⅠ螺栓 Φ36-M16×32.5	个/kg	20/1.74	
垫圈螺栓 Φ35×4	套/kg	266/37	JⅠ螺母 M16-6H	个/kg	20/0.300	
3. 路肩式挡墙混凝土护栏 459 m			JⅠ垫圈 Φ35×4	个/kg	20/0.344	
C30 混凝土护栏	m³	96.85	JⅡ-3 螺栓 Φ24-M16×170	个/kg	4/1.032	
C30 混凝土基础	m³	87.67	JⅡ-3 螺母 M16-6H	个/kg	4/0.212	
Φ10 钢筋/Φ8 钢筋	kg	6086./3447.	JⅡ-2 螺栓 Φ36-M16×36	个/kg	4/0.392	
4. 路堤式挡墙混凝土护栏 565 m			JⅡ-2 螺母 M16-6H	个/kg	4/0.060	
C30 混凝土护栏	m³	119.22	JⅡ-2 垫圈 Φ35×4	个/kg	8/0.1376	
C30 混凝土基础	m³	99.44				
Φ10 钢筋/Φ8 钢筋	kg	7531/4464				
C20 片石混凝土基础	m³	147				

注：JⅠ为板与板的拼接，JⅡ-2用于防阻块与波形梁连接，JⅡ-3用于立柱与防阻块连接。

解：（1）各子目清单工程量计算。

① 本题计算路侧护栏，共有路肩挡墙顶部现浇混凝土护栏、路堤顶部现浇混凝土护栏、单面双波形护栏三种形式，按清单规则列项：

现浇混凝土护栏墙身和基础分开列清单，墙身按设置位置不同列为 C30 路肩式挡墙混凝土护栏、C30 路肩式挡墙混凝土护栏，基础分为 C20 片石混凝土、C30 混凝土。

C20 片石混凝土 = 87.67 + 99.44 = 187.11（m³）

② 波形梁钢护栏标准段和起、终端头分开列项。

（2）列出清单如表9.5。

表9.5 一合同段工程量清单

子目号	子目名称	单位	数量	综合单价	合价
602-1	C…混凝土护栏	m			
-a、	C30 路肩式挡墙钢筋混凝土护栏	m	459		
-b	C30 路堤式挡墙混凝土护栏	m	565		
602-2	单面波形梁钢护栏	m			
-a、	单面双波波形梁钢护栏	m	1060		
602-5	波形梁钢护栏起、终端头				

续表

子目号	子目名称	单位	数量	综合单价	合价
-a	分设型圆头式端头	个	12		
602-7	C…混凝土基础				
-a、	C20片石混凝土	m³	147		
-b	C30混凝土	m³	187.11		

9.2.3 第3节隔离栅和防落网

本节内容为隔离栅和防落网的制作、安装等的施工及有关作业。

1. 计量

（1）隔离栅应安装就位并经验收，分别按铁丝编织网隔离栅、刺铁丝隔离栅、钢板网隔离栅、电焊网隔离栅等，从端柱外侧沿隔离栅中部丈量，以米计量。金属立柱的紧固件等均并入隔离栅计价中，不另行计量。

（2）桥上防护网以米计量，安设网片的支架、预埋件及紧固件等不另行计量。

（3）钢立柱及钢筋混凝土立柱安装就位并经验收以根计量，钢筋及立柱斜撑不另计量。

（4）所需的清场、挖根、土地整平和设置地线等工程均为安装隔离栅的附属工作，不另计量。

2. 支付

每一项支付子目包括材料、劳力、设备、运输等及其他为完成隔离栅和桥梁护网工程所必需的费用，是对完成工程的全部偿付。

3. 支付子目（表9.6）

表9.6 第603节隔离栅和防落网支付子目

子目号	子目名称	单位
603-1	铁丝编织网隔离栅	m
603-2	刺铁丝隔离栅	m
603-3	钢板网隔离栅	m
603-4	电焊网隔离栅	m
603-5	桥上防护网	m
603-6	钢筋混凝土立柱	根
603-7	钢立柱	根

9.2.4 第4节道路交通标志

本节内容为各式道路交通标志、界碑及里程标等的提供和设置的有关施工作业。

1. 计量

（1）标志应按图纸规定提供、装好、埋设就位和经验收的不同种类、规格分别计量。

① 所有各式交通标志（包括立柱、门架）均以个为单位计量。

② 所有支承结构、底座、硬件和为完成组装而需要的附件，均附属于各有关标志工程子目内，不另行计量。

（2）里程标和计量。公路界碑均应按埋设就位和验收的数量以个为单位计量。

2. 支付

每一项支付子目包括材料、劳力、设备、检验、运输等及其他为完成交通标志安装工程所必需的费用，是对完成工程的全部偿付。

3. 支付子目（表9.7）

表9.7　第604节道路交通标志支付子目

子目号	子目名称	单位
604-1	单柱式交通标志	个
604-2	双柱式交通标志	个
604-3	三柱式交通标志	个
604-4	门架式交通标志	个
604-5	单悬臂式交通标志	个
604-6	双悬臂式交通标志	个
604-7	悬挂式交通标志	个
604-8	里程碑	个
604-9	公路界碑	个
604-10	百米桩	个
604-11	防撞桶	个

注：各式交通标志按其形状、尺寸、反光等级在该项目下以子项增列。

例9-2：某公路工作内容如表9.8～表9.10所示，标志均采用2 mm三级高强反光膜，钢构件镀锌防腐，镀锌量为350 g/m²。请做出该路的工程量清单。

表9.8　工程数量表

标志类型	规格	单位	数量	备注
禁令标志	单柱式：立柱ϕ73×4×2830 mm，三角形板面L=90 cm 厚2 mm	块	2	立柱与基础通过法兰盘用高强螺栓连接，立柱与法兰盘用焊接；标志板与标志柱用滑动槽钢上螺栓连接；标志板边缘卷边加固，宽为10 mm
警告标志		块	4	
指路牌	单悬臂式：立柱ϕ219×9×7650 mm，矩形板面3360×2200×3 mm	块	5	
指路牌	单悬臂式：立柱ϕ273×10×7850 mm，矩形板面4400×2400×3 mm	块	2	

表9.9 三角形标志板主要工程数量表（一套）

材料名称	规格（mm）	单件重（kg）	数量（件）	重量（kg）	合计
无缝钢管立柱	Φ73×4×2830	19.27	1	19.27	
铝合金标志板	△910	2.01	1	2.01	
铝合金滑动槽钢	40×25×2.5	0.15	1	0.15	0.61
	40×25×2.5	0.46	1	0.46	
滑块	40×25×20	0.12	41	0.48	
抱箍	40×5×263.4	0.52	2	1.04	
抱箍底衬	40×5×198	0.39	2	0.78	
螺母	M14	0.025	4	0.10	0.37
	M16	0.034	8	0.27	
垫圈	M14.5×28×3	0.011	4	0.04	0.10
	M16.5×32×3	0.014	4	0.06	
滑动螺栓	M14×35	0.064	4	0.26	
高强地脚螺栓	M16×700	1.11	4	4.44	
加劲法兰盘	300×300×10	9.42	1	9.42	
底座法兰盘	300×300×10	7.07	1	7.07	
塑料柱帽		0.2	1	0.2	
基础	C25 混凝土 m³			0.38	
	Φ8（kg）			5.39	
	Φ（kg）			7.49	

表9.10 矩形标志板主要工程数量表（一套）

材料名称	3360×2200				4400×2400			
	规格（mm）	单件重（kg）	数量	重量（kg）	规格（mm）	单件重（kg）	数量	重量（kg）
钢管立柱	Φ219×9×7650	356.57	1	356.57	Φ273×10×7850	509.15	1	509.15
钢管横梁	Φ140×4.5×3660	55.04	2	110.08	Φ152×8×4700	133.52	2	267.04
	Φ140×4.5×680	10.23	2	20.46	Φ152×8×680	19.32	2	38.64
铝合金标志板	3360×2200×3	62.1	1	62.1	4400×2400×3	94.19	1	94.19
标志板折边	11040×20×3	1.85	1	1.85	13880×20×3	2.33	1	2.33
悬臂法兰盘	Φ400×20	19.72	4	78.88	Φ400×20	19.72	4	78.88
高强连接螺栓	M24×85	0.406	12	4.87	M24×85	0.406	12	4.87
滑动螺栓	M18×65	0.172	28	4.82	M18×65	0.172	36	6.19
高强地脚螺栓	M20×1200	2.96	12	35.52	M24×1200	4.26	12	51.12
滑动槽铝（铝合金）	100×25×4	2.00×1.84/m	7	25.76	100×25×4	2.36×1.84/m	9	39.08
滑块	50×30×20	0.17	14	2.38	50×30×20	0.17	18	3.06

续表

材料名称	3360×2200				4400×2400			
	规格（mm）	单件重（kg）	数量	重量（kg）	规格（mm）	单件重（kg）	数量	重量（kg）
抱箍	50×5	0.85	14	11.90	50×5	0.92	18	16.56
抱箍底座	50×5	0.63	14	8.82	50×5	0.66	18	11.88
螺母	M20	0.062	24	1.488	M24	0.112	24	2.688
	M24	0.112	12	1.344	M24	0.112	12	1.344
	M18	0.044	28	1.232	M18	0.044	36	1.584
垫圈	Φ20×4	0.025	12	0.3	Φ24×4	0.035	12	0.42
	Φ24×4	0.035	12	0.42	Φ24×4	0.035	12	0.42
	Φ18×3	0.016	56	0.896	Φ18×3	0.016	72	1.152
横梁加劲肋	1号	2.918	12	26.38	1号	2.918	12	26.38
	2号	4.04	4	16.16	2号	4.31	4	17.24
	3号	5.23	4	20.92	3号	5.58	4	22.32
	4号	8.69	4	34.76	4号	11.65	4	46.60
加劲法兰盘	600×600×20	90.43	1	90.43	1000×1000×20	206.46	1	206.46
底座法兰盘	600×600×20	56.521	1	56.521	1000×1000×20	157.00	1	157.00
柱帽	Φ219×3	0.89	1	0.89	Φ273×10	1.38	1	1.38
梁帽	Φ140×3	0.36	2	0.72	Φ152×8	0.43	2	0.86
基础	C25 混凝土 m³			4.05	C25 混凝土 m³			5.18
	Φ8			13.51	Φ8			15.41
	Φ14			67.76	Φ14			92.32
垫层（m³）	C20 混凝土			0.34	C20 混凝土			0.36

解：（1）各子目清单工程量计算。

本题标志板有单柱式、单悬臂式两种形式，数量表中已知道工程量，形状、尺寸、反光等级不同时在清单项目下以子项增列，只要按清单规则列项即可。

单柱式标志为同规格型号的产品，只是用途不同分为禁令标志和警告标志

数量=2+4=6（个）

单悬臂式标志有两种不同规格，应分别列项，在604-5清单项目下以子项增列。

（2）列出清单如表 9.11。

表9.11 工程量清单

子目号	子目名称	单位	数量	综合单价	合价
604-1	单柱式交通标志	个			
-a	△90 厚 2 mm 铝合金标志	个	6		
604-5	单悬臂式交通标志	个			
-a	矩形 3360×2200×3 mm 铝合金标志	个	5		
-b	矩形 4400×2400×3 mm 铝合金标志	个	2		

9.2.5 第5节道路交通标线

本节内容为在已完成的沥青混凝土和水泥混凝土路面上喷涂路面标线、涂敷振荡标线，安装突起路标、轮廓标及其附属工程等有关施工作业。

1. 计量

（1）路面标线应按图纸所示，经检查验收后，以热熔型涂料、溶剂常温涂料和溶剂加热涂料的涂敷实际面积，以平方米为单位计量。反光型的路面标线玻璃珠应包含在涂敷面积内，不另计量。

（2）突起路标安装就位经检查验收后以个数计量。

（3）轮廓标安装就位经检查验收后以个计量。

（4）立面标记设置经检查以处计量。

（5）锥形交通路标安装就位经检查验收后以个数计量。

2. 支付

每一项支付子目包括材料、劳力、设备、检验、运输等及其他为完成交通标线工程所必需的费用，是对完成工程的全部偿付。

3. 支付子目（表9.12）

表9.12 第605节道路交通标线支付子目

子目号	子目名称	单位
605-1	热熔型涂料路面标线	
-a	……	m^2
605-2	溶剂常温涂料路面标线	
-a	……	m^2
605-3	溶剂加热涂料路面标线	
-a	……	m^2
605-4	水性涂料路面标线	
-a	……	m^2
605-5	突起路标	个
605-6	轮廓标	
-a	柱式轮廓标	个
-b	附着式轮廓标	个
605-7	立面标记	处
605-8	锥形路标	个

注：各种涂料标线根据不同涂敷厚度分别以子项列出。

例9-3：某路采用热熔型标线涂料（嵌有反光玻璃珠，均布170 g/m²），普通路面标线厚2 mm，突起型振动减速标线底膜厚1.8 mm，突起部分厚6 mm成5 cm×4.5 cm×0.6 cm凸块。该路标线实际涂敷工程数量见表9.13。试列出该路的工程量清单。

表 9.13 标线工程数量表

行车道中心线（分界线）		行车道边缘线	人行横道线	导向箭头	突起型振动减速标线
15 cm 黄色虚线、白色虚线（m）	15 cm 黄色实线、白色实线（m）	15 cm 白色实线（m）	40 cm 白色实线（m）	（m²）	（m²）
10703	602	54720	113	50.04	192

解：（1）各子目清单工程量计算。

本题标线是热熔型涂料，分为普通路面标线和突起型反光振荡标线，分别列出清单计算工程量：

① 厚 2 mm 反光标线包括 15 cm 黄色虚线、白色虚线，15 cm 黄色实线、白色实线，40 cm 白色实线，导向箭头。

涂敷实际面积=（10703+602+54720）×0.15+113×0.4+50.04=9998.99（m²）

② 突起型反光振荡标线厚 7.8 mm：192（m²）

（2）列出清单如表 9.14。

表 9.14 工程量清单

子目号	子目名称	单位	数量	综合单价	合价
605-1	热熔型涂料路面标线				
-a	厚 2 mm 反光标线	m²	9998.99		
-b	突起型反光振荡标线厚 7.8 mm	m²	192		

9.2.6 第6节 防眩设施

本节内容为设置防眩板、防眩网的有关施工作业。

1. 计量

（1）防眩板设置安装完成并经验收后以块计量。

（2）防眩网设置安装完成并经验收后以延米计量。

（3）为安装防眩板、防眩网设置的预埋件、连接件、立柱、基础混凝土以及钢构件的焊接等均作为防眩板、防眩网工程的附属工作，不另行计量。

2. 支付

每一项支付子目包括材料、劳力、设备、检验、运输等及其他为完成交通标志工程所必需的费用，是对完成工程的全部偿付。

3. 支付子目（表9.15）

表 9.15 第606节防眩设施支付子目

子目号	子目名称	单位
606-1	防眩板	块
606-2	防眩网	m

9.2.7 第7节 通信和电力管道与预埋（预留）基础

本节内容为通信、监控、照明、供配电等的预埋管道和基础工程，人（手）孔，紧急电话设施基础，接地系统的施工作业等。

1. 计量

（1）人（手）孔应根据图纸的形式及不同尺寸按个计量。

（2）紧急电话平台应按底座就位和验收的个数计量。

（3）预埋管道工程应按铺筑就位并验收的以米计量，计量沿着单管和多管结构的管道中线进行。过桥管箱的制作、安装以米计量。所有封缝料和牵引线及拉棒检验等，作为承包人的附属工作，不另行计量。

（4）挖基及回填，压实及接地系统作为相关工程的附属工作，不另计量。

（5）附属于桥梁、通道或跨线桥的预留管道及其他的电信设备应作为这些结构的一部分，在主体工程内计量，本节不单独计量。

（6）通信管道安装在桥上的托架作为制造、安装过桥管箱的附属工作，不另行计量。

2. 支付

每一项支付子目包括材料、劳力、设备、运输及其他为完成安装工程所必需的费用，是对完成工程的全部偿付。

3. 支付子目（表9.16）

表 9.16　第 607 节通信和电力管道与预埋（预留）基础支付子目

子目号	子目名称	单位
607-1	人（手）孔	个
607-2	紧急电话平台	个
607-3	管道工程	
-a	铺设…孔 Φ…塑料管（钢管）管道	m
-b	铺设…孔 Φ…塑料管（钢管）管道	m
-c	铺设…孔 Φ…塑料管（钢管）管道	m
-d	铺设…孔 Φ…塑料管（钢管）管道	m
-e	制作安装过桥管箱（包括两端接着管箱）	m

9.2.8 第8节 收费设施及地下通道

本节内容包括收费站内收费设施的土建部分，即收费岛、收费亭、收费天棚、预埋（架设）管线、地下通道以及收费设施的预埋件设施等。

1. 计量

（1）收费亭按图纸的形式组装或修建，经监理人验收，分别按单人收费亭和双人收费亭以个为单位计量。

（2）收费天棚按图纸组装架设，经监理人验收以平方米为单位计量。

（3）收费岛浇筑按图纸形式及大小经监理人验收，分别按单向收费岛和双向收费岛以个为单位计量。

（4）地下通道按图纸要求经监理人验收，其长度沿通道中心量测洞口间距离，以米为单位计量，计量中包含了装饰贴面工程及防、排水处理等内容。

（5）预埋及架设管线按图纸规定铺设就位经监理人验收以米为单位计量。

（6）收费设施的预埋件为各有关工程子目的附属工作，均不另予计量。

（7）所有挖基、挖槽以及回填、压实等均为各相关子目的附属工作，不另予计量。凡未列入计量子目的零星工程，均含在相关子目内，不另行计量与支付。

2. 支付

每一项支付子目包括材料、劳力、设备、运输、安装和清理现场等及其他为完成工程所必需的费用，是对完成工程的全部偿付。

3. 支付子目（表 9.17）

表 9.17　第 608 节收费设施及地下通道支付子目

子目号	子目名称	单位
608-1	收费亭	
-a	单人收费亭	个
-b	双人收费亭	个
608-2	收费天棚	m²
608-3	收费岛	
-a	单向收费岛	个
-b	双向收费岛	个
608-4	地下通道（高×宽）	m
608-5	预埋管线	
-a	（管线规格）	m
-b	（管线规格）	m
608-6	架设管线	
-a	（管线规格）	m
-b	（管线规格）	m

9.3　定额计算规则

9.3.1　交通工程及沿线设施章说明

本章包括安全设施，监控、收费系统，通信系统，供电、照明系统，光缆、电缆敷设，配管、配线及按地工程，绿化工程共七节。

（1）本章定额包括交通安全设施、服务设施和管理设施等项目。

（2）本章定额中只列工程所需的主要材料用量，对次要、零星材料和小型施工机具均未一一列出，分别列入"其他材料费"和"小型机具使用费"内，编制预算即按此计算。

（3）本章定额中均已包括混凝土的拌和费用。

（4）本章如有未包括的项目，可参照相关行业定额。

9.3.2 第1节安全设施节说明

本节定额包括柱式护栏，墙式护栏，波形钢板护栏，隔离栅，中间带，车道分离块，标志牌，轮廓标，路面标线，机械铺筑拦水带，里程碑、百米桩、界碑，公共汽车停靠站防雨篷共十二个项目。

（1）定额中波形钢板、型钢立柱、钢管立柱、镀锌钢管、护栏、钢板网、铁板标志、铝合金标志、柱式轮廓标、钢管防撞立柱、镀锌钢管栏杆、预埋钢管等均为成品，编制预算时按成品价格计算。其中标志牌单价中不含反光膜的费用。

（2）水泥混凝土构件的预制、安装定额中均包括了混凝土及构件运输的工程内容，使用定额时，不得另行计算。

（3）工程量计算规则。

① 钢筋混凝土防撞护栏中铸铁柱与钢管栏杆按柱与栏杆的总重量计算，预埋螺栓、螺母及垫圈等附件已综合在定额内，使用定额时，不得另行计算。

② 波形钢板护栏中钢管柱、型钢柱按柱的成品质量计算；波形钢板按波形钢板、端头板（包括端部稳定的锚定板、夹具、挡板）与撑架的总质量计算，柱帽、固定螺栓、连接螺栓、钢丝绳、螺母及垫圈等附件已综合在定额内，使用定额时，不得另行计算。

③ 隔离栅中钢管柱按钢管与网框型钢的总质量计算，型钢立柱按柱与斜撑的总质量计算，钢管柱定额中已综合了螺栓、螺母、垫圈及柱帽钢板的数量，型钢立柱定额中已综合了各种连接件及地锚钢筋的数量，使用定额时，不得另行计算。

钢板网面积按各网框外边缘所包围的净面积之和计算。

刺铁丝网按刺铁丝的总质量计算；铁丝编织网面积按网高（幅宽）乘以网长计算。

④ 中间带隔离墩上的钢管栏杆与防眩板分别按钢管与钢板的总质量计算。

⑤ 金属标志牌中立柱质量按立柱、横梁、法兰盘等的总质量计算；面板质量按面板、加固槽钢、抱箍、螺栓、滑块等的总质量计算。

⑥ 路面标线按划线的净面积计算。

⑦ 公共汽车停靠站防雨篷中钢结构防雨篷的长度按顺路方向防雨篷两端立柱中心间的长度计算；钢筋混凝土防雨篷的水泥混凝土体积按水泥混凝土垫层、基础、立柱及顶棚的体积之和计算，定额中已综合了浇筑立柱及篷顶混凝土所需的支架等，使用定额时，不得另行计算。

站台地坪按地坪铺砌的净面积计算，路缘石及地坪垫层已综合在定额中，使用定额时，不得另行计算。

9.3.3 第3节隔离栅和防落网

本节内容为隔离栅和防落网的制作、安装等的施工及有关作业。

（1）隔离栅应安装就位并经验收，分别按铁丝编织网隔离栅、刺铁丝隔离栅、钢板网隔离栅、电焊网隔离栅等，从端柱外侧沿隔离栅中部丈量，以米计量。金属立柱的紧固件等均并入隔离栅计价中，不另行计量。

（2）桥上防护网以米计量，安设网片的支架、预埋件及紧固件等不另行计量。

（3）钢立柱及钢筋混凝土立柱安装就位并经验收以根计量，钢筋及立柱斜撑不另计量。

（4）所需的清场、挖根、土地整平和设置地线等工程均为安装隔离栅的附属工作，不另计量。

9.3.4　第4节 道路交通标志

本节内容为各式道路交通标志、界碑及里程标等的提供和设置的有关施工作业。

（1）标志应按图纸规定提供、装好、埋设就位和经验收的不同种类、规格分别计量。

① 所有各式交通标志（包括立柱、门架）均以个为单位计量。

② 所有支承结构、底座、硬件和为完成组装而需要的附件，均附属于各有关标志工程子目内，不另行计量。

（2）里程标和计量。公路界碑均应按埋设就位和验收的数量以个为单位计量。

9.3.5　第5节 道路交通标线

本节内容为在已完成的沥青混凝土和水泥混凝土路面上喷涂路面标线、涂敷振荡标线，安装突起路标、轮廓标及其附属工程等有关施工作业。

（1）路面标线应按图纸所示，经检查验收后，以热熔型涂料、溶剂常温涂料和溶剂加热涂料的涂敷实际面积，以平方米为单位计量。反光型的路面标线玻璃珠应包含在涂敷面积内，不另计量。

（2）突起路标安装就位经检查验收后以个数计量。

（3）轮廓标安装就位经检查验收后以个计量。

（4）立面标记设置经检查以处计量。

（5）锥形交通路标安装就位经检查验收后以个数计量。

9.3.6　其他

注意标志牌使用定额时，应根据设计要求的反光膜的等级、进口还是国产，合理确定反光膜的价格，同时根据设计提供的每处标志牌的立柱、面板及反光膜的用量，调整定额中的消耗量。

9.4　计价实例

例9-4：某二级公路工程量清单见表9.18，标志材料数量表见表9.19、表9.20，编制报价原始数据表。标志板面二级反光膜；沥青路面上标线为热熔型涂料（嵌有反光玻璃珠）线厚2 mm，振动减速标线厚度由基底和凸起两部分组成，基底厚度2 mm，凸起部分厚度3 mm，总厚度5 mm。

表 9.18 工程量清单

子目号	子目名称	单位	数量	综合单价	合价
604-1	单柱式交通标志				
-a	△900 mm 厚 2 mm 铝合金标志	块	10		
-b	φ800 mm 厚 2 mm 铝合金标志	块	3		
604-5	单悬臂式交通标志				
-a	矩形 3360×2200×3 mm 铝合金标志	块	3		
604-6	里程碑				
-a	C25 混凝土	块	7		
604-7	公路界碑				
-a	C25 混凝土	块	48		
604-8	百米桩				
-a	C25 混凝土	块	66		
605-2	热熔型涂料标线				
-a	厚 2 mm 反光标线	m²	4854.04		
-b	厚 5 mm 突起型反光振荡标线	m²	158.00		

表 9.19 每块标志材料数量表 1

材料名称	规格	单件重	件数	总重 (kg)	材料名称	规格	单件重	件数	总重 (kg)
钢管立柱	φ89×3.5×2900	21.402	1	21.402	钢管立柱	φ89×3.5×3100	22.878	1	22.878
标志板	900×2	2.000	1	2.000	标志板	φ800×2	2.865	1	2.865
滑动槽	40×25×2.5×200	0.15	1	0.15	滑动槽	40×25×2.5×300	0.23	2	0.46
	40×25×2.5×440	0.34	1	0.34		40×25×20	0.156	4	0.624
滑块	40×25×20	0.156	4	0.624	滑块	40×5×315	0.445	2	0.89
抱箍	40×5×315	0.445	2	0.89	抱箍	40×5×222	0.349	2	0.698
抱箍底衬	40×5×222	0.349	2	0.698	抱箍底衬	M14×35	0.164	4	0.656
底座上法兰盘	450×300×10	10.598	1	10.60	底座上法兰盘	450×300×10	10.598	1	10.60
底座下法兰盘	450×300×10	10.598	1	10.60	底座下法兰盘	450×300×10	10.598	1	10.60
滑动螺栓	M14×35	0.164	4	0.656	加劲肋钢板	15	1.413	4	5.56
地脚螺栓	M16×700	1.232	4	4.93	地脚螺栓	M16×700	1.232	4	4.93
螺母	M14	0.023	4	0.092	螺母	M14	0.023	4	0.092
	M16	0.031	8	0.25		M16	0.031	8	0.25
垫圈	M14	0.007	4	0.028	垫圈	M14	0.007	4	0.028
	M16	0.011	4	0.04		M16	0.011	4	0.04
加劲肋钢帽	15	1.413	4	5.56	塑料柱帽	φ114	0.45	1	0.45
塑料柱帽	φ114	0.45	1	0.45					
钢筋	R235 φ8	0.395		5.40	钢筋	R235 φ8	0.395		5.40
	RHB335 φ14	1.21		5.30		RHB335 φ14	1.21		5.30
混凝土	C20	0.384 m³			混凝土	C20	0.384 m³		

表 9.20 每块标志材料数量表 2

材料名称	规格	单件重	件数	总重（kg）	合计（kg）
标志板	3640×2240×3	67.29	1	67.29	111.75
铝质滑槽	100×25×4×2000	3.92	9	35.28	
角铝	L30×20×4			9.18	
钢管立柱	ϕ219×10×7400	399.47	1	399.47	743.94
抱箍	50×5×603	1.18	18	21.24	
抱箍底衬	50×5×443	0.87	18	15.66	
横梁	ϕ114×4×4000	44.96	2	89.92	
横梁	ϕ114×4×500	5.62	2	11.24	
1 号加劲肋		0.45	8	3.60	
2 号加劲肋		0.53	4	2.12	
3 号加劲肋		0.58	4	2.32	
4 号加劲肋		1.53	4	6.12	
悬臂法兰盘	ϕ250	6.16	2	12.32	
底座加劲上法兰盘	600×700×20	75.95	1	75.95	
底座下法兰盘	600×700×20	65.94	1	65.94	
地脚螺栓	M32×1000	6.31	6	37.86	
连接螺栓	M16×60	0.28	16	4.48	
滑动螺栓	M18×40	0.21	36	7.56	
螺母	M16	0.031	16	0.496	
螺母	M18	0.044	72	3.168	
螺母	M32	0.32	12	3.84	
垫圈	M16.5×32×3	0.017	16	0.272	
垫圈	M19×40×3	0.02	72	1.44	
垫圈	M32	0.07	12	0.84	
反光膜	3640×2240			8.15（m²）	

钢筋编号	直径（mm）	长度（m）	根数	总长（m）
1	ϕ12	1.53	12	18.36
2	ϕ8	5.40	4	21.60
3	8	6.00	3	18.00
钢筋合计（kg）	ϕ12	18.36	混凝土（m³）	2.88
钢筋合计（kg）	ϕ8	39.60		
57.96				

注：表中标志板成形后每块尺寸为 3 600 mm×2200 mm×3 mm，标志板边缘应采取卷边加固处理，加固宽为 20 mm。

解： 根据清单按照一个清单后跟所套定额的方式编制报价原始数据表。

交通标志清单中包含了按图纸规定提供、装好、埋设就位和经验收的所有支承结构、底座、硬件和为完成组装而需要的附件。一个清单包含四个主要定额，如 604-5-a 子目的定额：

（1）金属标志牌基础混凝土：3×2.88=8.64（m³），换成定额单位为：0.864（10m³）。

（2）金属标志牌基础钢筋：3×57.96=173.88（kg），换成定额单位为：0.174（t）。

（3）金属标志牌中定额的立柱质量按立柱、横梁、法兰盘等的总质量计算：

3×［399.47+（89.92+11.24+3.6+2.12+2.32+6.12）+（12.32+65.94+75.95）

+（37.86+3.84）]=2132.1（kg）换成定额单位则：0.213（10 t）。

（4）定额面板质量按面板、加固槽钢、抱箍、螺栓、滑块等的总质量计算：

3×（67.29+35.28+9.18+21.24+15.66+4.48+7.56+0.496+3.168+0.272+1.44）
=498.198（kg）换成定额单位则：0.050（10 t）。

其他标志类似计算定额工程量，其余清单定额套用和工程量计算较简单，详表9.21。

表9.21 报价原始数据表

编号	子目名称	单位	数量	取费	备注
604-1	单柱式交通标志				
-a	△900 mm 厚2 mm 铝合金标志	块	10		
6-1-7-4	金属标志牌基础混凝土	10 m³实体	0.384	钢材及钢结构	普C25混凝土32.5级水泥4 cm 换普C20混凝土32.5级水泥4 cm
6-1-7-5	金属标志牌基础钢筋	1 t	0.107	钢材及钢结构	
6-1-7-16	单柱式铝合金标志立柱	10 t	0.050	钢材及钢结构	
6-1-7-17	单柱式铝合金标志面板	10 t	0.005	钢材及钢结构	
-b	Φ800 mm 厚2 mm 铝合金标志	块	3		
6-1-7-4	金属标志牌基础混凝土	10 m³实体	0.115	钢材及钢结构	普C25混凝土32.5级水泥4 cm 换普C20混凝土32.5级水泥4cm
6-1-7-5	金属标志牌基础钢筋	1 t	0.032	钢材及钢结构	
6-1-7-16	单柱式铝合金标志立柱	10 t	0.017	钢材及钢结构	
6-1-7-17	单柱式铝合金标志面板	10 t	0.002	钢材及钢结构	
604-5	单悬臂式交通标志				
-a	矩形3360×2200×3 mm 铝合金标志	块	3		
6-1-7-4	金属标志牌基础混凝土	10 m³实体	0.864	钢材及钢结构	
6-1-7-5	金属标志牌基础钢筋	1 t	0.174	钢材及钢结构	
6-1-7-20	单悬臂铝合金标志立柱	10 t	0.213	钢材及钢结构	
6-1-7-21	单悬臂铝合金标志面板	10 t	0.050	钢材及钢结构	
604-6	里程碑				
-a	C25混凝土	块	7		
6-1-11-1	里程碑	100块	0.07	构造物Ⅰ	
604-7	公路界碑				
-a	C25混凝土	块	48		
6-1-11-3	界碑	100块	0.48	构造物Ⅰ	
604-8	百米桩				
-a	C25混凝土	块	66		
6-1-11-2	百米桩	100块	0.66	构造物Ⅰ	

续表

编号	子目名称	单位	数量	取费	备注
605-2	热熔型涂料标线				
-a	厚 2 mm 反光标线	m²	4854.04		
6-1-9-4	热熔标线沥青路面	100 m²	48.54	构造物Ⅰ	740 反光膜换成二 74002 级反光膜
-b	厚 5 mm 突起反光振荡标线	m²	158.00		
6-1-9-4	沥青路面热熔标线	10 m²	0.158	构造物Ⅰ	增：738005 震荡标线涂料量 469.0

习 题

1. 简述安全设施的分类。
2. 简述交通安全设施包括的内容。
3. 简述交通标线的分类。
4. 简述路面标线涂料分类。
5. 简述《计量规范》安全设施及预埋管包含的工作内容。
6. 根据例 9-1 背景资料及编制的工程量清单，编制报价原始数据表。
7. 根据例 9-2 背景资料及编制的工程量清单，编制报价原始数据表。
8. 根据例 9-3 背景资料及编制的工程量清单，编制报价原始数据表。
9. 根据表 9.22，试编制报价原始数据表。

表 9.22 工程量清单

子目号	子目名称	单位	数量	综合单价	合价
605-7	凸起路标				
-a	透射型凸起路标金属类（双面）	个	1600		

10 绿化及环境保护

10.1 基本问题

绿化及环境保护工程，长期以来，多在公路竣工交养后，由管养部门根据公路沿线和季节情况，逐年进行公路行道树的种植，所需费用大都在养路费内解决。在《公路基本建设工程概预算编制办法》中，以绿化补助定额的形式计入工程造价，在公路交养时，由建设单位将绿化补助费如数拨付给养护部门。

近些年来，随着高等级公路的修建，绿化及环境保护越来越受重视，对其设计、施工、造价也提出了更高要求，一般要求在公路交工之前，完成施工，一并移交管养部门管理。

为了适应现代公路建设的需要，《公路工程标准施工招标文件》(2009年版)、《预算定额》均有相应的内容，编制造价时，需要根据工程的实际情况和设计资料，正确计量计价。

10.1.1 绿化补助费指标

《公路基本建设工程概预算编制办法》规定，新建公路的绿化补助费指标如下：
平原微丘区：5000 元/km；
山岭重丘区：1000 元/km。
以上费用标准内容已包括其他工程费和间接费。
本地指标仅适用于无绿化设计的二级以下公路建设项目。
当拟建公路项目，有具体的绿化设计时，应按照设计进行计量计价，此时不再计入绿化补助费。

10.1.2 养护

在绿化工程施工完工后至交工验收前，有维护保养期，按合同、规范或者当地的文件规定执行。没有规定时，一般可按浇水三次，松土除草、施肥一次，绿化成活保养期三个月，计列养护费用。

10.1.3 绿化工作施工注意事项

（1）种植前应对上下边坡、中央分隔带及互通立交范围内和服务区的绿化种植区内土壤进行处理。

（2）在公路施工及缺陷责任期间，绿化工作的管理与养护以及任何缺陷的修正与弥补，均是承包人的责任。

（3）缺陷责任期满时，苗木成活率和草坪覆率均应达到 95%，如果承包人在缺陷责任期满时，苗木成活率和草坪覆率未能达到 95%，则监理人有权暂停退还保留金并要求承包人重新补种，同时相应责任期延长一年。

（4）露地栽培花卉应符合下列规定：

① 一、二年生花卉，株高应为 100～400 mm，冠径应为 150～350 mm，分枝不应少于 3～4 个，叶簇健壮，色泽明亮。

② 宿根花卉，根系必须完整，无腐烂变质。

③ 球根花卉，根茎应苗壮、无损伤，幼芽饱满。

④ 观叶植物，叶色应鲜艳，叶簇丰满。

（5）植生带，厚度不宜超过 1 mm，种子分布均匀，种子饱满，发芽率应大于 95%。

（6）播种用的草坪、草花、地被植物种子均应注明品种、品系、产地、生产单位、采收年份、纯净度及发芽率，不得有病虫害。

（7）根据设计要求的所有栽植苗木应优先采用本地区的苗木。如果本地区缺少或必须到外地采购时，事先应提交采购报告并必须经严格检疫，批准后方可采购。

（8）绿化工程检验评定的时间应符合下列规定：

① 植物材料与绿化辅助材料的质量与规格应在施工前分批进行检验与控制。

② 植物材料的成活率、发芽率、覆盖率的检验评定应在一个年生长周期满后进行。

10.1.4 铺设表土

1. 材料

（1）表土应为松散的、具有透水作用并含有有机物质的土壤，能助长植物生长，不应含有盐、碱土，且无有害物质以及大于 25 mm 的石块、棍棒、垃圾等；采集时，表土上生长有茂盛农作物、草或其他植物时，则证明该土质是良好的。

（2）开挖的表土，是指承包人可以在公路用地界内取得，其开挖的部位、深度，应在监理人指导下进行；如当地无表土可取，承包人应负责自他处取得。

（3）利用的表土，是指清理场地或道路挖方开挖存放的适用材料。

（4）种植前应对绿化场地的土壤理化性质进行化验分析，根据分析结果采取相应土壤改良措施，并提供土质检验报告及土壤改良措施报告。

（5）种植地的土壤含有建筑废土及其他有害成分，以及强酸性土、强碱土、盐土、重黏土、沙土等不能直接采用，均应根据设计规定，采用客土或采取改良土壤的技术措施。

2. 地表面的准备

（1）覆盖表土范围的地表面，应进行深翻，将土块打碎，使其成为均匀的种植土。不能打碎的土块，大于 25 mm 的砾石、树根、树桩和其他垃圾应清除并运到监理人同意的地点废弃。

（2）通过翻松、加填或挖除以保持地表面的平整。

3. 铺设

（1）表土铺设厚度应符合表 10.1 的要求。当表土过分潮湿或不利于铺设时，不应进行铺设。除非另有规定，表土铺设完成后，其表面标高应比路缘石、集水井、人行道、车行道或其他类似结构低 25 mm。

表 10.1 植物生长的最小土层厚度

植物种类	植物生长的最小厚度（m）	植物种类	植物生长的最小厚度（m）
草本花卉	0.30	浅根乔木	0.90
小灌木	0.45	深根乔木	1.50
大灌木	0.60		

（2）表土铺设后，承包人应用机具将表土滚压，并形成至少深 50 mm 的纵向沟槽。全部铺设面积应具有均匀间隔的沟槽，其方向宜垂直于天然水流，以利于排水，但图纸或监理人另有要求者除外。

10.1.5 撒播草种、铺植草皮

1. 材料

（1）草种。

应选择适合于当地气候条件、易于生长的草种，或经监理人同意或指示的其他混合草种。混合草种应试验其萌芽情况，其纯度和萌发率均应超过 90%。

（2）草皮。

① 种植草皮应具有耐旱、耐涝、容易生长、蔓面大、根部发达、茎低矮强壮和多年生长的特性。

② 铺栽草坪用的草块及草卷应规格一致，边缘平直，基本无杂草。草块土层厚度 30~50 mm，草卷土层厚度宜为 10~30 mm。

③ 播种用的草坪、草花、地被植物种子均应注明品种、品系、产地、生产单位、采收年份、纯净度及发芽率，不得有病虫害。自外地引进种子应有检疫合格证。发芽率在 90% 以上的方可使用。

2. 肥料

（1）应优先使用经过沤制的农家肥。

（2）如使用化肥时，应为标准农用化肥并按袋装提供。化学肥料中氮、磷、钾的含量应根据施工季节和土壤肥力状况选定。

（3）混合肥料由 10% 的有机肥、20% 的化肥、70% 的表土，均匀拌和而成。有效营养成分符合要求的液体化肥也可使用。

3. 撒播草种

（1）播种方法及用量。

a. 播种时应先浇水浸地，保持土壤湿润，稍干后将表层土耙细耙平，进行撒播，均匀覆土 3~5 mm 后轻压，然后喷水。

b. 播种后应及时喷水，水点宜细密均匀，浸透土层 80~100 mm，除降雨天气，喷水不得间断。亦可用草帘覆盖保持湿度，至发芽时撤除。

c. 植生带铺设后覆土、轻压、喷水，方法同播种。

d. 坡地和大面积草坪铺设可采用喷播法。

e. 除图纸另有规定或监理人指示外，草籽播种量一般情况下每 1000 m² 平地面不少于 6 kg，坡地面不少于 9 kg。

f. 将采用的草籽和混合肥料拌和，均匀地撒播到已准备好的表土区内。也可在播种前不多于 48 h 施肥，使肥料深入到表土层内，化肥的施肥量每 1000 m² 不少于 70 kg。

（2）播种季节。

a. 应在图纸规定的季节正常播种、施肥和覆盖。如图纸未规定具体日期时，应在当地生长季节进行播种、施肥和覆盖。

b. 在刮风天不应播种，也不应在过湿或未经耕作的土地播种。

（3）干播。

干播法应采用经监理人同意的机动播种机、条播机或其他机械设备。对于机械设备不能进入的地区可以用人工播种。播种后的地面应用监理人认可的机具在 24 h 内轻轻压实，随即浇水。

（4）喷播。

喷播一般用于坡度较大的地段，喷播应采用经监理人同意的技术方案和机具。喷播前必须按喷播技术要求进行坡面处理，打桩挂网，并保证喷播种子的均匀程度和萌发质量。

4. 铺植草皮

（1）铺植季节。

a. 除非图纸上另有标明或监理人指示，铺植草皮应根据不同草皮在当地最适宜的季节进行铺植；种植的适宜季节和草种类型选择应符合《城市绿化工程施工及验收规范》（CJJ/T82—1999）的要求。

b. 土壤条件不适合种植时不应铺植。

（2）提供草皮、检查及运送。

a. 承包人应在铺植工作前 14 d，向监理人提供有关草皮供应来源的全部资料，监理人可随时前来检查。所有草皮应符合现行关于植物病害及昆虫传染检疫的法规，承包人应送交监理人必要的全部检疫证明。

b. 从采集场地运出前不少于 7 d，承包人应以书面形式通知监理人，在采集场地挖移以前检查草皮。监理人同意挖移的草皮，并不意味着最后验收。

c. 草皮块运输时宜用木板置放 2～3 层，保护好根系。移植发育充分并有足够根系的草皮，装卸时应防止破碎。

（3）铺植草皮在铺植地表的准备工作完成以后，即可铺植草皮，可密铺或间铺成条状方格。铺植的形式，按图纸要求。铺草皮时，除平铺外，在边坡较高较陡之处也可铺植，即自坡脚处向上钉铺，用小尖木桩或竹签将草皮钉固于边坡上。密铺应互相衔接不留缝，间铺间隙应均匀，并填以种植木。铺植后应进行滚压、喷灌浇水。

5. 草批混播

（1）选择两个以上草种时应具有互为利用、生长良好、增加美观的功能

（2）混播应根据生态组合、气候条件和设计确定草坪植物的种类和草坪比例。

（3）同一行混播应按确定比例混播在一行内，隔行混播应将主要草种播在一行内，另一草种播在另一行内。混合撒播应浇筑播种床育苗。

6. 喷播植生

（1）坡面处理。

坡面处理措施：对于一般坡面应进行常规处理——刷除多余土方、平整竖向冲沟、耙松光滑坡面表土，对于坡率大于 1:1 的陡坡应对坡面进行特殊处理——沿等高线开挖凹槽、植沟或蜂窝状浅坑。

（2）喷播材料配比。

采用适宜混生互补的草种与肥料、黏合剂、保水剂、内覆纤维材料、色素及水等按一定比例放入混料罐内。

（3）喷播方法。

a. 承包人应事先将采用的机具和播种方法通知监理人，必要时承包人应在工程开始前作工艺野外试验。

b. 通过搅拌器将混合液搅拌至全悬浮状后，按最佳着地点状后，按最佳着地点（射液抛物线最高点后 1~3 m 范围内）。

要求均匀喷播在欲建边坡裸地，形成均匀覆盖层保护下的草种层。

（4）铺设无纺布及浇水养护。

施工完成后，铺设无纺布覆盖，并浇水养护。

10.1.6 种植乔木、灌木和攀缘植物

1. 植物品种

（1）所有植物应考虑公路沿线地区特点，选择适合于当地气候条件易于生长的并有丰满干枝体系和苗壮的根系。植物应无缺损树节、擦破树皮、受风冻伤害或其他损伤，植物外观应显示出正常健康状态，能承受上部及根部适当的修剪。无特殊规定或图纸标明，所有植物应在苗圃采集。

（2）乔木应具有发育良好的枝杈，根据其自然习性对称生长。

（3）运到现场的乔木高度应符合图纸要求，其胸径（树高出地面 1.3 m 处）应不小于 30 mm。按图纸所示，种在坡脚或沿边沟的灌木高度不小于 1.0 m。

（4）不允许采用代替品种，除非证实在承包期内的正常种植季节采集不到规定的植物。只有经监理人同意后，才允许种植代替品种。

2. 工艺要点

（1）在运出植物前，应由园艺人员按起苗、调运等技术要求负责将植物挖出、包扎、打捆，以备运输；任何时候，植物根系应保持潮湿、防冻、防止过热。落叶树在裸根情况下运输时，必须将根部包涂黏土浆，使根的全部带有泥土，然后包装在稻草袋内。所有常青树及灌木的根部，均应连同掘出的土球用草袋包装。运到工地及种植前，这些土球应结实，草包应完好，树冠应仔细捆扎以防止枝杈折断。

（2）植物以单株、成捆、大包或容器内装有一株或多株植物运到工地时，均应分别系有清楚的标签，标明植物名称、尺寸、树龄或其他详细资料，这对鉴别植物是否符合规定是必要的。不能对各单株植物分别标明时，标签内应说明成捆、成包以及容器内的各种规格植物的数量。

（3）储存和保护。

① 运到工地后 1 d 内种不完的植物，应存放在阴凉潮湿处，以防日晒风吹，或暂进行假植。

② 裸根树种应将包打开，放在沟内，根部暂盖壅土，并保持湿润。

③ 带有土球及草袋包装的植物，应用土、稻草或其他适当材料加以保护，并保持土、稻草等潮湿，以防根系干燥。

（4）刨坑。

① 刨坑、刨槽的规格要求。

a. 刨坑、刨槽位置要准确，坑径应根据根系、土球大小及土质情况而定，刨坑、刨槽要直上直下成桶形，不得上大下小或上小下大，以免造成窝根或填土不实。

b. 坑径一般可比植物的根系或土球直径大 0.2~0.3 m，具体规定如表 704-1、表 704-c。如遇土质过黏、过硬或含有有害物质如石灰、沥青等，则应适当加大坑径。

② 刨坑的操作。

a. 刨坑时应以所定位置为中心按规定坑径划一圆圈作为刨坑的范围。

b. 挖坑时应将表土与底土分别置放，不同的土质亦应分开堆放。堆放位置以不影响栽植为宜。刨坑到规定深度后在坑底垫底土。

c. 挖坑的坑壁要随挖随修使其成直上直下形状，不要成锅底形。

d. 刨坑时如发现地下管道、电缆等地下设施应停止操作，并及时向监理人报告，请示处理办法。

e. 在斜坡处挖坑应先做成一平台，平台大小应以坑径最低规格为依据，做成后在平台上再挖坑。

f. 在土层干燥地区应于种植前浸穴。

g. 挖穴、槽后，应施入腐熟的有机肥作为基肥。

10.1.7 声屏障

1. 砌筑吸声砖声屏障

（1）按图纸的要求施工，在规定的位置预埋钢管（钢筋混凝土柱）加强柱，并在柱顶浇筑混凝土底板以及在柱间浇筑混凝土承台。混凝土的施工要求应符合本规范第 410 节的规定。

（2）底板和承台混凝土强度达到强度等级后，即可在其上砌筑预制吸声砖，砌筑时施工工艺应符合图纸的规定。

（3）钢管加强柱如果不是镀锌钢管，应在预埋前加以防锈处理。

2. 插装消声板声屏障

（1）按图纸要求施工，在规定的位置浇筑钢筋混凝土柱桩基础，并在柱桩顶部预埋钢板和螺栓；在柱桩间浇筑混凝土连梁。混凝土浇筑的施工要求应符合本规范第 410 节的规定。

（2）钢管立柱与柱顶部预埋钢板联结应牢固，立柱两侧焊接的嵌口槽钢，其焊接位置应准确。

（3）在立柱间插装消声板元件，应用压紧件使元件插装牢固。

（4）钢管立柱及嵌口槽钢应按图纸要求进行防锈处理。

3. 砌筑砖墙声屏障

（1）按图纸的要求施工，砌筑前，所有用砖应用干净水浸润，使在砌筑时具有足够的湿度。

（2）墙体过长时，应按图纸规定或监理工程师指示设置沉降缝。

（3）砖墙的基础应按图纸规定的地段或监理工程师指示进行基坑开挖，达到图纸规定的标高后,对地基应加夯实,符合图纸要求并经监理工程师同意,方可砌筑基础。

(4)基础砌筑完成并经检验合格,方可进行墙身砌筑。

(5)墙身砌筑,应上下错缝,内外搭砌,砌缝宽度以 10 mm 为宜;墙身横竖砌缝应填满砂浆,勾缝的外露面所留缝槽深度宜为 10~15 mm。

(6)砌筑墙身,应挂线砌筑,以保证墙身平整和顺直。

(7)砌筑工作中断时,应将砌完不久的部位覆盖并洒水养生;恢复砌筑时,应先将已砌部位表面清理干净并洒水润湿,然后再行砌筑。

10.2 清单编制

《计量规范》绿化及环境保护为 700 章,工作内容包括为公路沿线及附属结构地域内,为净化空气、减少噪声、防止水土流失、美化环境等所增设的必要设施的施工及其管理等的有关作业。分 6 节,第 1 节通则,第 2 节铺设表土,第 3 节撒播草种和铺植草皮,第 4 节种植乔木、灌木和攀缘植物,第 5 节植物养护和管理,第 6 节声屏障,其中第 1 节和第 5 节不计量与支付。

10.2.1 第1节通则

本节内容不计量与支付。

10.2.2 第2节铺设表土

本节内容为在公路绿化工作开始前,在公路绿化区域(含路堤、中央分隔带及互通立交范围内的绿化种植区)内按照图纸布置和植物生长的最小土层厚度要求,保持地面的平整、翻松、铺设表土等施工作业。

1. 计量

(1)表土铺设应按完成的铺设面积并经验收以立方米为单位计量。

(2)铺设表土的准备工作(包括提供、运输等),为承包人应做的附属工作,不另予计量。

2. 支付

每一项支付子目包括材料、劳力、设备、检验、运输等及其他为完成铺设表土所必需的费用,是对完成铺设表土的全部偿付。但在工作进行中根据工程进度分期支付:

在本合同段全部绿化工程实施完经验收合格后支付 80%,一年后再付剩余的 20%。

3. 支付子目(表 10.1)

表 10.1 第 702 节铺设表土支付子目

子目号	子目名称	单位
702-1	开挖并铺设表土	m^3
702-2	铺设利用的表土	m^3

注:各节可以按绿化区域路侧(护坡道、碎落台……)、中央分隔带、服务区、互通分别列项。

10.2.3 第 3 节 撒播草种和铺植草皮

本节内容为按照图纸所示或监理人指示,在公路绿化区域内铺设表土的层面上撒播草种,或铺植草皮和施肥、布设喷灌设施等绿化工程作业。

1. 计量

(1)撒播草种按经监理人验收的成活草种的面积以平方米为单位计量。
(2)草种、水、肥料等,作为承包人撒播草种的附属工作,均不另行计量。
(3)铺草皮按经监理人验收的数量以平方米为单位计量,密铺、间铺按不同支付子目计量、支付。
(4)需要铺设的表土,按表土的来源,在本规范第 702 节相关支付子目内计量。
(5)绿地喷播设施按图纸所示,敷设的喷灌管道以米为单位计量。喷灌设施的闸阀、水表、洒水栓等均不另行计量。

2. 支付

每一项支付子目包括材料、劳力、设备、运输和养护、管理等及其他为完成绿化工程所必需的费用,是对完成工程的全部偿付。但在工作进行中根据工程进度分期支付:

(1)在开始种植时期按工作量预付给承包人工程款项的 40%,支付的确实数额由监理人决定。
(2)其余支付承包人款项,在工程交工验收植物栽植成活率符合规定后支付,未达到成活率要求的应进行补植。

3. 支付子目(表 10.2)

表 10.2 第 703 节撒播草种和铺植草皮支付子目

子目号	子目名称	单位
703-1	撒播草种	m²
703-2	铺植草皮	
-a	马尼拉草皮	m²
-b	美国二号草皮	m²
	……	
703-3	绿地喷灌管道	m

注:各节可以按绿化区域路堑边坡、路侧(护坡道、碎落台……)、服务区、互通分别列项。

10.2.4 第 4 节 种植乔木、灌木和攀缘植物

本节工作内容为按照图纸所示或监理人指示,对公路绿化区域内提供和种植乔木、灌木和攀缘植物作业。

1. 计量

(1)人工种植经监理人按成活数验收,乔木、灌木及人工种植攀援植物均以棵计量。
(2)需要铺设的表土,按表土的来源,在本规范第 702 节支付子目内计量。

（3）种植用水，设置水池储水，均作为承包人种植植物的附属工作，不另予计量。

2. 支付

每一项支付子目包括材料、劳力、设备、运输和养护、管理等及其他为完成绿化工程所必需的费用，是对完成工程的全部偿付。但在工作进行中根据工程进度分期支付：

（1）在开始种植时期按工作量预付给承包人工程款项的40%，支付的确实数额由监理人决定。

（2）其余支付承包人款项，在工程交工验收植物栽植成活率符合规定后支付，未达到成活率要求的应进行补植。

3. 支付子目（表10.3）

表10.3 第704节种植乔木、灌木和攀缘植物支付子目

子目号	子目名称	单位
704-1	人工种植乔木	
-a	香樟	棵
-b	大叶樟	棵
-c	杜英	棵
……		
704-2	人工种植灌木	
-a	夹竹桃	棵
-b	木芙蓉	棵
-c	春杜鹃	棵
……		
704-3	人工种植攀缘植物	棵

10.2.5 第5节 植物养护和管理

本节工作内容为公路绿化工作从开始种植到工程缺陷责任期结束，所有按本规范703及704节施工的种植物进行管理和养护。

通过整个绿化工程的实施应能营造出高速公路绿色走廊、固土、美化景观的效果，使道路和周围环境相协调，通过植物搭配，减少污染和噪声。

种植物的养护和管理是承包人完成绿化工程的附属工作，不另计量与支付。

10.2.6 第6节 声屏障

本节工作内容为根据图纸要求，在公路路侧居民集中区、学校教学区、医院病房区等设置声屏障等隔声音设施以及与此有关的施工作业。

1. 计量

吸、隔声板声屏障应按图纸施工完成经监理人验收的现场量测的长度，以米为单位计量；吸声砖及砖墙声屏障以立方米为单位计量。声屏障的基础开挖、基底夯实、基坑回填、立柱、横板

安装等工作为砌筑吸声砖声屏障及砌筑砖墙声屏障所必需的附属工作,均不另行计量。

2. 支付

每一项支付子目包括材料、劳力、设备、运输等及其他为完成声屏障所工程必需的费用,是对完成工程的全部偿付。

3. 支付子目(表10.3)

表10.4 第706节声屏障支付子目

子目号	子目名称	单位
706-1	吸、隔声板声屏障	m
706-2	吸声砖声屏障	m^3
706-3	砖墙声屏障	m^3

注:消声板声屏障可按其高度不同以子项列出。

例10-1: 某高速公路绿化数量见表10.5,乔木土球直径40 cm,灌木裸根种植,树穴土质为普通土。中央分隔带每百米种植胸径5~7 cm刺柏4株,其余地方种植灌木,株距1 m,撒播白三叶,种植土列入中央分隔带排水中回填土方。平交合围区绿化种植胸径7~9 cm的乔木小叶榕25株、黄槐25株,其余地方种植灌木,撒播白三叶。绿化灌木为三角梅,高度1.5 m,地径5 cm。试编制绿化工程的工程量清单表。

表10.5 绿化工程数量表

起讫桩号	中央分隔带				平交合围区绿化				
	长度(m)	乔木(株)	灌木(株)	植草(m^2)	面积(m^2)	乔木(株)	灌木(株)	植草(m^2)	种植土(m^3)
K51+520.00—K55+260.00	3527	136	2847	6208					
平交					2468	50	686	2468	1974

解:(1)计算清单工程量。

① 乔木。

刺柏:只在中央分隔带有,数量136株。

小叶榕、黄槐,只在平交合围区有,数量25株、25株。

② 灌木。

三角梅:2847+686=3533(株)

③ 撒播。

白三叶:6208+2468=8676(m^2)

(2)编制工程量清单见表10.6。

表10.6 工程量清单

子目号	子目名称	单位	数量	综合单价	合价
702-1	开挖并铺设表土	m^3			
-a	平交区绿化	m^3	1974		
703-1	撒播草种	m^2			

续表

子目号	子目名称	单位	数量	综合单价	合价
-a	干播白三叶	m²	8676		
704-1	人工种植乔木				
-a	刺柏胸径 5~7 cm	株	136		
-b	小叶榕胸径 7~9 cm	株	25		
-c	黄槐胸径 7~9 cm	株	25		
704-2	人工种植灌木				
-a	三角梅：高度 1.5 m，地径 5 cm	株	3533		

10.3 预算定额应用

本章清单对应的定额主要是第六章交通工程及沿线设施中的第七节绿化工程。

第七节绿化工程节说明

（1）死苗补植在栽植子目中已包含，使用定额时不得更改。盆栽植物均按脱盆的规格套用相应的定额子目。

（2）苗木及地被植物的场内运输已在定额中综合考虑，使用定额时不得另行增加。

（3）本定额的工作内容中清理场地，是指工程完工后将树穴余泥杂物清除并归堆，若有余泥杂物需外运时，其费用另按土石方有关定额子目计算。

（4）栽植子目中均按土可用的情况进行编制，若需要换土，则按有关子目进行计算。

（5）当编制中央分隔带部分的绿化工程预算时，若中央分隔带内的填土没有计入该项工程预算，其填土可按路基土方有关定额子目计算，但应扣减树穴所占的体积。

（6）为了确保路基边坡的稳定而修建各种形式的网格植草或播种草籽等护坡，应并入防护工程内计算。

（7）测量放样均是指在场地平整好，达到设计要求后进行的，场地平整费用另按场地平整定额子目计算。

（8）运苗木子目仅适用自运苗木的运输。

（9）本定额适用于公路沿线及管理服务区的绿化和公路交叉处（互通立交、平交）的美化绿化工程。

（10）本定额中的胸径是指距地坪 1.30 m 高处的树干直径；株高是指树顶端距地坪的高度；篱高是指绿篱苗木顶端距地坪的高度。

例 10-2：以例 10-1 题的资料，绿化成活期保养，植草考虑 3 个月，乔木、灌木 6 个月，铺设表土外借购买，运输到工地价格 18 元/m³，编制报价原始数据表。

解：（1）根据工程量清单，确定和计算定额工程量。

① 挖树穴。

按技术规范，树高度为 1.5~2 m 时坑径为 0.7 m×0.5 m，则每树穴挖方量：$\pi \times 0.35^2 \times 0.5 = 0.192$（m³）

挖树穴刺柏：$0.192 \times 136 = 26.11$（m³）

挖树穴小叶榕：$0.192 \times 25 = 4.80$（m³）

挖树穴黄槐：0.192×25=4.80（m³）

按技术规范,灌木高度为1.5 m时坑径为0.6 m×0.4 m,则每树穴挖方量：π×0.3²×0.4=0.113（m³）

挖树穴三角梅：0.113×3533=399.23（m³）

② 绿化成活期保养。

植草：8676×3÷100=260.28（100 m²·月）

刺柏：136×6÷100=8.16（100 株·月）

小叶榕：25×6÷100=1.50（100 株·月）

黄槐：25×6÷100=1.50（100 株·月）

三角梅：3533×6÷100=211.98（100 株·月）

报价原始数据表见表10.7。

表10.7　报价原始数据表

编号	子目名称	单位	数量	取费	备注
702-1	开挖并铺设表土	m³			
-a	平交区绿化	m³	1974		
1-1-7	人工夯实	100 m³	1.974		增加种植土18元/m³
703-1	撒播草种	m²			
-a	干播白三叶	m²	8676		
6-7-5-3	栽植（片植）地被播种点播、条播	100 m²	86.76		
6-7-7-2	追肥绿篱、地被	100 m²	86.76		
6-7-8-5	绿化成活期保养绿篱、地被	100 m²·月	260.28		
6-7-7-2	松土除草	100 m²	86.76		
704-1	人工种植乔木				
-a	刺柏胸径5~7 cm，枝下高2 m	株	136		
6-7-1-2	挖树穴普通土	100m³	26.11		
6-7-2-4	栽植乔木带土球直径40 cm	100 株	1.36		
6-7-6-7+9	洒水汽车运水、浇水	1000 株	0.136		
6-7-7-2	追肥乔木胸径10 cm以下	100 株	1.36		
6-7-8-1	绿化成活期保养乔木胸径10 cm以下	100 株·月	8.16		
-b	小叶榕胸径7~9 cm，枝下高2 m	株	25		
6-7-1-2	挖树穴普通土	100m³	4.80		
6-7-2-4	栽植乔木带土球直径40 cm	100 株	0.25		
6-7-6-7+9	洒水汽车运水、浇水	1000 株	0.025		
6-7-7-2	追肥乔木胸径10 cm以下	100 株	0.25		
6-7-8-1	绿化成活期保养乔木胸径10 cm以下	100 株·月	1.50		
-c	黄槐胸径7~9 cm，枝下高2 m	株	25		
6-7-1-2	挖树穴普通土	100m³	4.80		
6-7-2-4	栽植乔木带土球直径40 cm	100 株	0.25		

续表

编号	子目名称	单位	数量	取费	备注
6-7-6-7+9	洒水汽车运水、浇水	1000株	0.025		
6-7-7-2	追肥乔木胸径10 cm以下	100株	0.25		
6-7-8-1	绿化成活期保养乔木胸径10 cm以下	100株·月	1.50		
704-2	人工种植灌木				
-a	三角梅：高度1.5 m，地径5 cm	株	3533		
6-7-1-2	挖树穴普通土	100m³	399.23		
6-7-3-12	栽植灌木裸根株高150 m以内	100株	35.33		
6-7-7-2	追肥乔木胸径10 cm以下	100株	35.33		定额6-7-7松土除草、追肥注：灌木按"胸径10 cm以下乔木"子目计算
6-7-8-4	绿化成活期保养灌木	100株·月	211.98		

11 其他工程

11.1 临时工程

11.1.1 临时工程的概念

临时工程只是起着参与永久性工程形成的作用,公路建成交付使用后,必须拆除使其恢复原状。它与辅助工程有相同的性质,不同点在于临时工程一般不单作专一的服务对象。现行公路工程概预算定额规定,临时工程有汽车便道、临时便桥、临时码头、临时轨道铺设、临时电力线路、临时电信线路六项。

11.1.2 临时工程内容及其规定

1. 汽车便道

应予修建的便道有两种情况:一是专供汽车运输建筑材料用的,二是专供大型施工机械进场用的。这两种便道的性质是一样的,只是修建标准有所差异。

便道有双车道和单车道两种标准,双车道的路基宽度为 7.0 m,单车道为 4.5 m,一般根据运输任务的大小来确定。如果是常年使用的便道,为保证晴雨畅通,还应加铺路面,同时,应根据使用期的长短,计入养护维修所需的费用。若只要求晴通雨不通,或一次性的使用便道,如只供大型施工机械进场用的便道,或运输任务不大的便道,则可修建为单车道并不铺设路面。

凡预制场、拌和场及生活区内部通行的汽车便道,均不能计入汽车便道的数量内。其项目属于现场经费中的临时设施内容,修建施工现场已包括场内道路,不能再重复计算。

2. 临时便桥

临时便桥是指便道在跨沟涉河处必须修建的桥梁,有时在修建大型桥梁时,为两岸运输建筑材料等的需要,也要修建临时用桥,若达不到通行汽车的标准,则不能列入便桥项目内计入工程造价,是属于现场经费中的临时设施费范围的内容。

为了贯彻以钢代木,节约木材的目的,公路工程概算预算定额只规定了钢便桥一种结构形式。即利用公路装配式钢梁桁节(贝雷桁架)组成,在编制工程造价时,必须贯彻执行,不得变更定额内容或进行抽换。

3. 临时码头

当建设工程处在通航地区,为利用水上运输工具进行建筑材料的运输,或桥梁水下施工需要工程拖轮和工程驳船运送材料和构件时,必须修建临时码头才能进行装卸工作。临时码头有重力式石砌码头和装配式浮箱码头两种结构形式。一般应结合当地的实际情况在经济合理的原则下选定。

浮箱码头是由多个以钢板做成的浮箱拼组而成的,并用钢筋混凝土锚碇进行固定。

4. 临时轨道铺设

临时轨道铺设是指在进行大型混凝土构件的预制时,铺设在预制场内的轨道,预制场至桥头和桥面上应铺设的轨道,以及供龙门架行走的轨道,专供大型混凝土预制构件的出坑、运输、堆放和运至桥上安装之用。临时轨道按钢轨的质量分为 11 kg/m、15 kg/m、32 kg/m 三种不同的标准,一般根据预制构件的单件质量确定。

5. 临时电力线路

临时电力线路是指在公路工程施工过程中,当工程用电使用工业电源时,需要安设由高压输电线路到工地变电站之间的电力线路。至于变电站或自发电的厂房至施工现场各个作业用电点的线路,是一种低压线路,属于现场经费中的临时设施费的范围内容,就不得计入临时电力线路内。

此外,在修建大型桥梁时,由于工程用电的需要,必须敷设水下电缆,可结合建设工程的实际情况,参照电力部门的有关规定和要求确定,计入临时电力线路项目内,作为编制工程造价的依据。接高压线路或变电站接线处至工地变压器之间的距离作为输电线路计算长度。变压器或自备发电机房至现场用电点的距离不得计入输电线路内。

6. 临时电信线路

临时电信线路是指施工现场各施工点与驻施工现场的管理机构,以及与外界的通信联系而需架设的电话线路。一般是按从当地附近的电信局连接到工地各施工点的线路长度作为编制工程造价的依据。在实际工作中,不论施工单位今后将采用何种通信方式,一般可按公路的修建长度,作为编制工程造价的依据。

上述临时工程在项目竣工时,不需办理工程验收和工程点交手续,只需将费用纳入竣工决算,但其必须予以拆除,恢复生态环境。值得注意的是,为生产、生活而修建的现场临时设施,如办公室、宿舍、仓库、加工房、机械工棚等临时房屋、生活区内的汽车便道、便桥,变压器或发电房到施工现场和生活用电线路,施工和生活用的输水线路,架子车和机动翻斗车行驶的便道,施工机械搁置场地以及临时围墙等,按现行公路工程造价编制办法规定,综合为其他工程费中的临时设施费,按费率计算,不得将上述内容归入临时工程。

11.1.3 临时工程定额说明

1. 定额运用中不得另行计算的项目

钢筋混凝土锚定额中已包括栓锚钢丝绳及锚链的数量,编制预算时不得另行计算。详见《预算定额》表[947-7-1-3]。

2. 定额运用中允许另行计算的项目

(1)重力式砌石码头定额中不包括码头拆除的工程内容,需要时可按"桥涵工程"项目中的"拆除旧建筑物"定额另行计算。

(2)定额中便桥,输电、电信线路的木料、电线的材料消耗均按一次使用量计入,编制预算时应按规定计算回收;其他各项定额分不同情况,按其周转次数摊入材料数量。详见《预算定额》表[945-7-1-2]、表[951-7-1-5]。

（3）定额中的设备摊销费按使用四个月编制，使用期不同时可调整。详见《预算定额》表[945-7-1-2]。

（4）定额中的钢管桩为使用一年的消耗量，使用期不同时可调整。详见《预算定额》表[945-7-1-2]。

（5）浮箱码头定额中每 100 m² 码头平面面积的浮箱质量为 25.365 t，其设备摊销费按每吨每月 90 元，并按使用 12 个月编制。若浮箱实际质量和施工期不同时，可予以调整。详见《预算定额》表[947-7-1-3]。

（6）设备摊销费为变压器的费用，按施工期 2 年计算，若施工期不同，可按比例调整。详见《预算定额》表[951-7-1-5]。

3. 定额表中的数据需要调整的说明

（1）汽车便道项目中未包括便道使用期内养护所需的工、料、机数量，如便道使用期内需要养护，编制预算时，可根据施工期按《预算定额》章说明 2 所列表中数据增加数量。详见《预算定额》表[944-7-1-1]。

（2）轨道铺设如需设置道岔，每处道岔工、料按相应轨道铺设增加，轨道质量 11 kg/m、15 kg/m 的增加 16 m，轨道质量 32 kg/m 的增加 31 m。详见《预算定额》表[950-7-1-4]。

11.2 辅助工程

11.2.1 辅助工程含义及其规定

辅助工程，是相对于主体工程而言的，它有具体的服务工程对象，但在施工过程中只起辅助性的作用，不构成主体工程的实体，通常是将其费用综合在相应的使用对象的工程造价内，除个别外，一般都不单独反映这些辅助工程的内容，亦不得作为计量支付的依据。

辅助工程虽然不构成永久性工程的实体，只是辅助其形成，却又有它的具体要求和一定的适用范围及其施工技术规定。例如，在水中建造桥梁基础工程时，必须修筑围堰辅助工程，其结构形式因水深而异，没有围堰基础工程主体就无法施工，主体工程完成后，辅助工程应及时予以拆除。一般来说，辅助工程没有统一的计算工程数量的标准，必须根据工程项目实际情况逐项分析研究才能确定其工程量。

在公路工程造价编制中，有些临时工程设施，如混凝土的模板、砌石工作的脚手架等，就其性质而言，也属于辅助工程范畴，但它与圬工体积直接相关，为了简化工程造价的编制工作，将其综合在相应的定额中，不单独计算这些临时工程设施所需的费用。而另外一些辅助工程必须根据公路工程设计文件的规定及要求，在编制施工组织设计时，合理确定辅助工程的工程量。如以下路基、路面、桥涵和隧道工程中，辅助工程量都必须计算。

（1）路基工程有以下几项应予增加的数量，并计入填方内计算。清除表土或零填方地段的基底压实，耕地填前夯实，回填至原地面高程的土石方数量；路基沉陷需要增加的土石方数量，或进行路堤预压需增加的填料数量；为保证路基边缘的压实度需加宽填筑时，需要增加的土石方数量，其填方数量计价不计量，即将所需数量发生的填方费用摊入填方单价内，为保证路基填方在接近最佳含水率时进行碾压，应结合工程实际情况和计划在最干季节完成的工程量，计算所需的洒水量；对路基土石方的综合利用，作出必要的安排，如改土造田、利用开山石方作为构造物和路面用料等。

（2）路面工程一般对设计有次高级或高级路面的工程项目，才考虑拌和设备的安拆和拌和场地的修建等辅助工程。当路面基层的混合料采用集中拌和时，应计入稳定土拌和设备的安拆，拌和场地可按工程规模大小确定其面积；当面层为沥青混凝土或水泥混凝土采用集中拌和时，应计入拌和设备的安拆，拌和场地也按工程量大小确定面积，应注意所选设备的生产能力与设计工程量及计划工期相适应，根据拌和设备设置情况，用加权平均层计算混合料的平均运距。对挖出的路槽废方，提出处理意见，需外运时应确定其平均运距。

（3）桥涵工程由于结构形式多，地形及水文地质情况复杂，施工方法及施工技术也有所不同，考虑的辅助工程内容也很多。因此，应根据实际情况逐项计算分析并确定合理的辅助工程数量。例如，水中围堰结构形式，埋设钻孔灌注桩的护筒，墩、台、塔等的模板及施工电梯，支架及拱架形式，预制台座数量，预制场的面积，吊装设备，混凝土场内运距，基础开挖弃方运距，蒸汽养护的建筑面积等工程量的确定，均应按技术先进、安全可靠、经济合理的原则进行分析计算。

（4）隧道工程应根据围岩情况，提出临时钢支撑的数量和用于周转施工的次数。

11.2.2 辅助工程的种类

除了上述辅助工程外，还有许多大型的辅助工程，现扼要介绍如下。

1. 平整场地

平整场地是指专为大型混凝土预制构件预制和路面混合料集中拌和等而必须修建的场地。同时，对场地范围由材料运进和半成品运出的道路等地段，应铺筑能保证运料车通行足够强度的路面，其铺筑面积一般可按平整场地中实际地质和车辆情况进行计算。

平整场地面积的大小，应根据拌和路面混合料和预制大型混凝土构件的任务大小和采用拌和设备的类型确定，一般应考虑各种材料的堆放、安放拌和设备、大型预制构件的底座、半成品堆放、场内各种道路，以及警卫、施工人员用房等所需的面积，并通过必要的分析计算确定，它是大型拌和站的配套设施。

《公路工程基本建设项目概算预算编制办法》是将平整场地工作归列在其他工程及沿线设施项目中，只在编制施工图预算时，方能计算这项费用，编制设计概算时，就不计算，因为已综合在相关工程项目的工程定额内。

2. 大型拌和站

根据工程质量和任务要求，在公路建设工程中，需要设置的大型拌和站，有厂拌稳定土拌和站、沥青混合料拌和站、水泥混凝土拌和站三种，其拌和设备的生产能力，是以每小时生产的质量（t）和体积（m^3）来划分的。因此，在设置拌和站时，要解决的首要问题就是如何选定拌和能力及其型号。一般应根据施工任务量，在保证总工期要求的前提下，尽可能做到满负荷的施工生产而留有必要的余地，科学合理地选定拌和设备的型号，这是设置拌和站的一个重要工作环节。

（1）稳定土拌和站。

稳定土拌和站是指按路面施工技术规范的规定，为保证路面工程质量，路面基层中的水泥碎石、石灰粉煤灰碎石等基层，应采用集中拌和进行铺筑，故必须设置拌和站。这种稳定土厂拌设备的生产能力有 50~400 t/h 等多种型号。

（2）沥青混合料拌和站。

沥青混合料有沥青碎石和沥青混凝土两种，一般都采用拌和设备进行拌和。其生产能力有 30~320 t/h 等多种型号，60 t/h 以上的拌和设备其生产过程全由计算机进行控制管理，自动化程度高，是一种比较先进的机械设备产品。在组织生产时，除要修建拌和设备和锅炉的混凝土基座外，还要设置储油（沥青）池和沉淀池、砌筑上料台等。

这种设备的一次安装费用一般都比较高，所以应合理设置拌和点，考虑到混合料运输、保温能力，一般最佳供应范围宜在 30~50 km，这是在实际工作中不可忽视的一些因素。

3. 水泥混凝土拌和站

混凝土用量大的工程，要求集中拌和，其设备的生产能力一般是 15~60 m^3/h。在组织施工生产时，应依据混凝土的数量、构造物的分布等情况具体确定。

设置上述各种拌和站，除要注意合理选定拌和设备的型号外，尚须配置相应的运输设备及车辆，还应经过科学的分析计算，务须使之能协调而又能均衡地进行连续生产，避免互相脱节，在某些环节上产生延滞、停误。

4. 混凝土蒸汽养生设施

是指在混凝土的施工过程中，为了在冬季施工缩短混凝土的养生期，使之尽快达到设计强度的要求，及在严寒季节，为避免混凝土受冻损坏，常采用蒸汽养生的办法来解决。

蒸汽养生室的建筑面积，应根据单件预制构件的大小和每次需要预制的根数来确定。

5. 大型预制构件场

钢筋混凝土和预应力混凝土 T 形梁、I 形梁、箱形梁等桥梁上部构造，当采用构件预制时，要求设置预制场。预制场中设置足够数量的预制构件底座，分为平面底座和曲面底座两种。一般是按工期要求，计划可以周转的次数，确定需要修建的座数，将其费用综合在大型预制混凝土构件的造价内。

各种底座的计量单位以面积计，按工程定额中规定的计算公式执行。在预制场中尚须布置存梁区，运输及吊建设备，拌和站及预制场在有条件时可设在一起，减少运料距离。

6. 钢桁架栈桥式码头

钢桁架栈桥式码头是指为大型预制混凝土构件装船用的一种设施，实际是属于临时工程的性质，由于它有具体的服务工程对象，故在桥梁工程定额中单独列为一个定额子目，而没有将其归类到临时码头内。

栈桥式码头的上部构造，是采用万能杆件组拼而成的。

7. 先张法预应力钢筋张拉、冷拉台座

张拉台座是预应力混凝土预制构件在制作之前，对预应力钢筋进行张拉的一种设施，一般采用 900kN 预应力拉伸机来进行张拉，它应具有足够的抗拒张拉力能力，一般都采用高强度等级的钢筋混凝土制成。冷拉台座是一种在构件预制之前，按设计要求先行冷拉的设施。

8. 船上混凝土搅拌台及泥浆循环系统

当大型桥梁在江河中进行水上、水下混凝土施工时，一个极为重要的关键环节，就是如何解

决水上混凝土的运输供应问题。比较行之有效的方法，就是配置船上混凝土搅拌台，用钢筋混凝土锚碇将其固定在水上施工现场，一般是采用 90 kW 和 150 kW 以内的内燃拖轮及 100 t 和 150 t 的工程驳船等船只组成为一个大型拌和场地，将拌和设备和各种建筑材料分别安放和堆放在船上，以利进行混凝土的拌和与供应。因此，在编制工程造价时，要另行计算搅拌台的安装拆除和在船上拌和混凝土的相应费用。

当在江河中采用回旋钻机或潜水钻机修建桥梁钻孔灌注桩基础时，一般要配置泥浆循环系统，包括泥浆池和沉渣池，以利回收利用泥浆和进行钻渣处理。这种循环系统，是采用 45 kW 和 90 kW 以内的内燃拖轮与 50 t 及 100 t 的工程驳船等船只组成，进行深水钻孔灌注桩施工的一项专用设施。

9. 施工电梯

施工电梯是在修建较高的桥墩和索塔时，为使施工人员快速安全地进入高空施工现场和返回地面，并供运输各种建筑材料等专用的一种电动垂直输送设施。当桥梁索塔的高度较高或当墩高超过 40 m 时，为确保施工安全，加快施工进度，方便施工，宜选用施工电梯作为人员上下的提升设备。结合建设工程的实际情况，在编制工程造价时，可以另行计列这种施工电梯的费用。

11.3　材料采集加工定额说明

（1）材料计量单位标准，除有特别说明者外，土、黏土、砂、石屑、碎（砾）石、碎（砾）石土、炉渣、矿渣均按堆方计算，片石、块石、大卵石均按码方计算，料石、盖板石均按实方计算。

（2）开炸路基石方的片（块）石如需利用，应按该章捡清片（块）石项目计算。

（3）定额中已包括采、筛、洗、堆及加工等操作损耗在内。

（4）定额运用中允许另行计算的项目：

① 盖山土石厚度超过 1 m 时，按"路基工程"项目开挖（炸）土、石方定额计算。详见《预算定额》表[954-8-1-1]。

② "采筛洗砂及机制砂"定额中需要清除表土及备水时，其工日另计。每 1 m^3 砂按 0.5 m^3 用水量计算。详见《预算定额》表[957-8-1-4]。

③ "人工开采料石、盖板石"定额中如需爆破者，按开采块石所需材料计列。详见《预算定额》表[962-8-1-7]。

（5）定额表中的数据需要调整的说明。

① 如人工采、筛、洗、堆联合作业时，按"采、筛、堆"及"洗、堆"工日之和扣减一次堆方，每 100 m^3 扣减 3 工日计，其中洗、堆定额中的砂不计价。详见《预算定额》表[957-8-1-4]。

② 如需备水洗石，每 1 m^3 碎（砾、卵）石用水量按 0.3 m^3 计算，运水工另行计算。详见《预算定额》表[967-8-1-11]。

11.4　材料运输定额说明

（1）汽车运输项目中因路基不平、土路松软、泥泞、急弯、陡坡而增加的时间消耗，定额内予以考虑。

（2）人力装卸船舶可按人力、挑抬运输、手推车运输相应项目定额计算。

（3）所有材料的运输及装卸定额中，均未包括堆、码方工日。

（4）本章定额中未列名称的材料，可按下列规定执行，其中不是以重量计量的应按单位重进行换算。

① 水按运输沥青、油料定额乘以 0.85 系数计算。

② 与碎石运输定额相同的材料有：天然级配、石渣、风化石。

③ 定额中未列的其他材料，一律按水泥运输定额计算。

11.5 计价实例

例 11-1：某汽车便道工程，位于山岭重丘地区，路基宽 4.5 m，天然砂砾路面压实厚度 15 cm，路面宽 3.5 m，使用期 40 个月，便道长 5 km，需要养护，试计算该便道工程的预算定额值及养护所需的工、料、机数量。

解：（1）查《预算定额》表[944-7-1-1-4]，每千米汽车便道路基的定额值为：人工 94.2 工日；75 kW 以内履带式推土机 14.48 台班；6～8 t 光轮压路机 1.16 台班；8～10 t 光轮压路机 0.88 台班；12～15 t 光轮压路机 3.44 台班。

（2）查《预算定额》表[7-1-1-6]，每千米天然砂砾路面定额值：人工定额为 167.3 工日。

材料定额：天然级配 716.04 m³；水 67 m³。

机械定额：8～10 t 光轮压路机 0.97 台班；12～15 t 光轮压路机 1.94 台班；0.6 t 以内手扶式振动碾 5.65 台班。

（3）汽车便道养护。由《预算定额》章说明 2 的规定，便道使用期内养护所需的工、料、机数量应按《预算定额》章说明 2 表中所列数值计算。每月每千米养护增加定额值为：人工 2.0 工日；天然砂砾 10.8 m³；6～8 t 光轮压路机 1.32 台班。

根据便道长度及使用期，养护所需工、料、机总量为：

人工定额=2.0×5×40=400.0（工日）

天然砂砾定额=10.8×5×40=2160（m³）

6～8 t 光轮压路机定额=1.32×5×40=264（台班）

例 11-2：某浆砌块石桥墩，需用大量块石，在采石场机械开采块石，试确定其人工、基价的预算定额值。如果该块石是利用开炸路基石方时捡清块石，试确定其人工、材料及机械的预算定额值。

解：（1）采石场机械开采块石。根据《预算定额》表[961-8-1-6-5]（定额单位为 100 m³ 码方）得：人工定额为 118.4 工日。

材料定额：空心钢钎 0.9 kg；合金钻头 3 个；硝铵炸药 11.9 kg；导火线 36 m；普通雷管 35 个。

机械定额：9 m³/min 内机动空压机 3.95 台班；小型机具使用费 165.3 元。

（2）人工捡清块石。根据《预算定额》第八章说明 2 的规定，开炸路基石方的块石如需利用，应按捡清块石项目计算，查《预算定额》表[8-1-6-6]（定额单位为 100 m³ 码方）得：

人工定额为 101.0 工日。

捡清块石是路基施工开炸石方的附带产品，其打眼、爆破的工、料、机消耗已在路基工程中计列,故其定额值比机械开采减少了人工、爆破材料及机械用量。

例 11-3:试列出下列预算定额:

(1)装载机装 12 t 以内自卸汽车运输土,运距 10 km。

(2)12 t 以内自卸汽车配装载机运路基土方,运距 10 km。

(3)15 t 以内载重汽车运水,计量单位 100 t。

(4)人力装卸船舶定额。

(5)指出上列(1)题与(2)题两定额的使用区别。

解:(1)装载机装 15 t 以内自卸汽车运土,运距为 9 km 的预算定额,由《预算定额》表[985-9-1-6/V-73+74](定额单位为 100 m^3)得:

12 t 以内自卸汽车定额=0.51+(10-1)÷1×0.12=1.59(台班)

基价=318+(10-1)÷1×75=993(元)

(2)12 t 以内自卸汽车配合装载机运路基土方,运距 10 km 的预算定额,由《预算定额》表[16-1-1-11-17+19](定额单位为 1000 m^3 天然密实方)得:

12 t 以内自卸汽车定额=6.62+(10-1)÷0.5×0.80=21.02(台班)

基价=4124+(10-1)÷0.5×498=13088(元)

(3)15 t 以内载重汽车运水的定额。由《预算定额》第九章说明 4 可知,运水定额按运输沥青乘以 0.85 的系数计,由定额表[980-9-1-5/V-59+60](定额单位为 100t)得:

15 t 以内载货汽车定额=(1.49+0.05)×0.85=1.309(台班)

基价=(1020+34)×0.85=895.9(元)

(4)人力装卸船舶定额。根据《预算定额》第九章说明 2 可知,该定额可按人力挑抬、手推车运输相应项目定额计算,即按《预算定额》表[970-9-1-1]和表[972-9-1-2]的相应子目确定。

(5)本例的(1)与(2)两项定额,表面看来都是用同样工具运"土",容易查错定额。两者的区别是:

① 两定额的运输对象性质不同,前者是将土视为"材料"来运输;而后者是将土视为施工废物来运输。

② 两定额计算结果所构成的费用类别不同。前者计算结果只能构成材料单价中的运费,而后者计算结果可构成工程项目的直接工程费用。

③ 两定额的运输条件(环境)也不相同。前者类似于社会运输性质的自办运输;而后者则泛指工地现场作业。

12 计量与支付

12.1 计量与支付概述

工程计量与支付又称项目结算,是监理人依据合同双方约定的计量支付条款及有关规定,对承包商符合要求的已完工程数量,进行计量、计价并报发包人审批支付的过程,是承包商、监理人和发包人共同参与完成的工作。

12.1.1 计量与支付的内容

工程计量与支付包括确定已完工程造价(计量、计价)和费用支付两大内容,见图 12.1 和图 12.2。具体包括:台账管理、工程计量、价款确定、费用支付和监督管理。

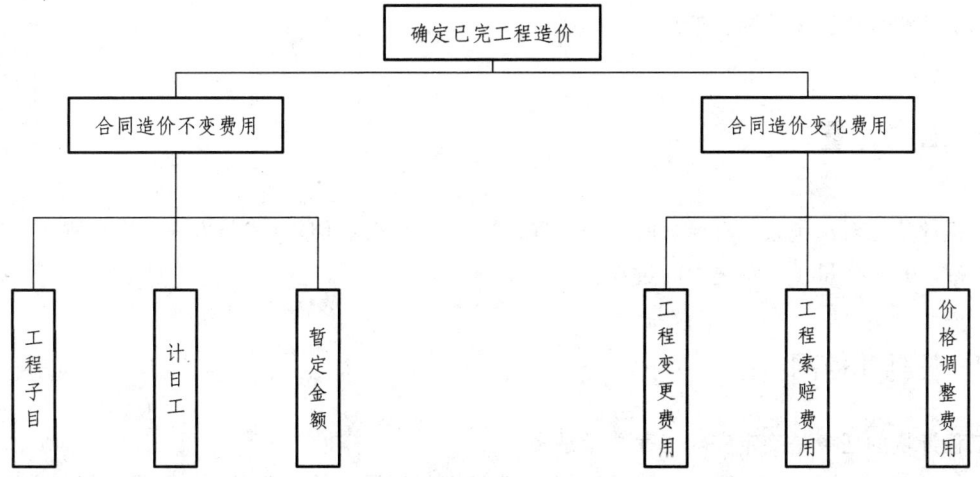

图 12.1 确定已完工程造价框图

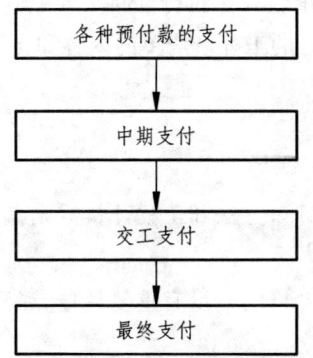

图 12.2 费用支付(过程)框图

12.1.2 计量支付工作流程

计量支付一般程序如下：
（1）承包人计量填写"中间计量表"。
（2）监理人工程量审核、签认"中间计量表"。
（3）承包人编制月支付申请报表、计量支付报表。
（4）监理人审核、签认"月支付申请报表""月支付报表"，并报送发包人。
（5）发包人审核、签认"月支付申请报表""月支付报表"。
（6）发包人办理支付。

12.1.3 计量支付审查要求

（1）计量支付报表格式和内容、所用软件，应满足合同规定及监理人的要求。

公路工程计量支付实行标准化、信息化管理，计量支付文件的编制应当符合表格样式及要求，所采用的计量支付软件应当通过省级交通运输行政主管部门鉴定。

（2）相应的系列计算清单齐全、完整，相互关系完整。
（3）质量证明附件有监理人签字认可。
（4）计算准确，无遗漏、重复。

12.2 工程计量

工程计量是对承包人符合要求的已完工程，按合同规定的计量方式与方法，进行测量、计算、核查和确认其工作量（工程量）的过程。

12.2.1 任务和范围

工程计量的任务是确定实际工程数量是多少。

《公路工程标准施工文件》（2009版）中明确规定工程量清单中开列的工程量是根据本工程的设计提供的预计工程量，不能作为承包人在履行合同义务中应予完成的实际和准备的工程量，因此计量范围应为：工程量清单及修订的工程量清单的内容和合同文件规定的各项费用。

12.2.2 计量的要求

准确：计量结果是按照规定的计量方法和工程计量规则得出的，使已完工程的实际数量得到正确的确定。

真实：计量的工程没有质量不合格的，没有重复计量，隐蔽工程没有弄虚作假，工程量没有虚报。

合法：计量是按照规定和合法程序进行的。

及时：计量按照合同规定的时间进行。

12.2.3 工程计量的条件

工程计量必须达到以下条件才可以计量。

1）计量的项目应符合合同要求

也就是说计量的内容、程序、时间和方法都要按照合同规定。即：

（1）不符合合同文件要求的工程，不得计量。

（2）按合同文件所规定的程序、时间、方法、范围、内容、单位计量。

清单中的工程子目（包括没有写单价的项目）、合同中规定的项目（包干项目）、工程变更子目、索赔等，都要按合同规定计量。

2）质量必须达到合同规范标准的要求

达到质量合格（或合同规定的要求）的工程，才能计量。

3）验收手续和资料必须齐全

要计量的工程从开工到转交工的资料必须齐全，才能计量，凡是与工程计量有关的凭证，承包人均应提交驻地监理人办公室审核。主要有：

（1）单位、分部、分项工程划分。

（2）"中间计量表"。

（3）"分项工程开工申请批复单"。

（4）"检验申请批复单"及有关自检材料，自检资料、试验数据和频率符合合同规定。

（5）工程质量检验表及有关的质量评定意见。

（6）"工程变更令"。

（7）"中间交工证书""工程交工记录"。

12.2.4 《公路工程标准施工招标文件》计量的规定

1）计量单位

计量单位采用国家法定的计量单位。

2）计量方法

公路工程量清单中的工程量计算规则应按行业标准（《公路工程标准施工招标文件》）的规定，并在合同中约定执行：工程的计量应以净值为准，除非项目专用合同条款另有约定。工程量清单中各个子目的具体计量方法按本合同文件技术规范中的规定执行。

3）计量周期

除合同专用合同条款另有约定外，单价子目已完成工程量按月计量，总价子目的计量周期按批准的支付分解报告确定。

4）单价子目的计量

（1）已标价工程量清单中的单价子目工程量为估算工程量，结算工程量承包人实际完成的，并按合同约定的计量方法进行计量的工程量。

（2）承包人对已完成的工程进行计量，向监理人提交进度付款申请单、已完成工程量报表和有关计量资料。

（3）监理人对承包人提交的工程量报表进行复核，以确定实际完成的工程量。对数量有异议的，可要求承包人按合同条款 8.2 款约定进行共同复核和抽样复测。承包人应协助监理人进行复核并按监理人要求提供补充计量资料。承包人未按监理人要求参加复核，监理人复核或修正的工程量视为承包人实际完成的工程量。

（4）监理人认为有必要时，可通知承包人共同进行联合测量、计量，承包人应遵照执行。

（5）承包人完成工程量清单中每个子目的工程量后，监理人应要求承包人派员共同对每个子目的历次计量报表进行汇总，以核实最终结算工程量。监理人可要求承包人提供补充计量资料，以确定最后一次进度付款的准确工程量。承包人未按监理人要求派员参加的，监理人最终核实的工程量视为承包人完成该子目的准确工程量。

（6）监理人在收到承包人提交的工程量报表后的 7 d 内进行复核，监理人未在约定时间内复核的，承包人提交的工程量报表中的工程量视为承包人实际完成的工程量，据此计算工程价款。

（7）承包人未在已标价工程量清单中填入单价或总额价的工程子目，将被认为其已包含在本合同的其他子目的单价和总额价中，发包人将不另行支付。

单价子目的结算工程量是承包人实际完成，并按合同约定的计量方法进行计量的工程量。此部分工程的计量应划分工程计量单元。从工程质量检验、工程中间交工到工程中间计量都应按照"分项工程开工申请批复"和监理人指示单位、分部、分项工程划分进行。200 章至 700 章每单元计量一般不小于工程计量单元划分规定，实际工程量小于规定的一般完工后一次计量。

5）总价子目的计量

除专用合同条款另有约定外，总价子目的分解和计量按照下述约定进行：

（1）总价子目的计量和支付应以总价为基础，不因第 16.1 款中的因素（物价波动引起的价格调整因素）而进行调整。承包人实际完成的工程量，是进行工程目标管理和控制进度支付的依据。

（2）承包人在合同约定的每个计量周期内，对已完成的工程进行计量，并向监理人提交进度付款申请单、专用合同条款约定的合同总价支付分解表所表示的阶段性或分项计量的支付性资料，以及所达到工程形象目标或分阶段需完成的工程量和有关计量资料。

（3）监理人对承包人提交的上述资料进行复核，以确定分阶段实际完成的工程量和工程形象目标。对其有异议的，可要求承包人按第 8.2 款约定进行共同复核和抽样复测。

（4）除按照第 15 条约定的变更外，总价子目的工程量是承包人用于结算的最终工程量。

12.2.5 计量程序

计量根据时间、要求不同，可分为中间计量与完工计量。计量程序是一项重证据的工作。只有通过程序，才能使此项工作的每一个环节有充足的证据，使每个证据合法化，才能使计量工作做到客观和公正。

1）中间计量程序

中间计量是为期中支付进度款而进行的计量，一般要求在月底进行，经过有关程序确认承包商截至本月所完成的合格工程量（图 12.3）。结果汇总于"中间计量证书"中。

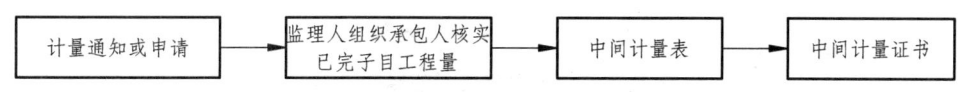

图 12.3　中间计量程序框图

(1) 发出计量通知或提出计量申请。

当工程达到规定计量的单位时,监理人应向承包人发出计量通知,或承包商向监理人提出计量申请。无论哪一方提出计量要求,双方必须派相关责任人员到现场进行计量,若不参加则认为单方面所做的计量工作是正确的。

(2) 审查有关计量的文件资料。

当承包人的已完工程需计量时,应准备好"开工申请批复单""检验申请批复单"及自检资料、工程质量检验表及中间交工证书等。监理人必须检查承包人为计量准备的有关资料,看其是否具备计量的基本条件,若发现问题或资料不全,应将有关资料退还给承包人,暂不进行计量。但在某些情况下,如可能发生费用索赔的,则可先计量但暂不予支付。

工程计量应以驻地监理人签发的"分项工程开工申请批复"为计量单元,但对部分工程也可视情况分次计量。

(3) 填写、审核、签认中间计量表。

按单元计量者,需经中间交工验收合格,并签发"中间交工证书"后方可填报"中间计量表"进行计量。如果分项单元施工工期较长,为了如实反映工程进度和加快资金周转,可对施工期较长的工程单元进行分次计量。

分次计量的工程,每次计量须在填"中间计量表"时注明"分次计量",并附经驻地监理人签证的有关施工情况及质量证明资料,如分项工程开工申请批复单、工序检查记录等。当分项工程完工最后一次计量时,再填报"中间交工证书"。

中间计量表必须清楚真实地填写计量结果,经双方同意签字认可。对承包人在合同规定的时间内提出的异议,并将其认为不正确的计量部分的资料交给计量监理人,计量监理人应进一步检查计量记录。表 12.1 就是中间计量表的示意。

填写"中间计量表"时,应明确写出工程名称、部位、起讫桩号、图号、中间交工证书编号。其中:起讫桩号为分桩工程量起讫桩号,计量时如为分段次计量或计量桩号未到起讫桩号,应在计算草图及说明一栏中注明实际计量起讫里程桩号;如包含原设计数量,图号填写设计编号或工程设计数量表编号;如为分次计量,交工证书编号栏中仅需注明"分次计量"。

在计算草图及说明一栏中,应形象、直观地描绘出计量工程的几何尺寸形状、标注出计量实体的实际尺寸和相关文字说明。其中:土石方工程的计量在计量过程中因计量里程长、断面尺寸变化大,可以只在该栏中注明起讫桩号、绘出典型断面,在计量表后附详细的土石方工程的计算表和相关施工抄平记录;挡土墙、路肩、路堤、护面墙的计量应在该栏中画出断面几何形状和注明实际尺寸、计量长度,并后附详细工程数量计算表;同一断面的排水沟、路基边沟等排水工程,计量时可只画出标准断面几何尺寸形状和标注尺寸,并注明计量起讫桩号和断面面积;对于构造较复杂的结构物,如斜交桥台、斜交涵台等,计量时要求绘出几何形状的非实体工程(如现场清理、砍树挖根、挖处旧路面等),应在该栏中对计量内容的完成情况、数量进行详细的文字说明,必要时还应附相应的计算表等说明。

表12.1 中间计量表

XXX公路工程项目

承 包 商：某公司　　　　　　　　　　　　　　　　　合同号：第10合同段
监理单位：某监理公司　　　　　　　　　　　　　　　编　　号：10-JL027

支付项目编号	403-1-a、403-1-b	项目名称	基础结构钢筋 光圆钢筋、带肋钢筋
起始桩号	K21+165.181-K22+075.763	部位	21#墩左幅系梁
图号	SⅦ-7-29	中间交工证书号	某公路-10-JG033

计量草图几何尺寸：

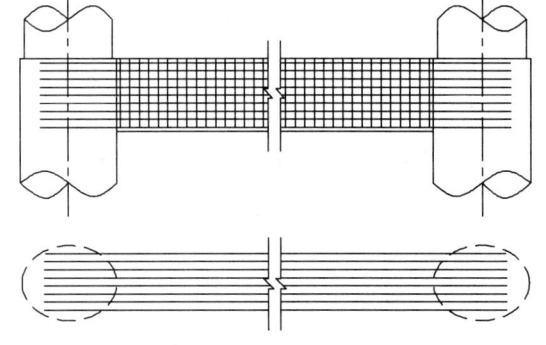

一个桥墩（半幅）系梁钢筋数量：
1. Ⅰ级钢筋：191.7 kg
2. Ⅱ级钢筋
237.7+378.3=616.0 kg
3. C25混凝土：10.054 m^3

计算式：1. 光圆钢筋：192 kg
2. 带肋钢筋：616 kg

计量单位	kg	工程数量	光圆钢筋：192 kg	带肋钢筋：616 kg
承包人工地负责人：			年　月　日	
现场监理复核：				
现场监理：		年　月　日		

在计算式一栏中应按照计量工程的实际情况列出详细的计算式，式中各数据必须与工程实际相符，计算结果真实；计量数量是以计算附表的形式得出，在该栏中应列出计算公式且公式中的尺寸代码所代表的数据在计算表中能查到；对于无法用计算式和计算公式得出的计量数量，必须在该栏中以文字的形式进行说明。

对一次完全计量的项目必须有"中间交工证书"；对分次完成计量的项目，最后一次完全计量必须有"中间交工证书"。

（4）填写、审核、签认中间计量证书（表12.2）。

表12.2 中间计量证书

清单编号	子目名称	单位	合同数量	计量数量			中间计量表编号
				到本期末	到上期末	本期	
403-1-a	基础光圆钢筋	kg	936	415		192	10-JL027
403-1-b	基础带肋钢筋	kg	3670	1327		616	10-JL027

2）完工计量

完工计量是竣工决算的依据,由于中间计量要求时间仓促,有些子目计量精度不高,同时,在中间计量时因各方意见不统一,部分细目仅按暂定的数量进行计量。

工程竣工后,为准确确定竣工造价,需要对中期计量进行最后审核与确定,作为竣工结算的依据。结果汇总于"完工计量证书"（表12.3）中。完工计量程序框图见图12.4。

表12.3 完工计量证书

清单编号	子目名称	单位	合同数量	合同外数量	合计数量	已计量数量	未计量数量	备注
403-1-a	基础光圆钢筋	kg	936		936	936		
403-1-b	基础带肋钢筋	kg	3670		3670	3670		

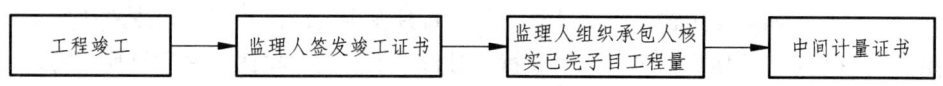

图12.4 完工计量程序框图

12.2.6 工程计量的依据

计量的依据一般有质量合格证书、工程量清单前言,合同条款中的"计量支付"条款,技术规范中有关计量支付的内容（或独立的计量支付说明）和设计图纸及各种测量数据。

1）质量合格证书

计量的基本条件和前提是质量合格,质量不合格的部分不予计量。所以只有签发了质量合格证书的工程内容,才能计量。

2）清单前言和技术规范

清单前言和技术规范中的"计量支付"规定了清单中每一项目工程的计量方法,同时明确了工作内容和范围,这就是规定了单价的确定方法。

3）设计图纸

工程量清单的数量是该工程的估算工程量,工程数量的确定需要图纸的几何尺寸、位置、标高等信息。

4）测量数据

与计量有关的测量数据有:原始地面线高程的测量数据、土石分界线的测量数据、基础高程的测量数据、竣工测量数据等。

工程数量的确定时,需要根据这些测量数据进行,测量数据的准确性严重影响计量结果的准确性。

12.2.7 工程计量的方法

1）均摊法

均摊法,就是对清单中合同价按合同工期每月平均计量。

如为监理人提供宿舍,保养测量设备,保养气象记录设备,维护工地清洁和整洁等,这些项目都有一个共同的特点,即每月均有发生。

2）凭据法

凭据法，就是按照承包商提供的凭据进行计量支付，如建筑工程险保险费、第三方责任险保险费、履约保证金等项目，一般按凭据法进行计量支付。

3）估价法

估价法多用于清单第 100 章中购置仪器设备的项目。

4）综合法

采用两种及以上的方法称为综合法。如在 100 章的项目中，有的项目包括的工作内容既有每月发生的费用，又有购进材料设备的内容；还有些项目只有每月发生的项目，但每月发生的费用并不平衡；对这类项目的费用应当采用估价法和均摊法进行计量支付。

综合法，首先要确定购置费用在每月发生的比例，将清单项目中的金额分成购置费用和维修费用两部分，然后将购置费用按估价法计量支付，每月发生的维修费用按均摊法计量支付。对于每月发生的费用不平衡的项目，也需要确定特殊月份发生费用的比例，除特殊月份按其比例计量外，其他月份按均摊法计量。

以上四种方法主要用于 100 章子目的计量。

5）断面法

断面法主要用于计算取土坑和路基土方的计量。在土方施工前每 20m 测出一个地形断面，然后将设计断面画在地形断面上，每次计量时测出完成的路基顶高程，据此，在断面图上完成工程数量计算和确定。

6）图纸法

按图纸计算，按图纸尺寸进行计算工程量。如钢筋混凝土的体积、钢筋长度及多数永久性工程都应按图纸法计量。

对于采用图纸法计算的项目，必须进行现场量测，目的是检查结构物几何尺寸的偏差是否在允许范围内，达到规范标准的项目或部位才能计量。

7）分项计量法

分项计量法，就是根据工序或部位将一个项目分成若干子项，对完成的各子项进行计量支付。各子项合计的支付金额应等于项目规定的总金额。

8）现场记录法

根据现场记录计量，如计日工等。

12.3 工程支付

12.3.1 支付原则

工程支付：根据确认的工程（工作）量，按合同规定的价格及支付方法付款给承包人。支付是指对承包商应获得的款项予以确认并进行付款的过程。

1. 支付必须以工程计量为基础

没有准确的计量就没有准确的支付，计量是支付的基础。由于计量必须以质量合格为前提，工程费用支付必须严格检查认真分析质量和计量，以确保费用支付准确可靠。

2. 支付必须以技术规范和报价清单为依据

1）技术规范

在技术规范中对支付的工程子目都进行了划分，并对每一工程子目都有支付的规定，详细说明了各工程子目的工作内容及要求，明确了哪些内容不单独计量和支付，其价值摊入哪个子目中。技术规范是作控制价也是承包人报价时的指导文件和依据，也是监理人和发包人支付工程费用的指导文件和依据。进行工程费用支付时，必须认真细致地阅读、理解和运用。

2）报价清单（已标价的工程量清单）

承包人的已标价工程量清单，是合同文件的重要组成部分，是费用支付的单价依据。一般报价清单中的单价是不能变动的，除非发生工程变更。

在支付时，报价清单中已有单价的，直接采用；没有单价时参照类似单价或报价水平确定新增单价。单价不管是直接采用还是参照新增，都要注意其内涵。单价的内涵一方面指费用构成，另一方面指单价中包含的工作内容。在公路中一般单价的费用采用全费用单价，包括直接费、间接费、利润和税金及合同中明示和暗示的一切责任和义务，这在工程量清单说明中有明确说明。

单价中包含的工作内容是指该子目包含的生产工序、准备与结束工作、所必需的生产条件和设施等，如有关的临时工程及必需的施工准备活动和其他必需的一些生产环节等。如桥梁工程的预制T梁混凝土，需要考虑拌和、预制、运输、安装的主要生产工序，还要考虑预制场地吊装设备等临时工程和设施，这些费用包括在预制T梁混凝土单价中，不能另外单独支付。又如，灌注桩长度清单的单价中，包含了钢护筒埋设、成孔、灌注混凝土、截桩头、超声波检测等工作内容，每项内容在支付费用时，必须等灌注桩完成规定内容，并达到设计规定的要求才能支付。

因此，支付工程费用时，必须将报价清单与技术规范联系在一起，确保支付准确。

3. 支付必须及时

支付是资金运动中的关键环节，而资金的本质特征之一就是时间价值。因此，资金运动的内在规律和特征，要求监理人按时签认和支付工程费用。

工程施工中需要准备大量的材料、机械和设备进场，还有人员进场，需要占用大量的资金。工程施工活动的这些特点决定了要按时进行支付，否则，不仅增加承包人垫付资金的压力，也无法保证进度和质量。

支付是发包人的主要合同责任，及时支付工程费用即是合同本身的要求，也是财务部门和银行结算的要求。

4. 支付必须以日常记录和合同条款为依据

合同工程以外的内容，是招标时难以准确估计的，往往只在合同条款中约定价款调整和支付的原则，如物价上涨、新的法规颁布、工程变更、索赔、计日工等支付内容。支付时必须将合同条款的原则与具体实施情况结合起来，依据开工报告（申请）、检验申请批复单、交工证书、会议纪要、现场签证、合同结算资料等日常记录，才能搞好这些支付工作。

5. 支付必须遵循严格的程序

为了确保支付的合理性和准确性，每个工程项目的合同文件都对支付程序作出了严格规定。这些程序规定了各项费用的支付条件、支付方法和申报、计算、复核、审批的具体要求，确保支付的质量。

12.3.2 工程款支付规定

《公路工程标准施工招标文件》17.3~17.6 对工程款支付规定如下：

1. 17.3 工程进度付款

承包人先提交已完工程进度款支付申请，发包人签发进度款支付证书，再支付进度款。进度款支付比例，一般期中结算价款支付到总额的 60%~90%。

（1）17.3.1 付款周期同计量周期。

（2）17.3.2 进度付款申请单。

承包人应在每个付款周期末，按监理人批准的格式和专用合同条款约定的份数，向监理人提交进度付款申请单，并附相应的支付性证明文件。除专用合同条款另有约定外，进度付款申请单应包括下列内容：

① 截至本次付款周期末已实施工程的价款。
② 根据第 15 条应增加和扣减的变更金额。
③ 根据第 23 条应增加和扣减的索赔金额。
④ 根据第 17.2 款约定应支付的预付款和扣减的返还预付款。
⑤ 根据第 17.4.1 项约定应扣减的质量保证金。
⑥ 根据合同应增加和扣减的其他金额。

（3）17.3.3 进度付款证书和支付时间。

① 监理人在收到承包人进度付款申请单以及相应的支持性证明文件后的 14 天内完成核查，提出发包人到期应支付给承包人的金额以及相应的支持性材料，经发包人审查同意后，同监理人向承包人出具经发包人签认的进度付款证书。监理人有权扣发承包人未按照合同要求履行任何工作或义务的相应金额。

如果该付款周期应结算的价款经扣留和扣回后的款项少于项目专用合同条款数据表中列明的进度付款证书的最低金额，则该付款周期监理人可不核证支付，上述款额将按付款周期结转，直到累计应支付的款额达到项目专用合同条款数据表中列明的进度付款证书的最低金额为止。

② 发包人不按期支付的，按专用合同条款承数据表中约定的利率向承包人支付逾期付款违约金。违约金计算基数为发包人的全部未付款额，时间从应付而未付该款额之日算起（不计复利）。

③ 监理人出具进度付款证书，不应视为监理人已同意、批准或接受了承包人完成的该部分工作。

④ 进度付款涉及政府投资资金的，按照国库集中支付等国家相关规定和专用合同条款的约定办理。

（4）17.3.4 工程进度付款的修正。

在对以往历次已签发的进度付款证书进行汇总和复核中发现错、漏或重复的，监理人有权予以修正，承包人也有权提出修正申请。经双方复核同意的修正，应在本次进度付款中支付或扣除。

2. 17.5 交工结算

1）17.5.1 交工付款申请单

（1）承包人向监理人提交交工付款申请单（包括相关证明材料）的份数在项目专用合同条款数据表中约定。期限：交工验收证书签发后 42 d 内。

（2）监理人对交工付款申请单有异议的，有权要求承包人进行修正和提供补充资料。经监理人和承包人协商后，由承包人向监理人提交修正后的交工付款申请单。

2）17.5.2 交工付款申请单及支付时间

（1）监理人在收到承包人提交的交工付款申请单发后 14 d 内完成核查，提出发包人到期应支付给承包人的价款送发包人审核并抄送承包人。发包人应在收到后的 14 d 内审核完毕，由监理人向承包人出具经发包人签认的交工付款证书。监理人未在约定时间内核查，又未提出具体意见的，视为承包人提交的交工付款申请单已经监理人核查同意；发包人未在约定时间内审核又未提出具体意见的，监理人提出发包人到期应支付给承包人的价款视为已经发包人同意。

（2）发包人应在监理人出具交工付款证书后的 14 d 内，将应支付款支付给承包人。发包人不按期支付的，按第 17.3.3（2）目的约定，将逾期付款违约金支付给承包人。

（3）承包人对发包人签认的交工付款证书有异议的，发包人可出具交工付款申请单中承包人已同意部分的临时付款证书。存在争议的部分，按第 24 条的约定办理。

（4）交工付款涉及政府投资资金的，按第 17.3.3（4）目的约定办理。

根据公路工程专用合同条款 1.1.6.2～1.1.6.4 公路工程中的交工、交工验收、交工验收证书是《公路竣（交）工验收办法》中的概念，分别与通用合同条款中"竣工""竣工验收""工程接收证书"具有相同含义；竣工验收与通用合同条款中的"国家验收"一词具有相同含义。

3. 17.6 最终结清

1）17.6.1 最终结清申请单

（1）承包人向监理人提交最终结清申请单（包括相关证明材料）的份数在项目专用合同条款数据表中约定；期限：缺陷责任期终止证书签发后 28 d 内。

最终结清申请单中的总金额应认为是代表了根据合同规定应付给承包人的全部款项的最后结算。

（2）发包人对最终结清申请单内容有异议的，有权要求承包人进行修正和提供补充资料，由承包人向监理人提交修正后的最终结清申请单。

2）17.6.2 最终结清证书和支付时间

（1）监理人收到承包人提交的最终结清申请单的 14 d 内，提出发包人应支付给承包人的价款送发包人审核并抄送承包人。发包人应在收到后 14 d 内审核完毕，由监理人向承包人出具经发包人签认的最终结清证书。监理人未在约定时间内核查，又未提出具体意见的，视为承包人提交的最终结清申请已经监理人核查同意；发包人未在约定时间内审核又未提出具体意见的，监理人提出应支付给承包人的价款视为已经发包人同意。

（2）发包人应在监理人出具最终结清证书后的 14 d 内，将应支付款支付给承包人。发包人不按期支付的，按第 17.1.3.3（2）目的约定，将使其付款违约金支付给承包人。

（3）承包人对发包人签认的最终结清证书有异议的，按第 24 条的约定办理。

（4）最终结清付款涉及政府投资资金的，按第 17.3.3（4）目的约定办理。

12.3.3 支付分类

1. 按时间分类

支付按时间可分为前期支付、中期支付和最终支付。

1）前期支付

前期支付主要有预付款、履约保函和保险费三种。其中预付款是由发包人提供给承包人的无息款项，按一定条件支付并扣回。

2）中期支付

中期支付是指在工程进行过程中，根据承包人的申请按合同的规定，对承包人已完成的工程付款，主要包括：工程进度款、暂定金额、计日工、预付款、工程变更、保留金、索赔、价格调整、迟付款利息、对指定分包人的支付、合同中止后支付、工程交工支付等。期中支付必须与中间计量同时申报，中期支付按规定时间进行（最常见的是按月支付），由监理人开出中期支付证书来实施。

3）最终支付

最终支付是指签发"工程缺陷责任终止证书"后，根据承包人的申请，按照合同规定，发包人与承包人之间的最后一次结算。监理人应确认承包人的遗留工程及缺陷工程已完成并达到规范标准后，签发最终支付证书。

2. 按支付内容分类

可分为清单内的付款和清单外的付款，即清单支付和合同支付，见图 12.5。费用支付主要有预付款、进度款、质量保证金、竣工结算和最终结清五种情况。

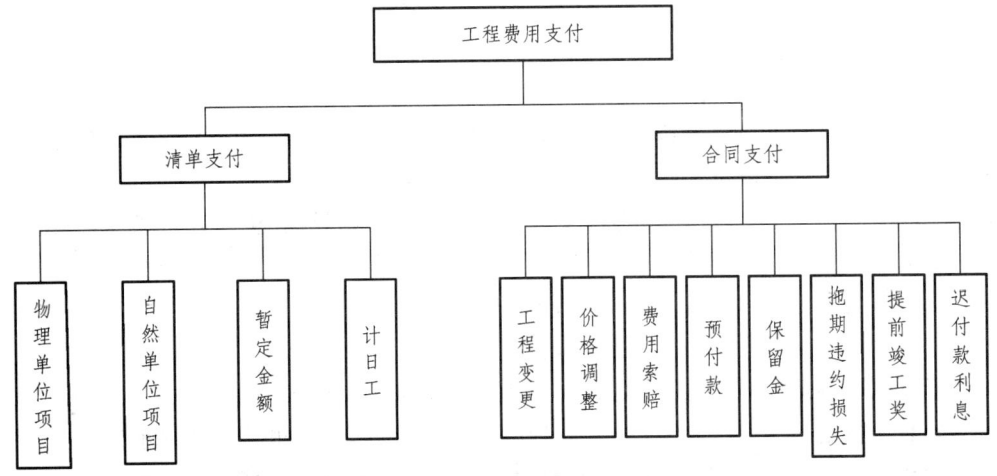

图 12.5　工程费用支付框图

3. 按工程内容分类

支付按工程内容可分为路基工程、路面工程、桥梁涵洞工程、隧道工程等支付。

4. 按合同执行情况分类

支付按合同执行情况可分为正常支付和合同中止支付两类。

12.3.4　支付项目

1. 清单支付项目

清单支付的分项原则：凡在工程费用预算时能比较准确地计算的工程子目和工作内容都应以物理单位和自然单位计量支付，而不太明确但却可能发生的工程内容则使用计日工和暂定金额来计量支付。

1）以物理单位计量支付的项目

工程量清单中的绝大部分工程内容是以物理单位计量支付的,是按单价子目计量支付的,其费用约占工程总费用的85%。

(1) 支付条件是完成了技术规范和设计图纸所规定的工作内容,且质量合格,计量结果准确无误,按规定时间和程序上报。

(2) 进度款支付：按每月实际工程量与已标价工程量清单列明的单价相乘计算。

如果某一项目是一次完成的,则一次计量支付完成,而如果分多次完成,则应在中间计量表上列出设计数量、上期累计完成数量和本期完成数量并附上计算公式和简图。

其他内容详见11.2工程计量节4.4) 单价子目的计量。

2）以自然单位计量支付的项目

以自然单位计量支付的项目分为按项支付和按自然单位计价支付两种情形。

(1) 按项支付的以自然单位计量支付项目。

这类项目常以总额价的形式出现,按总价子目计量支付。总价子目进度款支付：按合同约定进度款分解支付,除变更内容外,以总价包干,子目的总价是承包人用于结算的最终工程量,如竣工文件、承包人驻地建设等。

① 按合同约定的计量周期平均支付。

② 按照各个总价项目、单价项目的完成金额与合同总金额的比例支付。

③ 按照各个总价项目组成的性质（如时间、与单价项目的关联性等）分解到计量周期中,与单价项目一起支付。

其他内容详见11.2工程计量节4.5) 总价子目的计量。

(2) 按自然单位计价支付项目。

这类项目是按单价子目进行计量支付,如桥梁支座以块计价、砍伐树木以棵计价等,都属于按自然单位计价支付项目。

3）暂估价支付

(1) 发包人在工程量清单中给定暂估价的材料、工程设备和专业工程属于依法必须招标的范围并达到规定的规模标准的,中标金额与工程量清单中所列的暂估价的金额差以及相应的税金等其他费用列入合同价格。

(2) 发包人在工程量清单中给定暂估价的材料、工程设备不属于依法必须招标的范围或未达到规定的规模标准的,应由承包人按合同条款第5.1款的约定提供。经监理人确认的材料、工程设备的价格与工程量清单中所列的暂估价的金额差以及相应的税金等其他费用列入合同价格。

(3) 发包人在工程量清单中给定暂估价的专业工程不属于依法必须招标的范围或未达到规定的规模标准的,应由承包人按合同条款变更估价原则估价,但专用条款另有约定的除外。经估价的专业工程与工程量清单中所列的暂估价的金额差以及相应的税金等其他费用列入合同价格。

4）计日工

监理人指令使用计日工时,承包人应每日填写有关该项工程的下列报表,一式两份送监理人审查。

(1) 用工清单,包括人数、工种和工作时间。用于计日工的劳力,未经监理人同意不得加班。

(2) 材料清单,包括材料名称、单位、单价和估算数量。未经监理人认可的材料不得使用。

(3) 机械、设备清单,包括机械、设备类型、实际使用工时和单价。用于计日工的施工机械应由承包人提供,因故障或闲置的施工机械不支付费用。

(4)费用清单。监理人应根据合同中规定的费率,列出计日工劳务、材料和施工机械的费用清单,并附上证明材料价值的收据和凭证。

a. 劳务费;

b. 材料费;

c. 施工机械费。

5)暂列金额

(1)暂列金额应由监理人报发包人批准后指令全部或部分地使用,或者根本不予动用。

(2)对于经发包人批准的每一笔暂列金额,监理人有权向承包人发出实施工程或提供材料、工程设备或服务的指令。这些指令应由承包人完成,监理人应根据变更估价原则和计日工条款的规定,对合同价格进行相应调整。

(3)当监理人提出要求时,承包人应提供有关暂列金额支出的所有报价单、发票、凭证和账单或收据,除非该工作是根据已标价工程量清单列明的单价或总额价进行的估价。

2. 合同支付项目

虽然合同支付在工程费用支付中所占比重不大,但其灵活性比清单支付要大。合同支付项目包括预付款、保留金、工程变更、索赔费用、价格调整、拖期违约损失偿金、提前竣工奖金和迟付款利息等项。

1)预付款

预付款包括开工预付款和材料、设备预付款。

(1)预付款的预付办法。

① 开工预付款的金额在项目专用合同条款数据表中约定。在承包人签订了合同协议书并提交了开工预付款保函后,监理人应在当期进度付款证书中向承包人支付开工预付款的 70%的价款;在承包人承诺的主要设备进场后,再支付预付款30%。

承包人不得将该预付款用于与本工程无关的支出,监理人有权监督承包人对该项费用的使用,如经查实承包人滥用开工预付款,发包人有权立即通过向银行发出通知收回开工预付款保函的方式,将该款收回。

② 材料、设备预付款按项目专用合同条款数据表中所列主要材料、设备单据费用(进口的材料、设备为到岸价,国内采购的为出厂价或销售价,地方材料为堆场价)的百分比支付。其预付条件为:

a. 材料、设备符合规范要求并经监理人认可。

b. 承包人已出具材料、设备费用凭证或支付单据。

c. 材料、设备已在现场交货,且存储良好,监理人认为材料、设备的存储方法符合要求。

则监理人应将此项金额作为材料、设备预付款计入下一次的进度付款证书中。在预计交工前3个月,将不再支付材料、设备预付款。

(2)预付款支付额度。

支付额度:原则上预付比例为合同金额的10%~30%。对重大工程项目,按年度工程计划逐年预付。常用以下几种方法确定:

① 按合同中约定的比例。

② 影响因素法。

$$工程预付款数额=\frac{年度承包工程总值 \times 主要材料所占比重}{年度施工日天数} \times 材料储备天数$$

（12.1）

③ 额度系数法。

$$工程预付款数额=年度建筑安装工程合同价 \times 预付款额度系数 \quad (12.2)$$

（3）预付款保函。

除项目专用合同条款另有约定外，承包人应在收到开工预付款前向发包人提交开工预付款保函，开工预付款保函的担保金额应与开工预付款金额相同。出具保函的银行须与第 4.2 款的要求相同，所需费用由承包人承担。银行保函的正本由发包人保存，该保函在发包人将开工预付款全部扣回之前一直有效，担保金额可根据开工预付款扣回的金额相应递减。

（4）预付款的扣回和还清。

预付款的扣回：预付款应从每一个支付期应支付给承包人的工程进度款中扣回，至竣工之前全部扣清。

由发包人和承包人通过洽商用合同的形式予以确定。可以采用以下方式：

① 等比率扣款的方式。

② 等额扣款的方式。

③ 从未施工工程尚需的主要材料及构件的价值相当于工程预付款数额时扣起，从每次中间结算工程价款中，按材料及构件比重扣抵工程价款，至竣工之前全部扣清。

$$T = P - M/N \quad (12.3)$$

式中 T——起扣点，即预付款开始扣回时的累计完成工作量（元）；

P——承包工程合同总额；

M——预付款数额；

N——主要材料及构件所占比重。

例 12-1：某工程计划完成年度建筑安装工程工作量为 700 万元，根据合同规定工程预付款额度为 20%，材料比例为 60%，8 月份累计完成建筑安装工作量 500 万元，当月完成建筑安装工作量 100 万元；9 月份当月完成建筑安装工作量为 90 万元。试计算累计工作量起扣点，以及 8、9 月终结算时应该扣回工程预付款数额。

解：工程预付款数额为：

700×20%=140（万元）

累计工作量表示的起扣点为：

700−140/60% = 466.7（万元）

8 月份应扣回工程预付款数额为：

（500 − 466.7）×60%= 19.98（万元）

9 月份应抵扣工程预付款数额为：

90×60%=54（万元）

④ 公路工程专用合同条款规定的方式。

a. 开工预付款在进度付款证书的累计金额未达到签约合同价的 30%之前不予扣回，在达到签约合同价 30%之后，开始按工程进度以固定比例（即每完成签约合同价的 1%，扣回开工预付款的

2%）分期从各月的进度付款证书中扣回，全部金额在进度付款证书的累计金额达到签约合同价的80%时扣完。

b. 当材料、设备已用于或安装在永久工程之中时，材料、设备预付款应从进度付款证书中扣回，扣回期不超过3个月。已经支付材料、设备预付款的材料、设备的所有权应属于发包人。

材料预付款的支付与扣回常采取逐月同时进行的方法。这种方法就是在对本月的现场材料设备支付款额的同时，扣回上月已支付的预付款，其计算方法为：

本月付款金额=本月末现场材料设备价值的75%-上月末现场材料设备价值的75% （12.4）

例12-2：某工程施工期5个月，材料预付款的支付与扣回采用逐月同时进行的方法，按公式（12.5）计算。经监理人每月对现场材料的盘点，每月现场材料价值如表12.4所示。试计算每月材料预付款的支付金额。

表12.4 材料盘点统计表

月份	材料价值（万元）	材料价值的75%（元）	备注
1	500	375	开工第一月
2	400	300	
3	500	375	
4	200	150	
5			工程结束

解：根据公式（12.4）计算每月应付款金额（表12.5）：

1月份付款金额=500×75%-0=375（万元）

2月份付款金额=400×75%-500×75%=-75（万元）

3月份付款金额=500×75%-400×75%=75（万元）

4月份付款金额=200×75%-500×75%=-225（万元）

5月份付款金额=0-200×75%=-150（万元）

表12.5 材料支付款统计表

月份	本月末材料价值的75%（万元）	上月末材料价值的75%（万元）	本月付款金额（万元）
1	375		375
2	300	375	-75
3	375	300	75
4	150	375	-225
5		150	-150

2）保留金

保留金就是监理人根据合同条件的规定，从支付给承包人的付款中替发包人暂时扣留的一种款项。设置保留金的目的在于使承包人能完全履行合同，如果承包人未能履行合同中规定应承担的责任，则扣除额就成为发包人的财产，这是对发包人的一种保护措施。最基本的就是质量保证金，其他还有农民工工资保证金、审计预留金等。下面以质量保证金的支付规定。

（1）监理人应从第一个付款周期开始，在发包人的进度付款中，按项目专用合同条款数据表规定的百分比扣留质量保证金，直至扣留的质量保证金总额达到项目专用合同条款数据表规定的限额为止。质量保证金计算额度不包括预付款的支付以及扣回的金额。

（2）在合同约定的缺陷责任期满时，承包人向发包人申请到期应返还承包人剩余的质量保证金金额，发包人应在14 d内会同承包人按照合同约定的内容核实承包人是否完成缺陷责任。如无异议，发包人应当在核实后将剩余保证金返还承包人。

（3）在合同约定的缺陷责任期满时，承包人没有完成缺陷责任的，发包人人权扣留与款履行责任剩余工作所需金额相应的质量保证金余额，并有权根据合同中缺陷责任期的延长约定，要求延长缺陷责任期，直至完成剩余工作为止。

3）工程变更费用

工程变更费用的支付依据是工程变更令和工程变更清单，支付方式采用列入"中期支付证书"的形式进行，支付货币与其他支付项目相同，即按承包人投标时所提出的货币种类和比例进行付款。

变更项目往往涉及费用的变化，需要进行变更的工程量核算和单价分析。

（1）工程量核算。

变更工程量依据计量规范确定，通过准确计算工程量形成工程变更清单（即修改的工程量清单），以此作为工程变更费用支付的基础。准确的工程数量可以从以下三个方面获取：设计图纸和合同文件及技术规范、监理人的记录、承包人提供的工程数量。

（2）单价分析。

承包人变更报价内容应根据合同约定的变更估价原则，详细开列变更工作的价格组成及其依据，并附必要的承包人法说明和有关图纸。监理人根据合同约定的变更估价原则，与承包人商定或确定变更价格。

除专用合同条款另有约定外，因变更引起的价款调整按照以下约定处理：

① 如果取消某项工作，则该项工作的总额价不予支付。

② 已标价工程量清单中有适用于变更工作的子目的，采用该子目的单价。

③ 已标价工程量清单无适用于变更工作的子目，但有类似子目的，可在合理范围内参照类似子目的单价，由监理人按合同条款3.5商定或确定变更工作的单价。

④ 已标价工程量清单无适用或类似子目的单价，可在综合考虑承包人在投标时所提供的单价分析表的基础上，由监理人按合同条款3.5商定或确定变更工作的单价。

⑤ 如果本工程的变更指示是因承包人过错、承包人违反合同或承包人责任造成的，则这种违约引起的任何额外费用应由承包人承担。

一般情况变更工作的单价，应按照成本加利润的原则，参照投标人报价时的水平合理商定或确定。

对于一些规模较小的变更工程，双方认为有必要和可取，也可以采取计日工的方法进行。

例12 3：某工程清单中有土方量2万 m^3，合同土方单价17元/m^3，合同规定不因数量的变化调整单价。在实施中，发包人增加一项新的土方工程，土方量5000 m^3，承包人上报变更单价20元/m^3，增加工程价款：5000×20=100000（元）。承包人的工程价款计算是否被监理人支持？

解：不被支持。

因合同中已有土方单价，应按合同单价执行，正确的工程价款为：5000×17=85000（元）。

4）索赔费用

（1）施工索赔确认的三大条件。

① 索赔事件发生是非承包商的原因。由于发包人违约、发生应由发包人承担责任的特殊风险或遇到不利的自然灾害等情况。

② 索赔事件发生确实使承包商蒙受了损失。

a. 索赔费用在合同中未被包含（合同中明示或暗示的不予支付，包含在其他支付项目中的不予索赔）。

b. 承包人准备工作已经完成，具备开工条件，组织安排合理，待工人员、停滞设备确已进场，并在此期间无法另行安排。

c. 在实施过程中使承包商的工期、费用、利润受了损失。

③ 索赔事件发生后，承包商在规定的时间范围内，按照索赔的程序，提交了索赔意向书及索赔报告。

a. 承包人按合同条款约定提交了索赔意向书和索赔报告。

b. 报告引用的合同条款正确，所报事件符合索赔条件；所报事实真实，资料齐全。

（2）索赔费用的处理程序。

首先，承包人应送给监理人一份说明索赔款额的具体细节账目，并说明索赔所依据的理由；若承包人未能在规定的时间内将上述证实资料送交监理人，则不予受理。

其次，监理人应对承包人提供的索赔证据和细节账目等有关资料进行审查核实，在与发包人和承包人协商后，确定承包人有权得到的全部或部分的索赔款额。

最后，以"中期付款证书"的形式进行支付，支付货币与其他支付项目相同。

（3）索赔金额和工期的计算。

① 索赔金额的组成，见图12.6。

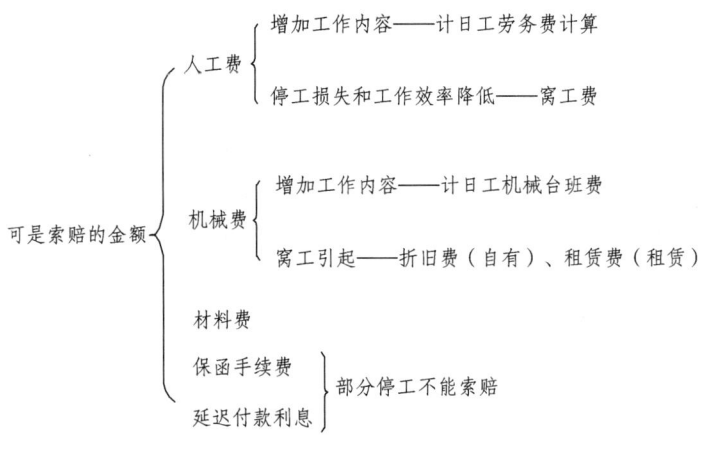

图 12.6 可索赔的费用示意图

a. 人工费。

人工费包括增加工作内容的人工费、停工损失费和工作效率降低的损失费等。其中增加工作内容的人工费应按照计日工费或投标工日单价计算，而停工损失费和工作效率降低的损失费按窝工费计算，窝工费的标准双方应在合同中约定。

b. 机械费。

可采用机械台班费、机械折旧费、设备租赁费等几种形式。当工作内容增加引起的机械费索赔时，机械费的标准按照机械台班费计算。因窝工引起的机械费索赔，当施工机械属于承包人自有时，按照机械折旧费计算索赔费用；当施工机械是承包人从外部租赁时，索赔费用的标准按照设备租赁费计算。

c. 材料费。

材料费包括索赔事项材料实际用量超过计划用量而增加的材料费；客观原因材料价格大幅度上涨而增加的材料费；非承包商的原因工程延误导致的材料价格上涨和超期储存费用。材料费中应包括运输费、仓储费以及合理的损耗费用。如果由于承包商管理不善，造成材料损失，则不能列入索赔计价。

d. 保函手续费。

工期延期时，保函手续费相应增加，反之，取消部分工程且发包人与承包人达成提前竣工协议，对承包人的保函金额相应折减，则计入合同价内的保函手续费也应扣减。

e. 利息。

包括拖期付款利息、由于工程变更和工程延误增加投资的利息、错误扣款利息等。

f. 利润。

由于工程范围的变更、文件有缺陷或技术性错误、发包人未能提供现场、施工条件变化等引起的索赔，承包商是可以列入利润的。由于发包人原因终止或放弃合同，承包商有权获得已完成的工程款以外，还应得到原定比例的利润。但对于工程暂停的索赔，由于利润通常是包括在每项实施的工程内容的价格之内的，而延误工期并未影响某些项目的实施，也并未导致利润减少。所以，一般很难同意在工程暂停的费用索赔中列入进利润损失。

索赔利润的款额计算通常是与原报价单中的利润率一致。

g. 管理费。

管理费可分为现场管理费和公司管理费两部分，二者的计算方法不一样，在审核过程中应区别对待。主要指承包商完成额外工作、索赔事项工作、工期延长期间的管理费。

h. 保险费。

i. 分包费用。

分包费用是指分包商的索赔款额。

② 索赔金额的计算。

索赔金额计算主要包括工程量的确定，单价和费率的确定。

a. 工程量的确定。

根据图纸、现场量测、原始记录等综合分析确定。

b. 单价和费率的确定。

a）利用工程量清单中的单价。

对应索赔费用中包括利润且费用索赔项目与工程量清单中某项目的性质一致或基本一致的情形来说，可采用工程量清单中的单价或从工程量清单中有关单价推算出的价格来计算索赔费用。

b）采用协商费率。

c）采用正式规定和公布的标准确定费率。

预算定额、概算、预算编制办法、省级行业补充规定、计价文件等规定。

d）按有关票据计算。

对于一些在费用索赔事件发生期间，承包人实际直接发生的且不需要采用费率来计算的费用，可按承包人出示的正式票据中的金额进行计算，如水电费、机械的租用费等。

③索赔工期。

a. 工期索赔的处理原则。

a）初始延误者是发包人原因，则在发包人原因造成的延误期内，承包商即可得到工期延长，又可得到费用补偿。

b）如果初始延误者是客观原因，则在客观因素发生影响的延误期内，承包人可以得到工期延长，但很难得到费用补偿。

c）如果初始延误者是承包人原因，则在承包人原因造成的延误期内，承包人既不能得到工期补偿，也不能得到费用补偿。

d）被延误的工作应是处于施工进度计划关键线路上的工作，如果该活动在非关键线路上，且受干扰后仍在非关键线路上，则这个干扰事件对工期无影响，故不能提出工期索赔。

b. 工期的计算方法。

a）网络分析法：结合网络计划计算工期索赔值，最科学合理，见图12.7。

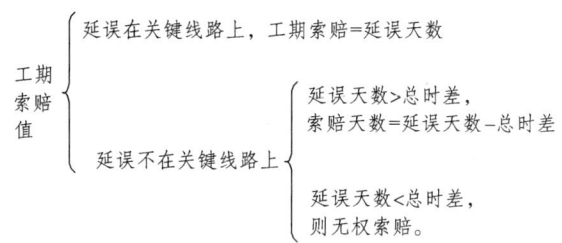

图 12.7　工期索赔值框图

b）比例计算法：适用工程量增加时工期索赔的计算，最简单。

（a）按合同价所占比例：

$$工期索赔值 = \frac{额外增加的工程量的价格}{原合同总价} \times 原合同总工期 \quad (12.4)$$

（b）按单项工程拖延平均值。

（4）索赔费用的计算方法。

① 实际费用法：按照引起损失的干扰事件，以及这些事件所引起损失的费用项目，分别分析计算索赔值的方法。

② 总费用法。

$$索赔费用 = 实际总费用 - 投标报价估算总费用 \quad (12.5)$$

③ 修正的总费用法。

a. 将计算受影响时段局限于受外界影响的时间。

b. 只计算受影响时段内的某项工作所受影响的损失。

c. 与该项工作无关的费用不列入总费用中。

d. 对投标报价费用重新进行核算。

$$索赔金额 = 某项工作调整后的实际总费用 - 该项工作的报价费用 \quad (12.6)$$

（5）工程索赔处理原则和程序（表12.6）。

（6）索赔费用的支付

一旦确定了索赔金额，就应当及时支付给承包人，一般在中期支付证书中将其作为一个支付项目来处理。

表 12.6 索赔处理原则和程序表

拖期性质	拖期原因	责任者	处理原则	索赔结果
可原谅拖期	1. 修改设计 2. 施工条件变化 3. 发包人原因 4. 工程师原因	发包人/工程师	可准予延长工期和给以经济补偿	工期延长+经济补偿
	不可抗力（如天灾、社会动乱以及非发包人、工程师或承包商原因造成的拖期等）	客观原因	依据建设工程施工合同确定	工期延长，经济补偿依据建设工程施工合同确定
不可原谅拖期	由承包商原因造成的拖期	承包商	不延长工期，无经济补偿，竣工结算时发包人扣除合同规定的竣工误期违约赔偿金	无权索赔

然而，由于索赔的争议较大，所以许多索赔项目往往需要经历很长一段时间才能处理完毕。因此，如果出现整项索赔没有结案的情况，通常将监理人已经认可的那一部分在中期支付证书中进行暂定支付，这种支付就是一项持续索赔的临时付款。

由此可见，索赔的处理过程虽然繁杂，但是索赔费用的支付却十分简单。

5）价格调整

价格调整是指物价波动引起的价款调整，超过承包人承担的价格波动风险时，按合同约定进行调整。

（1）操作要领。

① 价格调整要与计价风险结合理解。

② 材料、设备价格调整有约定从约定，无约定按法定。

③ 工期延误引起的价格调整，无责方得益。

（2）价格调整的内容。

价格调整主要包括两方面的调整：

① 工程施工中所需要耗用的主要和大宗材料。

对这一部分的价格要按合同条件给定的公式准确计算调价费用。

② 后继的法规及其他有关政策改变而产生的费用。

将上述两方面费用计算出来后，在同期"中期支付证书"中支付。

（3）价格调整方法。

① 价格指数调整法、造价信息调整价格差额法。

指数，是指某一个时期的数值对该数的基数之比。价格指数是用来表达某种价格上涨或下降的一种统计指标，一般由代表官方的权威机构发布。

② 实际价格调整法。

实际价格调整法是根据地方劳力和规定的材料等基本价格与现行价格之差来进行调整，通常称为票证法。这里的基本价格意指投标截止日前 28 d 的材料价格，现行价格指在提交标书后，工程实施中采购材料的价格。

③ 调价文件计算法。

如 2013 工程量清单计价规范：发包人应承担 5%以外的材料价格风险，10%以外的施工机械使用费的风险；承包人可承担 5% 以内的材料价格风险，10% 以内的施工机械使用费的风险。

④ 调值公式法。

①、③、④是规定一种或几种固定的公式，把全部合同价格分成若干组成部分，然后按各部分的价格指数进行综合调整，通常称之为公式法。

公式法比票证法具有更好的操作性，因为公式法的数字均可从现有的合同中获得，而影响调价的基本数据——物价指数一般又来自官方材料，公布指数的时间相对固定，比如我国目前由国家统计局每年公布一次，因而调价时间也就比较固定。

价格调整计算的通式

$$A_{DJ}=L_{CP}（或 F_{CP}）\times[（C_0+\sum C_i D_i）-1] \qquad (12.7)$$

式中　A_{DJ}——合同价格调整的净值；

　　　L_{CP} 或 F_C——参与调价的阶段完成工作量金额的当地货币或外国货币部分，例如我国获得的世行贷款项目中 L_{CP} 为人民币元、F_{CP} 为外汇美元；

　　　C_0——非调价因数；

　　　C_i——参与调价的第 i 个工料机指标（如水泥）的费用占合同价的百分比（权重系数）；

　　　D_i——第 i 个工、料、机指标的现价指数与基价指数的比值，其值大于 1 说明物价上涨，反之说明物价下跌。

6）拖期违约损失偿金

（1）时间自有关的竣工日期起到合同工程或某区段或某单项工程的交接证书中写明的竣工日期止（即实际工期-合同工期-批准的延长工期），按天计算，不足 1 天按比例计。

（2）拖期违约损失偿金的限额。

通常规定，每拖期 1 天，赔偿合同价的 0.01%～0.05%，京津塘高速公路和济青高速公路都采用了 0.05% 的额度，但赔偿总额不应超过合同价的 10%，这些都由投标书附件作出明确规定。

（3）费用支付。

拖期违约损失偿金可从承包人的履约保证金或中期支付证书中扣除，公路工程项目一般采用从中期支付证书中扣除的方式，但此项扣除不应解除承包人对完成该项工程的义务或合同规定的其他义务和责任。

7）提前竣工奖金

为了调动承包人的积极性，使其合理地加快工程进度，从而提前完成工程施工，使发包人提早受益，因此在合同条件中设立了与拖期违约损失偿金相对应的一个支付项目，即提前竣工奖金。

8）迟付款利息

按照投标书附录中规定的利率，从规定的付款截止日期起至恢复付款日止，按复利计算利息。计算公式：

$$迟付款利息=P\times[(1+r)^n-1] \qquad (12.8)$$

式中　P——迟付的人民币或外币数额；

　　　r——日利率；

　　　n——迟付款天数。

例 12-4：某工程中期支付证书，支付金额为 560 万元，监理人提交支付证书的日期为 5 月 10 日，而发包人到 8 月 5 日才支付该证书的付款，如果合同条件规定中期付款证书应在 45 天内支付，且 $r=0.033\%$，那么这笔款项的迟付款利息额为多少？

解：① 迟付款天数 $n=86-45=41$（天）

② 迟付款利息额 $=560×[(1+0.033\%)^{41}-1]=7.6272$（万元）

12.3.5 费用计算程序

费用计算程序表见表 12.7。

表 12.7 费用计算程序表

序号	项　目	计算方法
01	清单各章项目	截至本月完成累计金额
02	工程变更	算逐月累计额
03	计日工	算逐月累计额
04	费用索赔	算逐月累计额
05	截至本月已完成的工程总价值	（01）+（02）+（03）+（04）=（05）
06	动员预付款	加已拨付金额
07	扣回动员预付款	①已扣还金额；②剩余金额
08	材料预付款	算逐月累计额
09	扣回材料预付款	①已扣还金额；②剩余金额
10	本期支付总值	（05）+（07②）+（09②）=（10）
11	减：保留金	（05）×10%=（11）
12	减：违约罚金	算延误罚金数额=%×合同价×逾期天数
13	截至本期总支付	（10）-（11）-（12）=（13）
14	减：上期支付证书第13项	
15	本期净支付总额	（13）-（14）=（15）
16	加：迟付款利息	算本期发生额
17	加：本期价格调整	应分人民币和外汇部分
18	本期实际支付额	人民币：外汇：

12.4 工程计量支付的管理

12.4.1 计量形象图

道路工程的计量形象图一般可分为总体形象图和单项形象图两种，总体形象图通常包括平面形象图和纵断形象图。

1. 平面形象图

平面形象图应在可以标注尺寸的平面图上绘制。为了清楚明了，纵、横坐标可以采用不同的比例，或采用示意的方式。

公路工程的平面形象图根据其工程量清单中的项目，包括以下内容：

（1）清理场地，移去表土及挖根的范围。

（2）取土坑、堆料场的位置及运输路线。

（3）涵洞、通道及桥梁平面位置及规模。

（4）结构物、线路变更位置与规模。

（5）植草皮的位置及范围。

（6）通信管理，中央分隔带的铺砌。

（7）钢护栏的位置和范围。

（8）隔离栅及线外工作。

（9）软基处理的段落和方式。

（10）电话平台的位置和数量。

2. 纵断形象图

纵断形象图采用纵横不同的比例，把在平面形象图中无法显示的内容在纵断形象图中表示出来，它与平面形象图构成一个整体，表示出各个进行计量的部位。因此，纵断形象图应当与平面形象图绘制在同一图上，互为对应，相互补充。纵断形象图包括以下内容：

（1）各段土方分层填筑情况。

（2）软基处理、砂垫层厚度及塑板桩长度。

（3）涵洞、通道及桥梁位置。

（4）结构物变更位置。

（5）路面的底基层、基层、下面层、中面层、上面层的计量情况。

3. 单项工程形象图

在总体形象图中，有些计量部位，特别是桥梁工程，无论是在平面形象图中或在纵断面形象图中都难以表示出来，因此需要绘制单项工程形象图，作为总体形象图的补充。桥梁工程单项形象图表示以下各部位：

（1）灌注桩、承台、盖梁位置和数量。

（2）桥面板的位置和数量。

（3）桥面铺装及伸缩缝。

（4）栏杆安装。

12.4.2　计量记录

计量记录与档案是计量管理中的一个重要内容，对于公路工程大型的复杂项目，要进行多次计量，将形成一系列的计量资料，只有在完善计量记录的基础上加强对计量的档案管理，才能使项目的计量工作顺利完成。

为了便于合同管理，正确评价工程和查询交流计量工作，必须加强工程计量（中间计量）档案管理。

计量应根据合同的要求作好记录。符合要求的记录应能说明哪些已经计量，哪些尚未计量；哪些已经签发支付证书，哪些尚未签发证书。计量时承包人、监理人还应完成以下工作：

(1）应有一套图纸（最好挂在墙上）。用彩笔将所进行的工程的位置在图纸标示出来，并在适当的位置作详细补充说明，如工程的开始、结束及几何尺寸等数据，这将有利于作好计量记录。

（2）应有一套档案。包括计量证书的号码及所计量的数据。所有计量证书必须是承包人和监理人共同签署的，只有这样才能作为支付的凭证，防止超计、漏计现象发生，减少由于计量不规范而产生的纠纷。

（3）记录工程量清单中所列出的分类细目的数量与计量后数量的差异及双方同意的任何进度支付证书应付的款项。

（4）对计日工应记录在有号码的计量证书上，并由承包人代表及监理人共同签名。

计日工应详细记录：

① 记录已指令进行的这项计日工的估计数量和付款额（已获同意），记录计日工已完成的数量及付款金额。

② 如果计日工的时间超过一个月，应在暂时计量单上计账，并在计量证书上另立系列号码，这些记录应与累计账册一同归档；记录已同意的计日工单价，付款的金额，付款报表号码。

③ 工程变更应记录已下达的变更指令依据，已同意的单价和价格调整，增加费用的计量证书应另编系列号码分开存档。

④ 对于现场存放的材料应每月计量记录一次，其计量表中应记录已发到现场的材料的种类和数量及这些材料的发票面值；已计量的数量应记录每一次报表中的预付金额及回收金额，材料计量证书应另编系列号码，并应与发票及所有材料的累计账册一同归档。

12.4.3 计量分析

为了搞好计量的管理工作，除明确分工和加强记录与档案的管理外，还应加强计量分析，一方面及时发现计量工作中的问题，另一方面及时掌握工程进度，为进度管理和费用支付提供基本依据。

为了便于计量的分析和管理，计量的表格应统一，使其标准化和规范化，监理人应该设计好计量表格让承包人计量的人员按此填写，以便于采用计算机辅助计量和进行计量分析。

计量分析时，一方面应对照原工程量清单和设计图纸进行分析，将实际工程量与清单工程量进行对比，发现偏差并分析偏差的原因；另一方面以计量的工程量为依据，计算出实际进度，将实际进度与批准的计划进度比较，发现进度偏差并找出原因，从而采取措施改进。

如预付款拨付与扣回：

（1）拨付（预收）。

拨付金额可以按影响因素考虑主要材料（包括外购构件）占合同造价的比重、材料储备期和施工工期等因素，按下式计算：

$$预付款 = 年度计划工作量 \times 材料费占造价的比重 \times 材料储备期/年度施工天数$$

（12.9）

（2）扣还。

承包人对预付款只有使用权，没有所有权。它是发包人为保证施工生产顺利进行而预交给承包人的一部分垫款。当施工到一定程度后，材料和构配件的储备量将减少，需要的工程备料款也随之减少，此后办理工程价款结算时，应开始扣还预付款。扣还以冲减工程结算价款的方法逐次抵扣，工程竣工前全部扣完。

预付款的起扣点：预付款开始扣还时的工程进度状态。

确定预付款起扣点的原则可以按未完工程所需主要材料和构件的费用，等于工程备料款的数额。预付款的起扣点有两种表示方法：

① 累计工作量起扣点：用累计方法完成建筑安装工作量的数额表示。

按累计工作量确定起扣点时，预付款的起扣点可按公式（12.3）计算。

② 工作量百分比起扣点：用累计完成建筑安装工作量与承包工程价款总额的百分比表示。

在实际经济活动中，情况比较复杂，有些工程工期较短，就无须分期扣回；有些工程工期较长，如跨年度施工，在上一年预付备料款可以不扣或少扣，并于次年按应付预付款调整，多退少补等。

例 12-5：某工程年度计划完成建筑安装工作量 321 万元，年度施工天数为 350 天，材料费占造价的比重为 60%，材料储备期为 110 天，试确定工程备料款数额。

解：根据上述公式，工程备料款数额为：

（321×0.6÷350）×110=60.53（万元）

一般情况下公路的土建工程预付款不应超过当年建筑工作量的 30%；安装工程的预付款不应超过年安装工作量的 10%，材料占比重较多的安装工程按年计划产值的 15%左右拨付。

12.4.4 计量支付台账

1. 计量支付台账的编制

公路建设项目规模大，计量支付项目繁多，为了有效地管理工程计量支付，防止重计、漏计、错计等问题发生，为计量支付的编制和审批工作提供可靠基础数据，建设各方（包括发包人工程部门、财务部门）均要编制工程计量支付台账，作为计量支付的工作依据，动态地反映施工过程中资金的投入与实际进度的关系，为计划与进度控制、资金筹措等管理工作提供准确的数据，确保工程投资得到合理、有效的控制。

根据计量支付台账的作用和编制时间，一般可以分为 0 号台账和结算计量支付台账两大类。计量支付台账可采用 Excel 编制，也可运用计量支付软件编制。以 Excel 编制时，可利用 Excel 文件中的多工作簿功能，将每个工作簿按合同文件的"工程量清单"分别命名为"100～700 章合计""100 章总则""200 章路基工程"等依此类推。现以具体表格形式加以说明。

1）0 号台账

0 号台账在承包人一进场就应建立，刚开始 0 号台账所列项目应与合同清单的子目完全一致，合同单价即为合同文件所约定的单价。随着工程的进展把变更、索赔等合同外工程按实际列入，每一子目的数量作为承包人计量的动态控制数量，至工程结束时，0 号台账的编制、修改也最终完成，其子目数量作为最终计量的控制数量。也有些建设项目把 0 号台账分为 0 号合同台账、0 号合同外台账（或再细分为 0 号变更索赔台账、0 号废置台账等），分别控制合同内和合同外数量。

2）结算计量支付台账

结算计量支付台账是主要依据根据合同文件中的工程量清单、经审定的中期支付证书及月进度支付报表等资料，反映的各分部分项工程的各月度完成工程量、进度款、累计完成工程量及累计支付进度款的统计结果,将各项计量和支付分类、分项、分月编制的动态台账。

主要有工程量清单计量台账和分项工程计量台账,其中,分项工程计量台账是明细台账,工程量清单计量台账是汇总台账,所编制的工程量清单计量台账可作为编制清单支付月报表的基础数据。

(1)工程量清单台账。

工程量清单台账,也可称为"某工程计量台账汇总表"。该表中编制单元口径和工程量清单计价工程子目完全对应。该表中A、B、C、D、E、G数量引用其他相应分表,其数据由各个分表(也叫基础资料表)汇总而来(表12.8),得到本合同内某工程合同工程量、变更工程量累计、变更后总工程量、实际计量数量、未完工程量。

表12.8 某项目路基工程计量台账汇总表

清单编号	项目名称	单位	工程量			实际计量		未完工程量
			合同内	合同外	合计	工程量累计	计量占总工程量(%)	
A	B	C	D	E	F=D+E	G	H=G/F(%)	I=F-G
203-1-a	路基挖土方	m³	1000	110	1110	130	12%	980
203-1-b	路基挖石方	m³	1700	100	1800	900	50%	900

在施工过程中每计量或变更一次,对台账要修改一次。每计量一次,台账中"实际计量数量"要调增一次,对"未完数量"要削减一次;每变更一次,对台账数量修订一次。

(2)分项工程计量台账。

由于计量要以实际完成的每个工点的每个分项工程逐个进行,因此,要编制针对不同桩号、不同承包人、不同结构物的每个分项工程计量台账明细表,明细表中数据是基础数据,由明细表汇总传递到工程量清单台账中。 分项工程计量台账是中间计量的重要基础表格。

在该表中可反映的基本信息有工程部位、起止点桩号、合同工程量、变更累计工程量、合计工程量、累计计量、未完工程量、各次变更数量、各期计量数量等信息。

编制时应先进行该表的数据输入和公式的定义,E、F两列可将计量支付的数量控制到每一个桩号之间,可以一目了然地看到每个桩号之间的计量过程。G按施工图纸输入数量,该项为计量支付台账基本数据。H是由X_1、X_2、…、X_n共n次变更累计而来,此项可以对逐桩的变更数量进行控制。I是承包人最终计量的控制数量,H是由Y_1、Y_2、…、Y_n共n期中间计量累计而来,查看H和J两项就对已报工程量和每期计量工程量一目了然。K为每个桩号完成百分比,L为每个桩号剩余工程量,是控制中间计量的关键数据(表12.9)。

在施工过程中分项工程计量台账每计量或变更一次,对台账要修改一次。

2. 工程计量支付台账的作用

工程计量支付台账建立好以后,随着工程建设的逐步深入,计量支付工作慢慢展开,其在投资控制方面的作用也逐渐显现,主要表现在以下几个方面:

(1)工程计量支付台账真实反映了工程项目的实际施工进度和支付情况,是工程进度的"晴雨表"。建立好工程计量支付台账,发包人可以对每月完成的合格工程量一目了然,对其在整个工程的进度控制方面也有大的帮助。

表12.9 某项目路基工程计量台账明细表

清单编号	项目名称	单位	工程部位	起点桩号	止点桩号	工程量 合同	工程量 变更累计	工程量 合计	累计计量 工程量累计	累计计量 计量占合计(%)	未完工程量	各次变更数量 X_1	各次变更数量 X_2	各次变更数量 X_3	各期计量 Y_1	各期计量 Y_2	各期计量 Y_3
A	B	C	D	E	F	G	H	I	J	K	L	M	N	O	P	Q	R
203-1-a	土方	m³		K0+000	K0+020	100	30	130	20	15%	110	20	10		20		
203-1-a	土方	m³		K0+020	K0+040	800	30	830	60	7%	770	10	20		20	40	
203-1-a	土方	m³		K0+040	K0+060	100	50	150	50	33%	100	20	30		20	30	
…																	
203-1-a 汇总		m³				1000	110	1110	130	12%	980	50	60	0	60	70	0
203-1-b	石方	m³		K0+000	K0+020	700	-100	600	100	17%	500	-100			50	50	
203-1-b	石方	m³		K0+020	K0+040	400	130	530	300	57%	230	100	30		150	150	
203-1-b	石方	m³		K0+040	K0+060	600	70	670	500	75%	170	50			200	300	
…																	
203-1-b 汇总		m³				1700	100	1800	900	50%	900	80	20	0	400	500	

（2）发包人可以通过工程计量支付台账来确定其资金投入与工程项目实际施工进度是否保持一致，能够尽早发现问题，及时采取措施调控，确保施工进度与审定金额和工程进度款支付水平相符。

（3）工程计量支付台账的建立，可以防止计量支付过程中的漏计、错计重复计量的现象发生，有效地控制投资。

（4）工程计量支付台账的建立有利于工程竣工结（决）算。

工程计量支付是一项非常繁杂的工作，特别对于公路工程项目，由于分部分项工程繁多，工程量大，工作中难免错综复杂，会有疏漏。尤其是在工程项目建设后期，由于工程结（决）算工作的需要，前期工程计量支付的数据会被多次调用，如果前期没有建立系统的工程计量支付台账，往往会造成后期重复劳动，降低工作效率，甚至导致工作出错。

因此，一个公路工程建设项目，从一开始就应该建立工程计量支付台账，在项目施工过程中所发生的计量支付都应在台账中有明确的记录和反映，这样等工程项目结束后，整个工程项目实际完成的工程量和支付情况就会非常清楚，有利于工程竣（决）算工作。

由此可见，建立工程计量台账，注重平时计量支付数据的积累，对于建设项目的投资控制是一种非常有效的措施。

12.4.5 计量支付表格

1. 计量支付涉及的有关监表

（1）监表1、2：施工放样报验单，单位、分部、分项工程开工申请。

（2）监表3：承包人每周工程计划进度表。

（3）监表4：监理日报。

（4）监表5：检验申请批复单。

（5）监表6：工作指令。

（6）监表7及监表7-1：工程变更令，变更设计报告。按监理规范及指挥部文件规定办理。

2. 支付主要报表

支表1 工程进度表　　　　　　　支表8 单价变更一览表

支表2 期中支付证书　　　　　　支表9 永久性材料价差金额一览表

支表3 清单支付报表　　　　　　支表10 永久性材料到达现场计量表

支表4 计日工支付报表　　　　　支表11 扣回材料设备预付款一览表

支表5 工程变更一览表　　　　　支表12 扣回开工预付款一览表

支表6 价格调整汇总表　　　　　支表13 中间计量表

支表7 价格调整表　　　　　　　支表14 中间计量支付汇总表

3. 清单支付月报表（表12.10）的编制

表12.10　某项目某合同段清单支付月报表

清单编号	项目名称	单位	单价	原合同		工程变更增减		合计		到本期末完成		到上期末完成		本期完成	
				数量	金额	数量	金额	数量	金额	数量	金额	数量	金额	数量	金额
203-1-a	路基挖土方	m³	12.5	1000	12500	110	1375	1110	13875	130	1625	60	750	70	875
203-1-b	路基挖石方	m³	42	1700	71400	100	4200	1800	75600	900	37800	400	16800	500	21000
	……														
本页小计															

习 题

1. 简述工程计量支付内容。

2. 简述工程计量支付的工作流程。

3. 简述工程计量支付审查要求。

4. 简述工程计量的要求。

5. 简述工程计量需要达到的条件。

6. 简述单价子目计量的方法。

7. 谈谈你对总价子目计量的看法。

8. 简述工程计量的程序。

9. 简述工程计量的依据。

10. 简述工程计量的方法。

11. 举例说明计量过程中应注意的事项。

12. 简述工程计量、工程支付的概念。
13. 简述工程支付原则。
14. 谈谈你对"支付必须以技术规范和报价清单为依据"的看法。
15. 简述《公路工程标准施工招标文件》工程进度付款规定。
16. 简述公路工程专用合同条款中的交工、交工验收、交工验收证书的含义。
17. 说说工程支付的主要分类。
18. 简述清单支付项目的内容。
19. 简述工程变更估价原则。
20. 简述施工索赔确认的三大条件。
21. 简述索赔金额的组成。
22. 简述工期索赔的处理原则。
23. 简述索赔费用的计算方法。
24. 简述工程索赔处理原则和程序。
25. 简述价格调整方法价格调整方法。
26. 简要说说为什么要编制计量支付台账？
27. 简述工程量清单台账编制要点。
28. 简述分项工程计量台账编制要点。
29. 简述清单支付月报表的编制要点。
30. 工程数量的计算主要通过工程量计算规则计算得到。工程数量按照计量规则中的工程量计算规则计算，其精确度按下列规定：（　　　　　）。

　　A. 以"吨"为单位的，保留小数点后三位
　　B. 以"吨"为单位的，保留小数点后两位
　　C. 以"个""项"等为单位的，应取整数
　　D. 以"立方米""平方米""米"为单位，应保留两位小数
　　E. 以"立方米""平方米""米"为单位，应保留三位小数

31. 除另有说明外，所有清单项目的工程量应以（　　　　　）计算。

　　A. 计算工程量　　　　　　　　B. 完成后的净值
　　C. 定额工程量　　　　　　　　D. 完成后的净值加损耗

参考文献

[1] 交通运输部. 公路工程标准施工招标文件[M]. 2009 年版. 北京：人民交通出版社，2009.

[2] 交通公路工程定额站. JTG B06—2007 公路工程基本建设项目概算预算编制办法[S]. 北京：人民交通出版社，2007.

[3] 交通公路工程定额站. JTG/T B06-02—2007 公路工程预算定额[S]. 北京：人民交通出版社，2007.

[4] 交通公路工程定额站. JTG/T B06-03—2007 公路工程机械台班费用定额[S]. 北京：人民交通出版社，2007.

[5] 雷书华，高伟，马涛. 公路工程预算与工程量清单计价[M]. 北京：人民交通出版社，2015.

[6] 交通运输部职业资格中心. 公路工程技术与计量[M]. 北京：人民交通出版社，2014.

[7] 透过案例学公路工程计算与计价[M]. 北京：中国建材工业出版社，2011.

[8] 赵晞伟. 公路工程定额应用释义[M]. 北京：人民交通出版社，2007.

[9] 公路工程造价人员考试复习题库与案例分析编写组. 公路工程造价人员考试复习题库与案例分析[M]. 北京：人民交通出版社，2010.

[10] 杨林德. 公路施工手册：隧道[M]. 北京：人民交通出版社，2011.

[11] 交通运输部职业资格中心. 公路工程造价案例分析[M]. 北京：人民交通出版社，2014

[12] 王首绪，杨玉胜，等. 公路施工组织与概预算[M]. 北京：人民交通出版社，2011.

[13] 张友全，陈起俊，等. 工程造价管理[M]. 北京：中国电力出版社，2015.

[14] 贺贤明，刘成志，等. 公路工程造价编制与审核辅导[M]. 昆明：云南出版集团公司，云南人民出版社，2009.